全国电子商务工程师（CEBE）认证考试系列教材

新编电子商务导论

主　编　濮小金　司志刚

副主编　赵玉莲　濮　琼　刘　静

中国水利水电出版社
www.waterpub.com.cn

内 容 提 要

本书是专门为学习电子商务工程而编写的教材。本教材分为 8 章内容，第 1 章电子商务概述，主要从整体上阐述电子商务有关问题；第 2～3 章主要论述电子商务技术；第 4～6 章主要阐述电子商务环境条件；第 7～8 章论述电子商务营销和管理，主要讲解电子商务的运用，包括电子商务网络营销和电子商务管理。全书以电子商务概述为总揽，以电子商务网络技术、电子商务安全建设、电子商务网站建设和网络支付等电子商务系统建设为重点，以电子商务运用为保证的完整电子商务理论体系。

本书吸收了当前电子商务研究的最新成果，突出了与时俱进的要求，它不仅是电子商务工程师的专业教材，也适合电子商务专业、信息专业等的本、专科学生使用，以及作为政府部门信息化培训学习用书。

本书配有电子教案，读者可以从中国水利水电出版社网站和万水书苑免费下载，网址为：
http://www.waterpub.com.cn/softdown/和 http://www.wsbookshow.com。

图书在版编目（ＣＩＰ）数据

新编电子商务导论 / 濮小金，司志刚主编. -- 北京
: 中国水利水电出版社，2011.1（2018.12 重印）
全国电子商务工程师（CEBE）认证考试系列教材
ISBN 978-7-5084-8044-2

Ⅰ. ①新… Ⅱ. ①濮… ②司… Ⅲ. ①电子商务－工程技术人员－资格考核－教材 Ⅳ. ①F713.36

中国版本图书馆CIP数据核字(2010)第219915号

策划编辑：杨庆川/向辉　　责任编辑：杨元泓　　加工编辑：陈洁　　封面设计：李佳

书　　名	全国电子商务工程师（CEBE）认证考试系列教材 **新编电子商务导论**
作　　者	主　编　濮小金　司志刚 副主编　赵玉莲　濮　琼　刘　静
出版发行	中国水利水电出版社 （北京市海淀区玉渊潭南路 1 号 D 座　100038） 网址：www.waterpub.com.cn E-mail: mchannel@263.net（万水） 　　　　sales@waterpub.com.cn 电话：(010) 68367658（营销中心）、82562819（万水）
经　　售	全国各地新华书店和相关出版物销售网点
排　　版	北京万水电子信息有限公司
印　　刷	三河市鑫金马印装有限公司
规　　格	184mm×260mm　16 开本　20.75 印张　504 千字
版　　次	2011 年 1 月第 1 版　2018 年 12 月第 2 次印刷
印　　数	3001—4500 册
定　　价	35.00 元

凡购买我社图书，如有缺页、倒页、脱页的，本社营销中心负责调换
版权所有·侵权必究

编 委 会

（以姓氏笔划为序）：

于丽先　司志刚　刘　静　赵玉莲

常朝稳　韩继红　鹤荣育　濮小金

序

国际互联网在我国近十年的飞速发展，已经深入到了人们生活的方方面面。互联网让高科技迅速转化为现实生产力，互联网让商务活动高效转化为电子化的执行程序，电子商务正在成为一切经济活动不可或缺的组成元素，实现着过去难以逾越的服务功能和服务手段，信息传递、资讯交流、市场开拓得以在刹那之间成功完成。电子商务正在成为助推企业发展的核心力量，转变着以往粗放型经济高成本、低收益的产业格局。

我国的电子商务起步较晚，在经验和技术上都相对落后于发达国家。吸收国外的先进技术和经验是快速发展我国电子商务的有效手段，为此在中国城市商业网点建设管理联合会的支持下，我们在引进并吸纳了国际电子商务工程师协会（ICEBE）推广的电子商务培训考试项目的基础上，征求和采纳了有关本地化意见推出了电子商务工程师考试（CEBE）。CEBE 是电子商务专门人才成熟的认证体系，遵循国际化的执行程序和标准，课程设置科学合理。我们期望借该项目的推广对加快我国电子商务专业人才培养、优化人才结构、加速我国电子商务人才与国际接轨的进程、推动电子商务发展起到积极的作用。

为保障项目顺利开展，根据《电子商务工程师考核大纲》的要求，中国水利水电出版社联合解放军信息工程大学、北京理工大学、对外经贸大学、郑州大学、北京交通大学、上海财经大学等全国部分高校的电子商务和计算机网络专家编写出版了这套电子商务工程师的培训教材，为该项目的培训和考试提供了保障。这套丛书包括《新编电子商务导论》、《新编电子商务营销技术》、《新编电子商务网络技术》、《新编电子商务信息管理技术》、《新编电子商务安全技术》、《新编电子商务应用开发技术》、《新编电子商务案例分析》七本教材及相关的配套资料。

《新编电子商务导论》包括电子商务的基本概念和模型、电子商务技术基础、电子商务网站建设、电子商务环境、电子商务运营方式等内容。《新编电子商务营销技术》包括网络营销的基本理论、网络市场调研、网络营销战略与计划、网络营销广告、网络销售、网络销售的评价要求等内容。《新编电子商务网络技术》包含计算机网络基础、Internet 技术、数据通信基础、网络安全、电子商务金融网络接入方案和电子商务策划与实施等内容。《新编电子商务信息管理技术》包括数据库的基本理论、面向对象的数据库、Web 数据库基础、数据仓库、数据库技术与电子商务、数据库产品等内容。《新编电子商务安全技术》包括电子商务安全的现状与趋势、信息加密技术与应用、数字签名技术与应用、TCP/IP 服务与 WWW 安全、防火墙的构造与选择、计算机病毒及其防治、系统评估准则与安全策略、计算机信息系统安全保护制度等内容。《新编电子商务应用开发技术》包括电子商务工程及应用框架、HTTP 与超文本标记语言 HTML、客户端技术、服务器端开发技术、网络安全开发技术、XML 应用开发技术等内容。

本套丛书具有如下特点：

（1）针对性强。主要根据《电子商务工程师考核大纲》为电子商务工程师考试而编写。

（2）实用性高。丛书以技术为主线，突出实际应用，丛书的作者都是长期从事电子商务技术和计算机网络技术教学、研究和开发的专家，书中许多技术就是他们经验的总结，这对电子商务人才的培养具有重要意义。

（3）体系结构合理。针对人们认识问题的规律，强调面向应用，注重应用能力的培养，层次清晰。

（4）适用广泛。由于是为电子商务技术人才培养而编写的丛书，所以这套丛书也适合各高等院校电子商务和计算机相关专业的学生，以及社会在职人员学习和使用。

这套丛书采取统一规划、分批组织、陆续出版的原则，希望各位专家和同行给予及时的批评指正，使丛书不断完善和发展，以满足实际需要。

电子商务工程师考试的推广将为我国培养更多的电子商务方面的专门人才，愿该套丛书的出版为电子商务工程师考试提供更有力的保障。

全国电子商务工程师考评委员会

前　言

随着互联网的发展和计算机技术的进步，电子商务越来越受到人们的重视，进入 21 世纪以来，这种发展势头进一步加快。为了加快我国电子商务的发展，国务院于 2005 年发布了国办发[2005]2 号文件《国务院办公厅关于加快电子商务发展的若干意见》，2006 年我国在"十一五规划"《纲要》中提出了积极发展电子商务、推进电子政务发展的要求，2006 年 5 月，我国又颁布了《2006－2020 年国家信息化发展战略》，强调要大力发展电子商务，降低物流成本和交易成本。在此背景下，未来 10 年我国将有 1 万亿资金投入到电子商务项目建设上，电子商务项目的大量上马，将引发大量的人才缺口，特别是电子商务工程方面人才的缺口。培养适应电子商务工程方面需要的人才就显得特别重要。

应该说，经过十几年的发展，我国电子商务已经取得了巨大的进步。它不仅表现为电子商务交易数量增加，而且还表现为对电子商务认识的深化，其学科开始一分为二，这就是分为：电子商务应用，它主要是研究与网络贸易有关的理论和实践问题；电子商务工程，主要研究电子商务工程建设维护应用方面的理论和实践问题。与世界发达国家相比，我国电子商务起步的时间短，很多企业甚至还没有建立自己的网站，已经建立了自己网站的企业，其网站水平还处于在网上宣传企业的起步阶段。大多数企业没有建立电子商务后台支持系统，已经建立后台管理系统的企业内部网，仅仅是将企业分散的计算机进行联网，其经营理念、管理模式、运行规则都还停留在传统方法上，这与现代电子商务存在很大的距离，要使我国跨入电子商务时代，我国面临着艰巨的电子商务系统建设任务。

与电子商务系统建设的要求相比，我国目前电子商务工程建设人才严重不足。正在从事网站工程建设工作的人员原来大多从事计算机工作或网络工作，他们熟悉计算机网络工作，而不熟悉企业内部管理和营销工作，因此，建立的网站很难适应日益发展的社会主义市场经济的需要。我国电子商务发展要求有大量既熟悉计算机网络又知道内部管理和营销方面的复合型人才。根据这一需要，近年来，各个高校针对这种需求纷纷开设了相应的专业课程，特别是国家专门开设了注册电子商务工程师考试，以期通过这一形式在最短的时间内培养出一大批社会急需的人才。

目前，各院校和科研机构出版了大量相关教材，应该说，这些教材各有特色和重点，它们的出版为培养电子商务人才作出重要贡献。但是，到目前为止，还没有一套适合电子商务工程专业方面的教材。针对这一需要，我们编写了一套电子商务工程师考试专门教材。这本《新编电子商务导论》就是这一套考试用书之一。本书的特色是文理兼顾，以工程应用为主，并从整体上把握电子商务的内容，使读者通过本书的学习，能够真正了解什么是电子商务，电子商务系统是怎样建设的，它包含了哪些内容，需要哪些必备条件，电子商务是如何进行的等内容。本书不仅从理论上阐述了电子商务的有关内容，而且还十分注意电子商务系统建设，通过本书的学习，能够深切感受到电子商务的现实发展和存在的巨大商机。

本教材在电子商务概述总揽下，分为 8 章内容，首章主要从整体上阐述电子商务有关问题。全书的重心在电子商务系统建设上，主要包括电子商务技术基础、电子商务安全建设、电子商务网站建设、电子商务支付系统建设四章，以保证与电子商务工程专业培养对象的一致性。

同时，也注意电子商务运营方式的作用，包括电子商务企业运用、电子商务网络营销、电子商务管理等内容，形成以电子商务概述为总揽，以电子商务网络技术、电子商务安全技术、电子商务网站建设和网络支付等电子商务系统建设为重点，以电子商务经营管理为保证的完整的电子商务工程理论体系。

参加本书撰写工作的有（按编写章节先后为序）：第 1 章赵玉莲，第 2 章杨欣、司志刚，第 3 章濮小金、徐爱琴，第 4 章于丽先、李想，第 5 章吴楠、张卫青，第 6 章阎鸿斐、濮琼，第 7 章刘静、赵国磊，第 8 章黄峰、刘金枝。全书由濮小金、司志刚、濮琼统稿。

在编写过程中，我们参考了近年来国内外专家、学者关于电子商务方面新的研究成果，得到了解放军信息工程大学领导、多位专家以及河南省电子商务工程研究中心的大力支持，在此表示诚挚的感谢！

电子商务是近年来才兴起的一门新兴学科，因此，新的观念不断涌现，新的理论不断成熟，由于编写的时间仓促和我们的水平所限，难免存在一些疏漏和不足，有不妥之处，敬请读者提出宝贵意见，在此先表示衷心地感谢！

作　者

2010 年 11 月

目　录

第1章 电子商务概述

电子商务是伴随着信息技术，特别是因特网技术的发展及其在商务活动中的应用而发展起来的。电子商务越来越受到人们的关注，并已经渗透到社会的各个领域，成为 21 世纪经济发展的制高点、经济增长的发动机和全球化竞争的焦点。本章从介绍电子商务的概念入手，分析了电子商务的发展历史、分类，探讨了电子商务对社会、政府、企业和个人的影响以及移动电子商务的内涵等内容，明确了电子商务与电子政务之间的关系。

1.1 电子商务概念

1.1.1 电子商务的内涵

电子商务自诞生以来，就引起了人们的普遍关注。尤其是近年来，随着互联网技术的广泛采用和电子商务的飞速发展，它与人们的生活更加息息相关。以我们生活中的两个真实故事为例。

（1）江彬曾是新疆奎屯某团场的一名老师，她通过偶然的机会发现内地人很喜欢新疆长绒棉做的各种棉被，但因为新疆地处偏僻，所以一般消费者很难买到正宗的新疆棉被。于是她灵机一动，在淘宝上开了一家专门卖新疆棉做的各种被子。凭借一台电脑和一部数码相机，江彬把新疆的长绒棉手工棉被通过网络卖到了全国各地。目前她的网店每月都有万元左右的营业额。

（2）刘先生是一位 IT 从业人员，平时工作很忙，难得有空去逛街买衣服。有时即使有空，也觉得逛街太费时费力，为此他很头疼。自从 PPG、凡客诚品、马萨马索等网站开业以来，他只要轻点鼠标就可以轻松为自己挑选合适的衣服了，然后只需坐在家里等待物流人员将其挑选的衣物送货上门，这样既省去了逛街的烦恼，又节省了时间和金钱。

从以上的案例可以看出，电子商务能完成很多传统商务不能完成的事情，一方面它们为人们赢得了新的商机，另一方面它们已经渗透到我们的生活中，并不断改变着我们的生产方式和生活理念。

电子商务自诞生那天起，就没有一个较为全面的、能够为大多数人所接受的统一定义。一般来说，主要用两个名称 Electronic Commerce（简称 EC）和 Electronic Business（简称 EB）。它们的中文都翻译成电子商务，但前者一般称为狭义的电子商务，后者泛指广义的电子商务。不同的组织、政府、公司、学术团体和个人等都根据自己对电子商务的认识与理解，提出自己的定义。比较这些定义，有助于全面认识和理解电子商务。

1．国际化组织、团体对电子商务的定义

世界电子商务会议关于电子商务的概念：国际商会于 1997 年 11 月 1 日至 7 日在法国巴黎举行了世界电子商务会议。与会代表认为所谓电子商务是指对整个贸易活动实现电子化。从涵盖范围方面可以定义为：交易各方以电子交易方式而不是通过当面交换或直接面谈方式进行的任何形式的商业交易；从技术方面可以定义为：电子商务是一种多技术的集合体，包括交换数据（如电子数据交换、电子邮件）、获得数据（共享数据库、电子公告牌）以及自动捕获数据（条形码）等。电子商务涵盖的业务包括：信息交换、售前售后服务（提供产品和服务的细节、产品使用技术指南、回答顾客意见）、销售、电子支付（使用电子资金转账、信用卡、电子支票、电子现金）、运输（包括商品的发送管理和运输跟踪，以及可以电子化传送的产品的实际发送）、组建虚拟企业（组建一个物理上不存在的企业，集中一批独立的中小公司的权限，提供比任何单独公司多得多的产品和服务）、公司和贸易伙伴可以共同拥有和运营共享的商业方法等。

联合国经济合作和发展组织（OECD）对电子商务的定义是：电子商务是发生在开放网络上的包含企业之间（Business to Business）、企业和消费者（Business to Consumer）之间的商业交易。

全球信息基础设施委员会（GIIC）电子商务工作委员会认为：电子商务是运用电子通信作为手段的经济活动，通过这种方式人们可以对带有经济价值的产品和服务进行宣传、购买和结算。这种交易的方式不受地理位置、资金多少或零售渠道的所有权影响，公有私有企业、公司、政府组织、各种社会团体、一般公民、企业家都能自由地参加广泛的经济活动，其中包括农业、林业、渔业、工业、私营和政府的服务业。电子商务能使产品在世界范围内交易并向消费者提供多种多样的选择。

欧洲议会在《电子商务欧洲动议》中指出：电子商务是通过电子方式进行的商务活动。它通过电子方式处理和传递数据，包括文本、声音和图像。它涉及许多方面的活动，包括货物电子贸易和服务、在线数据传递、电子资金划拨、电子证券交易、电子货运单证、商业拍卖、合作设计和工程、在线资料、公共产品获得。它包括了产品（如消费品、专门设备）和服务（如信息服务、金融和法律服务）、传统活动（如健身、教育）和新型活动（如虚拟购物、虚拟训练）。

2. 各国政府、组织对电子商务的定义

加拿大电子商务协会给电子商务的定义是：电子商务是通过数字通信进行商品和服务的买卖以及资金的转账，它还包括公司间和公司内利用 E-mail、EDI、文件传输、传真、电视会议、远程计算机联网等所能实现的全部功能，例如市场营销、金融结算、销售和商务谈判等。

美国政府在其《全球电子商务纲要》中指出：电子商务是通过 Internet 进行的各项商务活动，包括广告、交易、支付、服务等活动，全球电子商务将涉及全球各国商业活动。

我国政府在 2007 年《电子商务发展"十一五"规划》中第一次明确指出：电子商务是网络化的新型经济活动，即基于互联网、广播电视网和电信网络等电子信息网络的生产、流通和消费活动，而不仅仅是基于互联网的新型交易或流通方式。电子商务涵盖了不同经济主体内部和主体之间的经济活动，体现了信息技术网络化应用的根本特性，即信息资源高度共享、社会行为高度协同所带来的经济活动高效率和高效能。

3. IT 企业对电子商务的定义

IBM 提出了一个电子商务的著名公式，即电子商务= IT＋Web＋Business。它所强调的是在计算机网络环境下的商业化应用，是把买方、卖方、厂商及其合作伙伴在因特网、内联网（Intranet）和企业外部网（Extranet）结合起来的应用。

美国惠普公司（HP）对电子商务的定义是：通过电子化手段来完成商业贸易活动的一种方式，电子商务使我们能够以电子交易为手段完成物品和服务的交换，是商家和客户之间的联系纽带。它包括两种基本形式：商家之间的电子商务和商家与最终消费者之间的电子商务。

通用电气公司（GE）：电子商务是通过电子方式进行商业交易，分为企业与企业间的电子商务和企业与消费者之间的电子商务。

联想公司认为：电子商务不仅仅是一种管理手段，而且触及企业组织架构、工作流程的重组乃至社会管理思想的变革。企业的电子商务的发展道路是一个循序渐进、从基础到高端的过程，即：构建企业的信息基础设施；实现办公自动化（OA）；建设企业核心的业务管理和应用系统（包括 ERP 和外部网站）；针对企业经营的三个直接增值环节设计和实施客户关系管理（CRM）、供应链管理（SCM）和产品生命周期管理（PLM）。

4. 部分学者的观点

美国学者瑞维·卡拉科塔和安德鲁·B·惠斯顿在其专著《电子商务的前沿》中提出："广义地讲，电子商务是一种现代商业方法。这种方法通过改善产品和服务质量，提高服务传递速度，满足政府组织、厂商和消费者的降低成本的需求。这一概念也用于通过计算机网络寻找信息以支持决策。一般地讲，今天的电子商务通过计算机网络将买方和卖方的信息、产品和服务联系起来，而未来的电子商务则通过构成信息高速公路的无数计算机网络中的一条线将买方和卖方联系起来。"

美国的 Emmelhainz 博士在她的专著《EDI 全面管理指南》中，从功能角度把电子商务定义为："通过电子方式，并在网络基础上实现物资、人员过程的协调，以便于商业交换活动"。

美国 NIIT 公司负责人 John Longenecker 从营销学的角度把电子商务定义为："电子化的购销市场，即电子化的商品购买和服务市场"。

综上所述，所谓电子商务：从宏观上讲，是指利用 IT 技术对整个商务活动实现全程电子化的运营过程，它包括市场分析、客户联系、物质调配、网上交易、供应链管理（SCM）、客户关系管理（CRM）以及企业内部管理（OPS）等内容；从微观角度看，电子商务是指各种具有商业活动能力的实体，如生产企业、商贸企业、金融机构、政府机构、个人消费者等，利用 Internet 进行的商务交易活动。

1.1.2　电子商务的交易过程

电子商务是一种多技术的集合体，电子商务所进行的基本贸易过程与传统的贸易活动基本相似，只是完成这些贸易活动的方式和媒介发生了变化。电子商务的交易过程可以分为以下三个阶段：

第一阶段，即交易前的准备。这一阶段主要是指交易双方在交易合同签订之前所进行的一系列活动。买卖双方在互联网及其他各种商务网络上，发布自己的信息。例如买方首先确定自己需要商品的数量、种类、质量和价格等，然后发布求购信息，寻找自己满意的商家。而卖方则要根据市场调研情况，向顾客提供产品的各种详细信息，包括产品图片、大小、产地、价格、数量、质量等相关信息，以此来寻找贸易伙伴和交易机会，扩大贸易范围和市场份额。一般来说，在电子商务领域，由于信息不对称，卖方在交易过程中的风险要高于买方。例如买方经常会以查看样品为由，要求卖方提供邮寄样品。一旦样品到手，就立刻终止询盘，以此骗取样品。因此有经验的卖方一般都会要求买方提供一定数量的样品费，以此来甄别询盘者的真实性。因为他们知道真正的买家一般是不会介意付出样品费的。

第二阶段，即交易中签订合同，主要是指买卖双方签订合同后到合同开始履行之前办理各种手续的过程。这一过程涉及面很广，比如与金融机构、中介机构、运输部门、税务机关、海关系统、商检系统和保险公司等有关各方进行各种电子单证的交换，直到办理完卖方可以发货前的所有手续。

第三阶段，即交易后的产品组织与配送。交易双方在完成各种交易手续后，卖方要备货、组货，然后将商品交付运输公司起运或通过邮局邮递，或者直接通过电子化方式传送数字产品或提供服务，同时银行和金融机构也可以按照合同进行货款的结算，出具相应的银行票据等，直到买方收到自己所购的完整的商品，整个交易过程结束。

1.1.3 电子商务的功能

电子商务可以通过互联网提供网上营销、交易和管理等全过程的服务，因此它具有广告宣传、咨询洽谈、网上购物、网上支付、网上金融、服务传递和交易管理等各项功能。

1. 网上广告

电子商务可以使用企业的 Web 服务器和客户的浏览器，基于 WWW 的超文本链接与超媒体技术，在互联网上发布各种商业信息。客户可以借助谷歌、百度等检索工具快速找到所需的商品、服务等信息。而商家可以利用网页、博客、BBS 和 E-mail 等工具在全球范围内做广告宣传。与传统的各类广告相比，一方面，网上广告可以顺利地实现精确营销，并且可以利用先进的多媒体技术来展示产品，使消费者达到身临其境的效果。另一方面，网上广告的成本又很低廉。据《电子商务世界》杂志的统计调查显示，在 Internet 上做广告在提高销售量 10 倍的情况下，它的成本是传统广告的 1/10。

2. 咨询洽谈

网络技术的迅速发展和普遍应用，使网上的咨询和洽谈能超越时空的限制。电子商务客户可以通过 E-mail、新闻组和聊天室等工具与其合作伙伴进行实时或非实时的交互式讨论，以此了解市场和商品的最新发展及相关信息，如有需要还可以进一步地进行交易。例如淘宝网的买家就可以通过淘宝网的旺旺在线聊天工具，实时或非实时地与卖方进行交流、讨论。

3. 网上购物

随着互联网技术与电子商务系统的发展与完善，网上购物已日趋成熟、普及。消费者可以足不出户便能"货比三家"，方便、快捷地购买到自己中意的产品。例如人们可以通过当当网（www.dangdang.com）购买近百万种商品，而且消费者不用担心产品的质量问题。因为当当网对所有售出的产品提供质量保证：如果用户所购产品在正常使用过程中出现质量问题，可在收到商品 7 日内退换货。人们也可以通过中国花城（www.flowercity.com.cn）在情人节那天将美丽的红玫瑰送到相隔几千里外的爱人手上。网上购物不仅方便了人们的生活，更提高了人们的生活品质。

4. 网上支付

电子商务要成为一个完整的商务过程，网上支付是最重要的一个环节。它是买卖双方能否成功交易的一个重要标志。客户和商家之间可以采用电子钱包、信用卡、电子支票和数字现金等多种电子支付形式来实现网上支付。买方直接采用网上支付可以省去交易中的很多费用。据中国互联网信息中心（CNNIC）第 26 次的调查统计，截止到 2010 年 6 月底，我国网络支付的使用率达到 30.5%，用户规模达到 12810 万人，半年增长 36.2%。尤其是 C2C 网上购物的支付系统已经广泛地被 C2C 购物消费者所接受，并得到了消费者普遍的高度评价，包括买家

（卖家）信誉、信用评估机制与赔付担保承诺在内的诚信与交易安全体系也已经基本成型。据支付宝方面统计，截止到 2010 年 6 月底，支付宝注册用户突破 3.5 亿，日交易额超过 14 亿，日交易笔数达到 550 万笔。支付宝提出的建立信任、化繁为简、以技术的创新带动信用体系完善的理念，深得人心。在五年不到的时间内，用户覆盖了整个 C2C、B2C 及 B2B 领域。目前，支持使用支付宝服务的外部商家数量已经超过几十万家，涵盖了机票、虚拟游戏、数码通信、商业服务甚至是人事考试等行业。例如在广东参加 2010 年自考的考生，就可以通过支付宝缴纳今年 10 月的自考报名费。再如浙江省的考生，从 2010 年 7 月开始，考生报名参加浙江省人事考试网组织的上百个人事考试，均可以通过支付宝直接进行网上缴费。

5. 电子账户

网上支付活动必须有相应的电子金融系统支持，即通过银行和信用卡公司及保险公司等金融机构为商业活动提供网上支付等金融服务，客户的信用卡号或银行账号是电子账户的标志，它是客户所拥有金融资产的标识代码。电子账户通过采用客户认证、数字签名和数据加密等技术措施来保证电子账户操作的安全性和可信度。例如你在中国建设银行开通了网上银行业务，如果你现在需要从网上银行划拨一笔钱到其他账户上，那么你除了要登录网上银行输入密码外，还必须要再次输入交易密码。双重密码的设置可以有效地保证电子账户的安全性。

6. 信息反馈

电子商务能十分方便地利用网页上的"选择"、"填空"等格式表单来收集客户对企业产品质量、销售服务等方面的反馈信息，使企业市场运营形成一个有机的循环系统。客户的反馈信息不仅能使企业获得改进产品、发现市场的商业机遇，还可以提高企业的售后服务水平。

7. 交易管理

交易管理是对电子商务活动全过程的管理，整个交易管理不仅涉及企业的人、财、物、信息等多个方面，还包括企业与企业、企业与客户、企业与政府部门和企业内部等诸多方面的协调和管理。电子商务的交易管理系统可以借助网络来快速、准确地收集大量的数据信息，利用计算机系统强大的处理能力，对其进行及时、科学、合理的协调和管理。

1.1.4 电子商务的特点

电子商务作为一种新的商务形式，与传统商务方式相比，具有一些明显的特点，具体可归纳为以下几点：全球性、高效便捷性、集成性、经济性和可扩展性。

1. 全球性

当代经济的全球化、一体化发展趋势直接推动了电子商务的发展，使电子商务的全球性特征更为明显。一方面，电子商务依托国际互联网可以把区域市场、国内市场、国际市场连成一体，使得整个世界的生产、交换、分配和消费紧密相联；另一方面，电子商务打破了时空的限制使得全球各地的客户可以直接进行联系、交易。电子商务的发展使世界真正变成了一个"地球村"。例如山东寿光的农民通过利用电子商务，将其高品质的蔬菜卖到了全世界。

2. 高效便捷性

电子商务的高效便捷性，主要表现在以下方面：一是充分利用互联网将贸易中的商业文献标准化，使之能快速传递、处理。二是利用电脑网络储存大量商品和交易信息，以便消费者即时查询。例如使用联邦快递服务的顾客就可以随时随地地利用互联网来查询自己包裹的位置和状态，从而做到心中有数。三是可传递的信息数量大、精确度高，并能根据市场需求变化及时更新产品和调整商品价格，最大限度满足顾客需求。四是电子商务的开展不受时间、天气、路途和地域等的限制，为消费者提供了高效的便捷性。例如我国台湾商务印书馆的总经理一天凌晨三点在亚马逊网上书店选购了 67 本新书，第二天中午时分，他就收到了书店发来的电子邮件，上面写着："本公司已经寄出阁下订购的 38 本书，其余的也将尽快送来。"五是国家、行业、市场的管理部门，可以直接通过网络查询、统计、监督和检查电子商务活动情况和观察分析市场运行情况，从而把握商品生产、流通、消费的总体状态。同时可以通过对市场的动态分析，适时向市场各方发出调控信息，确保市场有序进行。

3. 集成性

电子商务的电子集成性是指通过电子工程技术实现新老资源、人工操作与电子系统处理的有机集成。首先，电子商务能够实现新老资源集成。电子商务作为新兴产业，一方面通过互联网协调新老技术，使用户更加有效地利用自身已有的资源与技术，更有效地完成自己的任务；另一方面又可以通过伸缩型的网络计算模型，帮助企业分析、规划其电子商务的发展战略，指导设计和建立应用项目，更好地集成新老资源和充分利用已有资源发挥作用。其次，电子商务实现人工操作与电子系统处理的有机集成。电子商务在事务处理上具有整体性和统一性的特征，能规范事务处理的工作流程，将人工操作和电子信息处理集成为一个不可分割的整体。这样不仅提高了人力物力的有效利用率，而且也提高了系统运行的严密性。

4. 经济性

电子商务的经济性，主要表现在使买卖双方的交易成本大幅度降低上。第一，网络传输信息的成本远远低于信件、电话、电报、传真传递信息的成本。同时，网络传输缩短了时间并减少了数据的重复录入，本身也降低了信息成本。第二，买卖双方通过网络进行商务交易活动，越过中间的交易环节，减少了中间交易的费用。第三，电子商务实现了"无纸经营"和"无纸办公"，减少了企业的办公成本。第四，互联网能够使买卖双方即时沟通供需信息，使零库存成为可能，从而降低了库存成本，同时也降低了因生产过剩造成的资源浪费。

5. 可扩展性

电子商务的可扩展性是电子商务的重要特点，随着信息技术的进一步发展，网络上的用户数量将呈现爆炸式的增长，这就要求电子商务系统必须保持其可扩展性，否则在信息传输过程中尤其是运输高峰时段，就会出现用户拥挤塞堵的现象。一旦出现塞堵现象，客户就会感到非常不满，进而就会减少对该系统的访问，最终导致大量客户的流失，给企业造成巨大的损失。因此对电子商务的发展来说，可扩展的、稳定的系统是企业提供优质服务的基本保证。以广交会的系统为例。据新华网报道，在 2001 年之前的历届广交会上经常可以听到参展商们的抱怨。因为他们如果想要办理网上业务就只能到商务中心排队等候，好不容易排上队了，又要饱受网上塞车的烦恼……现在广交会对系统进行了升级改造，新的"信息高速路"由 2500 个 10M 宽带信息端口组成，遍布交易会的 14 个展馆。同时将原来的几条宽带仅为 512K 的 DDN 专线转换成 LAN 宽带，出口总宽带已扩至 100M，光纤直接铺到摊位。现在参展商们再也不用担心广交会网络的堵塞现象了，真正做到"足不出摊"就可以在电脑上享受"宽带广交会"的便利与乐趣了。

1.1.5 电子商务的组成

所有的商业交易活动为了减少买卖双方之间的不确定因素，都需要语义确切的信息交流和处理。所谓不确定性的因素主要包括交易产品的品质问题、是否有第三方对委托进行担保、如何解决纠纷、如何支付等。所有以上这些内容具体到电子商务中,就成为电子商务的基本组成要素,即网络系统、电子商务客户、认证中心、物流配送中心、商家、网上银行、政府经济管理部门等,如图 1-1 所示。

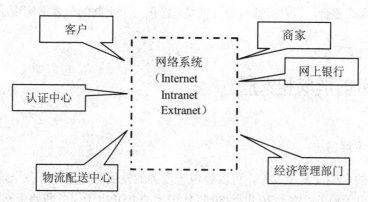

图 1-1　电子商务的基本组成

（1）网络系统。它主要包括:Internet、Intranet、Extranet。其中 Internet 是电子商务的基础,是商务、业务信息传递的载体;Intranet 是企业内部商务活动的场所;Extranet 则是企业与企业、企业与个人进行商务活动的桥梁或纽带。

（2）电子商务用户。它主要包括企业用户与个人用户。企业用户通过建立 Intranet、Extranet 和 MIS,对企业的人、财、物、信息及产、供、销等进行科学合理的管理。个人用户则利用电脑、个人数字助理（PDA）、TV、手机等工具接入互联网来获取信息、进行娱乐、购买商品等。

（3）认证中心（Certificate Authority,简称 CA）。认证中心的主要功能是进行安全认证,它是受法律保护、承认的注册权威机构,负责发放与管理电子证书,确保网上交易各方能够相互确认对方的身份及确认支付的完成等。电子证书是一个数字文件,其内容主要包括:持有人个人信息、公开密钥、证书序号、有效期、发证单位的电子签名等。

（4）物流配送中心。它是电子商务迅速发展的一个主要瓶颈。商家可以根据配送范围的大小选择不同的配送方式。例如直接送货、利用第三方物流等。而买家也可以根据自己的需要选择不同的配送方式。例如在淘宝网上购物,在下订单的过程中,你就可以选择购买的商品是用邮局快递即 EMS 方式还是平邮或者是采用物流公司配送等。而配送中心一旦接到商家的送货要求,就会快速组织运送消费者从网上订购的商品,同时跟踪商品的流向,最终确保将商品完好无损地送到消费者的手中。

（5）网上银行。它的主要功能是支付结算。网上银行为网上交易的用户和商家提供支付和结算业务服务,且提供 24 小时适时服务。

（6）经济管理部门。它包括工商、税务、海关、经贸等部门的网络管理系统,主要是为上述所有交易各方提供服务和相应的技术支持。

除了以上基本的构成要素外,在电子商务的任何一笔交易中,都包含着四种基本的“流”,即商流、资金流、物流和信息流。其中商流是指商品交易的一系列活动,具体是指商品在购买、销售之间进行交易和商品所有权转移的运动过程。资金流主要是指资金的转移过程,包括付款、转账等过程。物流主要是指商品和服务的流动过程，具体指运输、仓储、配送、装卸、保管和物流信息管理等活动。信息流包括商品信息的提供、促销、行销、技术支持、售后服务等，也包括诸如寻价单、报价单、付款通知单和转账通知单等商业贸易单证，还包括交易方的支付能力、支付信誉等，信息流是服务于商流和物流所进行的信息活动的总称。电子商务是信息流、商流、资金流和物流的整合，其中信息流最为重要，它在一个更高的位置上实现了对流通过程的监控与指导。

1.2 电子商务的形成和发展

1.2.1 电子商务的发展历史

纵观电子商务的产生及发展过程，可以将电子商务的发展历史划分为三个阶段：基于电子通信工具的初期电子商务、始于 20 世纪 80 年代中期的 EDI 电子商务和始于 90 年代初期的互联网电子商务。

1. 基于电子通信工具的初期电子商务

人类利用电子通信的方式进行贸易活动已经有很多年的历史了。实际上早在 1839 年，当电报刚出现的时候，人们就开始运用电子手段进行商务活动。当买卖双方在贸易交易过程中以莫尔斯码点和线的形式在电线中传输商务信息时，就有了电子商务的萌芽。随着电话、传真、电视等电子工具的诞生，在商务活动中可应用的电子工具得到了进一步扩充。

早在 19 世纪 60 年代，人们就开始用电报报文发送商务文件，它是最早的电子商务工具，是用电信号传递文字、照片、图表等的一种通信方式。随后电话也成了一种广泛使用的电子商务工具，如电话银行、电话查询服务、叫住宿客人起床的定时呼叫服务等。到 20 世纪 70 年代，人们又开始采用方便、快捷的传真机来替代电报。后来电视也走上了历史舞台，作为一种"单通道"的通信方式，电视广告、电视直销等在商务活动中开始扮演着越来越重要的角色。

由电报、电话、传真和电视带来的商业交易在过去的几十年间日益受到重视，由于它们各有其优缺点，所以人们互为补充地使用电报、电话、传真、电视于商务活动之中。今天，这些传统的电子通信工具仍然在商务活动中发挥着重要的作用。

2. 基于电子数据交换的电子商务

电子数据交换（Electronic Data Interchange，简称 EDI）在 20 世纪 60 年代末期产生于美国，当时的贸易商们在使用计算机处理各类商务文件的时候发现，由人工输入到一台计算机中的数据 70%是来源于另一台计算机输出的文件，由于过多的人为因素，影响了数据的准确性和工作效率的提高，于是人们开始尝试在贸易伙伴之间的计算机上使数据能够自动交换，由此EDI 应运而生。

国际标准化组织（ISO）对 EDI 的技术定义是："按照一个公认的标准形成的结构化事务处理或信息数据格式，实施商业或行政事务处理从计算机到计算机的电子传输。"由于 EDI 大大减少了纸张票据，因此人们形象地将其称之为"无纸贸易"或"无纸交易"。使用这种方法，首先将商业或行政事务处理中的报文数据按照一个公认的标准，形成结构化的事务处理的报文数据格式，进而将这些结构化的报文数据经由网络，从计算机传输到计算机。EDI 是商务往来

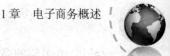

的重要工具，EDI 系统就是电子商务系统。

　　EDI 在商业领域内的应用进展比人们当初所预料的要慢得多。阻碍 EDI 发展的主要原因是 EDI 标准太复杂、使用 VAN（Value Added Network）的费用高，大多数企业很难将其付诸实践。因此，EDI 多用于行业内部的商务活动，商业伙伴之间的 EDI 并未广泛展开，基于 EDI 的电子商务应用范围非常有限。互联网的出现使得传统的 EDI 从专用网络扩大到了互联网，以互联网作为互联的手段，将它同 EDI 技术相结合，提供一个较为廉价的服务环境，可以满足大量中小型企业对 EDI 的需求，使得 EDI 在当今的电子商务中仍然起着重要作用。

　　3. 基于互联网的电子商务

　　互联网因具有覆盖面广、费用低廉、具有多媒体功能等特点，大大促进了企业尤其是中小企业电子商务的发展。1991 年美国政府宣布互联网向社会公开开放，可以在网上开发商务系统，一直被排斥在互联网之外的商业贸易活动正式进入这个领域。1993 年万维网在互联网上出现，其因具有支持多媒体的技术特性，促进了电子商务的规模发展。1994 年，美国加州组成商用实验网（Commerce Net），用以加速发展互联网上的电子商务，确保网上交易与电子支付等的安全。同时美国网景公司（Netscape）成立，该公司开发并推出安全套接层（SSL）协议，用以弥补互联网上的主要协议 TCP/IP 在安全性能上的缺陷，支持 B2B 模式的电子商务。1996 年 2 月，Visa 和 MasterCard 两大信用卡组织制定在互联网上进行安全电子交易的 SET 协议。SET 协议适用于 B2C 的安全支付方式，围绕消费者、商家、银行和其他方相互关系的确认，以保证网上支付安全。从 1997 年 1 月 1 日起，美国联邦政府所有对外采购均采用电子商务方式，这一举措被认为是"将美国电子商务推上了高速列车"。

　　互联网的出现为电子商务的发展提供了技术基础，尤其是多媒体技术和虚拟现实技术的发展，使企业可以通过互联网迅速、高效地传递商品信息和进行业务处理，促进了电子商务的产生和发展。

1.2.2　电子商务的发展阶段

　　20 世纪 90 年代以后，随着网络、通信和信息技术的突破性发展，互联网在全球迅速普及。作为在网络应用技术与传统商务资源相结合的背景下应运而生的一种动态商务活动，电子商务经历了三个发展阶段。

　　1. 高速发展阶段

　　20 世纪末，随着网络环境的出现，通过互联网从事商务活动成为经济活动中的热点和焦点。大量的风险投资出于对电子商务发展前景的良好预期，开始涌入电子商务领域。新的电子商务网站大量涌现，电子商务得到了长足发展。

　　在电子商务爆炸式发展中，资本市场的投资起到了推波助澜的作用。从 20 世纪 90 年代开始，在 IT 业快速发展的推动下，美国股市连续上涨 10 年，创造了经济奇迹。20 世纪 90 年代中期以后，网络概念股在美国股市受到青睐。以高新技术类上市公司为主的美国 NASDAQ 股票市场，1996 年初的指数点位还只有 1000 点，而 2000 年初该点位已经超过 4000 点。在财富效应的驱动下，各种资金蜂拥进入以网络为核心的 IT 领域，电子商务经历了其发展初期的高速发展阶段，逐步进入网络经济泡沫阶段。

　　2. 调整等待阶段

　　2000 年初，在投资者的疯狂追捧下，NASDAQ 接近了 5000 点大关。就在这个时候，IT

业经过 10 多年的高速发展之后积累的问题开始大量暴露，电子商务也未能例外。尽管一些电子商务网站的营业收入已经做得很大，但一直入不敷出，不能实现赢利。此外，随着规模的扩大，物流、管理等方面的问题开始突出，如何继续保持高速发展成为问题。

从 2000 年中期开始，和整个 IT 业一道，电子商务开始了调整。股市泡沫开始破灭，美国纳斯达克指数从 2000 年 3 月 10 日的 5132.52 点开始剧烈下跌，到 2001 年股指跌破 1500 点，9·11 事件后曾暴跌至 1387.01 点，网络股价值的大跳水令投资者忧心忡忡。随着资金的撤离，许多依赖资本市场资金投入的网站陷入了困境，不少网站开始清盘倒闭。据不完全统计，当时有超过 1/3 的网站销声匿迹了。此外，作为电子商务典范的亚马逊公司经营情况的不断恶化、8848 等著名网络企业的亏损倒闭，更加大了人们对电子商务的恐惧心理。由此整个互联网经济陷入了萧瑟的寒冬之中。

面对电子商务发展的严峻形势，联合国促进贸易和电子商务中心与结构化信息标准发展组织于 2001 年 5 月 10 日，正式批准了 ebXML（Electronic Business eXtensile Markup Language）标准，为拓展一个统一的全球性的电子商务交易市场奠定了基础。2002 年 1 月 24 日，联合国第 51 届会议通过了《联合国国际贸易法委员会电子签字示范法》（以下简称《电子签字示范法》），这是联合国继《电子商务示范法》后通过的又一部涉及电子商务的重要法律。该法试图通过规范电子商务活动中的签字行为，建立一种安全机制，促进电子商务在世界贸易活动中的全面推广。与此同时，各国政府也相继推出了各种鼓励政策，继续支持电子商务的发展。从 2002 年中期开始，在经历了两年多时间的残酷调整之后，电子商务开始摆脱世界经济萎缩和行业泡沫破灭的影响，开始逐步复苏。

3. 复苏发展阶段

2002 年底至今，电子商务步入复苏和稳步发展阶段。电子商务发展经过"寒冬"的严酷洗礼，逐渐从虚无的概念炒作转向务实。幸运生存下来的电子商务网站开始转变经营理念，深刻体会到了"企业只有盈利才能生存下去"这个恒古不变的真理的正确性。务实的经营理念和脚踏实地的经营实践使得那些经营性的网站一反长期亏损局面而出现了盈利。人们看到了希望的曙光，电子商务网站终于迎来了春天，其标志就是不断有电子商务企业开始宣布实现盈利。例如雅虎公司 2002 年年底公布了连续 3 个季度盈利的财务报告；而网易在纳斯达克的股价也由最低时的每股 0.7 美元跃升到 2003 年中期的 30 美元以上。电子商务的发展逐渐步入了稳步发展阶段。另外，从《2006－2007 年世界电子商务发展研究年度报告》中也可以看出："2006 年，世界电子商务继续快速发展，成为经济全球化的助推器。电子商务的广泛应用降低了企业经营、管理和商务活动的成本，促进了资金、技术、产品、服务和人员在全球范围的流动，推动了经济全球化的发展。目前，电子商务的应用已经成为决定企业国际竞争力的重要因素，以美国亚马逊、eBay 以及中国的阿里巴巴等公司的成功说明，电子商务正在引领世界服务业的发展，并影响着商业发展模式……"

1.2.3　中国电子商务的发展

1. 我国电子商务的发展历程

我国电子商务的发展已有近二十年的历史，而互联网的快速发展不仅带动了信息技术的广泛应用，还促进了电子商务的快速增长。我国电子商务发展大体经历了如下几个阶段：

1987 年 9 月 20 日，我国的第一封电子邮件越过长城走向世界，从而揭开了中国互联网发展的序幕；

1990 年，EDI 电子商务在我国开始应用，并主要集中在外贸、海关及航空运输等领域；

1993 年，我国正式启动国家信息化建设，以国务院副总理为领导的国民经济信息化联席会议及其办公室成立，并相继组织了金关、金卡、金税等"三金工程"。"三金工程"为我国电子商务的发展打下了坚实的基础；

1995 年，中国互联网开始商业化，以张树新创立的第一家互联网服务供应商——瀛海威为标志，意味着中国的普通百姓开始进入互联网络，中国互联网公司开始崛起；

1998 年 3 月，中国第一笔互联网网上交易成功。1998 年 7 月，被称为"永不闭幕的广交会"的中国商品交易市场正式宣告成立。1998 年 10 月，国家经贸委与信息产业部联合宣布启动以电子贸易为主要内容的"金贸工程"。它是一项推广网络化应用、开发电子商务在经贸流通领域的大型应用试点工程。北京、上海等城市率先启动电子商务工程；

1999 年，阿里巴巴、8848 等网站正式开通，网上交易进入实际应用阶段；政府上网、企业上网、电子政务、网上纳税、网上教育、远程会诊等广义电子商务开始启动；

2000 年互联网泡沫破裂，对我国电子商务的发展造成了沉重的打击，由此电子商务的发展进入寒冷的冬天；

2003 年底我国出现第一例"非典"，到 2004 年全国防范"非典"，由此兴起了互联网泡沫以来中国电子商务的大发展，并由此走出了互联网的冬天，电子商务的概念逐渐深入人心，并得到广泛应用。2003 年 3 月，卓越网的销售额突破 1200 万元，当当网的浏览量同比净增一倍，销售额增长三成。这标志着中国 B2C 分支的成熟，也意味着人们开始习惯使用电子商务手段了。

2005 年 1 月，国务院发布了《国务院办公厅关于加快电子商务发展的若干意见》，阐明了发展电子商务对我国国民经济和社会发展的重要作用，提出了加快电子商务发展的指导思想。同年 4 月，《中华人民共和国电子签名法》颁布，标志着我国电子商务法律建设进入到一个新的阶段，从法律制度上保障了电子商务交易的安全。这一年我国电子商务的发展呈现出一片欣欣向荣的景象。全国企业网上采购商品和服务总额达 16889 亿元，大约占采购总额的 8.5%，企业网上销售商品和服务总额为 9095 亿元，大约占主营业务收入的 2%。中小企业成为电子商务的积极实践者，经常性应用电子商务的中小企业约占全国中小企业总数的 2%。在这一时期随着淘宝、ebay 易趣、拍拍网的兴起，C2C 电子商务也开始普及，C2C 交易额高达 135 亿元；

2007 年 6 月，由国家发展和改革委员会、国务院信息化工作办公室联合发布了我国第一部《电子商务发展"十一五"规划》（以下简称《规划》）。《规划》的颁布标志着我国电子商务发展战略的正式确立。

2. 我国电子商务的发展现状

首先，Internet 的上网人数。随着我国国民经济的持续、平稳发展和社会各界对互联网的大量需求，我国网民数量不断增长。据《第 26 次中国互联网络发展统计报告》统计，截至 2010 年 6 月，中国网民数量达到 4.2 亿人，突破了 4 亿关口，较 2009 年底增加 3600 万人。互联网普及率上升至 31.8%，较 2009 年底提高 2.9 个百分比。据 CNNIC 统计，2005 年 12 月至 2010 年 6 月我国上网人数和互联网普及率如图 1-2 所示。

图 1-2 中国网民规模及普及率

　　其次，Internet 上的网站。据 CNNIC 统计，截止到 2010 年 6 月，中国的网站数，即域名注册者在中国境内的网站数（包括在境内接入和境外接入）减少到 279 万个，降幅 13.7%。2010年上半年全球互联网站点数都在下降，中国网站数同步下滑。站点总数下降的重要原因之一是网站托管服务到期终止。据 CNNIC 统计，2006 年 12 月至 2010 年 6 月我国网站规模（数据中不包含.edu.cn 下的网站）如图 1-3 所示。

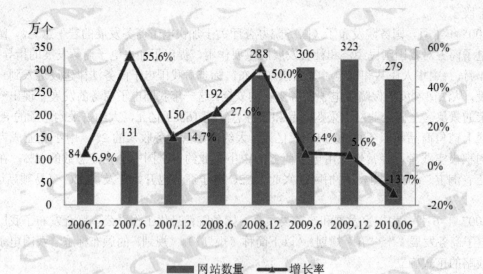

图 1-3 中国网站规模变化

　　第三，电子商务交易金额。电子商务交易金额的变化可以直接反映我国电子商务的发展情况。据艾瑞咨询报告显示，我国电子商务的整体交易规模 2005 年为 7400 亿元、2006 年约为 1.35 万亿元，2007 年约为 1.7 万亿元，2008 年约为 2.9 亿元，2009 年为 3.6 亿元。我国电子商务交易金额呈不断上升的势头，电子商务市场发展前景良好。美国在线杂志《电子商务时代》在评述中国电子商务时指出："无论你是否想与中国打交道（喜欢不喜欢），中国将成为美

国 21 世纪最大的贸易伙伴，如果你的网站没有出口到中国，你将失去一个世界性的机会"。

第四，网络购物。据第 26 次 CNNIC 报道，截止到 2010 年 6 月，我国网络购物用户规模已经达到 1.42 亿人，使用率提升至 33.8%，上浮了 5.7 个百分点，半年用户增幅达 31.4%。网络购物用户规模较快增长，显示出我国电子商务市场强劲的发展势头。同时 2010 年上半年，网络购物市场涌现出一些新的模式和机遇。例如团购模式的兴起、购物网站向手机平台的平移、B2C 模式的主流化发展和购物免运费的价格战等。

第五，电子商务的政策法律环境不断完善。2005 年 1 月，国务院发布了《国务院办公厅关于加快电子商务发展的若干意见》，阐明了发展电子商务对我国国民经济和社会发展的重要作用，提出了加快电子商务发展的指导思想。2005 年 4 月，《中华人民共和国电子签名法》颁布，标志着我国电子商务法律建设进入到一个新的阶段，从法律制度上保障了电子商务交易的安全。2006 年 5 月，中共中央办公厅、国务院办公厅印发了《2006－2020 年国家信息化发展战略》，明确提出了我国未来的"电子商务行动计划：营造环境，完善政策，发挥企业主体作用，大力推进电子商务；加快信用、认证、标准、支付和现代物流建设；完善结算清算信息系统；探索多层次、多元化的电子商务发展方式"。2007 年 6 月，《规划》的颁布实施，进一步确立了我国发展电子商务的战略意图，为走出一条有中国特色的电子商务发展道路提出了一系列创新举措。以上政策的出台和相关法律的实施，改善了我国电子商务的法律环境，有力地促进了电子商务的快速发展。

综上所述，可以看出"十五"期间我国电子商务在经历了探索和理性调整后，步入了务实发展的轨道，为"十一五"的快速发展奠定了良好的基础。一方面，电子商务应用初见成效。电子商务逐步渗透到经济和社会的各个层面，国民经济重点行业和骨干企业的电子商务应用不断深化，网络化生产经营与消费方式逐渐形成。另一方面电子商务支撑体系建设取得重要进展。电子认证、电子支付、信用和标准等电子商务支撑体系建设逐步展开。19 家电子认证机构获得电子认证服务许可，近 20 家商业银行开办电子银行服务，第三方电子支付业务稳步上升。此外，电子商务的发展环境进一步得到改善。国家信息化发展战略确立了电子商务的战略地位，电子商务发展若干意见明确了发展方向和重点，电子签名法为电子商务发展提供了法律保障。各地区各部门相继制定了各种配套措施，加大了对电子商务发展的扶持力度。全社会电子商务应用意识不断增强，形成了良好的社会氛围。

3. 当前制约我国电子商务发展的因素

根据国家经贸委对部分大中型企业的调查，当前有九大因素制约我国企业互联网应用及电子商务的发展。

一是网络安全问题。包括黑客入侵、病毒袭击、垃圾邮件、流氓插件等。据《电子商务世界》调查统计，有 73.4% 的管理者认为网络安全对电子商务的发展非常重要。为保证安全，当前企业最直接的做法是将自己的局域网和互联网断开。在 11 家案例企业中，有 8 家企业内网和互联网是物理性断开的，以保护企业的财务状况、核心技术、客户资料等商业秘密不泄露。这种物理性隔离，虽然提高了企业的安全性，但加大了企业数据转换的工作量（只能通过人工转换），降低了工作效率和反应速度。另据第 26 次 CNNIC 报道，2010 年上半年，有 30.9% 的网民账号或密码被盗过，网络安全的问题仍然制约着中国网民深层次的网络应用发展。

二是互联网基础设施建设问题。据有关部门调查显示，有 60.6% 的管理者认为互联网基础设施建设对电子商务的发展非常重要。但由于经济实力和技术等方面的原因，一方面我国网络的基础设施建设滞后并跟不上发展的要求,因此一些有实力的特大型企业为解决公共基础设施薄弱的问题,就自己建设专线、专网。另一方面我国上网用户的人均数量与发达国家相比还比较少,网络利用率较低,网络资源存在大量闲置和浪费,从而制约着我国网络的进一步发展。为此我国应加大基础设施建设的力度,提高投资效益,改善网络通信质量。

三是社会商业信用问题。据有关部门调查显示,有59.6%的管理者认为这个问题对电子商务的发展非常重要。鉴于当前的信用状况,一些企业为了保证财务的稳健已经基本取消了对客户的信用额度,还有一些企业则通过会员制对客户进行审核和考察,自己建立一套信用管理体系。

四是电子商务相关法律法规问题。由于电子商务是一个全新的商务模式,全球对电子商务还没有标准的法律文献,虽然我国在1999年10月颁布的《新经济合同法》对电子商务的法律地位做了规定,2005年又颁布了《电子签名法》,但还远远不能适应电子商务的发展。尤其是对网络犯罪的定罪和处罚等都没有具体可行的法律。因此还需要从系统的角度考虑通过立法来解决电子商务实践中的法律问题。

五是标准化问题。虽然我国在2007年1月专门成立了国家电子商务标准化总体组,用于组织开展国家电子商务标准体系、面向服务的技术体系、电子商务数据与报文、政府采购、信用服务、在线支付、现代物流、安全认证等标准的研究和制定,但由于我国对电子商务标准的研究起步比较晚,例如EDI等领域内的技术标准工作是在20个世纪90年代才开始的,并且标准未成体系,其中有些标准还是空白,这就导致目前我国很多企业都是自行建立企业、产品以及物流等代码,既浪费了资源,又阻碍了企业间信息流和物流的畅通。为此我国应抓紧时间开展、推进国家电子商务标准体系的研究和制定。

六是网络支付问题。如果要在网络上进行交易,就需要通过银行的信用卡等方式来完成,虽然银联在统一的问题上发挥了一定的作用,但各银行仍大多采用各自的支付网关,从而不利于各大商业银行之间跨行业务的开展,不利于网上支付活动的进行。此外我国的数字认证管理(Certification Authority,简称CA)市场还很不成熟,拥有几十个CA中心,它们各自为政,群雄并立,而且经营亏损现象比较普遍,还需要进一步的市场培育和整合。

七是企业管理层对电子商务的认知程度问题。在调查中,企业领导普遍看好电子商务的未来,但大多数企业尚未制定出推进电子商务的发展战略。

八是网络市场规模问题。表现在两个方面,一是B2C有效用户规模小。中国的互联网用户虽然有4.2亿人,但购物人数只有1.42亿人,参加网购的网民半年内购物金额在1000元以上还不到30%。网上购物的金额与发达国家相比还比较少。另一方面,B2B用户规模也较小。企业上网的主要目的集中在发布企业信息和产品信息上,能够真正实现网上交易的还比较少。

九是IT技术和管理信息人才问题。目前,开展电子商务的主要障碍之一是缺乏既懂IT技术又熟悉业务流程的综合性人才。各行各业都在进行各方面的电子化和信息化改进工作,这就需要大量有关计算机网络和电子商务高、中、低三方面的人才。因此如何培养出大批的复合型人才就成为发展电子商务的最关键性因素。目前我国有关部门已经注意到电子商务人才的培养问题。许多大中专院校专门建立了本、专科电子商务专业和硕士研究生电子商务方向。各网站也纷纷开设了电子商务培训课程。

此外,企业信息化基础建设薄弱、第三方物流配送体系缺乏等也是制约企业互联网应用和电子商务发展的因素。

1.3 电子商务的分类

1.3.1 按电子商务应用的活动范围分类

按照电子商务应用的活动范围分类，电子商务可以分为三种类型：

（1）本地电子商务。它是指利用本城市或本地区内的信息网络实现的电子商务活动，电子交易的地域范围较窄。本地电子商务系统是利用 Internet、Intranet 专用网将下列系统连接在一起的网络系统：第一，参加交易的买方、卖方及其他各方的电子商务信息系统；第二，银行金融机构、保险公司和税务管理的电子信息系统；第三，商品检验和货物运输信息系统；第四，本地区 EDI 中心系统。本地电子商务系统是开展远程国内电子商务和全球电子商务的基础系统。

（2）远程国内电子商务。它是指在本国范围内进行的网上电子交易活动，相对本地电子商务而言，其交易的地域范围较大，对软硬件和技术要求较高。它要求在全国范围内能够实现商业电子化、自动化和金融电子化。因此交易各方需要具备一定的电子商务知识、经济能力、技术能力和一定的管理水平等。

（3）全球电子商务。它是指在世界范围内通过全球网络进行的电子交易活动，参加电子交易的各方通过网络进行贸易。全球电子商务业务内容繁杂，数据来往频繁，要求电子商务系统严格、准确、安全、可靠。因此各国应协商制订出一个世界统一的电子商务标准和电子商务（贸易）协议，从而促进全球电子商务的顺利发展。

1.3.2 按行业应用分类

按照行业应用分类，电子商务目前主要有三种类型：

（1）零售业电子商务。零售业是顾客最多、接触面最广的一个市场，因此也是电子商务市场应用的一个非常重要的领域。随着电子商务的出现，许多原本从事传统零售业的大型企业也开始加速布局 B2C 电子商务领域，开办网上商城。作为传统家电连锁零售行业的巨头国美、苏宁都已开设了网上商城。据悉，国美开展零售业电子商务的根本目的在于促进产品销售、提升整体销售业务，其电子商务业务的成功，在很大程度上取决于与国美电器传统经营体系、服务模式的有机结合。

（2）服务业电子商务。服务业中有很大一部分是涉及信息处理的服务。将电子商务运用到服务业中可以有效地解决其中心系统处理困难的问题。因此服务业电子商务在电子职业市场、旅游、拍卖等领域应用得非常成功。例如我国著名的携程旅行网（www.ctrip.com），作为中国领先的在线旅行服务公司，它成功地整合了高科技产业与传统旅行业，向超过 1900 万会员提供集酒店预订、机票预订、度假预订、商旅管理、特约商户及旅游资讯在内的全方位旅行服务，被誉为互联网和传统旅游无缝结合的典范。凭借稳定的业务发展和优异的盈利能力，CTRIP 已于 2003 年 12 月在美国纳斯达克成功上市。

（3）广告业电子商务。Internet 是目前发展最为迅速的传播媒体，同时它的发展潜力也非常大。Internet 达到 500 万用户所花的时间大约为 5 年，而与之相对应的是广播达到 500 万用户需要的时间为 38 年，电视是 13 年，有线电视花了 10 年。随着网民数量的急剧增多以及他们在网上花费时间的不断增长，使得网上广告业正处于欣欣向荣的状态。据《信息化蓝皮书》披露，2009 年我国互联网广告市场实现市场价值达 191.2 亿元，领头广告行业依然是汽车类广告。同样艾瑞咨询整理 eMarketer 发布的最新数据研究发现，2009 年在金融危机的持续影响下，英国网络广告支出仍以 5.7% 的增速增至 35.4 亿英镑。根据预测，2012 年在伦敦奥运会的影响下，英国网络广告支出将达 43.3 亿英镑，同比增长 8.8%，预计 2014 年英国网络广告支出将达到 48.4 亿英镑。

1.3.3 按交易主体分类

按参加交易的主体划分，可以将电子商务分为若干类：企业间电子商务、企业与消费者之间的电子商务、消费者与消费者之间的电子商务、政府与企业之间的电子商务、政府与消费者之间的电子商务等。其中最重要和发展最快的是以下三种：

（1）企业与企业之间的电子商务模式。它是指企业与企业之间通过互联网进行产品、服务和信息的交换。这是电子商务发展最快的一种类型。公司之间使用网络进行订货、接受订货合同认证和电子支付货款，能使企业双方更加清晰地掌握各自的供销体系和财务状况，更快得到产品信息，从而为扩大市场、降低库存和成本价格、提高效益，打下坚实的基础。

（2）企业与消费者之间的电子商务模式。它是指企业通过互联网向网络中的消费者直接销售产品和提供服务的经营方式，它基本等同于电子零售业。随着互联网的快速普及，越来越多的消费者开始尝试通过互联网来进行网上购物，此商务模式也成为电子商务应用最普遍、发展最快的领域。它可以提高双方的交易效率，节省消费者的时间，因此深受广大消费者的喜爱。

（3）消费者与消费者之间的电子商务模式。它是指消费者通过互联网与其他消费者之间进行的个人交易。消费者与消费者之间的电子商务以 2003 年 5 月淘宝网进入 C2C 市场为契机，发展到今天，以淘宝、易趣、拍拍等为首的几大 C2C 网站之间的激烈竞争，已经使 C2C 的概念获得了广泛的认同，C2C 市场用户规模也获得了爆炸性的增长。

1.3.4 按使用网络的类型分类

按照使用网络类型分类，电子商务目前主要有三种类型：

（1）基于电子数据交换的电子商务。电子数据交换是 20 世纪 70 年代发展起来的，融合现代计算机技术和远程通信技术为一体的信息交换技术。作为一种电子化的贸易工具和方式，EDI 被广泛应用于商业贸易伙伴之间，特别是从事国际贸易的贸易伙伴之间。它将规范化和格式化的贸易信息通过电子数据网络，在相互的计算机系统之间进行自动交换和处理，可以达到快速、准确、方便、节约、规范的信息交换的目的，因此成为全球具有战略意义的贸易手段和信息交换的有效方式。EDI 是现阶段电子商务的前身和基础。

（2）基于 Internet 的电子商务。Internet 是世界上最大的互联网络，它包括了大大小小不同拓扑结构的局域网、城域网和广域网，通过成千上万个路由器或网关及各种通信线路进行连接。基于 Internet 的电子商务就是将分散在全球的信息资源连接起来，一方面交易双方在互联网环境下，实现网上营销、购物等商业活动，另一方面交易双方可以不受时间、空间和地域的限制，以最小的成本获得最满意的服务。

（3）基于企业网络环境（Intranet/Extranet）的电子商务。Intranet 即内联网，指采用 Internet 技术构造的、面向企业内部的专用计算机网络系统，具有管理和处理企业生产过程信息和提供

生产和管理决策依据等方面的功能。Intranet 以 TCP/IP 协议为基础，以 Web 为核心应用，构成企业内部统一的信息交换平台。Intranet 可以通过局域网接入方式成为 Internet 的一部分，也可独立自成体系，一般采用防火墙等相应的措施与外部网络系统进行隔离，以保障信息和系统本身的安全。企业利用 Intranet 连接企业内部各部门，有利于实现企业内部各种事务处理、信息交换及共享等。Extranet 即外联网，指将 Intranet 的构建技术应用于企业间系统，使企业与其供应商、销售商、客户等供应链合作伙伴相联的交互合作网络。Extranet 是各企业 Intranet 之间的桥梁，密切了企业之间的联系。企业可以通过企业间 Extranet 共享信息，降低费用，提高效率。

1.4　电子商务模式

1.4.1　B to B 电子商务模式

B2B（Business to Business）电子商务模式是企业对企业的电子商务，亦称为商家对商家或商业机构对商业机构之间的电子商务模式，是指企业与企业之间通过使用互联网或各种商务网络平台来完成商务交易活动的过程。这些过程包括：发布供求信息，订货及确认订货，支付过程及票据的签发、传送和接收，确定配送方案并监控配送过程等。在中国 B2B 电子商务的典型是阿里巴巴、百纳网、中国网库、中国制造网、敦煌网、慧聪网、环球资源、中国 114 黄页网等。

如果对 B2B 电子商务进行分类的话，可以分为以下两种：第一，按办事对象分类，可以将 B2B 电子商务分为外贸 B2B 和内贸 B2B；第二，按行业性质分类，可以将 B2B 电子商务分为综合在线 B2B 和垂直在线 B2B。像阿里巴巴、百纳网、敦煌网等都属于综合 B2B，而垂直 B2B 有中国化工网、中国畜牧商城网、鲁文建筑办事网等。易观国际研究认为，在综合在线 B2B 企业占据绝大部分市场份额的情况下，垂直在线 B2B 电子商务作为重要的节能模式，在未来将呈现高速增长的势头。因为垂直在线 B2B 不仅符合低碳经济的发展模式，而且因为其专业性还有利于企业在网上形成虚拟产业集群，从而有利于企业提升效率、精减成本，形成规模经济，最终大幅提升其市场竞争力。

1.4.2　B to C 电子商务模式

B2C（Business to Customer）电子商务模式是指企业对个人消费者的营销商务模式。B2C 电子商务是人们最熟悉的一种商务类型，也是我国最早产生的电子商务模式，以 8848 网上商城正式运营为标志。由于互联网提供了方便、快捷的双向交互通信，从而使得网上购物成为本世纪最大的热点之一。B2C 电子商务不仅节省了交易双方的时间和空间，提高了交易效率，而且因为取消了中间环节从而大大降低了各种成本，从而受到了消费者的广泛认同，获得了迅速发展。

目前 B2C 电子商务的发展类型主要有以下两种：第一，百货商场型。例如亚马逊、当当、卓越、线上的沃尔玛商店等。企业作为网站服务平台，为消费者提供日常消费需求的各种商品，宛若一个百货商场。例如我国的当当网（www.dangdang.com）就是一个典型的百货商场型 B2C

17

电子商务网站。它是全球最大的综合性中文网上购物商城，由国内著名出版机构科文公司、美国老虎基金、美国 IDG 集团、卢森堡剑桥集团、亚洲创业投资基金（原名软银中国创业基金）共同投资成立。当当网于 1999 年 11 月正式开通。当当网在线销售的商品包括了家居百货、化妆品、数码、家电、图书、音像、服装及母婴等几十个大类，近百万种商品，在库图书达到 54 万多种。每天有上万人在当当网买东西，每月有超过 3000 万人在当当网浏览各类信息。第二，专业整合型。例如赛 V 网、红孩子、麦考林、国美网上商城等。企业为特定的人群提供全面的、专业化的服务。例如赛 V 网主要从事体育用品网上销售、导购、新闻资讯、赛事报道等，是一个专一的大型体育综合门户网站。赛 V 网不开设实体店铺、柜台，其产品的供应商全部是知名的生产厂商或厂商指定的总代理商，消费者通过网络平台来满足购物需求。

1.4.3 C to C 电子商务模式

C2C（Customer to Customer）电子商务模式就是消费者与消费者之间进行的电子商务。C2C 电子商务就是企业通过为买卖双方提供一个在线交易平台，使卖方可以主动提供商品上网拍卖，而买方可以自行选择商品进行竞价的一种商业模式。网上拍卖、在线竞价交易和网上二手买卖是 C2C 电子商务的典型应用。淘宝网、eBay 网、拍拍网等都属于此类型。

C2C 电子商务的交易模式一般为：消费者在网站上通过询价、议价、评价以及各种讨价还价的方式进行各类物品的买卖，而网站作为第三者主要起监督双方买卖、保证公平交易的作用，而且网站一般都是免费提供此服务的。该模式的特点是：网上成交，网下交易。具体是网上成交结束后，买卖双方经过进一步协商、比较，选择网上推荐的特约物流公司，通过电话或电子邮件联系公司，物流公司将在约定时间来到卖家指定地点取货，在核准卖家和买家身份及交易商品标号并收取物流费后，就送货到买家，并收取货款，最后交货款到卖家手中。

C2C 电子商务在实际应用中要注意以下三点事项：第一，买卖双方都应互守诚信，杜绝虚假信息和欺诈行为的发生；第二，要注意保持交易过程中物流和资金流的安全与畅通；第三，相关部门要积极建立相应的监督机制，防止商务平台操纵金融漏洞，随意冻结、挪用卖家资金进行金融运作，从而给金融界和众多卖家带来金融风险。

1.4.4 B to G 电子商务模式

B to G（Business to Government）电子商务模式就是企业对政府的电子商务活动模式。它是指企业与政府之间的事务在网络上的具体实现，其涵盖的范围很广、内容很多，主要有政府网上采购、商品检验、海关及相关政策法规条例的颁布通告等，其中最重要的就是政府集中网上采购。

政府集中网上采购的基本运作方式是：将政府各部门分散的财政开支集中到一个主管部门统一进行。政府在网上发布采购信息，各生产企业从网上得到信息以后，根据自己的生产经营情况，报价竞标，中标者得到采购定单。政府实行网上采购，不仅透明度高，有利于从制度上杜绝腐败的产生，而且由于批量大，一般比分散采购降低成本达 30%以上。据中国电子商务网站报道，河北省政府采购通过网站发布了第 8 号公告，利用互联网进行采购，比传统采购每年可节省 10%费用，每年节约资金达 45 万元人民币。南宁市政府采购网进行国际会展中心土方工程招标采购，最后确定的中标总价为 840.48 万人民币，节约了财政资金 50%。

作为整个社会的管理者和监控者的政府，在信息化大潮的推动下，进一步将 B to G 发展

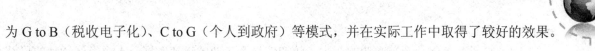

为 G to B（税收电子化）、C to G（个人到政府）等模式，并在实际工作中取得了较好的效果。

1.4.5　C to G 电子商务模式

C to G（Customer to Government）电子商务模式是消费者对政府机构的电子商务。主要是个人向政府缴纳各种费用、自我估税以及对个人所得税的征收等方面。通过网络快速实现对个人身份的核实、报税或征收税款等行为。

1.4.6　G to C 电子商务模式

G to C（Government to Customer）电子商务模式是政府对消费者之间的电子商务。是将政府职能上网，在网上实现政府的职能。政府在网上发布政府部门的名称、职能、机构组成、工作章程以及各种资料、文档等，并公开政府部门的各项活动，增加办公执法的透明度，为公众与政府加强联系提供方便，同时接受其监督。目前政府对消费者的电子商务方式有以下三种：一是电子福利支付——运用电子资料交换、磁卡、智能卡技术，处理政府各种社会福利事业，直接将政府规定的各种社会福利支付给受益人；二是电子资料库——政府在网上建立各种资料库，方便人们直接通过政府商务网站查询和获取资料；三是电子身份认证——以智能卡集合个人的医疗资料、身份证、工作状况、个人信用、个人经历、收入及缴纳个人所得税情况、公积金、养老保险、房产资料、指纹等信息，通过网络实现政府部门的各项便民服务措施。

1.5　电子商务的影响

1.5.1　电子商务对社会经济的影响

随着电子商务规模的不断扩大，电子商务对社会经济的作用正日益凸现出来，这种影响集中在以下几个方面：

（1）电子商务有利于促进经济的飞速发展。国际上对信息化与经济增长的关系已有不少的研究，证明二者是相互依赖，相互促进的，信息基础设施建设与经济增长成正比。

（2）电子商务有利于抑制通货膨胀，保持经济的稳定发展。由于互联网助长了全球性的价格竞争，再加上健全的货币与财政政策的推行，使信贷市场上的通货膨胀得以控制。正如美国经济学界普遍所认为的，电子商务"本质上具有产生通货紧缩的性质"，它有助于从整体上说明 IT 降低通胀的内生机制。首先，电子商务可以降低采购和营销成本。分析家认为，通过电子商务手段公司通常可以节省采购成本的 5%～10%。其次，电子商务可以减少库存。库存，实质是生产和消费之间供求未见面的中间物。产销间信息沟通越充分，库存积压越少；信息沟通越不充分，库存积压越多。因此，库存可以视为信息化的负指数。第三，缩短生产和产品周期。由于网络传递信息快捷迅速，大多数的北美总装企业的存货周转次数由过去的每年 7～10次，增加到每年 130 次。

（3）电子商务有助于增加总的就业机会。据统计，经合组织成员国近年来所增加的几千万个就业机会中，95% 与信息和知识产业有关。对中国来说，从传统制造业转向信息和服务业，将有效提高就业弹性系数。就业弹性系数的增加，意味着 GDP 每增加一个百分点可能吸收的就业人数增加。

（4）电子商务促使新兴产业的诞生。随着信息服务业的迅速发展，人类经济活动的日益网络化，一方面使得计算机、网络技术向传统产业内部渗透，提升了传统产业的技术层次；另一方面，随着网络产业与传统产业的加快融合。催生了一大批新兴产业即第四产业。第四产业超出了一、二、三产业物质资料生产过程的范围，主要以计算机和网络为经济活动中心，提供的主要产品是信息这种无形产品。目前，以汽车、石油、化工、机械等为代表的传统产业增长速度放慢，而使用信息、网络技术的第四产业则迅速发展成为国民经济的支柱产业，成为国民经济新的增长点。

1.5.2　电子商务对政府的影响

电子商务的出现，使政府的工作流程、办公模式、与公众的沟通互动方式等方面出现较大的变化。

（1）工作流程的改变。在传统的政府中，政府机构管理层次繁多、管理幅度较小，虽然上级对下级的控制和协调能力较强，但决策与执行层之间信息沟通的速度慢、费用高，有时甚至会出现信息失真的现象。而政府通过运用网络和现代通信技术，可以使行政业务集约化、规范化和高效化。此外，政府还可以使大量常规性、例行性的事务电子化。一方面，它减轻了工作人员的劳动强度；另一方面，它也减少了领导因主观因素对业务处理的干扰，可以大大提高政府的办公效率。例如在科技强检的浪潮中，黑龙江伊春市友好区检察院在本院三级网开通之后，充分利用检察技术网络的优越性，使办公室工作流程发生了巨大的变化。在未形成检察专网之前，友好区检察院的日常文件处理流程是：利用电话线拨号登录市院——下载文件——打印——审批——送达具体负责人——返回办公室。这种方式的弊病很多。第一，利用电话拨号登录市院网络十分不方便。全市 21 个基层院都使用这种方式，其结果就是经常造成电话占线。第二，文件处理费时、费力。公文流转的环节越多，处理时间就变得越长。第三，资源浪费。这种工作方式会发生使用一线通的月租费、打印所需的大量纸张以及隐性的墨盒、磨损费用等。同时，对上级院报送文件、报表工作也面临着这种情况。这样就不得不利用传真、专人专车报送等方式，从而增加更多不合理的负担。检察技术网络的建成，很好地解决了上述问题。市院信息资源的设置分为发布与接收两个板块，在每个板块都按照各业务部门设置了相应的文件夹。通过网络，友好区院各业务部门分别独立负责在电脑上接收和报送各自对口的文件信息，并按照要求对信息发表评论以示具体工作的实施落实到位，之后需转发的自行转发，需做其他处理按规定处理，需上报材料和反馈相关信息的各部门对对口部门自行上报和反馈信息，减少了办公室转发的中间环节。而这些操作只需几次鼠标点击即可瞬时完成，没有占线的困扰，省去了处理的繁琐，而且由于友好区院目前采用接入市政务网与市院连接的方式，只有一次性的硬件投资，从而极大地节省了投资费用。

（2）办公模式的改变。在传统的政府办公模式中，如果人们需要办理一些与政府相关的业务，就必须亲自到各政府部门去办理，费时费力。当电脑和网络进入企业、家庭和政府机构后，业务办理电子化就成为可能。例如通过网络报税、缴税，通过网络办理、审核驾照等。

（3）沟通和互动方式的改变。在传统的政务模式下，政府主要借助各种公共传媒来发布政务信息，而公众主要借助于电话、信件、口头传播和传真等手段向政府传递信息，这些方式的一个重要缺陷就是速度下降，政府与公众之间难以做到及时沟通和信息互动。现在政府通过网络化手段，就能实现及时沟通和实时对话，使沟通和互动方式发生了根本性的变化。

1.5.3　电子商务对企业的影响

据《电子商务世界》杂志调查显示，电子商务一般会给企业带来五大积极影响：59.48%的企业增加了客户，51.11%的企业实现了销售量的增长，49.80%的企业扩展了销售区域，45.97%的企业实现了品牌提升，41.57%的企业降低了营销成本，35.08%的企业降低了运营成本，27.12%的企业更加注重诚信。销售、成本和市场成为电子商务对中小企业的三大直接效益作用点。除此之外，电子商务还有以下几个方面的作用：

（1）电子商务将改变企业的生产方式。传统的生产方式是：企业根据市场调查和往年的销售数据做出本年度或本季度的生产计划，然后根据计划组织生产，生产出来的产品如果不能及时销售出去，就必须放到仓库里。在电子商务时代，生产都是根据订单来进行的，而库存几乎是零。这样一方面缩短了生产厂家与消费者的距离，另一方面使得敏捷制造成为现实。

（2）电子商务将改变企业的流通环节。传统的流通环节一般是：生产商－批发商－零售商－消费者。在电子商务时代，传统的流通方式正在被打破，生产商与消费者通过新的物流配送体系直接面对面。

（3）电子商务将改变企业的营销方式。网络营销已经走上企业的舞台，甚至有可能取代传统营销方式。尤其是对中小企业而言，利用网络营销方式，中小企业可以较低的成本迅速建立起自己的全球信息网络和贸易系统，实现中小企业与跨国公司的平等竞争。

（4）电子商务将改变企业的管理方式。第一，在组织结构上，以互联网为基础的电子商务要求企业的组织结构必须有利于信息交流、有利于发挥员工的创造力、能使企业敏捷反应、能提供满足客户个性化需求的产品等。因此企业应该用扁平的、网状式的组织结构代替原来的金字塔式的等级结构。第二，由于电子商务的推行，使企业由过去的集权制演变为分权制。第三，由于从事电子商务的人员一般都是由高素质、高文化的技术人才组成，因此对他们的管理必须由传统的家长式管理演变为朋友式管理。第四，在电子商务的构架下，企业组织信息传递的方式应由单向的"一对多式"向双向的"一对一式"转换。由于信息在传递的过程中减少了中间环节，因而有助于加快双方的沟通速度、提高工作效率。

1.5.4　电子商务对个人的影响

电子商务对人们的生活、工作和学习等方面产生了巨大的影响，这种影响集中表现在以下几个方面：

（1）生活方面。电子商务不仅增加了人们获取信息的渠道，而且正改变着人们的消费方式、娱乐方式和休闲方式。现在人们足不出户就可以在家欣赏到最新的影视大片、了解最新的新闻资讯、把握最前沿的时尚资讯动态等。

（2）工作方面。随着互联网走进千家万户，消费者利用电脑和网络在家办公成为现实。办公不再局限于办公室，既节约了时间和费用，也减轻了交通负担，减少了环境污染。例如对于一个营销人员来说，整个交易过程都可以在网上进行，包括业务洽谈、签合同、发货和运输、结算支付等，他再也不用把宝贵的时间都浪费在旅途和谈判桌上了。目前在家办公已成为一些企业的时尚，同时也成就了一批时髦的 SOHO（Small Office（and）Home Office）一族。

（3）学习方面。随着 Internet 的广泛应用和新技术、新知识的层出不穷，一方面使得人们对于教育的需求由阶段式教育转变为终身教育;另一方面促使教育内容和形式发生了重大变化。例如在 Internet 上开设网络大学进行远程教育已经成为国内外众多大学的重要办学模式之一了。在欧美许多知名的大学都开设了自己的网络大学,国内的清华大学、北京师范大学、浙江大学等也开设了网络大学并受到了人们的欢迎。网络大学作为远程教育的一种方式,打破了时间和空间的限制,人们可以按照自己的需要、根据自己的时间,足不出户就能享受到一流大学提供的教育机会。

1.6 移动电子商务

1.6.1 移动电子商务的内涵

电子商务方兴未艾,移动电子商务(Mobile Electronic Business,简称 MEB)又走上了历史舞台。随着无线网络技术的发展,无线通信变成了现实,特别是移动通信的快速发展,一方面使得人们可以随时随地地获取数据服务,另一方面也使得人们可以在移动中进行电子商务,从而促进了移动电子商务的发展。

1. 移动电子商务的含义

移动电子商务是指通过手机、个人数字助理(PDA)和掌上电脑等移动通信设备与无线上网技术有机结合所进行的电子商务活动。相对于传统的电子商务而言,移动电子商务拥有更为广泛的用户基础,因此具有更为广阔的市场前景。

移动电子商务不仅能为消费者提供电子购物环境,还是一种全新的销售和信息发布渠道。从信息流向的角度看,移动电子商务提供的业务可以分为以下三个方面:

(1)推动式(Push)业务。该业务主要用于发布一些像时事新闻、天气预报、股票行情、彩票中奖公布、交通路况信息、招聘信息和广告信息等。它是一种单向的信息发布模式。

(2)拉动式(Pull)业务。该业务主要是指消费者接收一些个人定制的特殊的服务信息,包括服务账单、电话号码、旅游信息、航班信息、影院节目安排、列车时刻表和一些行业产品信息等。拉动式业务也是一种单向的信息发布模式。

(3)交互式(Interactive)业务。该业务包括电子购物、游戏、博彩、股票证券交易和在线竞拍等。

2. 移动电子商务的优势

移动电子商务的优势是非常明显的。目前世界著名的电信制造商、电信运营商、市场调查咨询公司等都非常注重移动电子商务这一市场。移动电子商务的优势主要体现在以下几个方面:

(1)提供了便捷的大众化应用。传统电子商务的局限,就在于台式计算机携带不便,而移动电子商务正好可以弥补传统电子商务的这种缺憾,具有灵活、简单、方便的特点。用户凭借它不但可以在 Internet 上直接购物,还可以实现信息、媒体和娱乐服务的电子支付,并能根据自己的个性和喜好来选择、控制提供信息和服务的方式,从而为用户带来与众不同的消费体验。据中国电子商务研究中心 2010 年 8 月 5 日最新发布的《2010 年(上)中国电子商务市场数据监测报告》显示,截止到今年上半年,中国移动电子商务实物交易规模达到 13 亿元,用

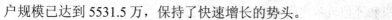

户规模已达到 5531.5 万，保持了快速增长的势头。

（2）创造了无限的网上商机。移动电子商务庞大的用户规模为服务提供商创造了无限的商机。以手机入网为例。手机上网以其特有的便捷性获得了很多网民的认可。据中国互联网络信息中心（CNNIC）第 26 次调查报告显示，我国手机网民规模继续扩大，截止到 2010 年 6 月，手机网民用户达 2.77 亿，较 2009 年底增加了 4334 万人。随着 3G 时代的到来，可以预见手机上网的用户将越来越多。这个庞大用户群的消费潜力将是非常可观的，各种服务提供商可以抓住机会，有效利用这种资源，开辟新的销售与促销渠道，从而加强与客户的联系，并降低服务成本，最终提升企业的营运效率。

（3）降低了网络企业的经营风险。近年来，许多网络企业都因为缺乏现实的用户基础和良好的盈利模式，纷纷关门倒闭。移动电子商务运营商不仅拥有庞大的用户群，而且拥有稳定的收费关系和收费渠道。此外，近几年来国内移动运营商已经构建起了成熟的移动数据业务发展产业价值链，以及与移动互联网服务内容提供商进行利润分成的商业运作模式，这为移动电子商务业务的发展创造了良好的条件。

1.6.2　实现移动电子商务的技术

移动电子商务的发展壮大是建立在移动通信技术、互联网技术和电子商务技术的基础上的。目前，推动移动电子商务发展的技术主要包括无线应用协议、移动 IP、蓝牙技术、通用分组无线业务、移动定位系统和第三代移动通信系统等几种。

1. 无线应用协议

无线应用协议（Wireless Application Protocol，简称 WAP）是一种通信协议，是开展移动电子商务的核心技术之一，它融合了计算机网络及电信领域的各种新技术。通过 WAP，用户可以随时随地、方便快捷地接入互联网，真正实现不受时间和地域约束的移动电子商务，可以给用户带来前所未有的多种交互式服务体验。WAP 的提出和发展是基于在无线移动条件下接入互联网的需要，它提供了一套开放、统一的技术平台，用户可以十分方便地使用移动设备及其他便携式终端来访问和获取因特网或企业内部网的信息及各种服务。同时它还提供了一种普遍意义上的应用开发框架，可以支持在不同无线通信网络上方便高效地开发和运行 WAP 应用服务。目前许多电信公司已经推出了多种 WAP 产品，例如 WAP 网关、应用开发工具和 WAP 手机等。

2. 移动 IP

移动 IP 通过在网络层改变 IP 协议，从而实现移动设备在互联网上的无缝漫游。移动 IP 技术使得节点在从一条链路切换到另一条链路上时无须改变它的 IP 地址，也不必中断正在进行的通信。移动 IP 技术在一定程度上能够很好地支持移动电子商务的应用。但是目前它也面临一些问题，比如移动 IP 协议运行时的三角形路径问题，移动主机的安全性和功耗问题等。

3. 蓝牙技术

蓝牙技术（bluetooth）是一种无线数据与语音通信的开放性全球规范，它由爱立信、IBM、诺基亚、英特尔和东芝共同推出。蓝牙原是在 10 世纪统一丹麦的国王，他将当时的瑞典、芬兰与丹麦统一起来。用他的名字来命名这种新的技术标准，含有将四分五裂的局面统一起来的意思。蓝牙技术可以在近距离内低成本地将几台数字化设备呈网状链接起来，等于是在网络中为各种外围设备接口架起了一座统一的桥梁，旨在取代有线连接，实现数字设备间的无线互联，

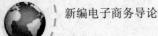

以便确保大多数常见的计算机和通信设备之间可以方便地进行通信。

4. 移动分组无线业务（GPRS）

在传统的 GSM 网中，用户除通话以外最高只能以 9.6kb/s 的传输速率进行数据通信，这种速率只能用于传送文本和静态图像，无法满足传送活动视图的需求。通用分组无线业务突破了 GSM 网只能提供电路交换的思维定式，将分组交换模式引入到 GSM 网络中。它通过增加相应的功能实体和现有的基站系统进行部分改造来实现分组交换，从而提高资源的利用率。移动分组无线业务的最高速率可达 164kb/s，因此它可以提供突发性数据业务，能快速建立连接，适用于频繁传送小数据量业务或非频繁传送大数据量业务。

5. 移动定位系统

移动定位技术是基于目前较为普及的 GSM/GPRS 无线网络覆盖对手机终端进行实时位置捕捉的新型技术，只要手机开机又能收到网络信号，那么他所处的位置便能随时被掌握。无线移动网络是以小区（蜂窝）作为最小位置单位的，所以当手机处在不同的小区或在小区之间进行移动切换时，不同的小区号便确认了手机的实际位置。由于移动网络的小区号是全球唯一的，所以其对应的实际地理位置也是全球唯一的。移动定位技术在移动电子商务中的主要应用领域之一就是为基于位置的业务者和外出办公的公司员工提供当地新闻、天气、旅游和旅馆等信息。这项技术将为本地旅游业、商店和餐饮业的发展带来巨大的商机。

6. 第三代移动通信系统（3G）

第三代移动通信系统（3rd Generation，简称 3G）是指第三代移动通信技术，是相对于第一代模拟制式手机（1G）和第二代 GSM 等数字手机而言的。3G 系统是把无线通信与因特网等多媒体通信结合起来的新一代移动通信系统，它能够为人们提供速率高达 2Mb/s 的宽带多媒体业务，支持高质量的语音、分组数据、多媒体和多用户速率通信，提供包括网页浏览、电话会议、电子商务等多种信息服务，而这将彻底改变人们的通信和生活方式。3G 技术把手机变为集语音、图像、数据传输等诸多应用于一体的通信终端，大大促进了移动电子商务的全面实现和广泛开展。

1.6.3 发展移动电子商务的制约因素

从总体来看，在移动电子商务迅速发展的同时，还存在着以下几个因素制约着我国移动电子商务的发展。

（1）用户认知度的制约。据赛迪资讯的一次调查显示，目前国内消费者对 WAP、移动梦网、移动电子商务的认知程度还比较低，对目前被炒得火热的 3G 业务，近 50% 的被调查者仅仅呈观望态度。用户希望得到移动电子商务的服务也并不像众多媒体宣传的那样急切，很多消费者实际上并不关心什么时候能使用该业务，即目前他们并没有意向使用该业务。

（2）技术发展的制约。据报道，虽然 3G 是在 2009 年年初宣布正式商用，但实际上运营商密集推广主要是集中在 2009 年下半年。但 3G 商用对于手机上网服务的普及更多是停留在营销层面上的，受终端、网络、资费等方面的限制，3G 网民还未成为手机上网网民增长的主要推力，从而使得移动电子商务的推广受到了一定的限制。

（3）安全性的制约。与传统的电子商务模式相比，移动电子商务的安全性更加脆弱。其安全风险主要包括终端的窃取与假冒、无线网络的窃听、交易的抵赖与否认、中间的非法攻击和交易信息的重传等。因此如何保护用户的合法信息如账号、密码等不受侵犯成为发展移动电

子商务迫切需要解决的问题。

（4）资费的制约。资费是移动电子商务消费者最关心的问题之一。中国移动的一次调查显示，51%的用户都认为 WAP 费用的高低将最终影响用户使用 WAP 业务。和移动终端产品的价格相比，目前我国的移动通信服务费率依然过高。目前国内 WAP 的资费大致分为三部分：一是国家已有明确资费规定的通信费，即无线接入费；二是互联网接入费；最后是信息服务费。三项加起来就是一笔不小的开支。因此过高的移动服务资费将阻碍我国移动电子商务的发展。

（5）业务丰富性的制约。目前我国移动电子商务中的业务不外乎信息、商务、娱乐等类别，特色服务比较缺乏，这无疑将制约我国移动电子商务的发展。移动内容服务商想要在市场上生存下去，就必须开发出有特色的、用户真正需要、能够接受的业务内容，从而为移动电子商务的发展提供丰富的营养源泉。

当然，移动电子商务作为新兴的电子商务行业仍普遍处于市场发展初期，还需要一段时期的磨合与探索。

1.7　电子商务与电子政务

1.7.1　电子政务概述

随着互联网技术的普及和应用，电子政务正以前所未有的速度登上了政府管理的舞台。它已经成为经济和社会信息化的先决条件，成为一个国家综合国力的重要标志。自 20 世纪 90 年代以来，世界各国都在加紧发展自己的电子政务体系。

电子政务（Electronic Government，简称 e-gov）是一个综合性很强的概念。在正式理解电子政务的概念之前，首先必须要注意区分以下三点内容：

（1）政府与政务之间的区别。由于电子政务与电子政府在英语中语义相同，所以在了解电子政务含义以前，必须首先要了解政府和政务之间的区别。所谓政府（Government）就是国家行政机关，它是指国家权力机关的执行机构。政府是从事政治活动的机构和组织，是为社会各种组织和个人提供服务的机构。从管理权的角度看，政府可分为中央政府和地方各级政府，并承担不同的职能。而政务（Government Affairs）是指关于政治方面的事务，也可以泛指国家和地方政府的各种管理工作。

（2）广义政务与狭义政务的区别。广义的政务是指各类行政管理事务的总称，如政府、人大（议会）、军队、政党等各种行政管理活动，它包括政府事务、军务、社区服务、执政党党务活动等。狭义的政务是专指政府部门所开展的行政管理和社会服务活动。目前我国对政务的理解主要是指广义的政务。

（3）电子政务与电子政府的区别。电子政府是相对于传统政府而言的信息社会的政府形态，它将传统政府的实体形态与信息化虚拟性网络相结合，构建出适合信息时代的政府组织。电子政府是运用信息化工具改造传统政府的结果，也是电子政务的发展目标和结果。正因为如此，在西方国家政府信息化就是指 e-Government，我们既可以把它翻译成电子政府，也可以把它翻译成政府电子化。

自 20 世纪 90 年代电子政务产生以来，关于电子政务的定义有很多，并且随着实践的发

25

展而不断更新。目前有关电子政务的表述可以概括为以下几种:

联合国经济社会理事会将电子政务定义为:政府通过信息通信技术手段的密集性和战略性应用组织公共管理的方式,旨在提高效率、增强政府的透明度、改善财政约束、改进公共政策的质量和决策的科学性,建立良好的政府之间、政府与社会、社区以及政府与公民之间的关系,提高公共服务的质量,赢得广泛的社会参与度。

世界银行认为电子政府主要关注的是政府机构使用信息技术,赋予政府部门以独特的能力,转变其与公民、企业、政府部门之间的关系。这些技术可以服务于不同的目的:向公民提供更加有效的政府服务、改进政府与企业和产业界的关系、通过利用信息更好地履行公民权,以及增加政府管理效能。因此而产生的收益可以减少腐败、提供透明度、促进政府服务更加便利化、增加政府收益或减少政府运行成本。

美国2002年的电子政务法案将电子政务的定义为:通过政府对基于互联网的和其他的信息技术的应用,结合实现这些技术的流程,增强政府对公众、其他机构和其他政府实体的信息与服务的递送及访问;同时,改进政府的运作,包括效率、效能、服务质量的提升或转变。

我国学者徐晓林等认为,所谓电子政务就是应用现代信息和通信技术,将管理和服务通过网络技术进行集成,在互联网上实现组织结构和工作流程的优化重组,超越时间和空间及部门之间的分隔限制,向社会提供优质和全方位的、规范而透明的、符合国际水准的管理和服务。

总之,目前有关电子政务的概念多达十几种,但在所有这些定义中都包含了以下四方面的内容:一是电子政务必须借助现代网络技术、计算机技术和通信技术,它离不开信息基础设施和相关软、硬件技术的支持。二是电子政务不仅仅是现代信息技术的应用,更重要的是通过将电子政务与政府机构改革和工作流程重组,实现政务与信息化的融合,大大提高政府服务的效率。三是电子政务通过网络技术的应用,使传统政务活动中难以做到的信息实时共享和双向交互成为可能,极大地提高了政务的透明度和满意度。四是在电子政务中,"电子"只是手段、工具和载体,而政务才是目的,只有达到改善和创新政务管理,才是真正意义上的电子政务。

综上所述,所谓电子政务就是政府机构为了适应经济全球化和信息网络化的需要,应用现代信息技术,将政务处理、政府服务的各项职能通过网络实现有机结合,并通过流程优化创新,实现提高政府管理效能、降低管理成本、改进政府服务水平,以适应信息化时代需要的现代政府工作机制。

电子政务建设的根本出发点在于,促进政府信息资源的开发利用和共享,提高行政效率和决策水平,改善公共服务质量,增加服务内容,提高政府办事的透明度,加强政府有效监管,建立政府与公众直接沟通的渠道,推动国民经济和社会信息化发展。因此,电子政务不是简单地将政府职能和业务流程电子化或网络化,而是政府行为方式和组织结构按照整个社会信息化的要求进行重组和优化,它不仅能够将原有的政务流程电子化,而且还可以导致政府结构的调整以及业务流程的重组,从而实现资源的优化配置。

1.7.2 电子商务与电子政务的关系

电子商务与电子政务之间相互依存、相互支持,两者既有相似点又有不同点。

1. 相同点

(1)电子商务与电子政务之间拥有共同的物质基础,都依赖于共同的信息基础设施,都是现代信息技术的应用,是现代信息技术在商务与政务两个领域中广泛应用的产物。

（2）电子商务与电子政务两者之间是彼此服务与被服务的关系，G2B 和 B2G 就是典型。例如政府网上招标采购就既是一种电子商务活动，也属于电子政务的范畴。

（3）电子商务与电子政务两者都需要建立对外联系、互动的信息门户网站。企业建立信息和商品交换的门户网站，一般都是.com，而政府建立政府门户网站，一般都是.gov。

2. 不同点

（1）两者的主体不同。电子政务的主体是政府，而电子商务的主体是企业。

（2）两者的核心内容不同。电子政务的核心是服务，具体而言就是政府部门利用先进的网络信息技术为企业、社会民众和政府自身提供一体化的高效、优质、廉洁的管理和服务。而电子商务的核心是交易，主要是企业之间、企业与最终消费者之间的交易。

（3）两者的根本目的不同。电子政务是一种政府的管理与服务活动，其根本目的是通过电子方式提高政府管理和服务的质量、效率和社会效益，同时不断地降低其管理和服务成本。而电子商务的根本目的是企业通过应用现代信息技术来不断提高商务交易效率、降低交易成本。

电子商务与电子政务在发展的过程中，两者并不是完全平等的关系，而是呈现出双重的复杂关系。一是电子政务的主导和推动作用。一方面电子商务的正常开展离不开政府的指导、监管和保障，另一方面电子政务也为企业电子商务的发展营造了良好的社会环境、制度环境，为其提供了海量、高效的信息服务和信用、安全保障服务。二是两者协同发展的必然性。例如政府网上采购会影响企业信息化并起示范作用，从而推动 B2B 电子商务的发展。

总之，电子商务与电子政务既有紧密联系又有本质上的区别。对此既要把握两者之间的异同和联系，又要采取有效措施，促进两者的协调发展和共同繁盛，最终实现我国电子政务和电子商务的腾飞。

1.7.3　政府在发展电子商务中的作用

电子商务是国民经济信息化的重要组成部分，在其发展过程中，无论是发达国家还是发展中国家，各国政府都发挥着其应有的职能，主要表现就是"抓大、放小"，有所为有所不为，提升自身服务水平。"抓大"就是政府从宏观上积极引导、调控电子商务的发展，"放小"就是政府在微观上对待电子商务要尽量依靠企业，给企业放权，在有所为的前提下尽力做到有所不为。

1. 指导原则

从世界各国的电子商务发展实践来看，政府在推动企业电子商务方面所起的作用是十分重要的，没有政府的宏观规划和政策指导，不改善电子商务的应用环境，企业要成功开展电子商务是不现实的。但是，政府首先必须要明确自己的相应职能，必须要有所为、有所不为。例如美国的电子商务发展之所以在全球遥遥领先，与美国联邦政府为了促进电子商务发展而采取的原则与政策分不开。美国政府早在 1997 年制定的"全球电子商务政策框架"中即规定了五项基本原则：第一，私营部门必须发挥主导作用。第二，政府应该避免对电子商务的不当限制。买卖双方在通过因特网进行产品或者服务买卖并达成合法协议的过程中，应尽可能将政府的参与或干预最小化。政府将严格控制对通过因特网进行的商务活动制定新的以及不必要的规定，简化政府办事程序或者避免征收新的税收和关税。第三，当政府必须参与时，政府参与的目标应该是支持和创造一种可以预测的、受影响最小的、持续简单的法律环境，从而为商业发展营造合适的环境。第四，政府必须认清因特网的特性。对现有的一些可能阻碍电子商务发展的法律、法规应该重新进行审议、修改或者废止，以满足电子商务时代的新要求。第五，因特网上的电子商务应该在全球范围内促进。当今因特网本身就是一个全球性的市场，网上交易的法律框架必须打破地区、国家和国际之间的界限，采取一致的管理原则。对因特网进行完全不同和多重管理只会阻碍自由贸易和全球商业发展。目前这五项基本原则已成为世界各国政府指导电子商务发展政策的重要依据，对我国各级政府来说也具有很强的指导意义。

2. 政府在发展电子商务过程中的作用

（1）加强协调，不断改善电子商务的发展环境。电子商务作为一种新型商务模式，要求有良好的外部发展环境。创造适宜的电子商务发展环境是政府各级管理部门的一项重要工作。电子商务的发展环境主要包括以下几个方面：公平竞争的市场环境、规范有序的制度环境、恰当的政策法律环境和良好的社会发展环境等。以政府法律环境为例，政府要积极支持和鼓励电子商务的发展，就必须要为电子商务的发展提供一个透明、和谐的法律环境，从而能够保护买卖双方间的公平交易、企业之间的公开平等竞争，能够保护消费者权益、知识产权和个人隐私权不受侵犯等。此外，政策法律的制定还必须要坚持与国际接轨的原则，密切关注国际电子商务的立法进展。因为如果对因特网采取与其他国家完全不同的管理措施，就会阻碍自由贸易和全球商业的发展，因此确定与世界各国一致的发展规则是政府的又一大任务。

（2）加强基础设施建设，为电子商务的发展提供技术支撑。电子商务的基础是信息化、网络化，因此必须要有良好的网络基础设施作支撑。为此政府必须要加强基础设施的建设。一方面要努力改善企业和普通消费者的上网条件、降低上网资费，从而加快电子商务的普及率；另一方面要采取有力措施，保障网上交易的安全，从而推动电子商务的发展。此外，政府还要大力鼓励各大企业在商用网络的开发和利用上投入资金，同时政府也要重点资助信息技术的研究和开发。据了解，截止到目前，美国在信息化的建设上大约投资了2000亿美元，其中联邦政府和地方政府在2000年前的投资约占1%，商业部已划拨3000万美元用于资助学校、图书馆的网络建设和利用，而信息化研究与开发项目经费由美国自然科学基金等重点扶持。

（3）提高、优化自身服务能力。努力优化政府部门的信息化工作环境，提高政府的信息化服务能力。一方面要使政府职能上网，这样政府就可以运用信息及通信技术打破行政机关的组织界限，建构一个电子化的虚拟机关，使得人们可以从不同的渠道获取政府的信息及服务，从而有利于政府机关间及政府与社会各界之间的相互沟通和交流。另一方面企业或个人可直接在因特网上通过访问相关政府部门的站点，办理各种事务，从而提高办事效率，增加事务处理的透明度。

1.8 电子商务案例分析

1.8.1 携程旅行网——"携手同程"

1. 携程旅行网的基本情况

携程旅行网创立于1999年，总部设在中国上海，目前已在北京、广州、深圳、成都、杭州、厦门、青岛、南京、武汉、沈阳、三亚11个城市设立分公司，在南通设立呼叫中心，员

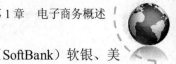

工近一万余人。主要的投资者有美国（Carlyle Group）凯雷集团、日本（SoftBank）软银、美国（IDG）国际数据集团、上海实业、美国（Orchid）兰花基金以及香港（Morningside）晨兴集团等。作为中国领先的在线旅行服务公司，携程旅行网成功整合了高科技产业与传统旅行业，向超过 3700 万会员提供集酒店预订、机票预订、度假预订、商旅管理、特约商户及旅游资讯在内的快捷灵活、优质优惠、体贴周到又充满个性化的全方位旅行服务，被誉为互联网和传统旅游无缝结合的典范。凭借稳定的业务发展和优异的盈利能力，携程旅行网于 2003 年 12 月在美国纳斯达克成功上市。自上市以来，连年保持持续增长的势头。2009 年营业收入接近 20 亿元。目前携程旅行网已成为中国旅游电子商务的龙头企业，中国最大的商务及度假旅行服务公司，中国最大的旅游信息发布企业。

携程网自成立以来，不断改进自己的服务，实现了快速增长，并取得了一系列荣誉。2006年获中国客户关怀标杆企业（旅游类）和艾瑞年度"最佳发展策略企业"、"最佳用户体验"等奖项；2007 年获得 TravelWeeklyChina 旅讯最佳在线旅行社和福布斯亚太最佳中小上市企业等奖项；2008 年入选"2008 胡润中国品牌榜 50 强"和《数字商业时代》"2008 年中国科技百强"企业，获得 2008 中国最佳呼叫中心"金耳唛大奖"；2009 年获"2009 中国最佳联络中心奖"，当选《财富》"2009 最受赞赏的中国公司"，入选《华尔街日报》中国最受尊敬企业前五名，当选"最佳差旅管理公司"和"最佳在线旅行社"……

2. 携程旅行网的商业模式分析

（1）战略目标。携程从建立到现在，其战略目标就是要做中国旅游电子商务的龙头企业、中国最大的商务及度假旅行服务公司、中国最大的旅游信息发布企业。为此它凭借自身吸引的大量风投资金进行了大量的并购与合作，通过并购与合作壮大了自身的力量、完善了自身的不足。例如 2000 年 11 月携程网并购了国内规模较大的订房中心——北京现代运通商务旅游服务有限公司，成为一个大型的商旅服务企业和宾馆分销商。2002 年 3 月它又收购了北京最大的散客票务公司——北京海岸航空服务有限公司，并建立了全国统一的机票预订服务中心。2004年 2 月与上海翠明国际旅行社达成合作进军度假市场。2008 年 1 月携程又牵手旅游卫视，联手打造携程环球 DIY。2009 年战略投资 EZtravel，促进两岸旅游业务的深度拓展。2010 年 2月投资永安旅游（控股）有限公司旗下旅游业务，从而进一步壮大、充实了自己的旅游业务。

（2）营销策略。携程深刻领会并找到了企业成功的真正原因。无论是传统经济时代还是电子商务时代，企业要想成功，就必须要以消费者为中心，竭尽全力来满足消费者的需求，急消费者所急，想消费者所想，这样企业才能持久健康地发展下去。携程自创建以来，就将"以客户为中心"放在企业经营理念的首位，并不断地深化、复制到每一个携程人的意识里。其"以客户为中心"的做法主要表现在以下几个方面：

1）竭尽全力为消费者提供丰富、全面的产品和服务。携程为消费者提供全方位的旅行服务，其业务主要包括六个方面：酒店预订、机票预订、度假预订、商旅管理、特约商户、旅游咨询。每一块业务携程都力争做得尽善尽美。例如酒店预订业务，携程为消费者提供全球 134个国家和地区 5900 多个城市的 32000 家合作酒店的预定服务。再如机票预订业务，携程旅行网拥有全国联网的机票预订、配送和各大机场的现场服务系统，消费者可以通过上网或电话等方便快捷的方式预定国内和国际各大航空公司的航线和航班。携程还为国内 50 多个大中城市的消费者提供免费送票服务，还实现了异地机票，本地预订、异地取送的服务。此外，携程还在机票预订领域首家推出 1 小时飞人通道，即在舱位保证的前提下，航班起飞前，消费者只需

29

提前 1 小时预订电子机票并付款，即可凭身份证件直接办理登机。此外，携程还为消费者提供了一系列创新的服务。例如携程为消费者提供的出境自助游 24 小时中文热线服务、自然灾害旅游体验保障金、"自由·机+酒"产品、应急援助网络和透明团等服务。2008 年携程在业内又率先提出了服务 2.0 模式。"2.0 模式"以高科技为手段，以交互性、工具性、体验性为特点，可以为顾客提供大规模、可复制的个性化或标准化服务。

2）低廉、可靠的价格。携程为消费者提供的产品和服务不仅质优，而且价廉。为了保证低价、让消费者放心，携程率先在业内推出酒店"双重低价保证、三倍赔付承诺"，保证客人以优惠的价格入住酒店。携程承诺：若会员通过携程预订并入住中国大陆地区酒店，在相同预订条件下，若携程会员价高于酒店前台折扣价，赔付 3 倍差价；若携程会员价高于其他网站公开价，赔付 3 倍差价。

3）积极、有效的激励措施。为了激励会员的消费行为，携程专门制定了积分累计制，即用户的每次消费都会转化为一定的积分，当积分达到一定数额时，消费者就可以申请兑换携程指定的奖品，包括各种独具特色的商品、各种度假产品抵用券、免费酒店、机票及旅游路线等。

（3）人才战略。携程能够发展到今天，与其惜才、爱才、善于用才紧密相关。携程在创建之初就深刻意识到了人才的重要性，为此携程对业内精英人士非常重视，不惜高薪诚聘。一旦聘用成功，就会积极让精英们从事一些能够充分发挥其才华的、富有挑战性的工作。

对于普通员工，携程也关爱有加。携程坚信："只有快乐的员工才能为企业创造更大的价值"。为此携程为员工提供广阔的职业发展机会和健全的薪资福利。员工一旦进入公司，公司就会为员工提供相应的入职培训、在职培训以及职业发展规划等。在薪资的基础上，员工可以享受有薪年假、午餐津贴、活动津贴等，部分优秀员工还可以获得旅游机会和公司期权。

（4）技术优势。携程一直将技术视为企业的活力源泉，竭尽全力地提升其研发能力。携程建立了一整套现代化服务系统，包括：客户管理系统、呼叫排队系统、订单处理系统、E-Booking 机票预订系统、服务质量监控系统等。尤其是其呼叫中心，采用了全国最先进的软硬件技术，目前已成为国内旅行服务行业中规模最大的呼叫中心。

此外，携程是中国服务业第一家以制造业的标志来进行服务业运作的企业，将六西格玛理念引入日常的服务管理。六西格玛服务标准是制造业高水平管理的标志，计算每百万次产品的不良率，六西格玛的顶尖产品质量水准意味着每百万件产品只有 3.4 件残次品。携程网采用六西格玛服务水准要求自己，就意味着每百万次电话只有 3.4 次错误。这样的服务水平无疑是令人惊叹的。携程以制造业的思路系统性地改造传统服务业，不仅大大降低了服务差错率，减少了成本开支，还全面提升了携程的服务品质。

（5）盈利模式。携程的盈利模式很简单，其收入来源主要有三部分。第一，作为一个独特的资源整合者，携程一边掌控着全国几十万会员客户，另一边则与全国数千家酒店、所有的航空公司紧密相连。它将客户和酒店、航空公司互相引荐，并促成两者之间的生意，然后收取佣金。网上酒店预订的代理费大约在 10%左右，订票为 3%。第二，携程通过开展的自助游、豪华游等，不仅收取自助游中的酒店、机票预订代理费以及保险代理费等，还通过自身提供的优质服务来赚取大量的服务费。第三，携程网还通过在线广告等方式来获取一定的收入。

（6）社会责任。本着"取之于社会，用之于社会"的理念，携程积极参与和大力支持各项公益事业，特别是在教育和环保方面。从设立携程阳光助学金到捐助希望小学再到支援四川地震灾后重建，从开展碳补偿活动、提出低碳旅行概念到倡导只为地球留下绿色足迹的环保旅行理念。多年来，携程一直争做中国社会好公民，并鼓励越来越多的员工参与志愿者活动。例如其"碳补偿"活动就是携程旅行网于 2008 年 9 月联合知名环保组织"根与芽"开展的一项极具环保理念的活动。消费者可以用携程积分在线兑换树苗，并在特定时间内在植树基地种下树苗，最终形成"携程林"。携程的上述做法不仅为企业树立了良好的社会形象，还受到了消费者的普遍赞誉。

1.8.2　淘宝网

淘宝网（www.taobao.com）成立于 2003 年 5 月 10 日，是国内首选购物网站，由全球最佳 B2B 平台阿里巴巴公司投资 4.5 亿创办，致力于成就全球首选购物网站。

淘宝网——没有淘不到的宝贝，没有卖不出的宝贝。自成立以来，基于诚信为本的准则，从零做起，在短短几年时间内，迅速成为国内网络购物市场的第一名，占据了中国网络购物 80%左右的市场份额，创造了互联网企业发展的奇迹。

截至 2009 年底，淘宝网拥有注册会员 1.7 亿，2009 年全年交易额达到 2083 亿人民币，是亚洲最大的网络零售商圈。截至 2009 年底，已经有超过 80 万人通过在淘宝开店实现了就业（国内第三方机构 IDC 统计），带动的物流、支付、营销等产业链上间接就业机会达到 228 万个（国际第三方机构 IDC 统计）。当前我国三分之一的宅送快递业务都因淘宝网交易而产生。

淘宝网在线商品分类齐全、数目众多，从汽车、电脑、家用电器、手机、摄像机到服饰、食品保健、家居用品，还有网络游戏装备交易区等，总数已过亿件，日独立用户数突破 1000 万。

淘宝网正在改写众多细分行业的零售格局：淘宝网的服装类商品销售额超过北京市所有亿元大卖场销售额的总和；淘宝网的母婴用品频道成为中国最大的母婴用品卖场；手机频道销售额逼近全国手机连锁卖场冠军迪信通；化妆品频道的销售额，超越了雅芳在中国约 6400 家专卖店的总销售额。淘宝网已经成为越来越多网民网上创业和以商会友的最先选择。

案例解析：

淘宝网之所以能够在激烈的网络市场竞争中、在与传统企业的竞争中迅速发展壮大，是因为它在电子商务的运作过程中把握了以下几个要点，这也是它取得成功的重要原因：

1. 优秀的企业文化。正如金庸所说："宝可不淘，信不能弃。"淘宝网倡导诚信、活泼、高效的网络交易文化。这种诚信文化不仅为淘友们所认可，它也为淘宝吸引人才、留住人才提供了强大的动力支持。

2. 轻松愉悦的购物环境。与易趣不同的是，淘宝网会员在交易过程中能够强烈地感受到淘宝网全心营造和倡导的互帮互助、轻松活泼的家庭式购物氛围。其中一个例子是会员及时沟通工具——"淘宝网旺旺"。会员注册淘宝网之后和淘宝网旺旺的会员名将通用，如果用户进入某一店铺，正好店主也在线的话，会出现"掌柜在线"的图标，用户就可以及时地与店主进行消息交流。"淘宝网旺旺"具备查看交易历史、了解对方信用情况等个人信息的功能，同时还具备多方聊天等一般及时聊天工具所具备的功能。每位在淘宝网进行交易的人，不但交易更迅速高效，而且在交易的同时，交到更多朋友。

3. 个性化的服务。电子商务是个性化服务的代言人。作为 C2C 的标志性网站，淘宝网有很多个性化的服务。例如商品的拍卖。如果拍卖商品的剩余时间在 1 小时以内，那么时间的显示是动态的，并且准确显示到了秒。此外，为方便消费者购物，淘宝网还提供了强大的实时搜索功能，不但有利于消费者迅速找到要购买的商品，还可以货比三家，最终满意而归。

4. 注重安全制度的建设。首先，淘宝网在为淘宝网会员打造更安全高效的网络交易平台的同时，也注重诚信安全方面的建设，引入了实名认证制，并区分了个人用户与商家用户的认证。两种认证需要提交的资料不一样，个人用户认证只需提供身份证明，而商家认证还需提供营业执照，而且一个人不能同时申请两种认证。从这一点就可以看出淘宝网在规范商家方面所作的努力。其次，淘宝网引入了信用评价体系，点击还可查看该卖家以往所得到的信用评价。此信用评价一方面为消费者购物提供了参考，另一方面也在一定程度上约束、降低了卖家的违法行为。最后，对于买卖双方在支付环节上的交易安全问题，淘宝网推出了名为"支付宝"的付款发货方式，以此来降低交易的风险。它是一种在线交易安全支付工具，就是网上买家先将货款通过银行打到支付宝账户上，支付宝确认到账之后通知网上卖家发货，买家在收到货物并确认无误之后通知支付宝将货款转付给卖家。在这一交易过程中，支付宝承担了一个信用中介的角色。支付宝特别适用于电脑、手机、首饰及其他单价较高的物品交易或者一切希望对安全更有保障的交易。目前，在淘宝网使用支付宝是免费的。当用户用支付商品货款的时候，通过淘宝网的银行接口付款，用户不用负担任何汇费。

思考题

1. 关于电子商务有很多概念，从企业的角度应如何把握电子商务这个概念？
2. 电子商务的特点主要表现在哪些方面？
3. 电子商务主要有哪些分类方法？
4. 传统企业走上电子商务之路，会面临哪些方面的变革？
5. 申请电子邮箱。
6. 使用网络搜索引擎，对本章的概念进行搜索并加深理解。
7. 登录 DELL 中国公司的网站 www.dell.com.cn 和 www.dell.com 网站，了解 DELL 公司是如何成功实施电子商务的，该企业采用了哪些成功的措施？你如何评价？

第 2 章　电子商务网络技术

电子商务是以 Internet 为平台而从事的商务活动，因而以 Internet 技术为核心的计算机网络技术就成了电子商务的技术支撑，要学习电子商务知识，就必须掌握相关的网络技术知识。本章主要介绍了计算机网络技术的基础知识、Internet 技术、电子数据交换（EDI）系统、数据库技术和 Web 开发技术等相关内容，最后结合当前网络技术的发展，对 RSS 和 3G 技术在电子商务中的应用进行了简要分析。

2.1　计算机网络技术

2.1.1　计算机网络的概念

计算机网络，是指将地理位置不同的具有独立功能的多台计算机及其外部设备，通过通信线路连接起来，在网络操作系统、网络管理软件及网络通信协议的管理和协调下，实现资源共享和信息传递的计算机系统。简单地说，计算机网络就是通过电缆、电话线或无线通信将两台以上的计算机互连起来的集合。两台计算机相连就组成了最简单的计算机网络，而最庞大的计算机网络则是由非常多的计算机网络通过许多路由器互连而成的因特网。

从网络逻辑功能角度来看，可以将计算机网络分成通信子网和资源子网两部分。通信子网负责完成数据传输和转发等通信处理任务；资源子网则负责全网的数据处理业务，向网络用户提供各种网络资源和网络服务。

2.1.2　计算机网络发展的四个阶段

计算机网络的发展可以划分为以下 4 个阶段：

（1）20 世纪 50 年代中期到 20 世纪 60 年代初期是计算机网络发展的萌芽阶段。这个阶段的计算机网络是面向终端的计算机通信网，其特点是主机是网络的中心和控制者，终端（键盘和显示器）分布在各处并与主机相连，共享主机的硬件和软件资源，用户通过本地的终端使用远程的主机。计算机的主要任务是进行批处理。

（2）20 世纪 60 年代中后期是计算机网络发展的第二个阶段。这个阶段的计算机网络以分组交换网为中心。分组交换网由通信子网和资源子网组成，以通信子网为中心，不仅共享通信子网的资源，还可共享资源子网的硬件和软件资源。网络的共享采用排队方式，即由结点的分组交换机负责分组的存储转发和路由选择，给两个进行通信的用户动态分配传输带宽，这样就可以大大提高通信线路的利用率，非常适合突发式的计算机数据。

（3）20 世纪 70 年代和 80 年代是计算机网络发展的第三个阶段。在这一阶段，各大计算机公司纷纷制定了自己的网络技术标准。为了使不同体系结构的计算机网络都能互联，国际标准化组织 ISO（International Standard Organization）于 1983 年正式提出了一个能使各种计算机在世界范围内互联成网的标准框架——开放系统互联参考模型 OSI/RM（Open System Interconnection Reference Model）。一个计算机系统，只要遵循 OSI/RM 标准，就可以和位于世界上任何地方的、遵循同一标准的其他任何系统进行通信。

（4）20 世纪 90 年代初至现在是计算机网络飞速发展的阶段。这个阶段的特点是形成了跨越国界范围、覆盖全球的 Internet，采用了以异步传输模式 ATM（Asynchronous Transfer Mode）为代表的高速网络技术，实现了综合业务数字网，多媒体和智能型网络逐渐兴起。

2.1.3 计算机网络的功能

计算机网络的功能主要体现在信息交换、资源共享和分布式处理三个方面。

（1）信息交换。信息交换是计算机网络最基本的功能，主要完成计算机网络内部各个节点之间的数据传输。用户可以在网上传送电子邮件、发布新闻消息、进行电子购物、即时通信、远程电子教育等。

（2）资源共享。计算机网络的主要目的就是实现资源共享。"资源"指的是网络中所有的硬件、软件和数据资源，如大容量磁盘、高速打印机、数据库、文件等。"共享"指的是网络中的用户都能够部分或全部地享受这些资源。资源共享极大提高了计算机软硬件的利用率。

（3）分布式处理。所谓分布式处理是指网络系统中若干台计算机可以互相协作共同完成一个任务，或者一个程序可以分布在几台计算机上并行处理。将一项复杂的任务划分成许多部分，由网络内各计算机分别协作并行完成相关部分，从而提高整个系统的可靠性，使整个系统的性能大大增强。

2.1.4 计算机网络的组成

通俗地讲，计算机网络就是由多台计算机（或其他计算机网络设备）通过传输介质和软件物理或逻辑连接在一起组成的。

一般而言，计算机网络主要包括三个组成部分：一是若干台主机，用于为用户提供服务；二是一个通信子网，由结点交换机和连接这些结点的通信线路所组成；三是一系列协议，即通信双方事先约定好的、必须遵守的规则，用于主机和主机之间或主机和子网中各结点之间的通信。

计算机网络要实现数据处理和数据通信两大基本功能。从逻辑功能的角度看，典型的计算机网络可以分为通信子网和资源子网两个部分。

（1）通信子网。主要包括通信线路（即传输介质）、网络连接设备（如通信控制处理器）、网络协议和通信控制软件等。其主要任务是连接网络上的各种计算机，完成数据的传输、交换和通信处理。

（2）资源子网。主要包括联网的计算机、终端、外部设备、网络协议及网络软件等。其主要任务是收集、存储和处理信息，为用户提供网络服务和资源共享功能等。

从组网的层次角度看，计算机网络的组成结构，不仅仅是一种简单的平面结构，还可以是一种分层的立体结构。例如，一个典型的三层网络结构由国家级骨干网构成的上层核心层、地区宽带网构成的中间分布层和为最终用户接入网络提供接口的下层访问层（如校园网、企业网等）构成。

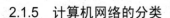

2.1.5　计算机网络的分类

计算机网络可以从不同的角度进行分类。例如，按照地域范围可以分为局域网、城域网和广域网；按照网络拓扑结构可以分为总线型网络、星型网络、环型网络、树型网络等；按照网络协议可以分为采用 TCP/IP、SNA、SPX/IPX、AppleTALK 等协议的网络；按照所使用的网络操作系统可以分为 UNIX 网、Novell 网、Windows NT 网等；按照应用规模可以分为 Intranet、Extranet 和 Internet。其中，最常见的分类方法是按照地域范围进行划分。

（1）局域网（Local Area Network，LAN）。局域网是最常见、应用最广的一种网络。它的覆盖范围比较小，从几米到几千米，通常位于一个建筑物或一个单位内，不存在寻径问题，不包含网络层的应用。局域网传输速率较高，误码率低，结构简单容易实现。目前，局域网的最快传输速率可以达到 10Gb/s。IEEE 的 802 标准委员会定义的 LAN 主要包括：以太网（Ethernet）、令牌环网（Token Ring）、光纤分布式数据接口网（FDDI）、异步传输模式网（ATM）以及无线局域网（WLAN）。

（2）城域网（Metro Area Network，MAN）。城域网基本上是一种大型的 LAN，覆盖范围一般在十几千米到几十米。在一个大型城市，城域网是城市通信的主干网，充当着不同局域网之间通信的桥梁。它使用光纤作为主要传输介质，支持数据、声音和图像综合业务的传输。

（3）广域网（Wide Area Network，WAN）。广域网又称远程网，它一般是在不同城市之间的 LAN 或者 MAN 网络之间互联，覆盖范围可从几十千米到几千千米。广域网可以采用多种通信技术，包括公用交换电话网（PSTN）、综合业务数字网（ISDN）、分组交换数据网（PSDN）、帧中继网、ATM 网、数字数据网（DDN）、移动通信网以及卫星通信网等。以前由于广域网常常借用传统的公共传输网（例如电话网）进行通信，所以传输速率较低，传输错误率较高。随着全球光纤通信网的发展，广域网的带宽和传输率得到了很大的提高。

2.1.6　OSI 参考模型

OSI（Open System Interconnection）开放式系统互联，一般称为 OSI 参考模型，是国际标准化组织 ISO 经过多年艰苦的工作，于 1983 年正式提出的一个试图使各种计算机在世界范围内互联为网络的标准框架。为了简化计算机网络设计的复杂程度，OSI 标准在定制过程中采用了分层的体系结构方法，即将整个庞大而复杂的问题划分成若干个容易处理的小问题。OSI 参考模型采用了三级抽象，即体系结构、服务定义和协议规定说明。OSI 参考模型定义了开放系统的层次结构、层次之间的相互关系及各层所包含的服务。然而，OSI 参考模型并没有提供一个可以实现的方法，只是描述了一些概念，用来协调进程间通信标准的制定。在 OSI 范围内，只有在各种协议是可以被实现的且各种产品只有和 OSI 的协议相一致才能互连。也就是说，OSI 参考模型并不是一个标准，而只是一个在制定标准时所使用的概念性的框架。

如图 2-1 所示，OSI 参考模型共分 7 层，自下向上分别是：物理层、数据链路层、网络层、传输层、会话层、表示层和应用层。每层完成一个明确定义的功能集合，并按协议相互通信。每层向上层提供所需的服务，在完成本层协议时使用下层提供的服务。各层的功能是相对独立的，层间的相互作用通过层接口实现。只要保证层接口不变，那么任何一层实现技术的变更均不会影响其余各层。

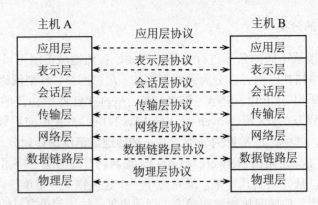

图 2-1   OSI 参考模型

（1）物理层。这是 OSI 参考模型的最底层，其任务是利用物理传输介质为数据链路层提供物理连接，以便透明的传送比特流。物理层规定了激活、维持、关闭通信端点之间的机械特性、电气特性、功能特性以及过程特性。在这一层，数据的单位称为比特（bit）。属于物理层定义的规范主要包括：EIA/TIA RS-232、EIA/TIA RS-449、V.35、RJ-45 等。

（2）数据链路层。数据链路层解决的是如何在不可靠的物理介质上提供可靠的数据传输问题。具体来说，数据链路层的功能包括：物理地址寻址、数据的成帧、流量控制、数据的检错和重发等。在这一层，数据的单位称为帧（frame）。数据链路层协议主要包括：SDLC、HDLC、PPP、STP、X.25、帧中继等。

（3）网络层。网络层解决的是网络与网络之间的通信问题。网络层负责提供到达目标主机的最佳路由选择，并沿该路径传送数据包。除此之外，网络层还可以实现拥塞控制、网际互连等功能。在这一层，数据的单位称为数据包（packet）。网络层协议主要包括：IP、IPX、RIP、OSPF 等。

（4）传输层。传输层解决的是数据在网络之间的传输质量问题。传输层是第一个端到端，即主机到主机的层次。传输层负责将上层数据分段并提供端到端的、可靠的或不可靠的传输。此外，传输层还要处理端到端的差错控制和流量控制问题。在这一层，数据的单位称为数据段（segment）。传输层协议主要包括：TCP、UDP、SPX 等。

（5）会话层。会话层利用传输层来提供会话服务，它用于建立、管理和终止两个通信主机之间的会话。会话层还利用在数据中插入校验点来实现数据的同步。

（6）表示层。表示层用于对上层数据或信息进行变换，以保证一个主机应用层信息可以被另一个主机的应用程序所理解。如果通信双方用不同的数据表示方法，他们就不能互相理解。表示层就是用于屏蔽这种不同之处。表示层的数据转换包括数据的加密、压缩、格式转换等。

（7）应用层。这是 OSI 参考模型的最高层，也是最接近用户的一层。它负责两个应用进程之间的通信，不仅要提供应用进程所需的信息交换和远程操作，而且还要作为应用进程的用户代理，来完成一些为进行信息交换所必需的功能。应用层协议主要包括：Telnet、FTP、HTTP、SNMP 等。

2.1.7 局域网

局域网是指在一个较小的地理范围（如一个学校、工厂或办公室）内的各种计算机网络设备互联在一起的通信网络,可以包含一个或多个子网,物理设备之间的距离通常局限在几千米的范围之内。局域网可以实现文件管理、应用软件共享、打印机共享、扫描仪共享、工作组内的日程安排、电子邮件和传真通信服务等功能。

局域网的参考模型通常采用 IEEE 802 标准,它仅相应于 ISO/OSI 参考模型中的物理层和数据链路层。国际电子电气工程师协会(IEEE)于 20 世纪 70 年代制定了 3 个局域网标准:IEEE 802.3(CSMA/CD)、IEEE 802.4(令牌总线)和 IEEE 802.5(令牌环)。著名的以太网(Ethernet)就是 IEEE 802.3 的一个代表性产品。目前,IEEE 802 系列标准已被 ISO 采纳为国际标准。常见的局域网拓扑结构有星型、树型、总线型和环型结构。

1. 以太网

当今现有局域网采用的最通用的通信协议标准就是以太网。以太网是一种建立在CSMA/CD(载波监听多路访问及冲突检测)机制上的总线型局域网,最早来源于施乐公司(Xerox)的 PARC 研究中心于 1973 年建造的第 1 个 2.94Mb/s 的 CSMA/CD 系统,该系统可以在 14m 的电缆上连接 100 多个个人工作站。1980 年,DEC、Intel 和 Xerox 三家公司联合起草了以太网标准,并于 1982 年发布了第二版以太网标准。1985 年,IEEE 802 委员会吸收以太网为 IEEE 802.3 标准,并对其进行了修改。

以太网不是一种具体的网络,而是一种技术规范。该标准定义了在局域网中采用的传输介质类型和信号处理方法。以太网可以采用多种传输介质,如同轴电缆、双绞线和光纤等。其中双绞线多用于从主机到集线器或交换机的连接,而光纤则主要用于交换机间的级联和交换机到路由器间的点到点链路上。作为早期主要传输介质的同轴电缆已经逐渐趋于淘汰。

随着通信技术的发展以及用户对网络带宽需求的增加,逐渐出现了快速以太网、千兆以太网、万兆以太网这些高速以太网。

2. 无线局域网

为了解决有线网络在某些场合受到布线限制的问题,出现了利用射频技术通过电磁波在空气中发送和接受数据而无需线缆介质的数据传输系统——无线局域网(WLAN)。无线局域网不是用来取代有线局域网,而是用来弥补有线局域网之不足,以达到网络延伸之目的。802.11是 IEEE 最初于 1997 年制定的一个无线局域网标准,主要用于解决办公室局域网和校园网中,用户与用户终端的无线接入,业务主要限于数据存取,数据传输速率最高只能达到 2Mb/s。由于 802.11 在数据传输速率和传输距离上都不能满足人们的需要,因此,IEEE 又相继推出了802.11b 和 802.11a 两个新标准,数据传输速率可分别达到 11Mb/s 和 54Mb/s。

3. 虚拟局域网

虚拟局域网(VLAN)是一种通过将局域网内的设备从逻辑上划分成一个个网段从而实现虚拟工作组的新兴数据交换技术。该技术主要应用于交换机和路由器中,但主流应用还是在交换机之中。IEEE 于 1999 年颁布了用以标准化 VLAN 实现方案的 802.1Q 协议标准草案。

VLAN 技术允许网络管理者将一个物理的 LAN 逻辑地划分成不同的广播域(即 VLAN),每一个 VLAN 都包含一组有着相同需求的计算机工作站,与物理上形成的 LAN 有着相同的属性。但由于它是逻辑地划分,这些工作站不一定属于同一个物理 LAN 网段。一个 VLAN 内部的广播和单播流量都不会转发到其他 VLAN 中,即使是两台计算机有着同样的网段,但如果它们没有相同的 VLAN 号,它们各自的广播流也不会相互转发,从而有助于控制流量、减少设备投资、简化网络管理、提高网络的安全性。

2.1.8 网络互联设备

在计算机网络中，除了计算机外还有大量的用于计算机之间、网络与网络之间的连接设备，这些设备统称为网络互联设备。目前，常用的网络互联设备有如下几种：

1. 物理层互联设备

（1）中继器（Repeater）。中继器是局域网互联的最简单设备。信号在网络传输介质中会出现衰减和噪音，有用的数据信号因此会变得越来越弱。为了保证有用数据的完整性，并在一定范围内传送，中继器可以实现把所接收到的弱信号进行分离，并再生放大以保持与原数据相同，进而发送到网络的其他分支上。中继器能够正确工作的前提是要保证每一个网络分支中的数据包和逻辑链路协议是相同的。例如，中继器无法实现在 IEEE 802.3 以太局域网和 IEEE 802.5 令牌环局域网之间进行通信。

（2）集线器（Hub）。集线器是有多个端口的中继器，可作为多个网段的转接设备。集线器的优点是当网络系统中某条线路或某节点出现故障时，不会影响网络上其他节点的正常工作。集线器可分为无源（Passive）集线器、有源（Active）集线器和智能（Intelligent）集线器。随着计算机技术的发展，集线器又分为切换式、共享式和可堆叠共享式三种。

2. 数据链路层互联设备

（1）网桥（Bridge）。网桥用于局域网与局域网之间的互联，其主要作用是将两个以上的局域网连接为一个逻辑网，提高整个网络的性能，进而扩大网络的物理范围。网桥可以实现网间通信，而网络内部的通信则被网桥隔离。网桥检查数据帧的源地址和目的地址，若两个地址不在同一个网段上，就把数据帧转发到另一个网段上；若两个地址在同一个网段上，则不转发，所以网桥能起到过滤帧的作用。网桥的帧过滤特性十分有用，当一个网络由于负载很重而性能下降时，可以用网桥把它分成两个网段，并使得网段间的通信量保持最小。同时，由于网桥的隔离作用，一个网段上的故障不会影响另一个网段，从而提高了网络的可靠性。

（2）交换机（Switch）。交换机是一种基于 MAC 地址识别，能完成封装转发数据包功能的网络设备。它拥有一条很高带宽的背部总线和内部交换矩阵，所有端口都挂接在这条背部总线上。交换机可以"学习"MAC 地址，并把其存放在内部地址表中，通过在数据帧的始发者和目标接收者之间建立临时的交换路径，使数据帧直接由源地址到达目的地址。交换机也可以实现把网络"分段"，通过对照 MAC 地址表，交换机只允许必要的网络流量通过交换机。通过交换机的过滤和转发，可以有效地隔离广播风暴，减少误包和错包的出现，避免共享冲突。交换机在同一时刻可进行多个端口对之间的数据传输。每一端口都可视为独立的网段，连接在其上的网络设备独自享有全部的带宽，无须同其他设备竞争使用。

3. 网络层互联设备

路由器（Router）是一种多端口、连接多个网络或网段的网络设备。为了使不同网络或网段之间能够相互"读"懂对方的数据，路由器能够为经过该设备的数据包进行"翻译"，为每个数据包寻找一条最佳传输路径，并将该数据包有效地转发到目的地点。路由器的基本功能：一是网络互联，支持各种局域网和广域网接口，主要用于局域网和广域网、广域网和广域网之间的互联；二是数据处理，提供包括分组过滤、分组转发、优先级、复用、加密、压缩和防火墙等功能；三是网络管理，提供包括路由器配置管理、性能管理、容错管理和流量控制等功能。

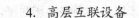

4. 高层互联设备

网关（Gateway）又称网间连接器、协议转换器，是可以在传输层或应用层实现异构型网络互联的最复杂的网络互联设备。在使用不同的通信协议、数据格式或语言，甚至体系结构完全不同的两种系统之间，网关可以看作是一个能提供过滤和安全功能的翻译器。具体说，网关具有协议转换、流量控制和拥塞控制、可靠传送数据、路由选择、对分组进行分段和组装的能力。网关可以用于局域网与局域网、局域网与广域网以及广域网与广域网之间的异构互联。网络系统中常用的网关有数据库网关、电子邮件网关、局域网网关和 IP 电话网关等。

2.1.9 网络操作系统

网络操作系统（Network Operation System，NOS）是向网络计算机提供服务的特殊的操作系统。它是负责管理整个网络资源和方便网络用户的软件的集合。由于网络操作系统是运行在服务器之上的，所以有时我们也把它称为服务器操作系统。

网络操作系统具有以下主要功能：

（1）数据通信。实现网络上计算机之间无差错的数据传输。包括传输控制、流量控制和路径控制等。

（2）资源管理。负责协调用户使用网络共享资源。

（3）网络管理。网络管理的目标是最大限度地增加网络可用时间，提高网络设备的利用率，改善网络的服务质量以及保障网络的安全等。因此，网络管理应当具备配置管理、故障管理、性能管理、安全管理和计费管理这样的能力。

（4）提供网络服务。为方便用户使用网络，网络操作系统可以提供包括电子邮件服务、文件传输服务、目录服务及打印服务等各种有效的网络服务。

目前，常见的网络操作系统有如下几类：

（1）Windows。Windows 系列操作系统是微软公司开发的一种界面友好、操作简便的网络操作系统，主要面向应用处理领域，特别适合于客户机/服务器模式。目前在数据库服务器、部门级服务器、企业级服务器、信息服务器等应用场合上广泛使用。但由于它对服务器的硬件要求较高，且稳定性能不是很高，所以微软的网络操作系统一般只是用在中低档服务器上，高端服务器通常采用 UNIX、Linux 等非 Windows 操作系统。在局域网中，微软的网络操作系统主要有：Windows NT 4.0 Server、Windows 2000 Server/Advance Server、Windows Server 2003/Advance Server 等。

（2）UNIX。UNIX 操作系统是一种多用户、多任务的通用型操作系统。由于该系统具有功能强大、技术成熟、伸缩性强、稳定性高、安全性好等特点，并能够满足各行各业实际应用的需求，UNIX 一般用于大型的网站或大型的企、事业局域网中，已经发展成为使用最普遍、影响最深远的主流操作系统。目前，常用的 UNIX 系统版本主要有：IBM 的 AIX 6、HP-UX 11.0，SUN 的 Solaris 10 等。

（3）Linux。这是一种与 UNIX 有许多相似之处的新型网络操作系统。它的最大特点就是源代码开放，可以免费得到许多应用程序。除此之外，它的低廉成本和费用，高度的稳定性和可靠性，运行在多个硬件平台之上，以及更多厂商的广泛支持，使得 Linux 在操作系统的发展过程中受到了前所未有的关注。目前，RedHat（红帽子）和红旗 Linux 是常见的两个中文版本Linux。

39

（4）NetWare。NetWare 是由 NOVELL 公司推出的具有多任务、多用户的网络操作系统。它最重要的特征是基于基本模块设计思想的开放式系统结构。NetWare 是一个开放的网络服务器平台，可以方便地对其进行扩充，能够对不同工作平台、不同网络协议环境以及各种工作站操作系统提供一致的服务。NetWare 对网络硬件的要求较低，可以不用专用服务器，任何一种 PC 机即可作为服务器。另外，NetWare 服务器对无盘站和游戏的支持较好，常用于教学网和游戏厅。

总之，网络操作系统是整个网络中不可缺少的组成部分，对特定计算环境的支持使得每一类网络操作系统都有适合于自己的工作场合，必须根据企业网络的应用规模、应用层次等实际情况选择最合适的操作系统。

2.2　Internet 技术

2.2.1　Internet 的形成和发展

Internet 即通常所说的因特网或国际互联网，是全球最大的、开放的、基于 TCP/IP，由众多网络连接而成的计算机网络。

Internet 的前身是美国国防部高级研究计划署（ARPA）主持研制的 ARPAnet。它是冷战时期由于军事需要而产生的高科技成果，于 1969 年投入使用。当时仅连接了 4 台计算机，供科学家们进行计算机联网实验使用。

到 20 世纪 70 年代，ARPAnet 已经包含了好几十个计算机网络，每个网络内部的计算机之间可以互联通信，但是不同计算机网络之间却不能互通。为此，ARPA 又设立了新的研究项目，支持学术界和工业界进行相关的研究，即用一种新的方法将不同的计算机局域网互联，形成"互联网"。研究人员称之为 Internetwork，简称 Internet。1974 年，作为现有 Internet 最重要的技术基础的 TCP/IP 包交换协议研制成功，其中，IP（网际互联协议）是基本的通信协议，TCP（传输控制协议）是帮助 IP 实现可靠传输的协议。这种协议的开发成功使得全世界不同性质的网络能相互连接。

1983 年，ARPAnet 分成两部分：MILNET（供军用）和 ARPAnet（供民用）。该年 1 月，ARPA 把 TCP/IP 协议作为 ARPAnet 的标准协议，其后，人们称呼这个以 ARPAnet 为主干网的互联网为 Internet。与此同时，局域网和其他广域网的产生和蓬勃发展对 Internet 的进一步发展起了重要的推动作用。其中，最为引人注目的就是美国国家科学基金会（National Science Foundation，NSF）建立的美国国家科学基金网 NSFnet。

1986 年，NSF 利用 TCP/IP 协议将分布在美国各地的 5 个为科研教育服务的超级计算机中心互联，并支持地区网络，形成了 NSFnet 广域网。由于 NSF 的鼓励和资助，很多大学、政府资助的研究机构甚至私人研究机构都纷纷将自己的局域网并入 NSFnet 中，形成了现在 Internet 的雏形。1990 年 6 月，NSFnet 彻底取代 ARPAnet 成为了 Internet 的主干网。

Internet 的发展引起了商家的极大兴趣。1992 年，美国 IBM、MCI、MERIT 三家公司联合组建了一个高级网络服务公司（ANS），建立了一个新的网络——ANSnet，成为 Internet 的另一个主干网。与由国家出资建立的 NSFnet 不同的是，ANSnet 是 ANS 公司所有，从而使

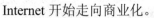

Internet 开始走向商业化。

1995 年 4 月 30 日，NSFnet 正式宣布停止运作。而此时 Internet 的骨干网已经覆盖了全球 91 个国家，主机已超过 400 万台。此后，因特网更是以惊人的速度向前发展，已成为目前规模最大的国际性计算机网络。

我国最早在 1987 年由中国科学院高能物理研究所通过国际线路接入 Internet。在 1994 年美国政府取消了针对我国的 Internet 接入限制后，我国的互联网建设进入了飞速发展的阶段。到 1997 年，我国就已经建立了中国公用计算机互联网（China NET）、中国教育科研网（CERNET）、中国科学技术网（CSTNET）和中国金桥信息网（ChinaGBN）四大骨干网络，并且全部接入了 Internet。

根据中国互联网络信息中心 CNNIC 于 2010 年 7 月 15 日发布的《第 26 次中国互联网络发展状况统计报告》，截至 2010 年 6 月底，我国网民规模达到 4.2 亿人，互联网普及率持续上升增至 31.8%。手机网民成为拉动中国总体网民规模攀升的主要动力，半年内新增 4334 万，达到 2.77 亿人，增幅为 18.6%。由此可以看出，Internet 已经在我国深入人心，并广泛触及社会生活的各个方面。

2.2.2　Internet 的结构和特点

Internet 采用的是客户机/服务器工作模式，凡是使用 TCP/IP 协议，并能与 Internet 的任意主机进行通信的计算机，无论是何种类型、采用何种操作系统，均可看作是 Internet 的一部分。

严格地说，用户并不是将自己的计算机直接连接到 Internet 上，而是连接到其中的某个网络上，再由该网络通过网络干线与其他网络相连。网络干线之间通过路由器互联，使得各个网络上的计算机之间能够相互进行数据和信息传输。例如，用户的计算机通过拨号上网，实际上是先连接到本地的某个 Internet 服务提供商（ISP）的主机上，该 ISP 的主机又通过高速网络干线与本国及世界各国各地区的其他主机相连，进而来实现对 Internet 的遍访。由此也可以说，Internet 是由分布在全球的 ISP 通过高速通信干线连接而成的网络。

Internet 的特点主要包括以下几个方面：

（1）灵活多样的入网方式。这是 Internet 获得高速发展的重要原因。Internet 所采用的 TCP/IP 协议成功地解决了不同硬件平台、不同网络产品和不同操作系统之间的兼容性问题。因此，无论是大型机或小型机，还是微机或工作站，都可以通过运行 TCP/IP 协议与 Internet 进行通信。

（2）向用户提供极其丰富的信息资源，包括大量免费使用的资源。Internet 现已成为一个涉及政治、经济、科研、文化、教育、体育、娱乐、企业产品广告、招商引资信息等各个方面内容的全球最大的信息资源库。

（3）采用了分布式网络中最为流行的客户机/服务器模式，大大提高了网络信息服务的灵活性。

（4）具有完善的服务功能和友好的用户界面，操作简便，无须用户掌握更多的专业计算机知识。

（5）将网络技术、多媒体技术融为一体，体现了现代多种信息技术互相融合的发展趋势。

2.2.3 Internet 的功能

为了方便人们在 Internet 上寻求各种信息，Internet 提供了以下 4 种基本的服务功能：信息浏览（WWW）服务、电子邮件（E-mail）服务、文件传输（FTP）服务和远程登录（Telnet）服务。

1. 信息浏览（WWW）服务

World Wide Web，简称 WWW 或 Web，也称万维网，是 Internet 上的一种基于超文本方式的信息查询工具。具体地讲，WWW 就是建立在客户机/服务器模式之上，以超文本标记语言（HyperText Markup Language，HTML）和超文本传输协议（HyperText Transfer Protocol，HTTP）为基础，能够提供面向各种 Internet 服务（如 FTP、News、Telnet、Usenet 等）的、一致的用户界面的信息浏览系统。在这种基于 Web 方式的系统中，我们可以浏览、搜索、查询各种信息，可以发布自己的信息，可以与他人进行实时或者非实时的交流，可以游戏、娱乐、购物等。

WWW 使用的是超文本技术，即在包含超文本的文件中，包含有许多分别指向其他文件（可以是文本、图像、声音、动画、视频等）和资源的指针，正是这些指针把 Internet 上的丰富资源链接在一起。用户只需要在超文本文件中用鼠标选择链接，就可以跟随这些链接访问另外一些超文本文件，最终找到自己所需要的信息。

WWW 采用客户机/服务器的工作方式。WWW 服务器利用超文本链路来链接各种信息片段，这些信息片段既可放置在同一主机上，也可能是在不同地理位置的不同主机上。用户使用浏览器（即 WWW 客户机）与某个服务器（既可以是 Web 服务器，也可以是 FTP、News、Mail 等其他服务器）建立连接并发送浏览请求。服务器接收到请求后，进行合法性检查和相应处理，审核信息的有效性，最后返回信息给提出请求的客户机。

2. 电子邮件（E-mail）服务

电子邮件是一种应用计算机网络技术收发以电子文件格式编写的信件的现代化通信手段，是 Internet 提供的一项基本服务，也是使用最广泛的 Internet 工具。通过电子邮件系统，用户可以用非常低廉的价格，以非常快速的方式，与世界上任何一个角落的网络用户联系，这些电子邮件可以是文字、图像、声音等各种方式。

Internet 上邮件系统的工作过程遵循客户机/服务器模式。邮件系统由邮件服务器端和邮件客户端两部分构成。邮件服务器包含发送邮件服务器和接收邮件服务器。发送邮件服务器遵循简单邮件传输协议（Simple Mail Transfer Protocol，SMTP），又称 SMTP 服务器。接收邮件服务器遵循邮局协议（Post Office Protocol Version3，POP3），又称 POP3 服务器，它包含了众多用于暂时寄存对方发来的邮件的电子信箱，电子信箱实质上就是邮件服务提供机构（即 ISP）在服务器的硬盘上为用户开辟的一个专用存储空间。发送方通过邮件客户端程序将编辑好的电子邮件发送到 SMTP 服务器。邮局服务器识别接收方的地址，并向管理该地址的 POP3 服务器发送消息，将消息存放在接收方的电子信箱内，并告知接收方有新邮件到来。接收方通过邮件客户端程序读取接收自己电子信箱内的邮件。

因此，我们说 Internet 上的个人用户通常是不能直接接收电子邮件的，而是通过申请 ISP 主机的一个电子信箱，由 ISP 主机负责电子邮件的接收。当一个用户发送一个电子邮件给另一个用户时，电子邮件首先从用户计算机发送到 ISP 主机，再到 Internet，再到收件人的 ISP 主机，最后到收件人的个人计算机。

3. 文件传输（FTP）服务

FTP（File Transfer Protocol）用于实现 Internet 上各种文件（如文本文件、图形文件、语音文件、压缩文件等）的双向传输，即如果两台计算机都是 Internet 上的用户，无论他们在地理位置上相距多远，只要二者都支持 FTP，就可以在两台计算机之间互相传送文件。

与大多数 Internet 服务一样，FTP 也遵循客户机/服务器模式。当启动 FTP 从远程计算机拷贝文件时，实际上启动了两个程序：一个是本地计算机上的 FTP 客户端程序，它向 FTP 服务器提出拷贝文件的请求；另一个是远程计算机上的 FTP 服务器程序，它响应 FTP 客户端的请求并把指定的文件传送到 FTP 客户端所在计算机中。

用户使用 FTP 时必须首先登录，在远程计算机上获得相应的权限以后，方可上传或下载文件。也就是说，要想同哪一台计算机传送文件，就必须具有哪一台计算机的适当授权，即拥有相应的用户 ID 和口令。然而 Internet 上有众多 FTP 主机，不可能要求每个用户在每一台主机上都拥有相应的 ID 号和口令。匿名 FTP 就是为解决这个问题而产生的，系统管理员为此需要建立一个特殊的用户 ID——anonymous。Internet 上的任何人在任何地方都可使用该用户 ID，通过它和由任意字符串（通常用自己的 E-mail 地址）构成的口令连接到远程 FTP 主机上并下载文件，而无需成为其注册用户。

4. 远程登录（Telnet）服务

Telnet 服务实现了基于 Telnet 协议的远程登录，即一台计算机利用 Telnet 协议使自己暂时成为远程计算机的一个仿真终端的过程。这个仿真终端只负责把用户输入的每个字符传递给远程主机，再将远程主机输出的所有信息回显在屏幕上。

Telnet 服务的工作过程同样遵循客户机/服务器模型。用 Telnet 协议登录到远程计算机系统时，实际上启动了两个程序：一个是 Telnet 客户端程序，它运行在本地计算机上；另一个是 Telnet 服务器程序，它运行在要登录的远程计算机上。首先，Telnet 客户端程序建立与服务器的 TCP 连接，把通过键盘输入的字符串变成标准格式并传送给远程 Telnet 服务器，然后，Telnet 服务器处理相应请求后，将执行命令的结果送回到本地计算机，由 Telnet 客户端程序将其显示在屏幕上。

使用 Telnet 协议进行远程登录的前提条件是：在本地计算机上必须装有包含 Telnet 协议的客户端程序；必须知道远程主机的 IP 地址或域名；必须知道登录标识与口令。一旦登录到远程计算机后，本地计算机就仿佛是远程计算机的一个终端，用户可以用自己的计算机直接操纵远程计算机，享受远程计算机本地终端同样的权力。比如可在远程计算机上启动一个交互式程序，检索远程计算机的某个数据库或者利用远程计算机强大的运算能力对某个方程式求解。

2.2.4 IP 地址与域名

1. IP 地址

为了使连入 Internet 的众多计算机在通信时能够相互识别，根据 TCP/IP 协议，Internet 中的每一台计算机都会被分配一个唯一的 IP 地址。IP 地址由 32 位的二进制数字构成，分为 4 段，每段 8 位，用十进制数表示，每段数字范围为 0～255，段与段之间用小数点分开。例如，202.115.114.198，这种格式被称为"点分十进制表示法"。

根据 1981 年公布的 IP 标准，IP 地址由"网络标识符"和网络内的"主机标识符"两部分构成。同一个物理网络上的所有主机都使用同一个网络标识符，网络上的一个主机（包括工作站、服务器、路由器等）则有一个主机标识符与其对应。

为了保证 IP 地址的统一性，每个网络的网络地址是由 Internet 编号权力机构分配的，主机地址则由各个网络的系统管理员统一分配。网络地址的唯一性与网络内主机地址的唯一性结合起来就确保了 IP 地址的全球唯一性。

为了适应不同规模的网络，Internet 委员会定义了 5 种 IP 地址类型（即 A～E 类），如图 2-2 所示。其中：

A 类 IP 地址由 1 个字节的网络地址和 3 个字节的主机地址组成，网络地址的最高位必须是 "0"，地址范围 1.0.0.1～126.255.255.254。A 类网络地址数量较少，只有 126 个，可用于主机数达 1600 多万台的大型网络。

B 类 IP 地址由 2 个字节的网络地址和 2 个字节的主机地址组成，网络地址的最高位必须是 "10"，地址范围 128.0.0.1～191.255.255.254。B 类网络地址数量有 16382 个，可用于主机数达 6 万多台的中型网络。

C 类 IP 地址由 3 个字节的网络地址和 1 个字节的主机地址组成，网络地址的最高位必须是 "110"，地址范围 192.0.0.1～223.255.255.254。C 类网络地址数量较多，可达 209 万余个，适用于最多只包含 254 台主机的小型局域网络。

D 类 IP 地址的第一个字节以 "1110" 开始，并不指向特定的网络，而是用于多点广播（Multicast）。多点广播地址标识了共享同一协议的一组计算机。

E 类 IP 地址的第一个字节以 "11110" 开始，留作将来使用。

除此之外，全零（"0.0.0.0"）地址对应于当前主机，全"1"的 IP 地址（"255.255.255.255"）则是当前子网的广播地址。

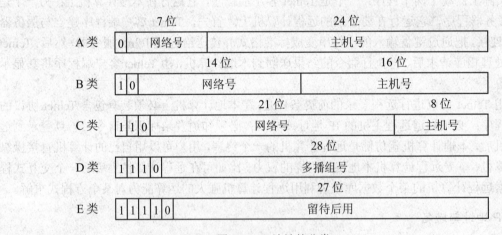

图 2-2 IP 地址的分类

2. 域名

IP 地址是数字标识，但在使用时难以记忆和书写，因此为方便使用，在 IP 地址的基础上又发展出一种符号化的地址方案。每一个符号化的地址都与一个特定的 IP 地址相对应，这种便于人们访问网络资源的，由字母、数字、字符，甚至是文字（如汉字等）按一定方式组合起来的字符型地址，就被称为域名。域名是企业、组织或个人在网络上的重要标识，人们可以方便地识别和检索其他企业、组织或个人的信息资源，从而更好地实现了网络上的资源共享。

目前所使用的域名采用的是层次命名法。一个域名一般由若干个英文字母、数字和连字符（-）组成，由实点"."分隔成几个部分。级别最高的顶级域名写在最右边，它的前面是二级域名、三级域名，…，依此类推，级别最低的域名写在最左边，每一级域名控制它下一级域名的分配。一般来说，域名级别为 2 到 5 级。例如，域名 www.tsinghua.edu.cn 可标识一台主机，其中"cn"标识中国，"edu"表示教育机构，"tsinghua"表示清华大学，"www"表示这台主机是一台 Web 服务器。

（1）顶级域名。顶级域名包括国际顶级域名和国家顶级域名。

国际顶级域名是使用最早也最广泛的域名。例如，.com（工商企业）、.net（网络提供商）、.org（非盈利组织）等。为了加强域名管理，解决域名资源紧张问题，目前又新增加了 7 个国际通用顶级域名：.firm（公司企业）、.store（销售公司或企业）、.Web（突出 WWW 活动的单位）、.arts（突出文化、娱乐活动的单位）、.rec（突出消遣、娱乐活动的单位）、.info（提供信息服务的单位）、.nom（个人）。

国家顶级域名是为不同国家分配了不同的域名后缀。目前 200 多个国家和地区都按照 ISO3166 国家代码分配了顶级域名，例如，中国是.cn，美国是.us，日本是.jp 等。

国际域名与国家域名在实际使用和功能上没有任何区别，它们都是互联网上具有唯一性的标识。二者的区别在于最终管理机构上，国际域名由美国商业部授权的互联网名称与数字地址分配机构（The Internet Corporation for Assigned Names and Numbers，ICANN）负责注册和管理；而国家域名比如中国则由中国互联网络管理中心（China Internet Network Information Center，CNNIC）负责注册和管理。

（2）二级域名。二级域名是指顶级域名之下的域名。在国际顶级域名下，它是指域名注册人、单位或组织等实体的网上名称，例如 www.ibm.com、www.computer.org 等；在国家顶级域名下，它是表示注册实体类别的符号（如 com、edu、gov、net 等），例如 www.sina.com.cn 等。

中国互联网络管理中心正式注册并运行的顶级域名是 CN，这也是中国的一级域名。在顶级域名之下，中国的二级域名又分为类别域名和行政区域名两类。类别域名有 6 个，包括.ac（科研机构）、.com（工商金融企业）、.edu（教育机构）、.gov（政府部门）、.net（互联网络信息中心和运行中心）和.org（非盈利组织）。而行政区域名有 34 个，分别对应于中国各省、自治区和直辖市。

（3）三级域名。三级域名一般由字母（A～Z，a～z，不区分大小写）、数字（0～9）和连字符（-）组成，长度不能超过 20 个字符。

为了将域名"翻译"成计算机能够识别的 IP 地址，必须建立相应的域名服务器（Domain Name System，DNS）。域名服务器负责注册该域内的所有主机，即建立本域中的主机名与 IP 地址的对应表。当该服务器收到域名请求时，将域名解释为对应的 IP 地址，对于不属于本域的域名则转发给上级域名服务器去查找对应的 IP 地址。域名和 IP 地址之间的这种转换工作称为域名解析，由域名管理系统自动完成。域名和 IP 地址之间是一一对应的，一个域名只能对应一个 IP 地址，而多个域名可以同时被解析到一个 IP 地址。

为满足因特网上众多主机提出的域名解析请求，同时也为了保证域名解析服务的可靠性，因特网上逐层设置了多台域名服务器，它们互相配合、协调工作，形成了分层的 DNS 域名服务器结构，为整个网络的所有主机提供有效、可靠的 DNS 服务。

3. IP 地址与域名管理

为了确保 IP 地址与域名在 Internet 上的唯一性，IP 地址统一由各级网络信息中心（Network Information Center，NIC）分配。NIC 面向服务和用户，在其管辖范围内设置各类服务器。在国际级 NIC 中，InterNIC 负责美国及其他地区；RIPENIC 负责欧洲地区；APNIC 负责亚太地区。中国互联网络信息中心 CNNIC 负责中国境内的 IP 地址分配和互联网的域名注册，并协助中国政府对中国互联网络实施管理。

Internet 域名管理方法是 Internet 网络信息中心负责顶级域的划分及顶级域名的管理；顶级域以下的划分则由各个域自行管理。

中国的任何单位或组织等实体在建立网络并准备接入 Internet 时，必须事先向 CNNIC 申请域名和 IP 地址。申请获得的 IP 地址实际上是一个网络地址，而具体的各个主机地址，由实体自行分配，只要做到实体内部无重复的主机地址即可。

2.2.5 TCP/IP 协议簇

完成特定任务需要众多协议之间协同工作，由于这些协议分布在参考模型的不同层中，因此有时称它们为一个协议簇。TCP/IP 协议簇解决的是数据如何通过许多个点对点通路顺利传输的问题，以使不同网络成员能够在这些点对点通路上建立相互的数据通路。其中包括传输控制协议 TCP（Transmission Control Protocol）、网际协议 IP（Internet Protocol）、网际控制报文协议 ICMP（Internet Control Message Protocol）、用户数据报协议 UDP（User Datagram Protocol）等。因为 TCP 和 IP 是其中最基本也是最主要的两个协议，所以习惯上称它们为 TCP/IP 协议簇。TCP/IP 参考模型就是为 TCP/IP 协议簇而建立的。TCP/IP 参考模型是一个抽象的分层模型。这个模型中，所有 TCP/IP 系列网络协议都被归类到 4 个抽象的"层"中，即应用层、传输层、网络层和网络接口层。每一个抽象层建立在低一层提供的服务上，解决数据传输中的一组问题并且为高一层提供服务。

（1）应用层。应用层是面向用户服务的，包括所有和应用程序协同工作、利用基础网络交换应用程序专用数据的协议。例如，用于万维网服务的 HTTP 协议、用于文件传输的 FTP 协议、用于控制电子邮件发送或中转方式的 SMTP 协议、用于实现安全远程登录的 SSH 协议以及用于域名解析的 DNS 协议等。

（2）传输层。传输层解决的是端到端可靠性和保证数据按照正确顺序到达的问题。主要功能包括数据格式化、数据确认和丢失重传等。传输层协议主要包括 TCP 和 UDP。

TCP 是面向连接的传输协议。它采用"带重传的肯定确认"技术来提供一种可靠的数据流服务，用以保证数据完整、无损并且按顺序到达。另外还采用一种称为"滑动窗口"的方式进行流量控制，用以限制发送数据的速度以避免网络过载。

UDP 是面向无连接的传输协议。由于不检查数据包是否已经到达目的地，并且不保证它们按顺序到达，所以 UDP 是一个"不可靠"协议，实际应用中要求程序员编程验证。UDP 的典型性应用是如流媒体（音频和视频等）这样的按时到达比可靠性更重要的应用，或者如 DNS 查找这样的简单查询/响应应用。

（3）网络层。网络层提供了基本的数据包传送功能，让每一个数据包都能够到达目的主机而不检查其是否被正确接收。网络层是实现不同网络间互连的关键一层。网络层协议主要包括：IP、ICMP、ARP、RARP 等。

IP 是网络层的核心协议，它用来接收来自网络接口层的数据包，并将其发送到更高的 TCP 或 UDP 层；反之，把从 TCP 或 UDP 层接收来的数据包传送到更低的网络接口层。由于 IP 没有提供任何确认数据包可靠传输机制，IP 数据包是不可靠的。

ICMP 用于在 IP 主机、路由器之间传递诸如网络通不通、主机是否可达、路由是否可用等控制消息。

ARP（Address Resolution Protocol）地址解析协议用于实现通过已知 IP 地址寻找对应主机的 MAC 地址。

RARP（Reverse ARP）反向地址解析协议用于实现通过 MAC 地址确定 IP 地址，比如无盘工作站和 DHCP 服务。

（4）网络接口层。网络接口层是 TCP/IP 协议的最低层，其主要功能是接收来自 IP 层的 IP 数据包，通过网络向外发送；反之，接收和处理从网络上传来的物理帧，提取 IP 数据包，交给 IP 层。常见的接口层协议有：Ethernet 802.3、Token Ring 802.5、X.25、帧中继、PPP、ATM 等。

由于采用了开放的协议标准，独立于特定的计算机硬件与操作系统，也不依赖于下层的网络技术，所以 TCP/IP 是实现异种机、异种操作系统及异构网络互联和互操作的切实可行的途径。TCP/IP 协议簇充分显示了其强大的联网能力和适应多种应用环境的能力，尤其得到了 UNIX 操作系统的支持。近年来，TCP/IP 已成为事实上的工业标准。

2.2.6　Internet 的接入方式

Internet 接入技术是用户与互联网间连接方式和结构的总称。任何需要使用互联网的计算机必须通过某种方式与互联网进行连接。互联网接入技术的发展非常迅速：带宽由最初的 14.4kb/s 发展到目前常见的 100Mb/s 带宽；接入方式也由过去单一的电话拨号方式，发展成今天多种多样的有线和无线接入方式；接入终端也开始朝向移动设备发展。下面介绍几种典型的 Internet 接入技术。

1．PSTN 接入

公用电话交换网（Published Switched Telephone Network，PSTN）技术是利用公用电话交换网通过调制解调器拨号实现用户接入的方式。在众多的广域网互连技术中，通过 PSTN 进行互连所要求的通信费用最低，但其数据传输质量及传输速度也最差。另外，由于 PSTN 是一种电路交换方式，一条通路自建立直至释放，即使通路两端的设备之间不需要传送任何数据，其全部带宽也仅能被它们使用，所以 PSTN 的网络资源利用率比较低。

PSTN 的入网方式比较简便灵活，通常包括：一是通过普通拨号电话线入网，只要在通信双方原有的电话线上连接 Modem，再将 Modem 与相应的上网设备相连接即可；二是通过租用电话专线入网，费用相对前一种方式比较高，但省去了拨号连接的过程。用户必须向所在地的电信局提出申请，由电信局负责架设和开通；三是通过普通拨号或租用专用电话线方式由 PSTN 转接入公共数据交换网（X.25 或 Frame-Relay 等），以实现可靠、快速的远程连接。

2．ISDN 接入

综合业务数字网（Integrated Service Digital Network，ISDN）技术俗称"一线通"。它采用数字传输和数字交换技术，将电话、传真、数据、图像等多种业务综合在一个统一的数字网络中进行传输和处理。ISDN 向用户提供基本速率（2B+D）和基群速率（30B+D）两种接口。基

47

本速率接口包括两个能独立工作的 B 信道（64kb/s）和一个 D 信道（16kb/s），其中 B 信道一般用来传输语音、数据和图像，D 信道用来传输信令或分组信息。

通常，ISDN 网络由用户网、本地网和长途网三个部分构成。用户网指用户所在地的用户设备和配线。用户使用 ISDN 需要专用的终端设备（主要包括网络终端 NT1 和 ISDN 适配器）并需要申请开户；本地 ISDN 网的建设以为用户提供 ISDN 业务最主要部分的 ISDN 端局为基础；长途网是指用于互联所有本地网的一组设备。

3. DDN 接入

数字数据网（Digital Data Network，DDN）是一种利用光纤、数字微波或卫星等数字传输通道和数字交叉复用设备传输数据信号的数据传输网。它可以为用户提供各种速率的高质量数字专用电路和其他新业务，以满足用户多媒体通信和组建中高速计算机通信网的需要。DDN 主要由六个部分组成：光纤或数字微波通信系统、智能节点或集线器设备、网络管理系统、数据电路终端设备、用户环路、用户端计算机或终端设备。DDN 的主要作用是向用户提供永久性和半永久性连接的数字数据传输信道，既可用于计算机之间的通信，也可用于传送数字化传真、数字语音、数字图像或其他数字化信号。

DDN 的主要优点，一是采用数字电路，传输质量高，时延小，通信速率可根据需要在 2.4kb/s～2048kb/s 之间选择；二是电路采用全透明传输，并可自动迂回，可靠性高；三是一线多用，可开展传真、接入因特网、会议电视等多种多媒体业务；四是便于组建虚拟专用网（VPN），建立自己的网管中心。然而，DDN 也有缺点，使用 DDN 专线上网需要租用一条专用通信线路，租用费用太高，决非一般个人用户所能承受，因此主要面向集团公司等需要综合运用的单位。

4. ADSL 接入

非对称数字用户环路（Asymmetrical Digital Subscriber Line，ADSL）是一种能够通过普通电话线提供宽带数据业务的技术。它以普通铜质电话线作为传输介质，配上专用的 Modem，即可实现上行 640kb/s～1Mb/s、下行 1Mb/s～8Mb/s 的传输速率。它采用频分复用技术把普通的电话线分成了电话、上行和下行三个相对独立的信道，从而避免了相互之间的干扰。即使边打电话边上网，也不会发生上网速率和通话质量下降的情况。在 ADSL 接入方案中，每个用户都有单独的一条线路与 ADSL 局端相连，它的结构可以看作是星型结构，数据传输带宽是由每一个用户独享的。

5. Cable Modem 接入

线缆调制解调器（Cable Modem）接入是利用现成的有线电视（CATV）网进行数据传输，是一种比较成熟的技术。由于有线电视网采用的是模拟传输协议，因此网络需要用一个 Modem 来协助完成数字数据的转化。Cable Modem 与以往的 Modem 的不同之处在于它是通过 CATV 的某个传输频带进行调制解调的。它本身不单纯是调制解调器，而是集 Modem、调谐器、加/解密设备、桥接器、网络接口卡、SNMP 代理和以太网集线器的功能于一身，无须拨号上网，不占用电话线，可永久连接，串接在有线电视电缆插座和上网设备之间。然而由于采用共享结构，随着用户的增多，个人的接入速率会有所下降，安全保密性也欠佳。

Cable Modem 连接方式有两种：对称速率型和非对称速率型。前者的数据上传速率和数据下载速率相同，都在 500kb/s～2Mb/s 之间；后者的数据上传速率在 500kb/s～10Mb/s 之间，数据下载速率为 2Mb/s～40Mb/s。

6. LAN 接入方式

LAN 接入是目前应用最广的宽带接入技术。其核心组网设备是以太交换机,支持全双工通信,信道独享,速率高。以太技术与 IP 技术结合在一起,具有很好的承载、传送 IP 业务的能力。

LAN 接入方式采用光纤接入,整个城市网络由核心层、汇聚层、边缘汇聚层和接入层组成。社区端到末端用户接入部分就是通常所说的最后一公里。LAN 方式是采用光缆加双绞线的方式对小区进行综合布线,双绞线直接与宽带运营商的小区宽带交换机相连,总长度一般不超过 100 米,因而线路质量得到了更好的保障。采用 LAN 方式的宽带服务一般是吉比特光纤进小区,百兆光纤到楼,10/100M 到户的模式,这比拨号上网速度快 180 多倍,然而,这里所说的带宽指的是共享带宽,一旦小区内的上网用户变多时,上网速度就会下降。

宽带运营商无法对每位用户的带宽进行控制是 LAN 接入的一大致命缺陷。要想对每位用户的带宽进行控制,必须购买价格昂贵的硬件设备,并且重新部署网管系统。

2.2.7　Intranet 与 Extranet

1. Intranet

Intranet,即内联网或内部网,是一种利用 Internet 技术建立的企业内部信息网络。它以 TCP/IP 协议为基础,以 Web 为核心应用,构成企业内部统一的信息交换平台。Intranet 使用的是浏览器(Browser)/服务器(Server)结构,即 B/S 结构,既可以通过防火墙以局域网接入方式成为 Internet 的一部分,也可自成一体作为一个独立的网络。

Intranet 所提供的是一个相对封闭的网络环境,即在企业内部是分层次开放的,有使用权限的内部人员可以不加限制地访问 Intranet,反之则有着严格的授权。同时,Intranet 又不是完全自我封闭的,它在促进企业内部人员获取交流信息的同时,还可以对某些必要的外部人员,如合伙人、重要客户等部分开放,即通过设立安全网关,允许某些类型的信息在 Intranet 与外界之间往来,而对于企业不希望公开的信息,则建立安全地带。

与 Internet 相比,Intranet 不仅是内部信息发布系统,而且是企业机构的内部业务运转系统。Intranet 解决方案具有严格的网络资源管理机制、网络安全保障机制以及良好的开放性,形成了一个能有效地解决信息系统内部信息的采集、共享、发布和交流,并易于维护管理的信息运作平台。应用 Intranet,企业可以有效地进行财务管理、供应链管理、进销存管理、客户关系管理等。

Intranet 带来了企业信息化发展的新契机。它革命性地解决了传统企业信息网络开发中所不可避免的缺陷,打破了信息共享的障碍,实现了大范围的协作。同时以其易开发、省投资、图文并茂、应用简便、安全开放的特点,形成了新一代企业信息化的基本模式。

2. Extranet

Extranet,即外联网或外部网,指将 Intranet 的构建技术应用于企业间系统,使企业与其供应商、销售商、客户等供应链合作伙伴相连的交互合作网络。Extranet 可以作为公用的 Internet 和专用的 Intranet 之间的桥梁,也可以被看作是一个能被企业成员访问或与其他企业合作的企业 Intranet 的一部分。Extranet 通常与 Intranet 一样位于防火墙之后,但与 Internet 和 Intranet 不同的是,它只对一些有选择的合作者开放或向公众提供有选择的服务,非常适合于具有时效性的信息共享和企业间完成共同利益目标的活动。

Extranet 具有以下特性：

（1）Extranet 不限于组织的成员。它可超出组织之外，特别是包括那些想与之建立联系的供应商和客户；

（2）Extranet 并不是真正意义上的开放。它可以提供足够的访问控制使得外部用户远离内部信息；

（3）Extranet 是一种思想而不是一种技术。它使用的是标准的 Web 和 Internet 技术，但构建 Extranet 应用所采用的策略是有别于其他网络的；

（4）Extranet 的实质就是应用。它只是集成扩展（并非系统设计）现有的技术应用。

Extranet 把企业内部已存在的网络扩展到企业之外，可以用来进行各种商业活动。当然 Extranet 并不是进行商业活动的唯一方法，但使用 Extranet 代替专用网络用于企业之间进行商务活动，其好处是显而易见的，比如为客户提供多种及时有效的服务，用于改善客户的满意度；可以通过网上实现跨地区的各种项目合作；可将不同厂商的各种硬件、数据库和操作系统集成在一起，并利用浏览器的开放性使得应用只需开发一次即可为各种平台使用等等。

2.3 电子数据交换（EDI）技术

2.3.1 EDI 的概念

电子数据交换（Electronic Data Interchange，EDI）是企业、行业之间按照彼此协商并双方认可的一种标准文件接口，用以实现企业之间的电子数据文件包的交换。它将企业与企业之间的商业往来，采用电子化的方式，通过网络在计算机应用系统之间，直接地进行业务信息的交换与处理。它是 20 世纪 80 年代发展起来的一种新颖的电子化贸易工具，是计算机、通信和现代管理技术相结合的产物，是一种先进的通信手段和技术。

这里我们列举一些国际组织和权威机构对 EDI 的定义。

国际标准化组织 ISO 将 EDI 描述成："将贸易（商业）或行政事务处理按照一个公认的标准形成结构化的事务处理或信息数据格式，从计算机到计算机的电子传输"。

国际电信联合会（ITU）将 EDI 定义为："从计算机到计算机之间的结构化的事务数据互换"。

联合国标准化委员会及联合国贸发会给出的 EDI 的最新定义为："EDI 是用户的计算机系统之间的对结构化的、标准化的商业信息进行自动传送和自动处理的过程"。

从贸易角度看，EDI 是将与贸易有关的运输、保险、银行、海关和税务等行业的信息，用一种国际公认的标准格式进行编制，并通过计算机通信网络，实现各有关部门或公司与企业之间的数据传输与处理，并完成以贸易为中心的全部业务过程。由于使用 EDI 可以减少甚至消除贸易过程中的纸面文件，因此 EDI 又被人们形象地称为"无纸贸易"。

从上述 EDI 定义不难看出，EDI 包含了三个方面的内容，一是计算机管理信息系统和 EDI 处理软件，这是 EDI 应用的条件；二是通信网络，这是 EDI 应用的基础；三是数据标准化，这是 EDI 的特征。这三方面相互衔接、相互依存，构成了 EDI 的基础框架。

随着我国经济的飞速发展，各种贸易量逐渐增大。为了适应这种形势，我国将陆续实行

"三金"工程,即金卡、金桥、金关工程,这其中的金关工程就是为了适应贸易的发展,加快报关过程而设立的。

2.3.2　EDI 的分类

根据 EDI 的功能,可将其分为以下四类:

(1)订货信息系统。订货信息系统又称为贸易数据互换系统(Trade Data Interchange, TDI),它用电子数据文件来传输订单、发货票和各类通知,是最基本、最知名的 EDI 系统。

(2)电子金融汇兑系统。电子金融汇兑系统(Electronic Fund Transfer, EFT)是在银行和其他组织之间实行电子费用汇兑。EFT 已使用多年,但它仍处于不断的改进之中。其中最大的改进是同订货系统联系起来,形成了一个自动化水平更高的系统。

(3)交互式应答系统。交互式应答系统(Interactive Qurey Response, IQR)常常应用在旅行社或航空公司作为机票预定系统。这种 EDI 在应用时要询问到达某一目的地的航班,要求显示航班的时间、票价或其他信息,然后根据旅客的要求确定所要的航班,打印机票。

(4)带有图形资料自动传输的 EDI。这类系统中最常见的是计算机辅助设计(Computer Aided Design, CAD)图形的自动传输。比如,设计公司完成一个厂房的平面布置图,将其平面布置图传输给厂房的主人,请主人提出修改意见。一旦该设计被认可,系统将自动输出订单,发出购买建筑材料的报告。在收到这些建筑材料后,自动开出收据。例如美国一个厨房用品制造公司——KraftMaid,在 PC 机上以 CAD 设计厨房的平面布置图,再用 EDI 传输设计图纸、订货、收据等。

2.3.3　EDI 的系统结构

EDI 处理软件能将用户数据库系统中的信息转换为 EDI 标准格式以供传输交换。如图 2-3 所示,其系统结构主要包括用户接口模块、内部接口模块、报文生成及处理模块、格式转换模块和通信模块。

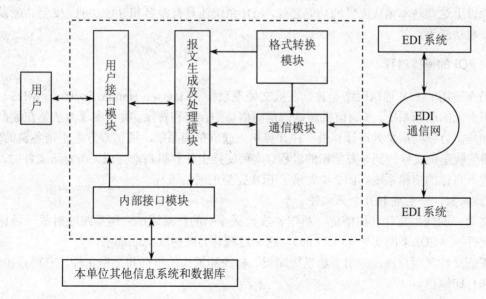

图 2-3　EDI 系统结构

（1）用户接口模块。EDI 系统能自动处理各种报文，界面友好的人机接口可以帮助业务管理人员了解本单位的情况、打印或显示各种统计报表、了解市场变化情况、及时调整经营方针策略等。

（2）内部接口模块。该模块是 EDI 系统与本单位内部其他信息系统及数据库的接口。一份来自外部的 EDI 报文，经过 EDI 系统处理之后，大部分相关内容都需要经内部接口模块送往其他信息系统，或查询其他信息系统才能给对方 EDI 报文以确认的答复。也就是说，EDI 不是将订单直接传递或简单打印，而是通过订单审核、生产组织、货运安排及海关手续办理等 EDI 处理后，将有关结果通知其他信息系统或打印出必要文件进行物理存档。内部接口模块的复杂程度与一个单位信息系统的应用程度是密切相关的。

（3）报文生成及处理模块。该模块有两个功能：一是接受来自用户接口模块和内部接口模块的命令和信息，按照 EDI 标准生成订单、发票等各种 EDI 报文和单证，经格式转换模块处理之后，由通信模块经 EDI 网络发给其他 EDI 用户。二是自动处理由其他 EDI 系统发来的报文。在处理过程中要与本单位信息系统相联，获取必要信息并给其他 EDI 系统答复，同时将有关信息送给本单位其他信息系统。如因特殊情况不能满足对方的要求，经双方 EDI 系统多次交涉后不能妥善解决的，则把这一类事件提交用户接口模块，由人工干预最终完成决策。

（4）格式转换模块。所有的 EDI 单证都必须转换成标准的交换格式，转换过程包括语法上的压缩、嵌套、代码转换以及 EDI 语法控制。在格式转换过程中要进行语法检查，对于语法出错的 EDI 报文应拒收并通知对方重发。同样，经过通信模块接收到的结构化的 EDI 报文，也要作非结构化的处理，以便本单位内部的信息管理系统作进一步处理。

（5）通信模块。该模块是 EDI 系统与 EDI 通信网络的接口，负责在接收到 EDI 报文后进行审查和确认。根据 EDI 通信网络结构的不同，该模块功能也有所不同。其基本功能主要包括执行呼叫、自动重发、合法性和完整性检查、出错报警、自动应答、通信记录、报文拼装和拆卸等。

除以上这些基本模块提供的功能之外，EDI 系统还具有命名和寻址功能、安全功能及语义数据管理功能等。

2.3.4　EDI 的操作过程

当今通用的 EDI 通信网络是建立在报文处理系统（Message Handle System，MHS）数据通信平台上的信箱系统，其通信机制是信箱间信息的存储和转发。具体实现方法是在数据通信网上加挂大容量的信息处理计算机，在计算机上建立信箱系统，通信双方需申请各自的信箱，EDI 通信就是把文件传到对方信箱的过程。文件交换由计算机自动完成，在发送文件时，用户只需进入自己的信箱系统。图 2-4 表示了 EDI 完整的通信流程。

1. 映射——生成 EDI 平面文件

将用户的应用文件（如单证、票据）或数据库中的数据通过应用系统映射成一种标准的中间文件——EDI 平面文件（Flat File），这一过程称为映射（Mapping）。

平面文件是用户通过应用系统直接编辑、修改和操作的单证和票据文件，它可直接阅读、显示和打印输出。

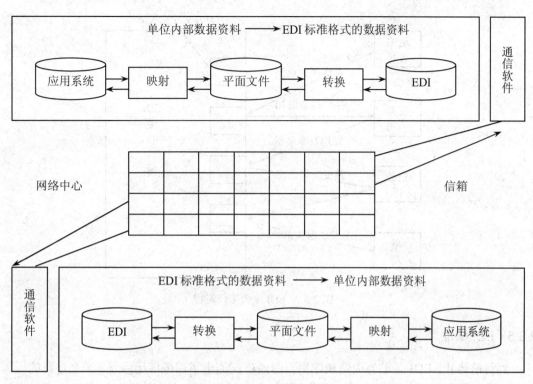

图 2-4　完整的 EDI 通信流程

2. 翻译——生成 EDI 标准格式文件

将平面文件通过翻译软件生成 EDI 标准格式文件的过程称为翻译（Translation）。

EDI 标准格式文件，就是所谓的 EDI 电子单证或称电子票据，是 EDI 用户之间进行贸易和业务往来的依据。它是按照 EDI 数据交换标准（即 EDI 标准）的要求，将单证文件（平面文件）中的目录项加上特定的分割符、控制符和其他信息而生成的一种包括控制符、代码和单证信息在内的 ASCII 码文件。

3. 通信

这一步由计算机通信软件完成。用户通过通信网络接入 EDI 信箱系统，将 EDI 电子单证投递到对方的信箱中。之后，由 EDI 信箱系统自动完成投递和转接，并按照 X.400（或 X.435）通信协议的要求，为电子单证加上信封、信头、信尾、投送地址、安全要求及其他辅助信息。

4. EDI 文件的接收和处理

接收和处理过程是发送过程的逆过程。首先，接收用户通过通信网络接入并打开自己的 EDI 信箱系统，将来函接收到自己的计算机中；然后经过格式校验、翻译、映射，还原成应用文件；最后对应用文件进行编辑、处理和回复。

在实际操作过程中，EDI 系统为用户提供的 EDI 应用软件包实际上包括了应用系统、映射、翻译、格式校验和通信连接等全部功能。用户可将其处理过程看作是一个"黑匣子"，完全不必关心里面具体的操作过程。图 2-5 是一家贸易公司用 EDI 通信网络实现报关的工作流程示意图。

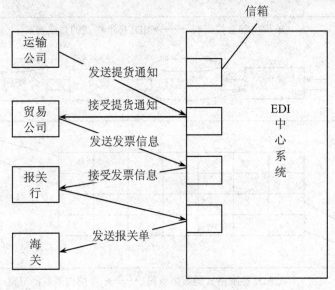

图 2-5　EDI 报关工作流程

2.3.5　EDI 标准

到目前为止，EDI 是最为成熟和使用范围最广泛的电子商务应用系统。一个重要的原因就是其标准的国际化。标准既涉及计算机应用技术和网络通信技术，还牵涉到 EDI 应用群体业务数据流的方方面面，所以标准化是实现 EDI 的关键环节。在早期，EDI 标准只是由贸易双方自行约定。随着使用范围的扩大，出现了行业标准和国家标准，最后形成了统一的国际标准，由此也大大地促进了 EDI 的发展。随着 EDI 各项国际标准的推出，以及开放式 EDI 概念模型的趋于成熟，EDI 的应用领域不再只限于国际贸易领域，在行政管理、医疗、建筑、环境保护等其他各个领域都得到了广泛应用。因此，从这个意义上说，EDI 的各项标准是使 EDI 技术得以广泛应用的重要技术支撑，EDI 的标准化工作是在 EDI 发展进程中不可缺少的一项重要工作，是实现 EDI 互通和互联的前提和基础。

在 EDI 应用领域范围内，EDI 标准体系是一个由一组具有内在联系的标准所组成的科学有机整体，主要包括 EDI 网络通信标准、EDI 处理标准、EDI 联系标准和 EDI 语义语法标准。

（1）EDI 网络通信标准描述的是 EDI 通信网络应该建立在何种通信网络协议之上，以保证各类 EDI 用户系统的互联。目前国际上主要采用 MHX（X.400）作为 EDI 通信网络协议。

（2）EDI 处理标准描述的是那些不同地域不同行业的各种 EDI 报文相互间共有的"公共元素报文"的处理。它与数据库、管理信息系统（如 MPRII）等接口有关。

（3）EDI 联系标准描述的是 EDI 用户所属的其他信息管理系统或数据库与 EDI 系统之间的接口。

（4）EDI 语义语法标准（又称 EDI 报文标准）描述的是各种报文类型格式、数据元编码、字符集和语法规则以及报表生成应用程序设计语言等。它是 EDI 技术的核心。

为促进 EDI 的发展，世界各国都在不遗余力地促进 EDI 标准的国际化，以求最大限度地发挥 EDI 的作用。欧洲使用的是国际上最有名的《用于行政管理、商业和运输的电子数据互换》标准——EDIFACT（Electronic Data Interchange For Administration,Commerce and Transportation）

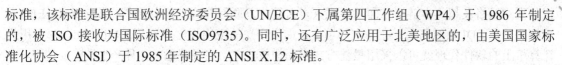

标准，该标准是联合国欧洲经济委员会（UN/ECE）下属第四工作组（WP4）于 1986 年制定的，被 ISO 接收为国际标准（ISO9735）。同时，还有广泛应用于北美地区的，由美国国家标准化协会（ANSI）于 1985 年制定的 ANSI X.12 标准。

根据国际标准体系和我国 EDI 应用的实际以及未来一段时期的发展情况，我国于 1996 年制订了 EDI 标准体系，将《EDI 系统标准化总体规范》作为总体技术文件。该规范作为我国"八五"重点科技攻关项目，是一部全面论述 EDI 应用系统开发过程中所涉及的各方面标准化技术要求的技术指导文件。它由 11 个章节组成，涉及 EDI 术语、EDI 标准化管理、EDI 标准体系、EDI-FACT 基础标准、EDI 信息分类编码、中文 EDI、EDI 通信环境、EDI 安全保密、开放式 EDI、EDI 单证数据元及报文标准、EDI 系统设计与实施等方面。这是我国第一部重要的 EDI 应用系统标准化技术指南。

2.3.6 Internet 环境下的 EDI

由于传统的基于增值网（Value-Added Network，VAN）之上的 EDI 存在运行费用高，不同 EDI 中心的服务与合作方式直接影响用户间的 EDI 应用，以及用户端软件采用 C/S 结构而导致软件的维护和使用受到约束等问题，严重阻碍了 EDI 在中小企业中的发展。随着 Internet 的普及，由于其使用成本低、覆盖面广、网络访问方便和网络连接结构好等优点，为 EDI 技术的发展提供了一个很好的契机，出现了基于 Internet 的 EDI。目前，Internet 和 EDI 的结合方式主要有 Internet Mail、Standard IC、Web-EDI 和 XML-EDI 四种，其中 Web-EDI 是目前最流行的方式。

1. Internet Mail

Internet Mail 是最早将 EDI 引入 Internet 的方式。为了降低费用，它用 ISP 取代传统 EDI 对 VAN 的依赖，以实现商业数据与信息的电子交换。然而，这种基于 SMTP 协议的电子交易方式存在保密性差、不可抵赖性差和确认交付性差的弊端。

2. Standard IC

在使用 EDI 过程中，不同行业或企业常常根据自身需要对标准进行裁剪，所谓 IC（Implementation Conventions）即指特定应用的 EDI 实现规范，是经过裁剪的消息版本，因而出现了多个 IC 版本。不同 IC 版本间的消息是不能相互处理的，在 Internet 上只有使用相同版本的 IC 才能正确地实现 EDI 交换。Standard IC 是一种特殊的针对特定应用的跨行业国际标准，着重解决了 IC 的标准化问题。该标准使用简单，无过多选择项，但却不能降低那些仅有很少贸易单证的中小企业的运行费用。

3. Web-EDI

Web-EDI 使用 Web 作为 EDI 单证交换的接口，允许中小型企业只需通过浏览器和 Internet 连接即可实现 EDI 交换，是目前最为流行的一种 EDI 与 Internet 的结合方式。其基本思想是，在提供 EDI 服务的 EDI 中心建立 Internet Web 服务器，并在 Web 上开发大量的表格供用户使用，用户只要通过浏览器就可进行单证的收发。这种方式对现有企业应用只需做很少的改动即可方便快速地扩展成为 EDI 系统应用，然而，由于 HTML 语言过于简单也给 EDI 应用带来了一定的限制。

4. XML-EDI

可扩展标记语言 XML（eXtensible Markup Language）是一个开放式网络标准，在数据标记、显示风格及超文本链接方面功能强大，可简化互联网与企业网的数据交换。XML-EDI 着重解决的是 EDI 映射问题。在一定环境下，如果用户的应用程序实现了 XML-EDI，那么用户计算机上的软件代理就可以采用最佳方式解释模板，自动完成映射，并且产生正确的消息。此外，代理还可以给用户生成一个 Web 表单。XML-EDI 的出现使得在 Internet 上实现 EDI 变得更加现实。但是在其发展过程中，安全性和标准化仍是有待解决的两个主要问题。

2.4 数据库技术

2.4.1 数据库技术的产生与发展

数据库技术是应数据管理任务的需要而产生的，是数据管理技术发展到一定阶段的产物。数据管理技术的发展，是随着计算机硬件技术和软件技术的发展而不断发展的。迄今为止，数据管理技术主要经历了人工管理、文件系统和数据库系统 3 个阶段。

1. 人工管理阶段

20 世纪 50 年代中期以前，计算机主要用于科学计算。在硬件方面，外存只有纸带、卡片、磁带，没有磁盘等直接存取的存储设备；在软件方面，只有汇编语言，没有管理数据的专用软件。数据处理方式基本是批处理。在这个阶段，人工管理数据的主要特点是数据不保存、不共享、不具有独立性，计算机系统不提供对用户数据的管理功能，因此，管理效率很低。

2. 文件系统阶段

20 世纪 50 年代后期到 60 年代中期，计算机不仅用于科学计算，还使用在信息管理方面。随着数据量的增加，迫切需要解决数据的存储、检索和维护问题，数据结构和数据管理技术迅速发展起来。此时，硬件方面已有了磁盘、磁鼓等直接存取存储设备；软件方面出现了操作系统和高级软件，操作系统中的文件系统就是专门管理外存的数据管理软件；处理方式上不仅有了批处理，还能够联机实时处理。在这个阶段，用文件系统管理数据的主要特点是数据以"文件"形式可以长期保存在外存上并反复使用，数据的逻辑结构和物理结构之间有了简单区别，文件组织已多样化，因此数据管理变得轻松。然而随着数据管理规模的扩大，数据量急剧增加，文件系统显露出数据共享性差、冗余度大和数据独立性差的缺陷。

3. 数据库系统阶段

20 世纪 60 年代后期以后，数据管理技术进入数据库系统阶段。为了解决多用户、多应用共享数据的要求，使数据为尽可能多的应用服务，出现了统一管理数据的专门软件系统即数据库管理系统 DBMS。它克服了文件系统的缺陷，提供了对数据更高级、更有效的管理。与人工管理和文件系统相比，这个阶段的数据管理的主要特点是：数据结构化，数据的共享性高、冗余度低、易扩充，有较高的数据独立性以及数据由 DBMS 进行统一管理和控制。

2.4.2 数据库的基本理论

1. 基本概念

数据库（DataBase，DB）是长期保存在计算机内、有组织的、可共享的大量数据的集合。数据库管理系统（DataBase Management System，DBMS）是位于用户与操作系统之间的

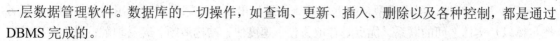

一层数据管理软件。数据库的一切操作，如查询、更新、插入、删除以及各种控制，都是通过DBMS 完成的。

数据库系统（DataBase System，DBS）是指由数据库、数据库管理系统、应用系统、数据库管理员构成的人—机系统。在一般不引起混淆的情况下常常把数据库系统简称为数据库。

2. 数据库管理系统的主要功能

（1）数据定义功能。DBMS 提供数据定义语言（Data Definition Language，DDL），用户通过它可以方便地对数据库中的数据对象（如数据库、表、字段、索引等）进行定义。

（2）数据操纵功能。DBMS 还提供数据操纵语言（Data Manipulation Language，DML），用户可以使用 DML 操纵数据来实现对数据库的基本操作（如查询、插入、删除、修改等）。

（3）数据的组织、存储和管理。DBMS 要分类组织、存储和管理各种数据，包括数据字典、用户数据、数据的存取路径等。数据组织和存储的基本目标是提高存储空间利用率和方便存取，提供多种存取方法（如索引查找、Hash 查找、顺序查找等）来提高存取效率。

（4）数据库的运行管理。数据库在建立、运用和维护时由数据库管理系统统一管理、统一控制，以保证数据的安全性、完整性、多用户对数据的并发使用及发生故障后的系统恢复。具体包括并发控制、安全性检查、完整性约束条件检查、数据库内部维护等。

3. 数据模型

数据模型是用来描述数据、组织数据和对数据进行操作的，是对现实世界数据特征的抽象。它是数据库系统的核心和基础。

数据模型所描述的内容包括数据结构、数据操作和完整性约束三个部分。

（1）数据结构，用于描述数据的类型、内容、性质以及数据间的联系等。数据结构是刻画一个数据模型性质最重要的方面，是对系统静态特性的描述。

（2）数据操作，用于描述在相应的数据结构上所允许的操作类型和操作方式，是对系统动态特性的描述。

（3）完整性约束，用于描述给定数据模型中数据及其语法、语义联系、他们之间的制约和依存关系，以及数据动态变化的规则，以保证数据的正确、有效和相容。

按照不同的应用层次，数据模型主要分为概念模型、逻辑模型和物理模型。

（1）概念模型（Conceptual Model），也称信息模型，是按照用户的观点来对数据和信息建模。它使数据库的设计人员在设计的初始阶段能够摆脱计算机系统及 DBMS 的具体技术问题，集中精力分析数据以及数据之间的联系。因此，概念模型既要具有较强的语义表达能力，还应该简单、清晰、易于用户理解。

（2）逻辑模型（Logical Model），是按计算机系统的观点对数据建模，是具体的 DBMS所支持的数据模型。例如层次模型（Hierarchical Model）、网状模型（Network Model）、关系模型（Relational Model）、面向对象模型（Object Oriented Model）和对象关系模型（ObjectRelational Model）等。此类模型既要面向用户，又要面向系统，主要用于 DBMS 的实现。

（3）物理模型（Physical Model），是面向计算机物理表示的模型，它描述了数据在系统内部的表示方式和存取方法，在外存上的存储方式和存取方法。它不但与具体的 DBMS 有关，而且还与操作系统和硬件有关。为了保证独立性与可移植性，物理模型的具体实现工作由DBMS 自动完成。

下面简要介绍数据库领域中最常用的三种逻辑数据模型：

57

（1）层次模型。层次模型是数据库系统中最早出现的数据模型。它用树形结构来表示各类实体以及实体之间的联系。优点是存取方便、速度快；结构清晰、容易理解；易于实现数据修改和数据库扩展；检索关键属性十分方便。缺点是结构呆板，缺乏灵活性；同一属性数据要存储多次，数据冗余大；不适于拓扑空间数据的组织。

（2）网状模型。网状模型用网状结构来表示实体及实体之间的联系。由于没有层次模型对结点的限制，网状模型可以直接表示多对多的联系。优点是易于表示数据间的复杂关系，数据冗余小，存取效率较高。缺点是网状结构的复杂性增加了用户查询和定位的困难；存储数据间联系的指针导致数据量的增大；数据的修改不方便。

（3）关系模型。关系模型是目前最重要的一种数据模型，它是建立在严格的数学概念的基础上的。从用户观点看，关系模型由一组关系组成，每个关系的数据结构是一张规范化的二维表。优点是结构特别灵活，能满足所有由布尔逻辑运算和数学运算规则形成的查询要求；能搜索、组合和比较不同类型的数据；增加和删除数据非常方便。缺点主要是当数据库比较大的时候，查找满足特定关系的数据很费时。

4. 数据库系统的三级模式结构

数据库系统的三级模式结构是指数据库系统是由外模式、模式和内模式三级构成的。

（1）模式（Schema）。模式也称逻辑模式，是数据库中全体数据的逻辑结构和特征的描述，是所有用户的公共数据视图，属于逻辑层抽象（Logical Level）。模式是数据库数据在逻辑级上的视图。一个数据库只有一个模式。定义模式时不仅要定义数据的逻辑结构，而且要定义数据之间的联系，定义与数据有关的安全性、完整性要求。

（2）外模式（External Schema）。外模式也称子模式（Sub Schema）或用户模式，是数据库用户（包括应用程序员和最终用户）能够看见和使用的局部数据的逻辑结构和特征的描述，是数据库用户的数据视图，是与某一应用有关的数据的逻辑表示，属于视图层抽象（View Level）。外模式通常是模式的子集。一个数据库可以有多个外模式。同一外模式也可以为某一用户的多个应用系统所使用，但一个应用程序只能使用一个外模式。外模式是保证数据库安全性的一个有力措施，即每个用户只能看见和访问所对应的外模式中的数据。

（3）内模式（Internal Schema）。内模式也称存储模式（Storage Schema），属于物理层抽象（Physical Level）。一个数据库只有一个内模式。它是数据物理结构和存储方式的描述，是数据在数据库内部的表示方式。

数据库系统的三级模式是对数据的 3 个抽象级别，从而使得用户不必关心数据在计算机中的具体表示方式与存储方式，只需逻辑地抽象处理数据即可。为了能够在内部实现这三个抽象层次的联系和转换，DBMS 在这三级模式之间提供了外模式/模式映像和模式/内模式两层映像。由此保证了数据库系统中的数据具有较高的逻辑独立性和物理独立性。

2.4.3 数据挖掘

数据挖掘（Data Mining，DM）又称数据库中的知识发现（Knowledge Discover in Database，KDD），是目前人工智能和数据库领域研究的热点问题。所谓数据挖掘是指从数据库的大量数据中揭示出隐含的、先前未知的并有潜在价值的信息的非平凡过程。数据挖掘是一种决策支持过程，它主要基于人工智能、机器学习、模式识别、统计学、数据库、可视化技术等，高度自动化地分析企业的数据，做出归纳性的推理，从中挖掘出潜在的模式，帮助决策者调整市场策

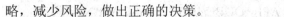

略，减少风险，做出正确的决策。

利用数据挖掘进行数据分析常用的方法主要有分类、回归分析、聚类、关联规则、特征、变化和偏差分析、Web 页挖掘等，它们分别从不同的角度对数据进行挖掘。

数据挖掘是通过预测未来趋势及行为来做出前瞻的、基于知识的决策。数据挖掘的目标就是从数据库中发现隐含的、有意义的知识，它主要包括以下 5 类功能。

（1）自动预测趋势和行为。数据挖掘会自动在大型数据库中寻找预测性信息，以往需要进行大量手工分析的问题可以直接由数据本身得出结论。例如市场预测，数据挖掘使用过去有关促销的数据来寻找未来投资中回报最大的用户。

（2）关联分析。在数据库中，数据关联是一种重要的可被发现的知识。若两个或多个变量的取值之间存在某种规律性，就称为关联，它包括简单关联、时序关联和因果关联。关联分析的目的是找出数据库中隐藏的关联网。通过关联分析生成的规则带有一定的可信度。

（3）聚类。数据库中的记录可被化分为一系列有意义的子集，即聚类。聚类提高了人们对客观现实的认识，是概念描述和偏差分析的先决条件。聚类技术主要包括传统的模式识别方法和数学分类学。

（4）概念描述。概念描述指的是描述某类对象的内涵并概括这类对象的有关特征。它分为特征性描述和区别性描述，前者描述某类对象的共同特征；后者描述不同类对象之间的区别。生成区别性描述的方法很多，如决策树方法、遗传算法等。

（5）偏差检测。数据库中的数据通常会产生一些异常记录，因此需要检测这些偏差。偏差包括很多潜在的知识，如分类中的反常实例、不满足规则的特例、观测结果与模型预测值的偏差、量值随时间的变化等。偏差检测的基本方法是寻找观测结果与参照值之间有意义的差别。

数据挖掘技术是面向应用的，目前广泛应用于银行、电信、保险、交通、零售等众多商业领域。数据挖掘所能解决的典型商业问题包括：数据库营销、客户群体划分、背景分析、交叉销售等市场分析行为，以及客户流失性分析、客户信用记分、欺诈发现等。

2.4.4　Web 数据库基础

随着计算机技术、网络技术和数据库技术的发展，将 Web 技术与数据库技术融合在一起，形成基于 Web 模式的数据库应用系统——Web 数据库，已成为热点研究方向之一。这种新型数据库模型可以充分发挥数据库高效的数据存储和管理能力，以浏览器/服务器（B/S）模式为平台，将客户端融入到统一的 Web 浏览器，为 Internet 用户提供使用简便、内容丰富的服务。Web 数据库集成了浏览器、服务器及数据库技术，使人们通过统一的浏览器就可以访问不同的数据库，彻底改变了传统的以专用客户程序访问数据库的方式。在网页与数据库之间建立连接后，不仅可以访问其中的字段信息，还可以改变它的显示外观，更重要的是能够实现对数据库的动态访问。

Web 数据库的访问既可以采用 B/S 结构，还可以采用浏览器/Web 服务器/数据库服务器（B/S/S）结构。相比之下，后者在实际使用中更为常见，各组成部分之间的通信遵循 HTTP 协议，用户通过浏览器向服务器发送请求与服务器进行连接，从而实现 Internet/Intranet 环境下对数据库的访问操作。与传统方式相比，通过 Web 技术访问数据库具有浏览器访问无需客户端软件、标准统一、开发维护简单以及跨平台支持等优点。

常见的 Web 数据库访问技术主要有 CGI、API、ODBC/JDBC 和 ASP/ASP.NET 等。

1. CGI

通用网关接口（Common Gateway Interface，CGI）是外部应用程序与 Web 服务器交互的一个标准接口，是使用最早、技术最成熟的一种 Web 数据库访问技术。

开发人员可以使用任何一种 Web 服务器内置语言（如 C、C++、VB、Delphi 等）来编写 CGI。运行在 Web 服务器之上的 CGI 应用程序能够扩展服务器的功能，既可以完成客户端与服务器的交互操作，还可以通过数据库的 API 与数据库服务器等外部数据源进行通信。

CGI 的主要优点是跨平台性能非常好，几乎可以在任何操作系统上实现。但是，CGI 应用程序一般都是一个独立的可执行程序，它的每次请求都会在 Web 服务器上产生一个进程，当访问用户增加时容易产生瓶颈。另外，CGI 的功能有限、开发较为复杂，且不具备事务处理功能，这在一定程度上限制了它的应用。

2. API

针对 CGI 运行效率低的问题，又开发出专用的应用程序接口 API（Application Programming Interface）技术。驻留在 Web 服务器上的 API 应用程序通常是以动态链库（DLL）的形式提供，用以扩展 Web 服务器的性能。需要说明的是，每种数据库系统都有属于自己的专用调用接口，如对 SQL Server 设计的 API 程序就不能用它访问 Oracle 或 Informix 数据库。当前较流行的 API 有 Netscape 的 NSAPI、Microsoft 的 ISAPI 和 O'Reilly's 的 WSAPI。

与 CGI 相比，API 应用程序与 Web 服务器结合得更加紧密，用户的每次请求并不启动单独的进程，被激活的 DLL 在处理完一个请求后不会立即消失，而是继续驻留内存，等待处理下一个用户的输入，直到一定时间限制后没有用户输入为止。因此，API 应用程序所占用的系统资源少，运行效率比较高，同时还能提供更好的安全性保护。API 技术的最大缺点就是开发步骤繁琐和可移植性差。

3. ODBC/JDBC

由于利用底层的 API 开发数据库访问程序仍然很困难，因此开发了基于底层 API 的高层数据库编程接口——开放数据库互联（ODBC），它是一种使用 SQL 的应用程序接口。ODBC 最显著的优点就是用它生成的程序与数据库或数据库引擎是无关的。程序员使用 ODBC 可以方便地编写访问各 DBMS 厂商的数据库应用程序，而不需了解其产品的细节。

与 ODBC 类似，Java 数据库互联（JDBC）也是一种特殊的 API，是用于执行 SQL 语句的 Java 应用程序接口。它规定了 Java 与数据库交互作用的方式。采用 Java 和 JDBC 编写的数据库应用程序具有平台无关性，使用 SQL 语句可以访问任何商用数据库而不必为每一种数据库平台编写不同的程序。

4. ASP/ASP.NET

ASP 是由 Microsoft 推出的一个基于 Web 服务器端的开发环境，利用它可以产生和运行动态的、交互的、高性能的 Web 服务器应用程序。ASP 结合了传统的 CGI 程序与 API 技术的优点，能够把 HTML、脚本、ActiveX 组件等有机组合在一起，形成一个能够在服务器上运行的应用程序，并把按用户要求生成的标准 HTML 页面送给客户端浏览器。当用户使用浏览器请求 ASP 主页时，Web 服务器响应，首先调用 ASP 引擎来执行 ASP 文件，解释其中的脚本语言（JavaScript 或 VBScript），然后通过 ODBC 连接数据库，由数据库访问组件 ADO（ActiveX Data Objects）完成数据库操作，最后，生成包含有数据查询结果的 HTML 主页返回给用户端

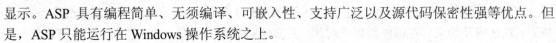

显示。ASP 具有编程简单、无须编译、可嵌入性、支持广泛以及源代码保密性强等优点。但是，ASP 只能运行在 Windows 操作系统之上。

ASP.NET（又称 ASP+）是使用.NET 框架提供的类库构建而成的，它提供了一个由一组控件和一个基本结构组成的 Web 应用程序模型。ASP.NET 控件集封装了公共的、用于 HTML 用户界面的各种小组件（如文本框、下拉菜单等），这些控件运行在 Web 服务器上，从而使得 Web 数据库的应用开发（比如电子商务平台）变得更加方便和快捷。

2.4.5 数据库技术在电子商务中的应用

电子商务是利用计算机技术、网络技术和远程通信技术，实现整个商务过程中的电子化、数字化和网络化。基于 Internet 的电子商务迅猛发展离不开数据库技术的支持，在电子商务交易过程中，涉及商家、商品、客户、物流配送等大量的信息，这些信息都需要储存在数据库中。当前数据库管理系统已发展到相当成熟的阶段，能够高效、高质、安全地管理数据。数据库技术主要包括数据模型、数据库系统、数据库系统建设和数据仓库、联机分析处理和数据挖掘技术等。应用于电子商务中的数据库技术主要完成三个方面的功能：数据的收集、存储和组织；决策支持；Web 数据库。

电子商务往往通过 Web 程序来实现交易运作。Web 数据库的开发是 Web 程序设计中最复杂的一个环节，其中涉及的问题主要有：最基本的 HTML、Web 数据库访问程序的编写和调试、网络管理和客户端协调、数据库程序的编写以及客户/服务体系程序的编写。

使用 Web 数据库往往是要解决数据的组织、索引和维护问题。一般选择最流行的关系型数据库，如 SQL Server、Access、Sybase、MySQL，以及像 Oracle、Informix 等大型的 SQL 数据库。

一个好的数据库产品需要好的设计。数据库模型如果设计不好，不仅会增加客户和服务器端程序的编写和维护的难度，而且还会降低系统实际的运行性能。下面以网上图书销售为例，来了解数据库技术在电子商务中的具体应用过程。

1. 建立基于 Web 的项目数据库

根据项目需求设计项目数据库，需要完成项目数据库的逻辑设计和物理设计、项目数据库结构的创建以及项目数据库里的数据对象的创建。

（1）项目需求分析。该项目的设计要求是，将图书销售公司库存的图书目录按照不同的分类存放在后台数据库里供用户通过 Web 方式进行调阅和查询，对公司销售的图书感兴趣的用户可以通过注册用户信息后下订单购书。

（2）功能模块设计。包含两部分：一是用户子系统，面向用户完成图书销售，主要由用户注册模块、用户登录模块、图书检索模块、图书订购模块、订单查询模块和公告留言模块组成；二是管理员子系统，用于完成后台数据库数据的管理和更新，主要由图书管理模块、注册用户管理模块、用户订单处理模块、图书销售统计模块和留言管理模块组成。

（3）项目数据库逻辑设计。设计数据库名、数据表结构及其他相关数据对象的名称和结构等。

（4）项目数据库物理设计。对应逻辑设计的数据库，设计其具体对应到服务器上的物理文件的位置和大小等信息。

（5）建立项目数据库结构。在所选定的关系数据库中建立数据库结构。

（6）建立数据库对象。逐一建立包括所有的数据表、视图、存储过程、触发器、游标、规则、默认值及约束等在内的数据库对象，并实现对数据的管理，即对数据表的各种操作，如插入、删除、更新、查询、统计。

2．Web 数据库解决方案

如何将数据库中的数据通过 Web 页来进行调阅和处理，在网络技术发展的不同时期出现了很多种解决方案，以 CGI 为代表的编译型技术已逐渐退出历史舞台，应运而生的以 ASP 和 JSP 为代表的脚本型技术正方兴未艾。Web 服务器软件的选定决定了采用何种 Web 数据库开发技术，目前主流的 Web 数据库解决方案主要包括以下 3 种：

（1）IIS 系列+ASP。这种方案的特点是与微软公司的系列数据库产品集成性好；适合 Windows 系列操作系统；通过脚本语言调用 IIS 内置 ADO 对象访问数据库简单易行。

（2）Apache 系列+PHP。这种方案的特点是适合多种操作系统；需要安装解析器；免费资源丰富。

（3）Tomcat 系列+JSP。这种方案的特点是适合多种操作系统；需要安装引擎；与平台无关，兼容性好，安全性高；代码可移植性好。

ASP 技术简单易行、比较成熟；JSP 技术兼容性好，是一种有较大潜力的技术；PHP 技术介于二者之间，是一种过渡型技术，用户可以根据需要选择适合自己的开发技术。

2.5 Web 技术

2.5.1 Web 概述

Web 是 WWW（World Wide Web）的缩写，也称万维网。它起源于 1989 年 3 月，由欧洲量子物理实验室 CERN 所发展出来的主从结构分布式超媒体系统。Web 不是普通意义上的物理网络，而是建立在 C/S 模型之上，以 HTML 语言和 HTTP 协议为基础，能够提供面向各种服务的、一致的用户界面的信息浏览系统。从技术角度上说，Web 就是 Internet 上那些支持 WWW 协议和超文本传输协议 HTTP 的客户机与服务器的集合，透过它可以存取世界各地的超媒体文件，如文字、图形、声音、动画、资料库以及各式各样的软件。

在结构上，Web 遵循的是 C/S 体系结构模型，如图 2-6 所示。

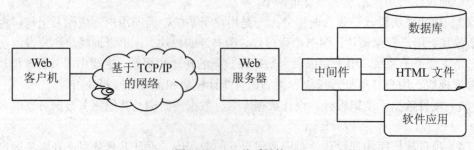

图 2-6　Web 体系结构

Web 客户机，即客户端的浏览器。浏览器是用户端计算机上的应用软件，在屏幕上看到的网页信息就是浏览器对 HTML 文档的翻译。

Web 服务器，是存放 WWW 资源的主机，负责处理浏览器提交的文本请求。微软的 IIS 和 Apache 是最常用的 Web 服务器软件。

Web 服务器要与数据库服务器进行交互，必须通过中间件。常用的中间件有 CGI、JDBC、Web API 等。

Web 通信的过程是：用户使用浏览器向 Web 服务器发出 HTTP 请求，Web 服务器接收到请求后进行相应的处理，将处理结果以 HTML 文件的形式返回给浏览器，浏览器对其进行解释并显示给用户。

2.5.2　Web 工作方式

当我们想点击进入万维网上的一个网页或者其他网络资源的时候，首先需要在浏览器上键入想要访问网页的统一资源定位符（Uniform Resource Locator，URL），或者通过超链接方式链接到那个网页或网络资源。然后，由 DNS 系统对 URL 的服务器名部分进行解析，以确定网页或网络资源所在主机的 IP 地址，并向具有此 IP 地址的 Web 服务器发送一个 HTTP 请求。在通常情况下，HTML 文本、图片和构成该网页的一切其他文件很快会被逐一请求并发送回用户。最后，浏览器负责把 HTML、层叠样式表单（Cascading Style Sheet，CSS）和其他接受到的文件所描述的内容，加上图像、链接和其他必须的资源，一起显示给用户。

1. URL

URL 是为了使 Web 客户端程序在查询不同的信息资源时能有统一的访问方法而定义的，一种可以完整描述 Internet 上网页和其他资源的地址标识方法。Internet 上所有资源都有一个独一无二的 URL 地址，这种地址既可以是本地磁盘，也可以是局域网上的某一台计算机，更多的则是 Internet 上的站点。简单地说，URL 就是 Web 地址，俗称"网址"。

在格式上，URL 由三部分组成：信息服务类型、信息资源地址和文件路径。目前编入 URL 中的信息服务类型主要包括 http、telnet、ftp、gopher、news 等。信息资源地址给出了提供信息服务的服务器的 DNS 主机名或 IP 地址。如 www.cnc.ac.cn 是中国科学院计算机网络中心的 Web 服务器域名。在一些特殊情况下，信息资源地址还可以由域名和信息服务所使用的端口号组成。根据查询要求的不同，文件路径为可选项，由零或多个"/"符号隔开的字符串构成，一般用来表示主机上的一个目录或文件地址。

例如，http://www.sjstc.edu.cn/wwwboard/default.htm 表示使用超文本传输协议 HTTP 提供超文本信息服务的资源，其计算机域名为 www.sjstc.edu.cn，超文本文件是在目录/wwwboard 下的 default.htm。

2. 超链接

超链接在本质上属于一个网页的一部分，它是一种允许我们同其他网页或站点之间进行连接的元素。各个网页链接在一起后才能真正构成一个网站。所谓的超链接是指从一个网页指向一个目标的连接关系，这个目标可以是另一个网页，也可以是相同网页上的不同位置，还可以是一个图片、一个电子邮件地址、一个文件，甚至是一个应用程序。而在一个网页中用来超链接的对象，可以是一段文本或者是一个图片。当用户单击已经链接的文字或图片后，链接目标将显示在浏览器上，并且根据目标的类型来打开或运行。

2.5.3　Web 标记语言

标记语言，也称置标语言，是一种将文本以及文本相关的其他信息结合起来，展现出关于文档结构和数据处理细节的电脑文字编码。与文本相关的其他信息（如文本的结构和表示信息等）与原来的文本结合在一起，但使用标记（markup）进行标识。当今广泛使用的标记语言是超文本标记语言（HyperText Markup Language，HTML）和可扩展标记语言（eXtensible Markup Language，XML）。标记语言广泛应用于网页和网络应用程序。

1. HTML

HTML 是一种用来制作网页的标记语言。它不需要编译，可以直接由浏览器执行，属于浏览器解释型语言。HTML 既是一种规范，也是一种标准，它通过标记符号来标记要显示的网页中的各个部分。网页文件本身是一种文本文件，通过在文本文件中添加标记符，可以告诉浏览器如何显示其中的内容，如文字如何处理，画面如何安排，图片如何显示等。用 HTML 编写的超文本文档称为 HTML 文档，它能独立于各种操作系统平台。

2. XML

XML 是一种 Web 上表示结构化信息的标准文本格式。它是用来描述数据的，但是 XML 标记不是在 XML 中预定义的，而是由自己定义的。XML 使用文档类型定义（Document Type Definition，DTD）或者模式（Schema）来描述数据，因此 XML 是具有自我描述性的标记语言。XML 是 Internet 环境中跨平台的、依赖于内容的技术，是当前处理结构化文档信息的有力工具。

XML 与 HTML 之间的主要区别是，XML 不是 HTML 的替代，二者为不同的目的而设计：XML 被设计为传输和存储数据，重在数据内容本身；HTML 被设计用来显示数据，重在数据的外观，即显示模式。另外，XML 扩展性比 HTML 要强，语法比 HTML 要严格。

2.5.4　Web 技术在电子商务中的应用

现在，Web 浏览技术已经广泛地应用于 Internet，并被广大用户接受和使用。Web 服务器利用 HTTP 协议来传递 HTML 文件，Web 浏览器使用 HTTP 检索 HTML 文件。Web 浏览器从 Web 服务器上获取信息，然后以静态和交互方式呈现在用户眼前。电子商务仍然是一种商务模式，在进行电子商务过程中，需要在商家与客户以及其他相关角色之间交换各种信息，此时就要使用 Web 浏览技术。

随着电子商务的发展，仅仅使用 HTML 表示信息已经不能满足需要，为此，XML 和商业 XML（Commerce XML，CXML）相继开始发展起来。

XML 的出现源自于应用的需求，当然也将服务于应用。XML 所具备的新特性将有助于大幅度改善人们在网络世界里的交流方式，特别是对推动电子商务的发展将起到至关重要的作用。

（1）XML 加速电子商务的发展。XML 对 B2B 电子商务的发展带来革命性的影响，主要体现在两个方面：一是内容定义，由 500 个成员组成的非盈利性网上商务协会 CommerceNet 提出的 Commerce Core 规范主要用于定义通用于多种商业事务的数据元素，即如何给诸如公司名称、地址、价格、条款和数量等事物作标识；二是信息交换，由于 XML 非常适于服务器之间交换事务信息，CommerceNet 提议用基于 XML 的 CBL（Common Business Language）来

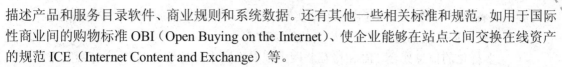

描述产品和服务目录软件、商业规则和系统数据。还有其他一些相关标准和规范，如用于国际性商业间的购物标准 OBI（Open Buying on the Internet）、使企业能够在站点之间交换在线资产的规范 ICE（Internet Content and Exchange）等。

（2）XML 与 EDI 的融合。将 XML 应用于 Internet EDI，可以得到真正 Web 风格的 EDI，即 XML/EDI。XML 支持结构化的数据，因此可以更详细地定义某个数据对象的数据结构，例如可以详细定义某个产品的生产厂、产品名、产品号、产地等信息，这样既方便了对产品进行标记，还易于按生产厂、产品名等排序，使用户的查询变得很方便。

另外，为了解决 EDI 存在的映射问题，XML/EDI 引进了模板（Template）概念。模板描述的不是消息的数据，而是消息的结构以及如何解释消息，因此无需编程就可实现消息的映射。在实现了 XML/EDI 的用户计算机上，软件代理程序可以自动完成映射并产生正确的消息，还可以为用户生成一个 Web 表单。

传统的 EDI 是通过使用 SMTP 和 FTP 来进行数据格式转换的。XML 的强大之处就在于它具有一套统一的数据格式，这种统一的数据格式可以使数据管理和交换的成本更低，也更易于管理。

XML 为 Web 数据所带来的结构化、智能化和互操作性特点，必将会带来 Web 查询技术、Web 数据库技术乃至 Web 数据交换技术的全面革新，从而使得 B2C 和 B2B 模式下的电子商务数据交换变得更加容易。

CXML 是一个使用共同格式在网络上交换商业事务信息的标准，它定义了标准格式报价、销售条件条款和电子商务文档，其实就是一个建立在 XML 标签基础上的文档类型定义。另外，由于人们对信息的实时性和现实性的需求不断增加，即时信息传送技术和虚拟现实浏览技术也开始受到人们的青睐。

2.6　电子商务网络技术应用分析

2.6.1　RSS：推动电子商务发展的新生力量

随着 XML 技术的发展和博客群体的快速增长，RSS 技术逐渐被人们广泛接受，其应用范围从单纯的博客，逐渐发展成为新闻出版业、电子商务、企业知识管理等众多领域不可缺少的新技术。

1. 什么是 RSS？

RSS 是一种基于 XML 标准，在互联网上被广泛采用的内容包装和投递协议，既可以解释为 Really Simple Syndication（真正简单的聚合），还可以理解为 RDF Site Summary（RDF 站点摘要）或者 Rich Site Summary（丰富站点摘要）。RSS 是一种用于共享新闻和其他 Web 内容的数据交换规范，起源于网景的"推"（Push）技术，比如，关注财经新闻的用户可以在其浏览器里订阅财经新闻 Feed（信息源），相关内容一旦有更新，就会自动"推"送到用户的浏览器中。这样用户就可以在浏览器里分门别类地收集各种感兴趣的 Feed。

2. RSS 技术特点

RSS 使用 XML 标准定义内容的包装和发布格式，使内容提供者和接收者都能从中获益。

对内容提供者来说，RSS 技术提供了一个实时、高效、安全、低成本的信息发布渠道；对内容接收者来说，RSS 技术提供了一种崭新的阅读体验。

（1）多样化的信息聚合。RSS 将互联网上很多不同来源的信息以 Feed 订阅的方式集中到同一点的模式就称之为"聚合"。诸如专业新闻站点、电子商务站点、企业站点、甚至个人站点等都可以采用这种方式来发布信息。RSS 用户端阅读器则是按照用户的喜好，有选择性地将用户感兴趣的内容来源"聚合"到该软件的界面中，为用户提供多来源信息的"一站式"服务。

（2）信息发布时效强、成本低。RSS 可以实现用户端信息的"实时更新"，即自动浏览和监视某些指定网站的内容，将这些网站的内容定时传送给用户并自动更新，用户只要利用 RSS 阅读器就可以方便地阅读到推送上门的资讯。此外，网站内容的 RSS 包装在技术实现上极为简单，而且是一次性的工作，因此使长期的信息发布边际成本几乎降为零，远远优于传统的电子邮件、互联网浏览等发布方式。

（3）过滤垃圾信息，本地内容管理方便。RSS 能够屏蔽掉其他没有订阅的内容以及弹出广告、垃圾邮件等。此外，对下载到阅读器的订阅 RSS 内容，用户可以方便地进行离线阅读、存档保留、搜索排序、相关分类等多种管理操作。

3. RSS 的电子商务应用分析

从 2004 年开始，RSS 在美国开始呈现爆炸式增长。众多商业网站把对 RSS 技术的支持当作增加网站流量、推广网站品牌、更好地为用户服务的重要手段。其中最具代表性的商业网站就是华尔街日报电子版、纽约时报电子版和迪斯尼公司的企业内部知识管理平台。在中国，RSS 技术的普及和市场的发展正处于启蒙阶段，无论是国内的 RSS 用户还是 RSS 内容提供商，都远远未达到国外的 RSS 应用规模。然而，中国 RSS 市场的发展趋势还是总体向好的，一批国内著名的有影响力的网站先后推出了 RSS 内容服务，如新浪网、新华网、百度新闻、计世网、天极网、阿里巴巴、中国汽车网、天一证券等，它们对 RSS 市场的发展起到了很好的推动作用。此外，还有相当数量的网站已经在对 RSS 技术展开深入的研究，并计划在未来的一段时间内推出 RSS 服务。

RSS 是目前使用最广泛的资源共享应用，除了在互联网、新闻出版业广泛应用外，其价值主要体现在电子商务方面的应用。

（1）变革传统信息发布方式，提供推送服务。在电子商务网站中使用 RSS 技术作为信息发布平台，使得用户可以在较短的时间内从不同网站上获取自己需要的信息，省去频繁登录不同网站查找信息的时间。

（2）利用第三方服务，降低了信息管理成本。通过现成的 RSS 软件或者利用第三方提供的 RSS 服务，可以自动为每类商品生成 RSS 种子，包括商品的价格、商品描述、商品图片、打折信息等。当商品信息变化时，只需修改种子源，相应页面信息即可同步变化。此外，商家可以利用 RSS 种子订阅量统计服务来了解该类产品的受欢迎程度，以配合决定商品的进货。

（3）与博客技术结合，创新客户服务交流平台。商家、客户都可以拥有个人的博客，并将自己的需求、爱好、意见、建议等写在上面，利用 RSS 技术在网站中发布。网站内所有成员可以在第一时间获取这些信息，并利用 RSS 阅读器中回复发布功能参与讨论、提供反馈，达到信息共享、交流沟通的目的。

（4）自动跟踪功能。RSS 可以跟踪拍卖的商品，即通过输入商品关键词创建一个 RSS 信

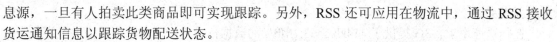

息源，一旦有人拍卖此类商品即可实现跟踪。另外，RSS 还可应用在物流中，通过 RSS 接收货运通知信息以跟踪货物配送状态。

（5）提供参考咨询服务（FAQ）。电子商务网站可以利用 RSS 技术设置专门的参考咨询 RSS 频道，为客户提供互协作环境下的 FAQ 或深层次的专题信息咨询，以解决客户在售前、售中、售后过程中遇到的普遍性问题，提高信息服务质量。

在电子商务环境下，RSS 赢利模式主要包括以下三个方面：

一是投递信息产生广告收入，比如一个用户用 RSS 订阅了网球相关内容，那么每条信息下面都会精准地出现一条网球相关产品的广告，从网球拍到服饰鞋帽等。

二是做个人门户，让所有的博客都变成这个门户的记者和编辑，利用流量收取广告费。

三是多平台统一，致力于开发和建设多渠道、多设备的整合信息服务平台，为用户提供随时随地、个性化的信息服务。

总而言之，RSS 提供了一种更为方便、高效的互联网信息发布和共享途径，使用户以更少的时间可以分享到更多的信息。随着越来越多的站点对 RSS 的支持，RSS 已经成为目前最成功的 XML 应用。RSS 搭建了信息迅速传播的一个技术平台，使得每个人都成为潜在的信息提供者。可以预见，在不久的将来就会出现大量基于 RSS 的专业门户、聚合站点和更精确的搜索引擎。

2.6.2 3G 助推移动电子商务发展

2009 年 1 月 7 日，工业和信息化部批准中国移动增加基于时分同步码分多址接入（TD-SCDMA）技术制式的第三代移动通信（3G）业务经营许可，中国电信增加基于码分多址（CDMA2000）技术制式的 3G 业务经营许可，中国联通增加基于宽带码分多址（WCDMA）技术制式的 3G 业务经营许可。国家 3G 牌照发放，标志中国信息化步入 3G 时代，3G 技术开始走进人们的生活。这一技术有效地将互联网技术与移动通讯技术进行融合，表现出强大的生命力和发展潜力。

移动电子商务是指通过手机、PDA（个人数字助理）、手提电脑等移动通信设备与互联网有机结合所进行的电子商务活动。相对于传统的电子商务而言，它真正实现了随时随地的信息交流和贴身服务。根据中国互联网络信息中心 CNNIC 的调查，截至 2010 年 6 月底，我国网民达 4.2 亿，互联网普及率 31.8%；手机网民用户 2.77 亿，在网民中占 65.9%。如此庞大的用户群数量是移动电子商务发展的重要基石。而以 IP 网为核心网络并能与各种形式的网络互联的 3G 系统，可以提供图像、音乐、视频等丰富的高质量多媒体数据业务和较好的安全性能，来满足移动终端用户的个性化需求，是移动电子商务快速发展的助推器。

1．3G 网络结构

在当前阶段，基于成本及兼容过渡等考虑，3G 在核心网部分仍由电路域和分组域两部分构成，前者提供 TDM 电路交换业务以支持传统的语音服务；后者基于 IP 分组业务提供高速数据业务。在 TD-SCDMA、CDMA2000 及 WCDMA 核心网中均提供通用分组无线业务支持网关，负责为访问互联网的手机等移动终端分配动态或静态（移动）IP，并建立与 Internet 等 IP 数据网的连接及分组数据传输。

2．支撑移动电子商务的 3G 关键技术

3G 技术在传输速率、传输质量、信息安全性等方面性能的提升是移动电子商务大规模应用的强大支撑。

在传输速率上,3G 提供了 114kb/s～3.1Mb/s 的数据传输速度,由此可以提供丰富多彩的移动多媒体业务,如语音、可视电话、网页浏览、电话会议、电子商务、流媒体、视频点播、音乐、电影、手机电视等。

在传输质量上,3G 系统提供了高质量的端到端 QoS 保证。它集合了 ATM 网络、IP 网络、第二代 GSM 网络的 QoS 机制,最终实现了基于"全 IP"的 QoS 体系结构。例如我国的 GGTV 手机电视门户是首个面向全球的双语版手机电视 WAP 服务网站,采用世界领先的图像压缩及编解码技术,免费为全球用户提供高质量的手机音视频服务。

安全是制约电子商务发展的一个重要因素,移动电子商务信息的安全性主要体现在业务信息的保密性和身份认证两个方面。在保密性方面,3G 系统定义了更加完善的安全特性与安全服务,即在改进加密算法的同时把密钥长度增加到 128bit;提供了接入链路信令数据的完整性保护;向用户提供可随时查看自己所用安全模式及安全级别的安全可视性操作等。这种保密性能的提升使得实现手机直接小额支付和以手机为媒介刷卡消费成为了可能。例如重庆市推出的"长江掌中行手机钱包",将手机 SIM 卡和银行卡账号捆绑在一起,当市民在商场、超市、餐饮娱乐等场所进行消费或乘坐轻轨买票时,只要用手机在 POS 机上扫描即可完成支付,并接收到此次消费的信息记录。在身份认证方面,3G 系统构建了更完善的身份认证体系,双向认证机制的引入既保障了用户使用移动设备的安全性,又可以有效防范虚假网站。例如,利用手机识别码的唯一性特征,可以使用手机作为移动电子商务成功交易的凭证,以实现多用户同步交易。

3. 3G 时代移动电子商务类型

(1) 企业移动电子商务。利用 3G 技术在企业中实施移动电子商务实现了信息的移动化,从而使企业生产活动变得简单易行,提高企业生产率,降低企业运行成本。

(2) 个人移动电子商务。3G 用户使用手机等移动终端设备可以方便快捷地、随时随地进行购物、娱乐、就医、电子导航、支付等多种活动。

可以预见,随着 3G 技术地广泛使用,基于 3G 技术的移动电子商务将具有广阔的应用前景,不仅成为传统电子商务的有益补充,还会深刻改变已有的电子商务模式,并在更深层次上影响中小企业的商务运作和管理。

思考题

1. 什么是计算机网络?计算机网络有哪些功能?
2. 常见的计算机网络操作系统有哪些?各有什么特点?
3. 列举 Internet 的功能。
4. 列举 Internet 的接入方式并分析其特点。
5. 什么是 EDI?根据功能的不同,EDI 可以分为哪几类?
6. 列举并对比目前常用的数据库产品。
7. 常见的 Web 数据库接入技术有哪些?各有什么特点?

第3章 电子商务安全技术

随着电子商务在全球范围内的发展，电子商务系统的安全性问题日益突出，它已经成为阻碍电子商务迅速发展的一个重要瓶颈。从技术上解决电子商务安全问题已经成为发展电子商务的关键。本章从电子商务安全问题出发，分别介绍了计算机和网络系统的安全、数据与交易安全，以及对黑客的防范措施和电子商务制度安全问题。

3.1 电子商务安全概述

3.1.1 电子商务安全问题

电子商务发展到今天，已经成为人们进行商务活动的主要模式之一，越来越多的人通过互联网进行网上交易。然而由于电子商务活动中的订货信息、谈判信息、支付信息、商务往来文件等大量的商务信息都在计算机中存放和处理并通过网络进行传递，交易方互不见面，所以安全问题就变得很突出。美国密执安大学一个调查机构通过对 23000 名因特网用户的调查显示，超过 60%的人由于担心电子商务的安全问题而不愿进行网上购物。任何个人、企业或商业机构以及银行都不会通过一个不安全的网络进行商务交易，否则可能会导致商业机密或个人隐私的泄漏，以及资金的丢失，从而导致巨大的利益损失。

1. 交易各方身份和交易信息的真实有效性

电子商务活动的一大特点是，交易各方一般都是素昧平生的陌生人，整个交易完成了也不知道对方是什么样子。因此，保证交易双方身份的真实性就显得特别重要。没有真实的能鉴别的身份电子商务交易是不可靠的。目前一般采用数字签名、身份认证和数字证书来辨别参与者身份的真实性。在保证身份可靠的情况下，还要保证交易信息的有效性，防止订了货不付款和付了款不发货等欺骗交易行为。

2. 计算机系统的安全可靠性

电子商务活动的信息处理都是在计算机上进行的，因此，保证计算机安全可靠是电子商务正常进行的基本要求。计算机安全主要是指计算机在电子商务运行过程中的硬件、软件以及外界对计算机的伤害。

硬件方面主要是指计算机主机硬件（硬盘、主板、CPU 和内存等）和网络连接设备（路由器、交换机、调制解调器和网络线路等）的安全。不仅在选购的时候要选择质量过硬的产品，而且在平时使用过程中还要注意多观察机器设备的性能。比如运行声音是否正常，运行温度是否过高，运行是否稳定等等。

软件安全主要是指要保证存储在计算机上的数据、交易信息等不被窃取、篡改和破坏等。首先要使用防火墙技术保证内部数据不被窃取，其次要加强内部管理，交易信息要按权限存储和使用，机密信息可以使用加密算法加密存储。另外，还要注意备份数据，做到有备无患。

外界对计算机的伤害主要是指人为和自然灾害两方面。人为伤害主要是指计算机被盗，被恶意破坏等。平时要加强对使用计算机的人员和存放计算机的场所的管理。自然灾害主要是指各种不可抗拒的自然灾害如洪水、风暴、泥石流和地震等的破坏对计算机的以及网络的损害。这就要求重要数据要在别的存储载体上备份。

3. 网络传输系统的安全稳定性

电子商务交易信息都是通过互联网进行传输的，因此拥有一个安全稳定的网络就显得至关重要。

网络安全是指网络传输中的信息安全，就是保护网络系统中的软件、硬件及信息资源，避免受到破坏、篡改和泄露，保证网络系统安全稳定的运行。

4. 网上交易各方的不可否认性

电子商务有别于传统贸易过程中的签名和加盖印章的交易模式，要使交易正常进行，必须采用新的技术，保证交易各方不能反悔。目前常用的处理手段是数字签名技术。它既可以保证信息的发送方不能否认已发送信息，同时，接收方也不能否认接收到信息。数字签名技术基础是公有密钥加密技术，目前可用的算法有：RSA 数字签名、ElGamal 数字签名等。所谓的数字签名就是通过某种密码运算生成的一系列符号及代码组成电子密码进行签名来代替书写或印章。数字签名是建立在公钥加密基础上的，在签名和核实签名的处理过程中，采用哈希算法（Hash Algorithm）或 MD5（Message Digest，MD）。哈希算法对原始报文进行运算，得到一个固定长度的字符串，称为报文摘要（Message Digest），不同的报文得到的报文摘要各异，但对相同的报文它的报文摘要却是唯一的，因此报文摘要也称为数字指纹。用签名算法对报文摘要加密所得到的结果就是数字签名。数字签名的过程就是：发送方生成的报文摘要，用自己的私钥对摘要进行加密来形成发送方的数字签名。然后，这个数字签名将作为报文的附件和报文一起发送给接收方。接收方首先从接收到的原始报文中用同样的算法算出新的报文摘要，再用发送方的公钥对报文附件的数字签名进行解密，比较两个报文摘要，如果值相同，接收方就能确认该数字签名是发送方的。

5. 交易信息的保密性

交易信息作为商务信息一般要求保密。如自己的账户信息、交易价格、数量等信息。这些都是商业机密，一旦泄密，会给交易方带来重大损失，因此电子商务交易过程中的信息保密性是电子商务推广的必要条件。目前一般采用加密和解密技术来保证交易信息不泄露。加密分为对称加密和非对称加密。其安全程度则是看其加密的算法种类和密钥长度。

6. 传输过程中信息的完整性

交易数据信息一经发生就不可以修改。比如甲向乙以协商好的价格购买一批货物，但是发货时发现货物价格上调了 20%，若乙将订购数量减小，则乙将受益，而甲会损失一部分利润。因此必须保证交易信息完整没有被修改过。

目前，常用散列函数来保证交易信息的完整性，避免单方改变交易信息。其原理就是先对信息实行散列算法得到散列码，任何改动信息都会使散列码改变，因此可以用散列函数来检验数据的完整性。典型的散列算法有 MD5、SHA-1 和 RIPEMD-160。

7. 交易信息的及时性

在激烈的商海竞争中，信息瞬息万变，因此保证交易信息及时送达是必不可少的。如果交易信息不能及时生效，将会造成不可估量的损失，特别是在股海中。例如，你在线买进 10000 股某公司的股票，但是这个交易信息在几个小时后才传到证券交易公司，这时该公司股票已经上涨了 10%，这就意味这你要多付出 10%的资金。

3.1.2　电子商务主要安全技术

由于电子商务的飞速发展，网上购物、网上交易活动已经在网民中得到普遍运用。同时，由于网络管理存在漏洞，网上诈骗、黑客进攻、病毒感染的案例也越来越多，它给电子商务带来了巨大的挑战，电子商务交易中的数据及资金安全引起了越来越多网民的关注。怎样才能确保商务信息不被泄露或者被他人盗用，如何加强数据库的保密性，防止商业欺诈，使网络交易系统安全运行，即实现电子商务的保密性、完整性、可鉴别性、不可伪造性和不可抵赖性，已经成为电子商务进一步发展的关键。因此如何认识电子商务安全问题，如何采取防范和监督措施，是每一位从事电子商务的人，都必须了解和掌握的内容。目前，保证电子商务安全技术，主要有以下几方面的内容：

1. 防火墙技术

防火墙英文名称为 FireWall，通过软件和硬件的组合设置在不同网络（如可信任的企业内部网和不可信的公共网）或网络安全域之间的一系列部件的组合。因它是不同网络或网络安全域之间信息的唯一出入口，所有信息都通过防火墙，这样就可以依据防火墙的安全策略（允许、拒绝、监测）控制出入网络的信息流，且本身具有较强的抗攻击能力。它也可以实现关闭不安全的端口，阻止外来的 DoS 攻击，封锁特洛伊木马等，以保证网络和计算机的安全。

2. 数据加密技术

数据加密技术是电子商务安全的主要技术之一，是电子商务采取的基本安全措施，根据其作用的不同，数据加密技术主要分为数据传输、数据存储、数据完整性的鉴别以及密钥管理技术四种。

在网络应用中一般采取两种加密技术：对称加密和非对称加密，采用何种加密算法则要结合具体应用环境和系统，而不能简单地根据其加密强度来作出判断。

在对称加密方法中，采用相同的加密算法，即加密与解密的双方全部使用统一的加密解密规则。如果进行通信的贸易双方能够确保其专用的密钥在信息交换时从未泄露，那么数据的机密性和报文完整性就可以通过加密和通过随报文一起发送的报文摘要或报文散列值来实现。对称加密最常见加密标准是 DES，该标准是由美国国家标准局提出，主要是使用在银行业中。后来该局又提出了高级加密标准 AES，用来补充 DES 算法存在的不足。

在非对称加密体系中有两个密钥：公有密钥和私有密钥。公有密钥（Public Key）密码体制出现于 1976 年。在整个加密过程中，加密和解密使用不同的密钥，每一位用户保存着一对密钥：公有密钥和私有密钥。非对称加密算法常见的有 RSA 算法、椭圆曲线密码等。

3. 数字认证技术

电子认证也是电子商务中的安全技术之一，其主要作用就是为电子商务活动中的交易各方颁发"身份证"，解决交易各方可信度的问题。认证是以特定的机构，对签名及其签署者的真实性进行验证的具有法律意义的服务。电子认证是通过由可信任机构为当事人发数字证书的方式来实现的。在交易过程中，一方可以通过同一个信任机构颁发的数字证书来判断其他方的可信度，从而确定是否进行交易。所谓的可信任机构一般有三种：①政府主导的电子商务认证体系；②行业协会主导的电子商务认证体系；③当事人自由约定的电子商务认证体系。认证机构（CA）承担着网上安全交易的认证服务，管理着数字证书的签发，并能够确认用户身份。认证机构（CA）是提供身份验证的第三方机构，由一个或多个用户信任的组织实体组成。

4. 数字签名技术

数字签名是通过一个单向函数对要传送的报文进行处理得到的用以认证报文来源并核实报文是否发生变化的一个字母数字串。数字签名是非对称加密技术的典型应用。其实现过程如下：

（1）发送方首先用公开的单向函数对报文进行一次变换，得到数字签名，然后利用私有密钥对数字签名进行加密后附在报文之后一同发出。

（2）接收方用发送方的公开密钥对数字签名进行解密变换，得到一个数字签名的明文。

（3）接收方将得到的明文通过单向函数进行计算，同样得到一个数字签名，再将两个数字签名进行对比，如果相同，则证明签名有效，否则无效。

5. 黑客防范技术

黑客一词，源于英文 Hacker，原指热心于计算机技术，水平高超的电脑专家，尤其是程序设计人员。但由于少数不法分子的破坏，到了今天，黑客一词已被用于泛指那些专门利用电脑搞破坏或恶作剧的家伙。在当今的网络活动中，电子商务给我们带来诸多便利，但是安全问题严重阻碍了其进一步发展，尤其是网络黑客的攻击，更是对电子商务的健康发展戴上一顶"金箍咒"。大量的黑客产生并云集在互联网上，凭借自己的专业技术知识，使用非法的手段对网络进行未授权的访问，窃取用户资料等行为给社会造成重大的经济损失和极为恶劣的影响。为了维护电子商务的安全环境，必须认真研究黑客的各种攻击技术，提高自己在网络中的安全防范水平。

6. 虚拟专网技术

虚拟专用网络简称为 VPN（Virtual Private Network），是利用公共网络资源为客户构成专用网的一种服务，是专用网络的延伸。它通过一个公用网络（通常是因特网）建立一个临时的、安全的连接，它是一条穿过混乱公用网络的安全、稳定的隧道。虚拟专用网是对企业内部网的扩展。

7. 反病毒技术

病毒本身也是一种程序，它能够通过修改其他程序而"感染"它们，被修改后的程序里面包含有病毒的副本，这样它们就能够继续感染其他程序。第一个计算机病毒诞生于 1983 年 11 月 3 日，迄今为止已经有二十多年。在这期间，共诞生了一万多种病毒，极大地威胁着互联网上的信息安全。因此，计算机病毒防范技术也是电子商务安全建设中的重要环节。在现实中，主要的反病毒技术包括预防病毒、检测病毒和消除毒。

3.2　电子商务中计算机安全技术

3.2.1　计算机安全定义

什么是计算机安全？目前有很多解释，国际标准化委员会定义：为数据处理系统建立和采取的技术和管理的安全保护，保护计算机硬件、软件、数据不因偶然的或恶意的原因而遭破

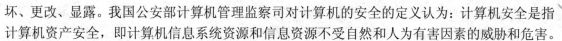

坏、更改、显露。我国公安部计算机管理监察司对计算机的安全的定义认为：计算机安全是指计算机资产安全，即计算机信息系统资源和信息资源不受自然和人为有害因素的威胁和危害。

随着计算机给人类的生产和生活带来越来越多的方便，人类对于计算机的依赖程度也越来越大。但计算机系统却潜伏着严重的不安全性、脆弱性和危险性。

造成计算机系统不安全性的因素可以概括为以下几种情况：第一，计算机系统具有一定的不可靠性；第二，外围环境干扰以及自然灾害等因素；第三，用户在工作过程中的失误或操作不当；第四，网络黑客使用自己的特长技术进行未授权窃取、破坏以及敌对性活动；第五，计算机病毒通过各种途径频繁地侵入计算机系统。

在计算机系统中，微型计算机的安全级别是最低的，是最易受到黑客的攻击及病毒感染。1988 年 11 月 2 日下午 5 时 1 分 59 秒，美国康奈尔大学的计算机科学系研究生莫里斯（Morris）将其编写的"蠕虫"病毒输入到计算机网络，致使这个拥有数万台计算机的网络被堵塞。这件事引起了人们对计算机病毒的恐慌，也使更多的计算机专家重视和致力于计算机病毒研究。我国早在 1981 就对计算机安全问题开始关注并着手预防工作了。

3.2.2　计算机硬件系统安全

在计算机系统中，不仅软件系统存在着漏洞，计算机硬件系统也可能存在缺陷（设计时的失误、元件质量低劣、人为留下的"后门"）。如果在出厂测试中没有被发现，这些漏洞就可能在实际工作中存有安全危害，造成经济损失。为了提高计算机硬件系统的安全，我们要做好硬件采购时的分析工作。在制定采购计划时，多搜集相关信息，了解供应商的机器品牌、型号的特点和使用情况，在具体的采购过程中，应尽量避免使用刚刚上市的新产品，尽可能采用比较成熟、稳定的型号。对购买的新产品进行仔细的检查测试之后，再考虑投入使用。

我们来看一个英特尔公司的超线程漏洞问题：英特尔公司为了提高 CPU 的性能，让 CPU 可以同时执行多重线程，让 CPU 发挥更大效率，即所谓"超线程（Hyper-Threading，简称 HT）"技术。超线程技术就是利用特殊的硬件指令，把两个逻辑内核模拟成两个物理芯片，让单个处理器都能使用线程级并行计算，进而兼容多线程操作系统和软件，减少了 CPU 的闲置时间，提高了 CPU 的运行效率。

2005 年 5 月，英特尔公司的副安全官 Colin 发布新闻，应用于 Intel 处理器中的超线程技术被初步证明存在严重安全漏洞，所有使用此技术的 Intel 处理器都受此漏洞影响，包括 Pentium Extreme Edition、Pentium 4、Mobile Pentium 4 以及 Xeon 处理器在内，攻击者利用此漏洞可以直接获取本地文件信息，非授权用户可以盗取 RSA 密钥。有鉴于此，目前还在使用的多用户系统管理员，应该立即关闭处理器超线程应用，防止黑客入侵盗取本地信息和 RSA 密钥。这是一起严重的计算机硬件漏洞问题。

3.2.3　计算机系统运行环境安全

计算机系统运行的环境也是影响计算机系统安全的重要因素。比如磁场的干扰、电压不稳定、室内潮湿等。如果由环境因素使计算机系统瘫痪、硬件损坏，也会给用户造成无法挽回的损失。所以，我们要确保计算机系统运行环境的安全，防止意外发生。

1. 系统运行中的安全问题

（1）电源问题。电是计算机运行的基本动力，是整个电子商务系统运行的基础所在，它的稳定性直接影响到系统的运行和安全。计算机系统一定要使用稳定的电源，不稳定的电源会从三方面影响系统的运行：①不稳定电流导致系统崩溃。比如突然间的断电，如果没有备用电源，系统被迫停止工作，而且会丢失当前正在处理的数据，即使恢复供电也很难找回所丢失的资料；突然间的断电还会使硬盘等高速旋转的设备在没有进行预处理的情况下突然停转，往往会导致磁头、盘面等元件的物理损伤，造成某些数据的永久性丢失。②电涌导致数据紊乱。电涌被称为瞬态过电，是电路中出现的一种短暂的电流、电压波动，在电路中通常持续约百万分之一秒。220V 电路系统中持续瞬间（百万分之一秒）的 5kV 或 10kV 的电压波动，即为电涌。电涌的来源有两类：外部电涌和内部电涌。外部电涌最主要来源于雷电，另一个来源是电网中通断电操作等在电力线路上产生的过电压。内部电涌，经研究发现，低压电源线上 88%的电涌产生于建筑物内部设备，如空调、复印机等。雷电电涌远远超出了计算机和其他微电子设备所能承受的水平。大多数情况下，电涌会造成计算机和其他电器设备芯片损坏、计算误码、部件提前老化、数据丢失等一些不良情况。即使是一个 20 马力的小型感应式发动机的启动或关闭也会产生 3000～5000V 的电涌，使和它共用同一配电箱的计算机受到频繁的干扰。③烧毁计算机元件。如果供电系统中地线接地未达到国家标准，可能使计算机系统在长时间运行中静电导出受阻，形成静电积累击毁硬件中的电子芯片。

（2）磁场。磁场是无处不在的，可以说人每天生活在磁场环境中。磁场不但对人的身体有着危害，对计算机信息的收集和处理也有很大的影响。磁场干扰对计算机系统影响主要表现在两个方面：其一，外界对计算机的干扰，如各种高压线，电子设备及雷电、狂风等在瞬时间产生较大的磁场，使各类型元器件烧坏；其二，计算机本身电子电路的各种干扰，如计算机元件的老化引起的系统不稳定。

（3）自然环境灾害。计算机是很脆弱的，不能受强烈的重压或震动，也不能受强力的冲击。所以自然环境也是影响计算机安全的一个方面。如火灾烧坏计算机的元器件；水灾导致各种线路绝缘皮腐烂脱落；若要出现地震、雷电、风暴等较大的自然灾害，计算机硬件和存储数据的损失就更惨重。

2. 保证运行环境的安全措施

关于系统运行环境的安全防范措施，目前都有比较完善的管理标准供我们参考，比如国际上通行的 ISO/IEC 27001:2005 标准（即英国标准 BS7799 的 05 修改版）和我国的 GB/T2887－2000 计算机场地通用规范等。下面介绍几种日常系统运行环境的维护措施：

（1）采用不间断电源系统（UPS），保证电源的稳定。
（2）在核心机房设立隔离门、室外电源开关等应急设备。
（3）对重要数据和设备进行异地备份，并制定灾难恢复计划。
（4）采用空气湿度和温度控制系统。
（5）加强机房管理制度，严禁在机房饮食。
（6）采用水灾和火灾实时监测系统，选取合适的灭火设备。
（7）加强员工的安全教育，提高安全防范意识。

3.2.4 计算机软件系统安全

保证计算机软件系统的安全运行是电子商务的先决条件。没有一个安全的操作系统，所有建立在其上的系统软件、应用软件的安全性都是难以保证的。下面以华硕官网被黑事件来认

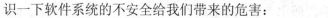

识一下软件系统的不安全给我们带来的危害：

据外电报道 2007 年 4 月 6 日电脑零部件生产商华硕的网站遭到黑客攻击，黑客利用才修复的一个 Windows 系统中的紧急漏洞，通过该网站的服务器发送恶意代码。

Exploit Prevention Labs 的首席技术官罗杰·汤姆森（Roger Thompson）透露，该攻击代码隐藏在网站主页的一个 HTML 元素中，并试图从另一台服务器上下载恶意代码。到第二天下午，这台服务器停止工作。华硕的营销经理大卫·雷（David Ray）只称公司的网站看起来没有受到威胁。此恶意代码之所以受到特别关注，是因为它利用了才修复的一个紧急的 Windows 动画光标漏洞。瞄准该漏洞的恶意代码已经出现了一个多星期，在安装补丁前如果用户访问了华硕网站，可能会危及电脑的安全。

Kaspersky Lab 也证实了华硕网站被黑，同时证实被黑客利用的网站都已关闭，黑客们无法下载恶意代码。汤姆森认为，华硕网站的被黑显示，即使是人们信赖的网站也可能存在安全隐患。如果像华硕这样的大公司都能被黑并感染上病毒，其他网站可想而知。

1. 软件系统的风险

计算机软件系统是由源代码编写而成的，能够被计算机识别和执行产生结果的程序。软件的功能越强大，编写起来就越复杂，在进行设计的时候就越可能会因设计人员考虑不周而出现后门程序或漏洞。这些失误，如果在正式使用前，没有被检测出来。当真正投入使用时，就会给用户带来安全隐患。Windows XP 操作系统自从发行以来到现在已经打了很多补丁，这些补丁都是对操作系统安全的完善。还有，现在有些软件系统在投入使用时的设置默认值问题。比如，Windows XP、Windows 2000 操作系统默认共享，当操作系统安装完成后，在用户不知情的情况下系统会自动创建一些隐藏的共享文件，这就会给入侵者提供方便之门。

2. 软件系统风险防范

（1）打补丁。打补丁是使用计算机者经常说的话题。可以说在计算机上运行的操作系统，随着时间的推移肯定出现漏洞，使用者要尽可能早的获取补丁并将系统补丁（Patch）打上。微软的 Windows 操作系统使用的人特别多，所以 Windows 操作系统就最容易被漏洞攻击者当成攻击的目标，其安全漏洞也最容易出现。微软公司在其网站上提供了许多补丁，每一位网络用户都可以到其网上下载并安装相关升级包，使计算机处于最安全状态，防患于未然。

（2）安装防火墙。防火墙是目前应用最为广泛的网络安全防范措施之一，尤其对于企业内部网来说。防火墙的抗攻击性很强。一些大型计算机公司生产了许多基于硬件或软件的防火墙，来保障内部网络的安全，如天网防火墙、瑞星个人防火墙、傲盾硬件防火墙等。因此，安装防火墙对网络用户是非常必要的，但也不要认为安装了防火墙就万事大吉了，我们还要对防火墙进行适当的设置，防火墙才能发挥其应有的功效，阻止外网对内网的非法访问。

（3）使用杀毒软件。目前，官方网站和专业网站等每天都有新病毒信息发布。随着网络的发展，病毒也在不断升级。其传播途径越来越多、隐蔽性越来越好、破坏能力越来越强，自我复制能力更是惊人。病毒不仅给网络用户带来烦恼，还会造成计算机内数据被破坏，甚至丢失，从而给用户带来经济损失。为了防止病毒给我们带来的危害，需要在服务器及客户机上安装各种杀毒软件来保护它们，并且控制病毒的传播。在安装杀毒软件后，还要定期对计算机进行扫描、杀毒，确保计算机不被病毒感染。另外要及时升级病毒库，把新病毒也拒之门外。

（4）其他防范措施。计算机在启动的时候会自动启动一些服务，这些服务对于用户来说可能没有用处，但如果用户上网就有可能构成系统安全隐患，比如 Telnet、文件共享等。另外，还要关掉软件系统没必要开的 TCP 端口，防止木马程序的侵入。

计算机系统账号和密码的保护也会提高计算机本身的安全性。目前网络上的黑客一旦获取了账号和密码进入系统，那么防火墙也就没有什么作用了，所以，对账号和密码的保密工作是非常重要的。这就要求我们在上网时对密码的设置要尽可能地复杂一些，不要设置容易猜测的密码。对计算机的匿名登录账号在不用的时候一定要关闭，从而免去不必要的系统安全隐患。

另外，监测系统日志，对服务器进行备份也是电子商务中计算机系统安全的重要环节。监测系统日志程序定期生成报表，通过分析报表可以知道当前系统是否正常。数据备份是电子商务数据安全中的重要保证。一旦计算机系统瘫痪，经济损失是不可估量的。所以，对数据备份或使用双服务器是保证计算机系统数据安全的重要措施。

3.3 电子商务网络系统安全

3.3.1 电子商务网络安全概述

网络安全是指网络系统的硬件、软件及其系统中的数据受到保护，不受偶然的或者恶意的原因而遭到破坏、更改、泄露，系统连续可靠正常地运行，网络服务不中断。网络安全的本质是网络上信息的安全，信息的安全主要靠密码技术来保证。而电子商务是利用计算机网络来实现电子交易的（交易的数据都称作信息），凡是涉及计算机网络的安全问题无疑对于电子商务都有着重要的意义。

尽管电子商务的发展势头非常惊人，但它在全球贸易额中所占份额并不很大。一个重要的障碍就是传输数据的安全和交易对方的身份确认。因此，从传统的基于纸张的贸易方式向电子化的贸易方式转变的过程中，如何保持电子化的贸易方式与传统方式一样安全可靠，是人们关注的焦点，同时也是电子商务全面应用的关键问题之一。

电子商务的信息安全在很大程度上依赖于技术的完善，这些技术包括：密码技术、鉴别技术、访问控制技术、信息流控制技术、数据保护技术、软件保护技术、病毒检测及清除技术、内容分类识别和过滤技术、网络隐患扫描技术、系统安全监测报警与审计技术等。

3.3.2 加密技术

加密技术是密码学的一部分，是密码学的真实体现。计算机技术的飞速发展为密码学理论的研究和实现提供了强有力的手段和工具。加密技术主要的实现环节是对网络中信息安全进行的一种秘密保护，是保证信息完整性的一种手段。而电子商务又是以计算机网络为平台，以因特网的环境为基础所进行的一系列活动，所有在活动中交易信息都是高敏感信息，因此加密技术对于电子商务的安全是非常重要的。

加密技术是一种主动安全防范策略。采用密码技术可以隐藏和保护需要保密的消息。数据加密就是按照确定的密码算法将需要隐藏的明文数据变换成另一种隐蔽形式的密文数据。当需要明文数据时可使用密钥将密文数据还原成明文数据，称为解密。对明文加密时采用的一组规则称为加密算法，对密文解密时采用的规则称为解密算法。通过使用不同的密钥，可用同一加密算法，将同一明文加密成不同的密文。

1. 对称与非对称加密

密钥加密技术主要包含两种：一是对称加密技术，它的加密与解密过程中使用相同的密钥，它的保密性取决于对密钥的保密程度上。它的优点是数字运算量小，加密速度快，弱点是密钥管理困难。一旦密钥泄露，将直接影响到信息的安全。二是非对称密钥加密技术，它的加密过程和解密过程是分开的，所使用的密钥也是不同的，并且从加密密钥求解密密钥是非常困难的。由于非对称加密技术要求两个密钥必须配合使用所以其保密性提高了。但因其加密解密速度慢所以常常用来加密一些小信息量文件。我们在电子商务交易过程中可以根据实际情况两者结合使用，达到扬长避短的目的。

（1）对称加密也叫做常规加密、保密密钥加密或单密钥加密，它是上个世纪 70 年代以前最常使用的一种加密措施。它现在仍然是最流行的两种加密类型之一，主要加密算法有：DES、TDEA、RC5、IDEA。

整个对称加密密码系统由明文、密文、加密方案、密钥和解密方案五部分组成，如下图3-1 所示。

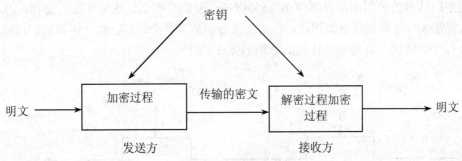

图 3-1　对称加密结构

明文：作为算法输入的原始信息，明文的全体称作明文空间。明文是信源编码字符，可能是纯文本文件、数字化存储的语音流、高清视频及图形图像。简单的说，明文就是有意义的字符流。

密文：是经过伪装后的明文，全体可能出现的密文集合称为密文空间。作为输出的混合信息，它由明文及保密密钥决定。对于给定的信息来讲，两种不同的密钥会产生两种不同的密文。

密码方案：密码方案主要有两种：一是加密方案，二是解密方案。对明文进行加密使用的规则的描述就称为加密算法，对密文进行还原时所使用的规则的描述就称为解密算法。在对称加密技术中，加密算法就是对明文进行多种置换和易位，而解密算法则是加密算法的逆向算法，它以密文和同样的保密密钥作为输入，并生成原始明文。

密钥：加密和解密算法的操作在称为密钥的元素控制下进行。密钥的全体称为密钥空间。通常情况下，常用 K（Key）代表密钥。算法实际进行的置换和易位操作由加密密钥决定。在对称加密技术中加密和解密使用的密钥相同，或者容易相互导出。

在对称加密技术中，最典型的有 DES（Data Encryption Standard），它是由 IBM 公司在 20世纪 70 年代研制的。经过美国政府的筛选，1976 年 11 月被美国政府采用，国家标准局和技术局（NIST）在 1997 年对该数据加密标准认可。DES 使用 56 位密钥对 64 位的数据块进行加密，并对 64 位的数据块进行 16 轮编码，与每轮编码时，一个 48 位的"每轮"密钥值由 56位的完整密钥得出来。DES 用软件进行解码需要用很长时间，而用硬件解码速度非常快，但幸运的是当时大多数黑客并没有足够的设备制造出这种硬件设备。在 1977 年，人们估计要耗资两千万美元才能建成一个专门计算机用于 DES 的解密，而且需要 12 个小时的破解才能得到结果。所以，当时 DES 被认为是一种十分强壮的加密技术。

另外，还有三种对称加密技术也是非常流行的：如 TDEA，称为三重 DEA，是由 Tuchman 提出的，在 1985 年的 ANSI 标准 X9.17 中第一次为金融应用进行了标准化。RC5 是由 Ron Rivest 在 1994 年开发出来的，其分组长度和密钥长度都是可变的。IDEA 是在 1991 年由瑞士联邦技术协会的 Xuejia Lai 和 James Messey 开发的，它主要采用三种运算：异或、模加、模乘，该加密技术易用软件和硬件实现。IDEA 算法被认为是当今已公开的最好最安全的对称加密算法。

（2）非对称加密技术也叫公钥密码体制。非对称加密技术的设计比对称加密技术的设计具有很大的挑战性。在非对称加密技术中所使用的公钥算法是公开的，任何一位攻击者都可依据该信息对网络中的数据实施破坏。公钥密码体制有两种模型：一种是用在数据加密中，叫加密模型；另一种是用在消息认证中，叫认证模型。在这一节中我们先叙述加密模型，认证模型到后面有关章节再加以讨论。

公钥密码体制的公钥加密方案由 6 部分组成，分别是明文、加密算法、公钥、私钥、密文和解密算法。与对称加密方案相比，公钥加密方案需要两个密钥，即公钥和私钥，而对称加密方案只有一个密钥。公钥加密体制的结构如图 3-2 所示。

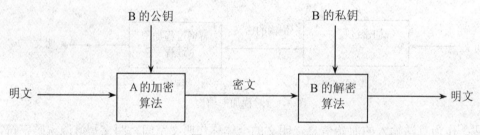

图 3-2　非对称加密结构

明文：是发送者的编写的原始数据，是要进行加密的对象。

公钥：从字面上讲就是公开的密码，在网络中的每一位用户的公钥在网上都是公开的。如我们的银行卡，它有账号与密码，账号可以让每一位朋友知道，只要密码他不知道就行。

私钥："私"是很蔽密的，它只有用户自己知道，只要用户把私钥保存好就可以保证信息的安全性。通常情况下公钥和私钥都是成对的，一个用来加密，另一个用来解密。这两个密钥有数学上的函数关系，但是很难从其中一个推导出另一个。

密文：是经过加密后生成的混乱信息，它的消息的内容取决于明文和公钥。就是对于同样的内容，用不同的公钥加密会生成不同的消息的。

加密算法：是对发送者编写的数据信息进行各种各样的转换，来完成数据的加密工作。

解密算法：是以接收到的密文和接收方自己的私钥作为输入，对密文解密，还原成明文。

目前公钥体制的安全基础主要是数学中的难解问题，如 RSA、Elgamal、背包等公钥体制。其中 RSA 体制被认为是迄今为止理论上最为成熟完善的一种公钥密码体制。Elgamal 公钥体制的密文不仅依赖于待加密的明文，而且依赖于用户所选择的随机参数，即使加密相同的明文，得到的密文也是不同的。背包公钥体制，背包中的物品总重量是公开的，所有可能的物品也是公开的，但背包中的物品却是保密的。这三种公钥加密体制都给数据的安全提供了不同的保障。

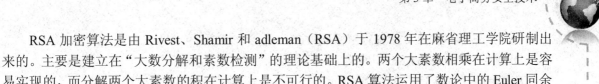

　　RSA 加密算法是由 Rivest、Shamir 和 adleman（RSA）于 1978 年在麻省理工学院研制出来的。主要是建立在"大数分解和素数检测"的理论基础上的。两个大素数相乘在计算上是容易实现的，而分解两个大素数的积在计算上是不可行的。RSA 算法运用了数论中的 Euler 同余定理：即 a、r 是两个互质的自然数，则 $a^z=1$（mod r），其中 z 为与 r 互质的且不大于 r 的自然数，称 z 为 r 的 Euler 指标函数。该算法取用一个合数（该合数为两个大素数的乘积），而不是取用一个大素数作为其模数 r。

　　RSA 算法的安全性虽基于大整数分解的困难性上，但它的分解并不是说完全不可能的。对于 RSA-129，在当时其计算量为 4600MIPS，即一台每秒百万次的电脑需要 4600 年才能把其分解。但是，当时由 43 个国家 600 多人组成一个团队，使用 1600 台计算机同时产生 820 条指令数据，通过因特网，用了 8 个月的时间，于 1994 年分解出为 64 位和 65 位的两个因子，原来估计要 4 亿亿年。这是有史以来最大规模的数学运算。RSA-130 于 1996 年利用数域筛法分解出来。目前正在向更大的数，特别是 512b RSA，即 RSA-154 冲击。所以今天要用 RSA，需要采用足够大的整数。现在已有 664 b、1024 b 模的产品，若以每秒可进行 100 万次的计算资源分解 664bit 大整数，需要完成 1023 步，即要用 1000 年。在 European Institute for System Security Workshop 上，与会者认为 1024 b 模在今后十年内足够安全。

　　我们简单来看一下 RSA 算法的加密及解密过程：

　　假定用户 A 欲送消息 m 给用户 B，则 RSA 算法的加/解密过程为：

　　1）首先用户 B 产生两个大素数 p 和 q（p、q 是保密的）。

　　2）用户 B 计算 n=pq 和 φ(n)=(p-1)（q-1）（φ(n)是保密的）。

　　3）用户 B 选择一个随机数 e（0<e<φ(n)），使得(e,φ(n))=1，即 e 和 φ 互素。

　　4）用户 B 通过计算得出 d，使得 d*e mod φ(n)=1（即在与 n 互素的数中选取与 φ(n)互素的数，可以通过 Euclidean 算法得出。d 是用户 B 自留且保密的，用作解密密钥）。

　　5）用户 B 将 n 及 e 作为公钥公开。

　　6）用户 A 通过公开渠道查到 n 和 e。

　　7）对 m 施行加密变换，即 EB(m)=me mod n=c。

　　8）用户 B 收到密文 c 后，施行解密变换。

DB(c)=cd mod n=(me mod n)d mod n=med mod n=m mod n

　　下面举一个简单的例子用于说明这个过程：令 26 个英文字母对应于 0 到 25 的整数，即 a-00、b-01、…，y-24，z-25。设，m=inclub，则 m 的十进制数编码为：m=08 13 02 11 20 01。设 n=3×11=33，p=3，q=11，φ(n)=2×10=20。取 e=3，则 d=7 将 n=33 和 e=3 公开，保留 d=7。

　　用户 A 查到 n 和 e 后，将消息 m 加密：

EB(i)=083 mod 33= 17

EB(n)=133 mod 33= 19

EB(c)=023 mod 33= 8

EB(l)=113 mod 33= 11

EB(u)=203 mod 33= 14

EB(b)=013 mod 33= 1

　　则　c= EB(m)= 17 19 08 11 14 01，它对应的密文为

c=rtilob

当用户 B 接到密文 c 后施行解密变换：

DB(r)= 177 mod 33= 8，即明文 i

DB(t)= 197 mod 33= 13，即明文 n

DB(i)= 087 mod 33= 2，即明文 c

DB(l)= 117 mod 33= 11，即明文 l

DB(o)= 147 mod 33= 20，即明文 u

DB(b)= 017 mod 33= 1，即明文 b

椭圆加密算法（ECC）最初由 Koblitz 和 Miller 两人于 1985 年提出，其数学基础是利用椭圆曲线上的有理点构成 Abel 加法群上椭圆离散对数的计算困难性。

与经典的 RSA、DSA 等公钥密码体制相比，椭圆密码体制有以下优点：

（1）安全性高。有研究表示 160 位的椭圆密钥与 1024 位的 RSA 密钥安全性相同。

（2）处理速度快。在私钥的加密解密速度上，ECC 算法比 RSA、DSA 速度更快。

（3）存储空间占用小。

（4）带宽要求低。

背包技术是 1978 年由 Merkle 和 Hellman 提出的。背包算法的思路是假定某人拥有大量的物品，重量各不相同。此人通过秘密地选择一部分物品并将它们放到背包中来加密消息。附加一定的限制条件，给出重量，而要列出可能的物品，在计算上是不可实现的。背包体制以其加密、解密速度快而引人注目。但是，大多数一次背包体制均被破译了，因此很少有人使用它。

2. 网络中的加密技术

在整个计算机网络中，数据加密技术还可以分为以下 3 类：一是链路加密技术。链路加密是通信线路中主要采用的加密方式，它不但对网络上数据报正文进行加密，而且把校验码、路由信息等控制信息全部进行加密，数据每发送一点都要进行数据验证，判断数据报文的完整性；二是节点加密技术。节点加密是指对存储在节点内的文件和数据库信息进行的加密保护；三是端到端的加密，由发送方加密的数据在没有到达最终目标节点之前是不被解密的。加密与解密中在源、宿节点进行。它的加密是对整个网络系统采取保护措施，而链路加密是对整个通信线路采用保护措施。因而，端到端的加密方式是将来数据加密技术的发展趋势。

3.3.3 数字认证技术

数字认证技术是解决电子商务安全问题的技术基础，是计算机网络安全技术的重要内容。认证指的是证实被认证对象是否属实和是否有效的一个过程，它主要有两种认证模式：①消息认证，用于保证信息的完整性和不可否认性；②身份认证，用于鉴别用户身份。在电子商务系统中有时候认证技术可能比信息加密本身更加重要。比如在网上购物和支付系统中，用户往往对购物信息的保密性不是很重视，而对网上商店的身份真实性则倍加关注。另外，用户还担心个人信息（如账号、身份证等）及提交的购物信息是否真实，信息是否被第三方修改或伪造。被认证对象的属性可以是口令、数字签名或者像指纹、声音、视网膜这样的生理特征。认证常常被用于通信双方相互确认身份，以保证通信的真实可靠。

1. 消息认证技术

随着网络技术的发展，对网络传输过程中信息的保密性提出了更高的要求，这些要求主要包括：

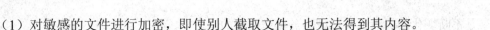

（1）对敏感的文件进行加密，即使别人截取文件，也无法得到其内容。

（2）保证数据的完整性，防止截获人在文件中加入其他信息。

（3）对数据和信息的来源进行验证，以确保发信人的身份。

现在业界普遍通过加密技术方式来满足以上要求，实现消息的安全认证。消息认证就是验证所收到的消息确实是来自真正的发送方且未被修改的消息，也可以验证消息的顺序和及时性。

消息认证实际上是对消息本身产生一个冗余的信息——MAC（消息认证码），消息认证码是利用密钥对要认证的消息产生新的数据块并对数据块加密生成的。它对于要保护的信息来说是唯一的，因此可以有效地保护消息的完整性，以及实现发送方消息的不可抵赖和不能伪造。

消息认证技术可以防止数据的伪造和被篡改，以及证实消息来源的有效性，已广泛应用于电子商务交易。随着密码技术与计算机计算功能的提高，消息认证码的实现方法也在不断的改进和更新之中，多种实现方式会为更安全的消息认证码提供保障。

2．身份认证技术

身份认证（Authentication）是证实实体身份的过程，是保证系统安全的重要措施之一。当服务器提供服务时，需要确认来访者的身份，访问者有时也需要确认服务提供者的身份。

身份认证是指计算机及网络系统确认操作者身份的过程。计算机网络系统是一个虚拟的数字世界。在这个数字世界中，一切信息包括用户的身份信息都是用一组特定的数据来表示的，计算机只能识别用户的数字身份。而现实世界是一个真实的物理世界，每个人都拥有独一无二的物理身份。如何保证以数字身份进行操作的操作者就是这个数字身份合法拥有者，也就是说，保证操作者的物理身份与数字身份相对应，就成为一个很重要的问题。身份认证技术的诞生就是为了解决这个问题。

如何通过技术手段保证用户的物理身份与数字身份相对应呢?在真实世界中，验证一个人的身份主要通过三种方式判定：一是根据你所知道的信息来证明你的身份（what you know），假设某些信息只有某个人知道，比如暗号等，通过询问这个信息就可以确认这个人的身份；二是根据你所拥有的东西来证明你的身份（what you have），假设某一个东西只有某个人有，比如印章等，通过出示这个东西也可以确认个人的身份；三是直接根据你独一无二的身体特征来证明你的身份（who you are），比如指纹、面貌等。在信息系统中，一般来说，有三个要素可以用于认证过程，即：用户的知识（Knowledge），如口令等；用户的物品（Possession），如IC 卡等；用户的特征（Characteristic），如指纹等。现在计算机及网络系统中身份认证的分类有：从是否使用硬件来看，可以分为软件认证和硬件认证；从认证需要验证的条件来看，可以分为单因子认证和双因子认证；从认证信息来看，可以分为静态认证和动态认证。身份认证技术的发展，经历了从软件认证到硬件认证，从单因子认证到双因子认证，从静态认证到动态认证的过程。下面介绍常用的身份认证方法。

（1）基于口令的认证方法。传统的认证技术主要采用基于口令的认证方法。当被认证对象要求访问提供服务的系统时，提供服务的认证方要求被认证对象提交该对象的口令，认证方收到口令后，将其与系统中存储的用户口令进行比较，以确认被认证对象是否为合法访问者。

这种认证方法的优点在于：一般的系统（如 UNIX/Linux、Windows NT/XP、NetWare 等）都提供了对口令认证的支持，对于封闭的小型系统来说不失为一种简单可行的方法。

（2）双因素认证。在双因素认证系统中，用户除了拥有口令外，还拥有系统颁发的令牌访问设备。当用户向系统登录时，用户除了输入口令外，还要输入令牌访问设备所显示的数字。

该数字是不断变化的，而且与认证服务器是同步的。

（3）一次口令机制。一次口令机制其实采用动态口令技术，是一种让用户的密码按照时间或使用次数不断动态变化，每个密码只使用一次的技术。它采用一种称之为动态令牌的专用硬件，内置电源、密码生成芯片和显示屏，密码生成芯片运行专门的密码算法，根据当前时间或使用次数生成当前密码并显示在显示屏上。认证服务器采用相同的算法计算当前的有效密码。用户使用时只需要将动态令牌上显示的当前密码输入客户端计算机，即可实现身份的确认。由于每次使用的密码必须由动态令牌来产生，只有合法用户才持有该硬件，所以只要密码验证通过就可以认为该用户的身份是可靠的。而用户每次使用的密码都不相同，即使黑客截获了一次密码，也无法利用这个密码来仿冒合法用户的身份。

（4）生物特征认证。生物特征认证是指采用每个人独一无二的生物特征来验证用户身份的技术，常见的有指纹识别、虹膜识别等。从理论上说，生物特征认证是最可靠的身份认证方式，因为它直接使用人的物理特征来表示每一个人的数字身份，不同的人具有相同生物特征的可能性可以忽略不计，因此几乎不可能被仿冒。

（5）USB Key 认证。基于 USB Key 的身份认证方式是近几年发展起来的一种方便、安全、经济的身份认证技术，它采用软硬件相结合一次一密的强双因子认证模式，很好地解决了安全性与易用性之间的矛盾。USB Key 是一种 USB 接口的硬件设备，它内置单片机或智能卡芯片，可以存储用户的密钥或数字证书，利用 USB Key 内置的密码学算法实现对用户身份的认证。基于 USB Key 身份认证系统主要有两种应用模式：一是基于冲击/响应的认证模式，二是基于 PKI 体系的认证模式。

3.3.4　虚拟专用网技术

虚拟专用网系统使分布在不同地方的专用网络在不可信任的公共网络（如因特网）上安全地通信。它采用复杂的算法来加密传输的信息，使得需要受保护的数据不会被窃取。虚拟专用网是企业内部网在 Internet 上的延伸，可将远程用户、企业分支机构、公司的业务合作伙伴等与公司的内部网连接起来，构成一个扩展的企业内部网。对于电子商务网站，虚拟专用网更是其理想的安全防护罩，它不但可以为企业提供类似专用网的安全性，还可以为企业减少在硬件设备的投资。

由于公共 IP 的短缺，我们在组建局域网时，通常使用保留地址作为内部 IP，这些保留地址 Internet 上是无法被路由的，所以在正常情况下我们无法直接通过 Internet 访问到在局域网内的主机。

为了实现这一目的，我们需要使用 VPN 隧道技术：

通常情况下，VPN 网关采用双网卡结构，外网卡使用公共 IP 接入 Internet。如果网络一的终端 A 需要访问网络二的终端 B，其发出的访问数据包的目标地址为网络二的终端 B 的内部 IP。网络一的 VPN 网关在接收到终端 A 发出的访问数据包时对其目标地址进行检查，如果目标地址属于网络二的地址，则将该数据包进行封装。封装的方式根据所采用的 VPN 技术不同而不同，同时 VPN 网关会构造一个新的数据包（VPN 数据包），并将封装后的原数据包作为 VPN 数据包的负载，VPN 数据包的目标地址为网络二的 VPN 网关的外部地址；网络一的 VPN 网关将 VPN 数据包发送到 Internet，由于 VPN 数据包的目标地址是网络二的 VPN 网关的外部地址，所以该数据包将被 Internet 中的路由正确地发送到网关；网络二的 VPN 网关对接收到的数据包进行检查，如果发现该数据包是从网络一的 VPN 网关发出的，即可判定该数据包为 VPN 数据包，并对该数据包进行解包处理。解包的过程主要是先将 VPN 数据包的包头剥离，再将负载通过 VPN 技术反向处理还原成原始的数据包。网络二的 VPN 网关将还原后的原始数据包发送至目标终端，由于原始数据包的目标地址是终端 B 的 IP，所以该数据包能够被正确地发送到终端 B。在终端 B 看来，它收到的数据包就跟从终端 A 直接发过来的一样；从终端 B 返回终端 A 的数据包处理过程与上述过程一样，这样两个网络内的终端就可以相互通讯了。

通过上述说明可以发现，在 VPN 网关对数据包进行处理时，有两个参数对于 VPN 隧道通讯十分重要：原始数据包的目标地址（VPN 目标地址）和远程 VPN 网关地址。根据 VPN 目标地址，VPN 网关能够判断对哪些数据包需要进行 VPN 处理，对于不需要处理的数据包通常情况下可直接转发到上级路由。远程 VPN 网关地址则指定了处理后的 VPN 数据包发送的目标地址，即 VPN 隧道的另一端 VPN 网关地址。由于网络通讯是双向的，在进行 VPN 通讯时，隧道两端的 VPN 网关都必须知道 VPN 目标地址和与此对应的的远端 VPN 网关地址。

VPN 可分为传统意义的 VPN 和 IP VPN。所谓传统意义上的 VPN，即在 DDN 网或公用分组交换网或帧中继网上组建 VPN，并具有一个共同的特点，即利用 DDN 网或公用分组交换网或帧中继的部分网络资源如传输线路、网络模块、网络端口等划分成一个分区，并设置相对独立的网络管理机构，对分区内数据量及各种资源进行管理，分区内的各节点共享分区内的网络资源，它们之间的数据处理和传送相对独立，就好像真正的专用网一样。所谓 IP VPN 是依靠 ISP（互联网服务提供商）和其他 NSP（网络服务提供商）在公用网络中建立专用的数据通信网络的技术。其中，IETF（The Internet Engineering Task Force）——互联网工程任务组草案基于 IP VPN 的理解是"使用 IP 机制仿真出一个私有的广域网"，即通过私有的隧道技术在公共数据网络上仿真一条点到点的专线技术。所谓"虚拟"，是指用户不再需要拥有实际的长途数据线路，而是使用 Internet 公众数据网络的长途数据线路。所谓"专用网络"，是指用户可以为自己制定一个最符合自己需求的网络。

传统意义 VPN 的分类：根据 VPN 所起的作用，可以将 VPN 分为 VPDN、Intranet VPN 和 Extranet VPN 三类。

（1）VPDN（Virtual Private Dial Network）。在远程用户或移动雇员和公司内部网之间的 VPN，称为 VPDN。实现过程如下：用户拨号 NSP（网络服务提供商）的网络访问服务器 NAS（Network Access Server），发出 PPP 连接请求，NAS 收到呼叫后，在用户和 NAS 之间建立 PPP 链路，然后，NAS 对用户进行身份验证，确定是合法用户，就启动 VPDN 功能，与公司总部内部连接，访问其内部资源。

（2）Intranet VPN。在公司远程分支机构的 LAN 和公司总部 LAN 之间的 VPN。通过 Internet 这一公共网络将公司在各地分支机构的 LAN 连到公司总部的 LAN，以便公司内部的资源共享、文件传递等，可节省 DDN 等专线所带来的高额费用。

（3）Extranet VPN。在供应商、商业合作伙伴的 LAN 和公司的 LAN 之间的 VPN。由于不同公司网络环境的差异性，该产品必须能兼容不同的操作平台和协议。由于用户的多样性，公司的网络管理员还应该设置特定的访问控制表 ACL（Access Control List），根据访问者的身份、网络地址等参数来确定他所相应的访问权限，开放部分资源而非全部资源给外联网的用户。

IP VPN 的分类按照网络连接方式的不同，一般分为以下三种类型。其中只有第一种与 VPN

的分类不同。

1. 远程访问虚拟专网（Access VPN）

Access VPN 与传统的远程访问网络相对应，它通过一个拥有与专用网络相同策略的共享基础设施，提供对企业内部网或外部网的远程访问。在 Access VPN 方式下远端用户不再像传统的远程网络访问那样通过长途电话拨号到公司远程接入端口，而是拨号接入到远端用户本地的 ISP，采用 VPN 技术在公众网上建立一个虚拟的通道。Access VPN 能使用户随时随地以其所需的方式访问企业资源。Access VPN 包括模拟拨号、ISDN、数字用户线路（xDSL）、移动 IP 和电缆技术，能够安全地连接移动用户、远程工作者或分支机构。

2. 企业内部虚拟专网（Intranet VPN）

越来越多的企业需要在全国乃至世界范围内建立各种办事机构、分公司、研究所等，各个分公司之间传统的网络连接方式一般是租用专线。显然，在分公司增多、业务开展越来越广泛时，网络结构趋于复杂，费用昂贵。利用 VPN 特性可以在 Internet 上组建世界范围内的 Intranet VPN。利用 Internet 的线路保证网络的互联性，而利用隧道、加密等 VPN 特性可以保证信息在整个 Intranet VPN 上安全传输。Intranet VPN 通过一个使用专用连接的共享基础设施，连接企业总部、远程办事处和分支机构。企业拥有与专用网络的相同政策，包括安全、服务质量（QoS）、可管理性和可靠性。

3. 扩展的企业内部虚拟专网（Extranet VPN）

信息时代的到来使各个企业越来越重视各种信息的处理，希望可以提供给客户最快捷方便的信息服务，通过各种方式了解客户的需要，同时各个企业之间的合作关系也越来越多，信息交换日益频繁。Internet 为这样的一种发展趋势提供了良好的基础，而如何利用 Internet 进行有效的信息管理，是企业发展中不可避免的一个关键问题。利用 VPN 技术可以组建安全的 Extranet VPN，既可以向客户、合作伙伴提供有效的信息服务，又可以保证自身的内部网络的安全。其在网络组织方式上与 Intranet VPN 没有本质的区别，但由于是不同公司的网络相互通信，所以要更多的考虑设备的互连、地址的协调、安全策略的协商等问题。

3.3.5 病毒及防范措施

1. 病毒的概念

计算机病毒是一种有很强的破坏力和感染力的计算机程序。计算机病毒与其他的程序不同，当其进入计算机以后，使正常运行的计算机软件和硬件受到影响，或者毁坏计算机内保存的文件信息。它具有再生机制，能够自动进入有关的程序进行自我复制，冲乱正在运行的程序，破坏程序的正常运行。这一点和生物上的病毒很相似，因此被称为"计算机病毒"。我们先来看一个"熊猫烧香"病毒。

"会烧香的不一定是和尚，还可能是熊猫"——2007 年网络上流传着这样一句话。

一只熊猫拿着三支香，这个图像一度令电脑用户胆战心惊。用户电脑中毒后可能会出现蓝屏、频繁重启以及系统硬盘中数据文件被破坏等现象。同时，该病毒的某些变种可以通过局域网进行传播，进而感染局域网内所有计算机系统，最终导致企业局域网瘫痪，无法正常使用。它能感染系统中 exe、com、pif、src、html、asp 等文件，它还能中止大量的反病毒软件进程并且会删除扩展名为 gho 的文件，该文件是著名系统备份工具 GHOST 的备份文件，

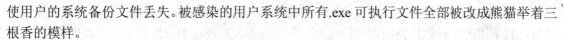

使用户的系统备份文件丢失。被感染的用户系统中所有.exe 可执行文件全部被改成熊猫举着三根香的模样。

2. 病毒的特点

（1）感染性。传染性是病毒的基本特征。计算机病毒一旦进入计算机并得以执行，就会搜寻其他符合其传染条件的程序或存储介质，强行将自身代码插入其中，很难删除。它可以通过 U 盘、软盘、计算机网络去感染其他的计算机，速度非常快。往往当用户发现时，曾在计算机上用过的 U 盘、软盘已经被感染，与这台机器联网的其他计算机也被该病毒感染了。

（2）流行性。一种计算机病毒出现之后，在很短的时间内，就会出现该病毒的变种，在互联网上广泛传播。比如灰鸽子病毒，由于源代码被公开，网络上产生了灰鸽子 0003、灰鸽子 0007、灰鸽子 0157、灰鸽子 2007 等很多的变种，危害整个互联网。病毒中的代码通过计算机、存储器和存储介质进行广播和扩散，强行修改计算机程序和数据。

（3）欺骗性。计算机病毒会采用欺骗技术来逃脱检测，使其具有更长的隐藏时间，从而达到传染和破坏的目的。

（4）破坏性。计算机病毒往往具有对计算机系统的破坏能力，其破坏性多种多样，比如占用系统资源，影响计算机的运行速度，甚至死机；显示一些恶作剧画面；窃取用户的账号和密码；删除文件或数据；格式化磁盘，破坏硬件设备等，其危害日益增强。

（5）潜伏性。大部分的病毒感染系统之后一般不会马上发作，它可长期隐藏在系统中，只有在满足其特定条件时才启动其破坏模块，显示发作信息或进行系统破坏。比如，在几月几日定期爆发，在系统运行了多少次之后爆发，或者是在执行某个操作时爆发。

（6）隐蔽性。计算机病毒在取得系统控制权后，在很短的时间内传染大量程序。但是受到传染的计算机仍旧照常运行，用户不会感到任何异常。加上病毒代码很短小，非常方便隐藏到其他程序中或磁盘的某一特定区域内。现在有些病毒本身还会加密或变形，使对计算机病毒的查找和分析更困难。

3. 病毒的类型

计算机病毒按传染方式可分为以下三类：

（1）引导型病毒。又称开机型病毒，主要指感染磁盘的引导区，并伺机感染其他的硬盘引导区。它们可以伪造引导扇区的内容，使防毒软件以为系统是正常的。感染了这类病毒，电脑中的文件读写就会不正常，甚至丢失。比如有名的米开朗基罗病毒。

（2）文件型病毒。文件型病毒一般只传染磁盘上的可执行文件（COM、EXE），在用户打开感染的可执行文件时，病毒首先被运行，然后病毒驻留在内存上伺机感染或直接感染其他文件。比如电子邮件病毒，它是一类特殊的文件型病毒，主要通过电子邮件进行传播。

（3）混合型病毒。兼具引导型病毒以及文件型病毒的特性。它们可以传染文件，也可以传染磁碟的开机系统区。由于这个特性，使得这种病毒具有相当程度的传染力。一旦发病，其破坏的程度将会非常可观。比如 2007 年流行的"艾妮"混合型病毒。

另外，互联网上还存在专门感染微软公司 Office 系列办公软件的宏病毒，通过网络不断地在各个主机的内存中复制自身的网络蠕虫病毒等。

4. 病毒的防御措施

对于计算机病毒的防御，我们一般采用以下措施：

（1）定期进行数据备份，一旦遭受病毒破坏可以及时恢复重要数据。准备干净的系统引导盘，将常用的工具软件复制到该软盘上，加以保存；对硬盘引导区和主引导扇区进行备份；保护系统盘，不要把用户数据存储到系统盘。杀毒之前，将需要检查的文件备份。

（2）安装防毒软件，进行升级。安装正版的防毒软件，比如瑞星、安全卫士360等，并经常进行在线升级。开启定时查杀功能，设定的时间最好在自己每天必定会开机的时间段，保证每天查杀病毒一次，及时掌握自己电脑的染毒情况。

（3）规范计算机操作和限制上网内容。比如，谨慎使用U盘拷贝文件、谨慎使用远程登录、关闭不需要的默认共享、不从陌生小网站上下载软件、谨慎浏览电子邮件、不安装陌生的网页插件防止挂马等。

（4）使用主动防御功能。主动防御是指在使用者打开软件或访问网络时主动提前对对象进行病毒扫描。它是一种较新的反病毒方式，打破了传统的先中毒，再杀毒的方式。比如卡巴斯基杀毒软件，就带有这种功能，可以有效防止计算机感染病毒。

3.3.6 防火墙技术

1. 防火墙的概念

防火墙在建筑学中指用来防止大火从建筑物的一部分蔓延到另一部分而设置的阻挡机构。计算机术语中的防火墙是指在两个网络之间加强访问控制的一整套装置，即防火墙是构造在一个可信网络（一般指内部网）和不可信网络（一般指外部网）之间的保护装置，强制所有的访问和连接都必须经过这个保护层，并在此进行连接和安全检查。只有合法的数据包才能通过此保护层，从而保护内部网资源免遭非法入侵。

从狭义上讲，防火墙是指安装了防火墙软件的主机或路由器系统。从广义上讲，防火墙还包括了整个网络的安全策略和安全行为。

2. 防火墙的类型

防火墙有许许多多的形式，有以软件形式运行在普通计算机上的，也有以硬件形式设计在路由器之中的。防火墙按照其在网络工作的不同层次可以分为4类：网络级防火墙（也称包过滤防火墙）、应用级网关、电路级网关和规则检查防火墙。

（1）网络级防火墙。网络级防火墙，也称包过滤防火墙，它运行在TCP/IP堆栈结构的第三层，在数据包与所建立的规则相匹配时才准许其通过。每个数据包中都包含着一组特定信息的包头，其主要信息包括IP源地址、IP目标地址、传输协议（TCP、UDP、ICMP或IP隧道等）、TCP或UDP源端口、TCP或UDP目标端口、ICMP消息类型、数据包的输入接口、数据包的输出接口。网络级防火墙通过把数据包的包头和所建立的规则进行比较，确定包的留或弃。如果规则允许该数据包通过，且包的出入接口相匹配，则该数据包通过，并根据路由器中的信息被转发；如果规则拒绝该数据包，则即使出入接口相配，该数据包也会被丢弃；如果没有匹配规则，则包过滤根据用户配置的缺省参数来决定是转发还是丢弃该数据包。

网络级防火墙简洁、速度快、费用低，并且对用户透明，但是对网络的保护很有限，因为它只检查地址和端口，对网络更高协议层的信息无理解能力。

（2）应用级网关。应用代理型防火墙是工作在OSI的最高层，即应用层。通过对每种应用服务编制专门的代理程序，实现监视和控制应用层通信流的作用。代理程序安装在代理

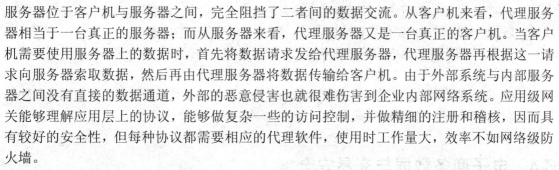

服务器位于客户机与服务器之间，完全阻挡了二者间的数据交流。从客户机来看，代理服务器相当于一台真正的服务器；而从服务器来看，代理服务器又是一台真正的客户机。当客户机需要使用服务器上的数据时，首先将数据请求发给代理服务器，代理服务器再根据这一请求向服务器索取数据，然后再由代理服务器将数据传输给客户机。由于外部系统与内部服务器之间没有直接的数据通道，外部的恶意侵害也就很难伤害到企业内部网络系统。应用级网关能够理解应用层上的协议，能够做复杂一些的访问控制，并做精细的注册和稽核，因而具有较好的安全性，但每种协议都需要相应的代理软件，使用时工作量大，效率不如网络级防火墙。

（3）电路级网关。电路级网关又叫线路级网关，工作在会话层。这种防火墙并不是简单地接受或拒绝数据包，它还可以根据一套可配置的规则来决定一个连接是否合法。如果通过检查，防火墙就打开一个会话，并准许与经过认证的源进行数据通信。防火墙也可以限制这种通信的时间长短。此外，防火墙还可以执行源 IP 地址和端口、目标 IP 地址和端口、使用的协议、用户 ID、口令等的验证。

电路防火墙的缺点是其运行在传输层上，因此它可能需要对传输功能设计的重大修改，这就会影响网络性能。此外，这种防火墙要求一些专业性强的安装和维护技术。

（4）规则检查防火墙。规则检查防火墙相当于一个复合的防火墙，既能够在网络层上通过 IP 地址和端口号过滤进出的数据包，也可以在 OSI 应用层上检查数据包的内容，查看这些内容是否能符合网络的安全规则。另外，规则检查防火墙不依靠与应用层有关的代理，而是依靠某种算法来识别进出的应用层数据。这些算法通过已知合法数据包的模式来比较进出数据包，比应用级代理在过滤数据包上更有效。目前，引进的动态规则检查技术是防火墙技术的一个重大改进。最初，静态检查规则是管理员事先定好的，由于事先很难精确地判断防火墙应开多大的端口才能满足正常通讯的需求，所以，只能打开"很大"的端口来满足需求，其中必然有大部分端口是不必打开的，这样就给黑客的行动带来极大的便利。动态规则的引入就弥补了静态规则的不足。由于动态规则是由应用程序直接加入的，因此所有在应用中才能知道是否打开的端口都由应用程序通过动态规则在适当时刻打开，当应用结束时，动态规则由应用程序删除，相应的端口被关闭，而静态规则只需打开极少数事先必须打开的端口。这样在最大限度上降低了黑客进攻的成功率。

目前市场上流行的防火墙大多属于规则检查防火墙。从趋势上看，未来的防火墙将位于网络级防火墙和应用级防火墙之间。也就是说，网络级防火墙将变得更加能够识别通过的信息，而应用级防火墙在目前的功能上则向"透明"、"低级"方面发展。最终，防火墙将成为一个快速注册稽查系统，可保护数据以加密方式通过，使所有组织可以放心地在节点间传送数据。

3. 防火墙的局限性

防火墙可以大大提高网络的安全性，有效防止外部基于路由选择的攻击，但是它也存在一定的局限性。

（1）防火墙不能防范不经过防火墙的攻击，比如来自内部网络的攻击和安全问题。

（2）防火墙无法解决 TCP/IP 等协议的漏洞。因为防火墙本身就是基于 TCP/IP 等协议来实现的。

（3）防火墙对服务器合法开放的端口的攻击大多无法阻止。

（4）防火墙不能防范感染数据驱动式病毒的文件传输。因为数据驱动式病毒在经过防火墙时，还是一堆数据，只要数据包地址合法，防火墙就不会拒绝传输。

（5）防火墙不能防范内部的破坏和泄密行为。比如，内部硬件设备的破坏，内部合法用户向外泄密。

（6）防火墙不能防止本身安全漏洞的威胁。防火墙也是操作系统，其自身的硬件和软件也会有漏洞，所以自身也可能受到攻击。

3.4 电子商务数据与交易安全

3.4.1 安全套接层协议（Secure Socked Layer，SSL）

Internet 上的安全套接层协议是 1994 年 11 月由网景（Netscape）公司首先引入的，最初版本是 SSL V2.0 Internet-Draft。该版本出现后又经历了 5 次修改，在对 SSL V2.0 进行重大改进的基础上，于 1996 年 3 月推出了 SSL V3.0 Internet-Draft 版本。其主要用途是用以保障在 Internet 上数据传输的安全，利用数据加密（Encryption）技术，可确保数据在网络上传输过程中不会被截取及窃听。除了 Netscape 外，参与制定 SSL 协议的厂商还包括：IBM、Microsoft、Spyglass，他们都将 SSL 加入到自己的客户端和服务器的应用方面。SSL 协议位于 TCP/IP 协议与各种应用层协议之间，为数据通讯提供安全支持。SSL 是一个层次化的协议，共分两层：握手层（Handshake Protocol Layer）和记录层（Record Protocol Layer）。握手层完成服务器和客户之间的相互认证、协商加密算法和加密密钥等发生在应用协议层传输数据之前的事务。还负责协调客户端和服务器之间的状态。记录层用于封装上层协议数据，具体实施压缩与解压缩、加密与解密、计算与验证消息验证码（MAC）等与安全有关的操作。SSL 的具体功能：把要传输的信息分成可以控制的数据段，对这些数据进行压缩、"文摘"、加密等操作（有的操作可选），然后传送结果。另一方面，对收到的数据进行解密、检验、解压等操作后，把数据传给上层协议。

1. SSL 握手协议

SSL 中的握手协议是在客户机和服务器之间交换消息的强化性协议，一般有六个阶段：

（1）接通阶段：客户机通过网络向服务器打招呼，服务器回应。

（2）密钥交换阶段：客户机和服务器之间交换双方可认可的密码，一般选用 RSA 密码的算法。

（3）会话密钥生成阶段：客户机与服务器间产生彼此交谈的会谈密码。

（4）服务器证实阶段：客户机检验服务器取得的密码。

（5）客户机认证阶段：服务器验证客户机的可信度。

（6）结束阶段：客户机与服务器之间相互交换结束信息。

上述过程完成以后，双方之间的信息传送就会加以密码，另一端收到信息后，再将加密的信息还原。即使加密资料被窃，如果没有原先编制的密码算法，也不能获得可读的有用资料。六个阶段的流程图如图 3-3 所示。

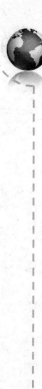

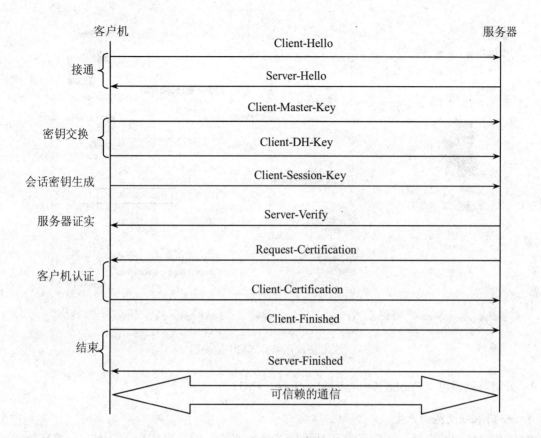

图 3-3　SSL 握手协议流程图

SSL 协议运行基点是商家对客户信息保密的承诺。SSL 协议的流程：客户信息首先传到商家，商家阅读后再传到银行。银行验证客户信息合法性后，通知商家付款成功。商家再通知客户购买成功，并将商品寄送客户。

2. SSL 记录协议

SSL 记录协议主要功能是：保证传输数据的机密性与完整性。

机密性：SSL 记录协议会协助双方产生一把共有的密钥，利用这把密钥来对 SSL 所传送的数据做传统式的加密。

完整性：SSL 记录协议会协助双方产生另一把共有的密钥，利用这把密钥来计算出消息认证码（MAC）。

SSL 记录协议操作流程如下：记录协议接收到应用程序所要传送的消息后，会将数据分成可以控制易于管理的小区块，然后选择是否对这些小区块做压缩处理，最后在加上此区块的消息认证码。接下来把数据区块与消息认证码（MAC）一起做加密处理，加上 SSL 记录头后通过 TCP 传出去。接收方收到数据后则以解释、核查、解压缩及重组的步骤将消息的内容还原，传送给上层使用者。

在现实计算机网络中，对于 SSL 应用是十分广泛的，可以说只要是考虑密码安全，数据信息安全，就会有人考虑使用 SSL 技术。图 3-4 是 SSL 协议在网易邮箱中的应用。

图 3-4　SSL 协议在网易邮箱中的应用

3.4.2　公钥基础设施（Public Key Infrastructure，PKI）

1. 公钥基础设施的产生

公钥密码体制的出现，实现了密码技术的革命性变革，使其更适合于分布式计算环境的安全处理。X.509 证书的出现，为公钥体制的应用提供了有效的载体和基础，使用户更容易对公钥进行验证。

公钥基础设施作为一组安全服务的集合，包含了公钥密码体制、证书、密钥和安全策略等的使用和管理。

2. PKI

PKI（Public Key Infrastructure）是基于公开密钥理论和技术建立起来的安全体系，是提供信息安全服务具有普遍性的安全基础设施。该体系在统一的安全认证标准和规范基础上提供了在线身份认证，是 CA 认证、数字证书、数字签名以及相关的安全应用组件的集合。PKI 的核心是解决信息网络空间中的信任问题，确定信息网络、信息空间中各种经济、军事和管理行为主体（包括组织和个人）身份的唯一性、真实性和合法性，是解决网上身份认证、信息完整性和不可否认性等安全问题的技术保障体系。管理 PKI 的机构即为 CA 认证中心。

一个完整的 PKI 系统必须具备权威认证机构（CA）、数字证书库、密钥备份及恢复系统、证书作废系统和应用接口（API）等基本组成部分。

（1）权威认证机构（Certificate Authority）：权威认证机构简称 CA，是 PKI 的核心组成部分，也称作认证中心。它是数字证书的签发机构。CA 是 PKI 的核心，是 PKI 应用中权威的、可信任的、公正的第三方机构。

（2）数字证书库：在使用公钥体制的网络环境中，必须向公钥的使用者证明公钥的真实合法性。因此，在公钥体制环境中，必须有一个可信的机构来对任何一个主体的公钥进行公证，

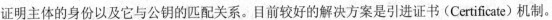

证明主体的身份以及它与公钥的匹配关系。目前较好的解决方案是引进证书（Certificate）机制。

证书是公开密钥体制的一种密钥管理媒介。它是一种权威性的电子文档，形同网络环境中的一种身份证，用于证明某一主体的身份以及其公开密钥的合法性。证书库是证书的集中存放地，是网上的一种公共信息库，供广大公众进行开放式查询。到证书库访问查询，可以得到想与之通信实体的公钥。证书库是扩展 PKI 系统的一个组成部分，CA 的数字签名保证了证书的合法性和权威性。

（3）密钥备份及恢复系统：如果用户丢失了密钥，会造成已经加密的文件无法解密，引起数据丢失，为了避免这种情况，PKI 提供密钥备份及恢复机制。

（4）证书作废系统：有时因为用户身份变更或者密钥遗失，需要将证书停止使用，所以提供证书作废机制。

（5）PKI 应用接口系统：PKI 应用接口系统是为各种各样的应用提供安全、一致、可信任的方式与 PKI 交互，确保所建立起来的网络环境安全可信，并降低管理成本。没有 PKI 应用接口系统，PKI 就无法有效地提供服务。

3. PKI 的目的

在安全域中或不同安全域中，建立各终极实体之间的信任关系。其中：终极实体是指参与电子商务交易活动的人及其使用的某应用程序。

4. 信任问题

电子商务中的安全问题集中体现在"信任"上。

（1）信任关系（国际标准 X.509 定义）：当一个实体认为另一个实体的行为将是按照它（实体 1）所设想的那样时，我们说实体 1 信任实体 2。

（2）信任风险：①密钥持有者的身份描述符有误；②密钥持有者的权限在近期被吊销；③密钥持有者的某些信息不用其密钥加密，依赖方却不希望这样；④密钥持有者有权密钥被他人得到；⑤密钥持有者没有把一些敏感信息给以足够的保护。

（3）可靠的第三方：为减少信任风险程度，在实际操作中，依赖方大多找一个合适的第三方作为分担风险的"盟友"。可靠的第三方具有可信、可靠的性质，并且在本域中有绝对的发言权，即权威（Authority）性。权威在建立信任的过程中扮演着信任传递媒体的角色，即信任是具有传递性的：依赖方信任权威；权威又信任密钥持有者，从而导出依赖方信任密钥持有者。权威承担依赖方的一部分风险。模型结构图如图 3-5 所示。

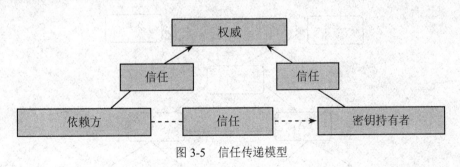

图 3-5　信任传递模型

5. 信任模型

在信任理论中，研究了各种关系如何取得信任的方法，形成许多信任模型。下面介绍几种比较常用的模型：

（1）等级层次分明的信任模型。这种模型的结构分明，根级和子级信任关系明显。这种结构就像一棵倒置的树，树根在最上面，叶子在下面。根部的 CA 是整个 PKI 系统的信任源，我们称为根 CA。根 CA 只信任自己和自己的下一级 CA，下一级 CA 又信任比自己更下一级的 CA，最下面的一层 CA 又信任自己用户终端，这样就形成一种层次分明的信任链，如图 3-6 所示。

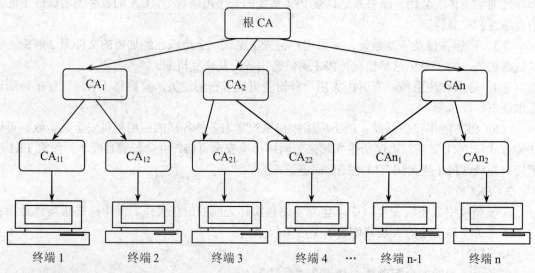

图 3-6　等级层次分明的信任模型

这种模型中的证书链均源于根 CA，且两个用户终端之间只存在一条信任链，这种模型结构清晰，有利于全局管理。但在大范围内的商务活动中，由于终端多，且分布范围广，很难找到一个所有终端都信任的根 CA。并且整个系统的安全性全集中在根 CA 上，万一根 CA 被攻破，整个系统将瘫痪。

（2）分布式信任模型。与等级层次分明的信任模型相比，这种模型没有所有终端都共同信任的根 CA，它是这个域内的用户信任根 CA_1，另一个域内的用户信任根 CA_2，再一个域内的用户信任根 CA_3，而这些根 CA 通过交叉认证的方式互相颁布证书，互相信任。在这种模型中，两个终端之间信任不止一条信任链。所以若两个终端有直接的信任关系时，验证速度比较快，否则就在多条路径中选择一条最短、最有效的验证路径，如图 3-7 所示。

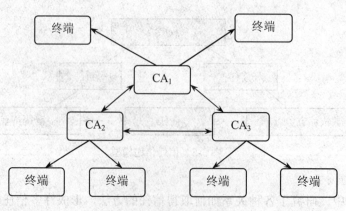

图 3-7　分布式结构模型

（3）Web 模型。Web 模型是在万维网 World Wide Web 上诞生的，它预先在浏览器（如 Netscape 公司的 Navigator 和 Microsoft 公司的 Internet）中嵌入多个 CA 的公钥，这些公钥确定了一组浏览器用户最初信任的 CA。

一眼看上去，这种模型与分布式信任模型很相似，但从根本上讲，它更类似于等级层次分明的信任模型。因为浏览器厂商实际上起到了根 CA 的作用，而与被嵌入的密钥相对应的 CA 就是它所认证的 CA，当然这种认证并不是通过颁发证书实现的，而只是物理地把 CA 的密钥嵌入浏览器，如图 3-8 所示。

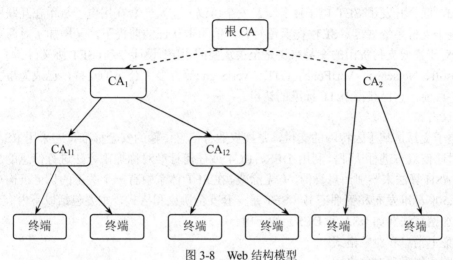

图 3-8　Web 结构模型

Web 模型在方便性和简单互操作性方面有明显的优势，但是也存在许多安全隐患。这是因为其多个根 CA 证书都是预先安装在浏览器中的，所以用户无法判断使用时根 CA 证书是否都是可信任的，而且某一个根 CA 失去信任时，没有一个废除机制去废除已嵌入浏览器中的根 CA 证书。

6. PKI 的基本功能

公钥基础设施可以为应用实体提供各种安全服务，主要有以下几个重要方面：

（1）简单识别与强鉴别。口令在未受保护的网络上传送，很容易被截取或监听，即使口令被加密也无法防范。而使用公钥基础设施远程登录时，引入认证机制，无需将口令在网络上传递。在实际应用中，用户常常需要运行多个应用程序，若所有的应用程序都使用一个相同的口令，肯定会降低整体的安全性，因为它提供了多个被攻击点。安全基础设施可以极大地改善这种状况。用户可以初始登录在本地环境，在需要时，可以将成功登录的结果，安全地扩散到远程的应用系统，或安全地通知到其他需要登录的设备，减少远程登录的需求。这一操作可以进行扩展，一次成功的登录可以根据需要通知远程设备，而无需多次登录。这个特征就是安全基础设施完整性的概念。

（2）终端用户的透明性。基础设施应该提供的是一个"黑盒子"级的服务。因此，公钥基础设施必须具有同样的特征：所有的安全操作应当隐没在用户的后面，无需额外的干预，无需用户注意密钥和算法，不会因为用户的错误操作对安全造成危害。

（3）全面的安全性。公钥基础设施最大的益处是在整个应用环境中，使用单一可信的安全技术——公钥技术。它能保证应用程序、设备和服务器无缝地协调工作，安全地传输、存储和检索数据，安全地进行事务处理，安全地访问服务器等。电子邮件应用、Web 访问、防火墙、远程访问设备、应用服务器、文件服务器、数据库或更多的其他设备，能够用一种统一的方式理解和使用安全服务基础设施。在这种环境中，不仅极大地简化了终端用户使用各种设备和应用程序的方式，而且简化了设备和应用系统的管理工作，保证执行相同等级的安全策略。

3.4.3 安全电子交易协议（Secure Electronic Transaction，SET）

为了解决互联网上进行在线支付过程中的信用卡的安全问题，两大信用卡组织：Visa 和 Master-Card，联合开发了 SET 电子商务交易安全协议。它是一套在用电子货币在互联网上进行交易的电子支付系统规范。SET 在保留对客户信用卡认证的前提下，又增加了对商家身份的认证，这对于需要支付货币的交易来讲是至关重要的。由于设计合理，SET 协义得到了 IBM、HP、Microsoft、Netscape、VeriFone、GTE、VeriSign 等许多大公司的支持，已成为事实上的工业标准。目前，它已获得 IETF 标准的认可。

1. 协议内容

安全电子交易是基于因特网的支付，是授权业务信息传输的安全标准，它采用 RSA 公开密钥体系对通信双方进行认证，利用 DES、RC4 或任何标准对称加密方法进行信息的加密传输，并用 HASH 算法来鉴别消息真伪，有无涂改。在 SET 体系中有一个关键的认证机构（CA），CA 根据 X.509 标准发布和管理证书。SET 是一套安全协议和格式，主要包括以下内容：

（1）加密算法（如 RSA 和 DES）的应用。

（2）证书消息和对象格式。

（3）购买消息和对象格式。

（4）付款消息和对象格式。

（5）参与者之间的消息协议。

2. SET 协议的目标与需求

SET 系统对每一个用户赋予一个数字证书，让买方、卖方和金融机构之间通过数字证书和数字签名来保证隐密性。SET 安全协议要达到的目标主要有 5 个：

（1）保证信息在互联网上安全传输，防止数据被黑客或被内部人员窃取。

（2）保证电子商务参与者信息的相互隔离。客户的资料加密或打包后通过商家到达银行，但是商家不能看到客户的账户和密码信息。

（3）解决多方认证问题。不仅要对消费者的信用卡认证，而且要对在线商店的信誉程度认证，同时还有消费者、在线商店与银行间的认证。

（4）保证网上交易的实时性，使所有的支付过程都是在线的。

（5）效仿 EDI 贸易的形式，规范协议和消息格式，促使不同厂家开发的软件具有兼容性和互操作功能，并且可以运行在不同的硬件和操作系统平台上。

SET 必须满足电子商务在安全方面的 7 个需求：

（1）保证订货信息和支付信息的安全保密传输。

（2）保证传输数据的完整性。

（3）提供持卡人身份认证，证明其是某一支付卡账户的合法使用者。

（4）提供商家的身份认证，使之可以通过它与其所属金融机构的关系进行基于支付卡的交易。

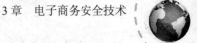

（5）可以使用最好的安全措施和系统设计技术来保护电子商务中的各方。

（6）创建一个协议，使之独立于网络传输安全机制（如 SLL），又不妨碍网络传输安全机制的使用。SET 应该足够强壮，能够适用于各种不同的传输网络。

（7）应该鼓励软件与网络供应商之间的协作性，在开发硬件和软件的过程中，公司之间将更容易合作。

3．SET 环境涉及对象

SET 协议规范所涉及的对象有：

（1）消费者。包括个人消费者和团体消费者，他们通过互联网按照在线商店的要求填写订货单，通过由发卡银行发行的信用卡进行付款。消费者在进行在线交易前要到发卡行去申请一个电子钱包，还要向认证中心登记取得数字证书才能进行 SET 交易

（2）在线商店。通过互联网为消费者提供商品或服务，并且具备相应 SET 交易的商家软件。与消费者一样，在线商店在进行 SET 交易前也必须先到接受网上支付业务的信用卡收单银行开设账户，同时也要到认证中心申请数字证书。

（3）发卡银行。主要服务消费者，为消费者发行信用卡，通过为消费者提供各种信用卡服务收取一定的费用。

（4）收单银行。主要服务在线商店，在线商店在这里开设有账户，收单银行主要负责验证信用卡有效性和处理账款。

（5）支付网关。支付网关（Payment Gateway）是介于银行专用金融网络系统和互联网之间的接口，是由银行或由指派的第三方操作的将互联网上传输的数据转换为金融机构内部数据的一组服务器设备。其主要功能是将外部在线商店发来的信息解密并"翻译"成金融网络通信协议要求的数据格式。反之，也接受金融系统内部反馈的响应信息，并将其"翻译"成互联网上要求的数据格式，同时进行加密处理。

（6）电子货币（如智能卡、电子现金、电子钱包）发行公司，以及某些兼有电子货币发行的银行。负责处理智能卡的审核和支付工作。

（7）认证中心（CA）。在 SET 交易中规定参加交易的各方都必须有证书。认证中心虽然不直接参与交易，但它保障了 SET 交易。它作为一种权威机构，负责发放并管理所有参与电子商务活动的实体的数字证书。主要包括数字证书的更新、废除、建立证书黑名单等。

4．SET 系统的功能

（1）保证了数据在互联网上安全传输。SET 协议采用了公开密钥算法技术保证了数据传输的安全。公开密钥算法是任何人都可以用接收方的公开密钥加密信息，然后发给有私钥的特定接收方。只有用接收方的私钥才可以解读此信息，因此就保证了在传输过程中的数据安全。另外，SET 协议还可以通过双重签名技术，直接把信用卡信息从消费者手中通过商家发送到商家的开户行而不允许商家看到客户的账号信息。

（2）保证了数据在传送前后没有被修改。SET 利用消息摘要算法，使发送的信息加密后产生唯一的一个消息摘要，这种算法只有输入相同的明文数据经过相同的消息摘要算法才能得到相同的密文。所以如果有改动，接收方重新计算出的摘要值就会改变，从而保证了数据的完整性。

（3）保证了交易各方身份的真实有效。SET 协议利用 CA 认证中心提供的数字证书，保证了交易各方的身份真实有效，并将认证信息传递给持卡人、商家和支付网关。

（4）保证了各方的不可否认性。由于在进行 SET 交易前消费者和商家都要先申请数字证书，申请过程也就相当于在 CA 中心登记备案，这样就保证了发送信息后不可否认。

5．SET 的流程

SET 协议的工作程序分为下面 7 个步骤，如图 3-9 所示。

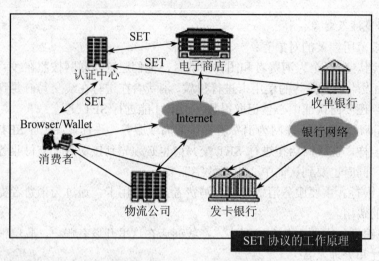

图 3-9　SET 协议的工作原理

（1）消费者通过计算机登录互联网浏览并选定所要购买的物品，并在线输入订货单，订货单上需包括在线商店、购买物品名称及数量、交货时间及地点等相关信息。

（2）通过电子商务服务器与有关在线商店交换数据，在线商店收到订单后确认消费者所填订货单的货物单价、购买数量、应付款数、交货方式等信息是否准确，是否被修改。

（3）消费者选择合适的付款方式，然后签发付款指令。此时 SET 开始介入，在交易过程中，为了避免争议，消费者必须对订单和付款指令进行数字签名，同时为了保证消费者的账号信息不被泄露，还采用了双重签名技术。

（4）在线商店接受订单后，向消费者所在银行请求支付认可。在线商店将授权支付网关处理此次交易，信息通过支付网关到收单银行，再到电子货币发行公司确认。批准交易后，返回确认信息给在线商店。支付网关可以保证交易是经消费者确认过的，还可以保证在线商店不会收不到支付，这样就保证了在线交易的正常进行。

（5）在线商店发送订单确认信息给消费者。消费者端口软件可记录交易日志，以备将来查询。

（6）在线商店发送货物或提供服务并通知收单银行将钱从消费者的账号转移到商店账号，或通知发卡银行请求支付。在认证操作和支付操作中间一般会有一个时间间隔，例如，在每天的下班前请求银行结一天的账。

前两步与 SET 无关，从第三步开始 SET 起作用，一直到第五步，在处理过程中通信协议、请求信息的格格式、数据类型的定义等，SET 都有明确的规定。在操作的每一步，消费者、在线商店、支付网关都通过 CA 来验证通信主体的身份，以确保通信的对方不是冒名顶替，所以，也可以简单地认为，SET 规格充分发挥了认证中心的作用，以维护在任何开放网络上的电子商务参与者所提供信息的真实性和保密性。

3.4.4　SSL 与 SET 协议的比较

1. 连接性

SSL 提供了两台机器之间的安全连接，是面向连接的一个多方的消息报文协议，它定义了银行、商家、持卡人之间必须符合的报文规范，各方之间的报文交换不要求是实时的。

2. 认证机制

SSL 中服务器需要认证，客户端认证则是有选择的。

SET 中所有成员都必须先申请数字证书来识别身份。

3. 风险性

SSL 中，客户存在的风险：

（1）客户信息的安全性完全依赖于商家的保密承诺。

（2）缺少客户对商家的认证。

SSL 中，商家存在的风险：无法保证购买者就是该信用卡的合法拥有者（缺少第三方）。

SET 中，提供了更完整的用于电子商务的卡支付系统，它定义了各方的互操作接口，降低了金融风险。

4. SET 的缺陷及补救措施

（1）缺陷：

1）要求在银行网络、商家服务器、顾客 PC 机上安装相应的软件，这给各方增加了附加费用。

2）要求必须给各方发放证书，不便客户随意使用。

（2）补救措施：因 SET 可以用于系统的一部分或全部，所以可以考虑商家与银行连接使用 SET，而商家与顾客的连接则使用 SSL。

在 SET 中，交易凭证中有客户签名。私钥的安全保存非常重要。为避免操作系统的不安全性，智能卡提供了一种简便方法，用它存储私钥和证书，不仅安全，而且容易携带。

3.5　黑客防范技术

3.5.1　黑客概述

我们首先看一下"TJX 公司数据泄漏"的案例：

2007 年 10 月底，美国新英格兰地区 300 多家银行在对全球折扣零售业巨头 TJX 公司提出起诉的文件中称，由于没有采取必要的安全措施，该公司在黑客的攻击下发生了严重的数据泄露事件，导致 9400 多万用户的账户受到影响，并由此引发了至少 13 个国家发生大量信用卡和借记卡诈骗案件，仅 Visa 卡用户的损失就超过 6800 万美元。

一家对黑客行为进行长期跟踪的独立机构 Attrition.org 发布报告称，仅 2007 年，全球已知发生的泄密事件大约有 1.62 亿起，而 2006 年这一数字仅为 4900 万起。一年增加了三倍多。Attrition.org 的布莱恩·马丁认为："之所以发生这类事件，纯粹是出于犯罪者的商业天性。未来数据泄露事件的总记录数还会持续稳定攀升。"

97

黑客是什么呢？《中华人民共和国公共安全行业标准 GA 163—1997》中的定义是：黑客，英文名为 Hacker，是指对计算机信息系统进行非授权访问的人员。黑客起源于 20 世纪 50 年代麻省理工学院的实验室中。当时"黑客"主要指那些精力充沛，全身心投入计算机事业，可以探索发现系统中的漏洞的年轻人。后来随着黑客们逐渐开始利用自己的技术把触角伸到政府或企业的机密数据库，黑客才有了现在定义，也有人把现在的黑客称为"骇客"，专指那些非法入侵别人的计算机系统，对电子信息系统正常秩序构成威胁的人。黑客具有很强的隐蔽性，可以说是防不胜防。他们会悄悄把病毒植入系统，对系统安全构成很大的威胁，或者转移账户资金，窃取金钱，甚至会窃取政治、军事和商业机密。有调查数据表明，随着电子商务活动越来越频繁的发生，大多数企业和商家都不止一次的遭受过黑客的攻击，造成很大的经济损失。要想维护电子商务的安全环境，就必须认真研究黑客技术，找出应对黑客攻击的对策，防止黑客入侵。

3.5.2 黑客攻击的目的及步骤

黑客攻击互联网用户的目的有很多种，比如：好玩，搞恶作剧；盗取用户的账号、密码，盗取虚拟货币、现金转账；为了某种政治目的；技术上的成就感等。但是在电子商务活动中，黑客攻击的目的大多是获取经济上的利益。下面这个例子是某公司为了推销自己公司的产品而发动的黑客攻击：

2008 年 4 月 23 日开始，联众在北京等三地服务器遭遇猛烈攻击，众多玩家无法进入游戏，公司为此调整带宽，试图"泄洪"，但攻击流量也随之增大。25 日，攻击再次上演。就在攻击结束数日后，某软件公司推销员开始主动联系游戏公司技术部门，称其研发的防火墙设备能有效地阻止"外来攻击"。抱着试试看的心理，联众公司决定先租用该公司设备试用。在使用该公司提供的防火墙后，针对游戏公司的攻击立刻大幅下降。在此期间，该软件公司多次要求联众购买该设备。在攻击停歇期间，联众也在动员自己的技术人员调试网络服务器，并决定，先停止使用该公司的防火墙，以检验改造成果。在停用该公司防火墙的第二天，联众在北京、上海、石家庄的服务器再次遭受攻击，势头比最初攻击更为凶猛，攻击持续了一个月，累计损失数百万元。4 月 29 日，由于这种防火墙与黑客攻击的诡异关系，让联众颇感无奈和疑惑，联众向警方报案后，反映了这一情况。不久，该公司负责人李明被抓获，李明供认，自 3 月份任职以来，为增加产品的销量和市场占有量，他共攻击了 4 家大型网游公司，成功 2 次，目的是推销产品。他们利用黑客手段对多家网游公司发动攻击，取得成功后，向被攻击公司销售产品。

黑客攻击的步骤可以说是变幻莫测的，但是纵观整个攻击过程，不难发现，还是有一定规律可循，黑客攻击可以分为四个阶段：攻击前奏、实施攻击、巩固控制和继续深入。

（1）攻击前奏。黑客在发动攻击前，会了解目标网站的结构，搜集各类信息。比如，找到主机的 IP 地址，了解其网络安全结构，了解防火墙、路由网关的位置，利用安全扫描器，搜索系统的各种漏洞（包括各种系统服务漏洞、应用软件漏洞、CGI、弱口令用户等）。

（2）实施攻击。了解信息后，下一个步骤是实施攻击，并不是每一次攻击都会控制主机，所以黑客经常使用多种手段，干扰主机系统，使其不能正常运行，再控制主机系统，窃取重要信息。

（3）巩固控制。一般入侵成功后，黑客为了能长时间地保留和巩固其对系统的控制，他会清除访问记录、使用假的或直接删除日志，防止被管理员发现。另外，黑客会更改系统设置，在系统内植入木马程序，进行远程操控。

（4）继续深入。攻击者会继续深入，窃取主机上的重要资料，比如，客户信息、财务报表、信用卡号等，或者利用这台计算机入侵内部网络，发动 Dos 攻击使该网络瘫痪。

3.5.3 黑客攻击类型及防御方法

黑客攻击的方法虽多种多样，但归纳起来一般分为下面 4 种类型：拒绝服务型攻击、利用型攻击、信息收集型攻击和虚假信息型攻击。

1. 拒绝服务型攻击

拒绝服务攻击，它是利用 TCP/IP 协议漏洞或网络中各个操作系统 IP 协议的漏洞实现的。黑客们通过不断发送大量无效的请求，造成服务器无法响应，无效请求所占用的服务器资源也就无法释放。大量无效请求积累导致服务器资源被耗尽，新的有效的请求也就无法响应，最终使服务器信道堵塞，甚至整个网络瘫痪。致使服务器无法正常提供服务，严重影响公司的声誉。

下面介绍常见的拒绝服务型攻击：

（1）Ping of Death。

攻击原理：利用早期路由器对包大小有限制的安全漏洞，黑客们通过向目标主机发送超过路由器限制的数据包导致计算机 TCP/IP 堆栈崩溃，从而使目标主机死机。

防御方法：由于现在所有的标准 TCP/IP 协议都已具有防范这种攻击的能力，再加上大多数防火墙也都能自动过滤这种攻击，所以防范这种攻击只要把 TCP/IP 协议升级到最新，把防火墙安装好就可以了。

（2）泪滴攻击。

攻击原理：链路层 MTU 要求，对超过 MTU 值的大的 IP 数据包需要进行拆分传送，每个拆分包都包含有一个偏移字段和一个拆分标志（MF）。如果 MF 的值为 1 则表示这是一个拆分包，偏移字段的值指出了拆分包在整个 IP 包中的位置。接收端把所有的拆分包都收到后根据偏移字段进行重组，得到完整的 IP 包。黑客们通过修改截获后的拆分包的偏移字段，使接收端无法正确重组这些拆分包，在这个任务没有完成的情况下计算机会一直重复这个任务，最终导致计算机因资源耗尽而崩溃。

防御方法：通过对接收到的拆分包进行分析，计算偏移量是否有误。把系统补丁打全，对偏移量不正确的拆分包进行丢弃处理。或者在防火墙上设置分段重组功能，先由防火墙接收大的 IP 数据包的所有拆分数据包，然后完成重组工作，重组完成后再进行转发。

（3）TCP SYN 洪水攻击（TCP SYN Flood）。

攻击原理：利用 TCP/IP 栈等待 ACK（应答）消息有限的安全漏洞，通过使用虚假 IP 地址向服务器发送大量请求数据包，服务器逐个进行回复，然后等待 ACK（应答）消息。由于 IP 地址是伪造的，所以服务器收不到 ACK（应答）消息，这部分资源就暂时不会被释放。随着等待进程的增加，最终会使缓冲区资源耗尽，从而开始拒绝任何其他连接请求。

防御方法：可以通过检测单位时间内收到的 SYN 连接是否超过系统设定的值来判断是否受到攻击。当检测受到攻击时，可以使用防火墙阻断连接请求或丢弃数据包。另外，当发现同意主机连接请求过多时，可以使用防火墙过滤后续连接。

（4）Land 攻击。

攻击原理：攻击者向操作系统发送源地址和目标地址相同的数据包，导致操作系统循环发送和接收该数据包，大量系统资源被消耗，最终会使系统崩溃或死机。

防御方法：只要检测数据包的源地址和目标地址是否相同就可以判断是否受到这种攻击。若受到攻击，可以适当设置防火墙或者路由器，过滤掉源地址和目标地址相同的网络数据包。

（5）Smurf 攻击。

攻击原理：由于大多数的路由器都具有广播功能，攻击者通过伪造网络中合法的 IP 地址，由这个 IP 地址广播通知所有路由器向目标主机发送应答请求，结果网络中所有的计算机都同时向目标主机发送应答消息，导致网络阻塞。这种攻击的流量很大，更容易耗尽网络资源。

防御方法：由于这种攻击利用了广播特性，所以只要关闭外部路由器或防火墙的广播地址特性即可。

（6）电子邮件炸弹。

攻击原理：利用网络用户容量有限的规则，在很短的时间内向同一邮箱发送大量的电子邮件来达到耗尽邮件接收者网络带宽的目的。由于用户的邮箱在短时间内接收了超过邮箱容量的邮件，就没有多余的空间来接收新的邮件，导致用户的邮箱失效。另外，邮件服务器在短时间内不断收发邮件炸弹就会加重服务器的工作强度，致使其他用户的邮箱收发速度也变慢。

防御方法：通过配置邮件过滤规则可以自动删除来自同一主机的过量或重复的消息。

2．利用型攻击

它是一种直接对计算机进行控制的攻击行为，最常见的有以下 3 种方式。

（1）口令破译。

攻击方法：通过猜测你的相关信息或者利用穷举法破解口令。一般用户设定密码为了便于记忆都喜欢设定成自己熟悉的事物，比如自己的生日、纪念日或者 888、666 这样的简单密码，黑客们很容易猜测到你的密码。另外，黑客们还可以通过口令破译器，完成账号口令的破译工作。口令破译器是一个程序，它能通过穷举法把用户密码尝试出来。一般会从长度为 1 的口令开始，按长度递增的顺序进行尝试。除此之外，还可以通过网络监听，非法获得其所在网段的所有账号和口令。通常，攻击不同的系统，要采用不同的加密算法。

防御方法：首先要选择难被猜测的密码。要混合使用大、小写字母，标点符号和数字。其次要保管好自己的密码。不要轻易将密码告诉他人，更不要把密码写在纸上或者存储在硬盘上。最后要定期更换密码，不同的系统采用不同的密码。

（2）特洛伊木马。

攻击方法：特洛伊木马程序简称"木马"。完整的木马程序一般由两个部分组成：一个是服务器程序，一个是控制器程序。"中了木马"就是指安装了木马的服务器程序，它常被伪装成实用工具程序或者好玩的游戏程序等诱使用户下载并安装在 PC 机或服务器上。一旦用户打开了带有木马程序的软件后，服务器程序就会悄悄启动和控制器程序联系，黑客们就可以通过控制器程序任意地修改您的计算机的参数设定、复制文件、窥视你整个硬盘中的内容等，从而达到控制你的计算机的目的。

防御方法：尽量避免浏览陌生的网站，下载可疑的软件。确实需要下载时可以在程序下载后运行前用杀毒软件进行木马查杀。使用 360 安全卫士或者杀毒软件实时监控自己的操作系统，不要轻易放过可疑的插件或程序。及时更新系统补丁和软件补丁，阻止木马的植入。

（3）缓冲区溢出。

攻击方法：缓冲区是程序运行的时候机器内存中的一个连续块，它保留了给定类型的数

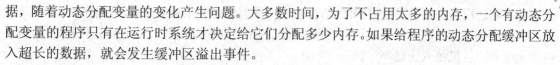

据，随着动态分配变量的变化产生问题。大多数时间，为了不占用太多的内存，一个有动态分配变量的程序只有在运行时系统才决定给它们分配多少内存。如果给程序的动态分配缓冲区放入超长的数据，就会发生缓冲区溢出事件。

缓冲区溢出攻击指的是一种系统攻击的手段，黑客通过往程序的缓冲区写入一个超出其长度的字符串，造成缓冲区的溢出，从而破坏程序的堆栈，使程序转而执行其他指令，以达到攻击的目的。据统计，通过缓冲区溢出进行的攻击占所有系统攻击的 80%以上。

缓冲区溢出是由于软件的开发者在编写软件时，没有对函数参数的长度作过细的限制而造成的。网络用户可以通过下载系统补丁来完善软件。

防御方法：利用 safelib、tripwire 等程序保护系统，并且及时关注最新的安全公告，发现系统漏洞就及时补上。

3. 信息收集型攻击

信息收集型攻击主要是通过相关技术收集目标主机的信息，为后续的入侵系统垫定基础。这种攻击虽然不会给网络带来实质性的危害，只是收集相关的信息。但是，这是其他攻击发生的前兆。若能够采取有效的防御措施，不让他们收集到相关的信息，那么就可以有效的避免其他的一些危害性攻击，如 RPC 漏洞攻击等。主要包括：扫描技术、体系结构刺探、利用信息服务。

（1）扫描技术。

1）地址扫描。原理就是运用 ping 这样的程序探测目标地址，对此作出响应的表示其存在。常用的工具如 IP 地址扫描器、MAC 地址扫描器等。通过这些工具，可以知道局域网内有哪些 IP 地址或者 MAC 地址是有效的；并且这些地址所对应的主机采用了什么样的操作系统，打了什么补丁等等，都可以一目了然的知道。地址扫描一般是进行其他攻击之前的一个必要步骤。有些还可以知道这些操作系统中，管理员账户是否采用了空密码或弱密码。

防御措施：关闭各个主机的 ICMP 协议，或者把 ICMP 协议的应答信息过滤掉，那么当地址扫描器扫描主机时，就不会有主机作出应答，地址扫描也就无法发挥其作用。微软的操作系统，可以利用微软自带的安全策略模板进行设置。如在安全策略中可以把 ICMP 的应答信息过滤掉。其他人试图通过命令，如 ping 命令想让主机回应信息时，主机会把这个命令忽略掉，不会回复任何信息，对方就会认为这个 IP 地址或者 Mac 地址是无效的。或者设置防火墙策略，禁止别的主机 ping 本机。

2）端口扫描。知道了哪些主机是存在的，只是黑客们信息收集攻击的第一步。他们还需要利用端口扫描软件获取主机上开启端口，启动服务信息。只有知道这些信息之后，才可以进一步分析这台主机可能存在的系统漏洞，找到他们可以攻击的点。

解决方法：首先我们自己要提高防范意识，对于不用的端口要及时关闭。其次利用防火墙来限制他人对主机端口的扫描。

3）反向映射。"反向映射"是地址扫描的升级版本。地址扫描造成一定的危害后，防火墙都把防止地址扫描作为其推荐配置。在防火墙的保护下，地址扫描器收不到响应信息所以就失去了作用。"反向映射"技术就是在这种情况下产生的。非法攻击者向所有主机发送虚假信息，这类信息默认情况下不会触发防火墙规则（如 RESET 消息、SYN-ACK 消息、DNS 响应包等），如果这个主机地址返回的是主机不可达信息时，则说明这个 IP 地址是不活跃的。若没有收到这个信息的话，则说明这个 IP 地址所对应的主机现在在网络中是打开的。

预防方法：一是通过防火墙或者主机的安全配置，让防火墙过滤掉 ICMP 中的"主机不可达"应答。这样当有人试图通过 DNS 数据包发一虚假信息给主机的时候，即使主机不活跃，则防火墙也会过滤掉"主机不可达"信息。如此的话，非法攻击者就收不到主机不可达信息，也就无法判断主机是否开启。

方法二是采用 NAT（网络地址转换）技术和非路由代理技术能够自动抵制这类攻击。

（2）体系结构刺探。

要想成功入侵系统，除了要获取 IP 地址和端口开放信息外，还要知道目标主机的操作系统。不同的操作系统，具有的漏洞也不同。因为操作系统有哪些漏洞黑客们很清楚，所以知道了使用的是什么操作系统也就等于知道了系统存在什么漏洞，这可以让黑客们达到事半功倍的效果。所以，收集操作系统的相关信息，是他们在信息收集型攻击过程中的一个重要过程。

通常黑客们使用具有已知响应类型的数据库的自动工具，对来自目标主机的、对坏数据包传送所作出的响应进行检查。由于每种操作系统都有其独特的响应方法（例 NT 和 Solaris 的 TCP/IP 堆栈具体实现有所不同），通过将此独特的响应与数据库中的已知响应进行对比，黑客经常能够确定目标主机所运行的操作系统。比较高级的工具甚至还可以知道其采用的是哪个版本的操作系统，系统是否打了相关的补丁等。

防御方法：首先，我们需要做好地址扫描与反向映射的保护工作。当对方不知道哪些 IP 地址是活跃的，他们也就很难确定需要攻击的目标主机。由于无法确定目标主机，也就可以避免发生"操作系统探测"攻击，或者至少可以提高他们攻击的成本。

其次可以去掉或修改各种标题（Banner）信息，包括操作系统和各种应用服务（如 Web 服务）反应数据包错误信息的内容以及格式，或者对应的端口等。如此一来，对方得到的错误数据包反应信息跟他们所了解的不一样，他们也就不知道你到底采用了什么样的操作系统。通过这种方法，可以有效地防止别人对你的操作系统进行探测。由于这种方法比较专业，需要一定的技术水平。

（3）利用信息服务。

1）DNS 域转换。DNS 协议不对转换或信息性的更新进行身份认证，这使得该协议被人以一些不同的方式加以利用。如果你维护一台公共的 DNS 服务器，黑客只需实施一次域转换操作就能得到你所有主机的名称以及内部 IP 地址。

防御方法：在防火墙处过滤掉域转换请求。

2）finger 服务。黑客使用 finger 命令来刺探一台 finger 服务器以获取关于该系统用户的信息。

防御方法：关闭 finger 服务并记录尝试连接该服务的对方 IP 地址，或者在防火墙上进行过滤。

3）LDAP 服务。黑客使用 LDAP 协议窥探网络内部的系统和它们的用户的信息。

防御方法：对于刺探内部网络的 LDAP 进行阻断并记录，如果在公共机器上提供 LDAP 服务，那么应把 LDAP 服务器放入 DMZ。

4. 虚假信息型攻击

用于攻击目标配置不正确的消息，主要包括：DNS 高速缓存污染、伪造电子邮件。

（1）DNS 高速缓存污染。由于 DNS 服务器与其他名称服务器交换信息的时候并不进行身份验证，这就使得黑客可以将不正确的信息掺进来并把用户引向黑客自己的主机。

防御方法：在防火墙上过滤入站的 DNS 更新，外部 DNS 服务器不能更改你的内部服务

器对内部机器的认识。

（2）伪造电子邮件。由于 SMTP 并不对邮件的发送者的身份进行鉴定，因此黑客可以对你的内部客户伪造电子邮件，声称是来自某个客户认识并相信的人，并附带上可安装的特洛伊木马程序，或者是一个引向恶意网站的连接。

防御方法：使用 PGP 等安全工具并安装电子邮件证书，可以防止黑客浏览或篡改邮件内容和签名。

3.5.4 个人 PC 机安全设置

随着计算机技术的发展，黑客的攻击方法也层出不穷。我们不可能穷尽应对方法，但我们只要着眼于计算机安全设置，为自己的计算机打造坚实的外壳就可以以不变应万变。下面我们来介绍 PC 机的一些常用的安全设置：

1. 系统用户名和密码安全

进入计算机必须要有用户名和密码。所以设置好自己的用户名和密码，可以把黑客阻挡在大门之外。

一般用户都习惯以 Administrator 作为默认用户名进行登录，这样就会为黑客留下后门。Administrator 是操作系统默认的管理员账号，这是众所周知的事实，若以这个用户名进行登录，黑客就会毫不费力的破译你的账号。所以我们应该选择不易于被别人猜到的账号，尽量不要用系统默认的账号、自己的单位名称或管理员姓名等这些很多人都知道的名称作为管理员用户名。创建好管理员用户名后，再创建一个没有管理员权限的 Administrator 账户欺骗入侵者。这样一来，入侵者就很难搞清哪个账户真正拥有管理员权限，也就在一定程度上减少了危险性。

账号设定后，更重要的就是密码。密码一定不能为空，这样即使账号被扫描器获取，密码也能阻挡黑客攻击。密码的设定仍然坚持要混合使用大、小写字母，标点符号和数字。还要隔一段时间更改一次密码。

2. 本地安全策略设置

（1）防止"账号克隆"的本地安全设置。克隆账号，一般的原理是这样：在注册表中有两处保存了账号的 sid 相对标志符，一处是 sam\domains\account\users 下的子键名，另一处是该子键的子项 f 的值中。这里微软犯了个不同步的错误，登录时用的是后者，查询时用前者。当用 admin 的 f 项覆盖其他账号的 f 项后，就造成了账号是管理员权限，但查询的还是原来的账号，即所谓的克隆账号。

以 Windows XP 为例来说明设置方法：首先在"控制面板"中打开"管理工具"，再打开"本地安全策略"窗口，如图 3-10 所示。

其次，进入"本地安全策略"菜单后，在"本地安全设置"对话框中单击"本地策略"中的"安全选项"命令，在右边策略框中双击"网络访问：不允许 SAM 账户的匿名枚举"及"网络访问：不允许 SAM 账户和共享的匿名枚举"命令。

最后在弹出的对话框中将以上两个选项禁用即可，如图 3-11 所示。

（2）不显示上次登录名设置。如图 3-12 所示，在"本地策略"中的"安全选项"命令中，双击"交互式登录：不显示上次的用户名"设成禁用即可。

图 3-10　选择"本地安全策略"

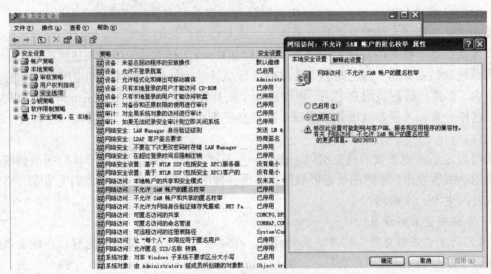

图 3-11　禁止账号克隆

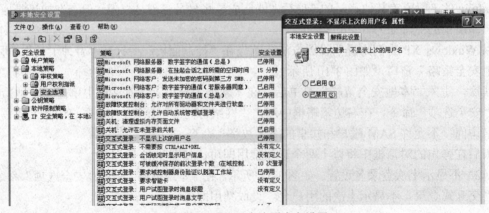

图 3-12　不显示上次用户名设置

3．删掉不必要的协议

对于服务器和主机来说，一般只安装 TCP/IP 协议就够了。右击"网络邻居"，选择"属性"命令，再右击"本地连接"，选择"属性"命令，卸载不必要的协议。其中 NETBIOS 是很多安全缺陷的根源，对于不需要提供文件和打印共享的主机，还可以将绑定在 TCP/IP 协议的 NETBIOS 关闭，避免针对 NETBIOS 的攻击。选择"TCP/IP 协议/属性/高级"，进入"高级TCP/IP 设置"对话框，选择"WINS"标签，勾选"禁用 TCP/IP 上的 NETBIOS"一项，关闭NETBIOS。

4．关闭"文件和打印共享"

文件和打印共享应该是一个非常有用的功能，但在不需要它的时候，也是黑客入侵的很好的安全漏洞。所以在没有必要进行"文件和打印共享"的情况下，我们可以将它关闭。右击"网络邻居"，选择"属性"命令，然后单击"文件和打印共享"按钮，将弹出的"文件和打印共享"对话框中的两个复选框勾掉即可。

5．把 Guest 账号禁用

有很多入侵都是通过这个账号进一步获得管理员密码或者权限的。如果不想把自己的计算机给别人当玩具，那还是禁用的好。打开控制面板，双击"用户和密码"，单击"高级"选项卡，再单击"高级"按钮，弹出本地用户和组窗口。在 Guest 账号上面右击，选择"属性"命令，在"常规"选项卡中选中"账户已停用"。另外，将 Administrator 账号改名可以防止黑客知道自己的管理员账号，这会在很大程度上保证计算机安全。

6．禁止建立空连接

在默认的情况下，任何用户都可以通过空连接连上服务器，枚举账号并猜测密码。因此，我们必须禁止建立空连接。方法有以下两种：

方法一是修改注册表：打开注册表"HKEY_LOCAL_MACHINE\System\CurrentControlSet\Control\Lsa"，将 DWORD 值"RestrictAnonymous"的键值改为"1"即可。

方法二是修改 Windows 2000 的本地安全策略，设置"本地安全策略→本地策略→选项"中的 RestrictAnonymous（匿名连接的额外限制）为"不容许枚举 SAM 账号和共享"。

7．关闭不必要的端口

黑客在入侵时常常会扫描你的计算机端口，如果安装了端口监视程序（比如 Netwatch），该监视程序则会有警告提示。如果遇到这种入侵，可用工具软件关闭用不到的端口，比如，用"Norton Internet Security"关闭用来提供网页服务的 80 和 443 端口，其他一些不常用的端口也可关闭。

8．安装必要的安全软件

我们还应在电脑中安装并使用必要的防黑软件。杀毒软件和防火墙都是必备的。在上网时打开它们，这样即便有黑客进攻，我们的安全也是有保证的。

9．防范木马程序

木马程序会窃取所植入电脑中的有用信息，因此我们也要防止被黑客植入木马程序，常用的办法有：

（1）在下载文件时先放到自己新建的文件夹里，再用杀毒软件来检测，起到提前预防的作用。

（2）在"开始"→"程序"→"启动"或"开始"→"程序"→"Startup"选项里看是

105

否有不明的运行项目，如果有，删除即可。

（3）将注册表里 HKEY_LOCAL_MACHINE\SOFTWARE\Microsoft\Windows\CurrentVersion\Run 下的所有以 "Run" 为前缀的可疑程序全部删除即可。

10．不要回陌生人的邮件

有些黑客可能会冒充某些正规网站的名义，然后编个冠冕堂皇的理由寄一封信给你要求你输入上网的用户名称与密码，如果按下 "确定"，你的账号和密码就进了黑客的邮箱。所以不要随便回陌生人的邮件，即使他说得再动听再诱人也不上当。下面是发生在 2004 年圣诞节前的名为 "圣诞骗子（I-Worm.Zafi.d）" 的病毒邮件案例：

距离 2004 年圣诞节还有一周多的时间，以祝贺圣诞名义大肆传播的电脑病毒却提前出现。这种名为 "圣诞骗子（I-Worm.Zafi.d）" 的蠕虫病毒发送出的邮件看上去很像圣诞贺卡，欺骗用户上当。

该电脑病毒会自动搜索电子邮件地址，然后会以不同国家的语言向外发送主题为 "圣诞节快乐" 的病毒文件，以诱惑人们点击。病毒侵入用户电脑后，会在上面开设后门，黑客们可以远程控制这些中毒电脑，利用其发送垃圾邮件或攻击网站。

11．设置相应的权限

NTFS 文件系统为用户提供了权限分级功能，这样就可以根据需要设置用户的访问权限。对于重要文件夹（如 c:windows\system32）或整个磁盘，可以通过右击，打开其 "属性" 对话框，在 "安全" 标签中设置该文件夹或磁盘的访问权限。我们可以把重要的文件夹或磁盘设成禁止写入，这样就可以避免感染病毒或木马。

3.6　电子商务安全制度

3.6.1　人员管理

电子商务是用计算机在网上进行交易，所以要求从业人员必须具备两方面的能力。一方面必须具有传统市场交易的专业知识、经验和能力；另一方面必须具有计算机操作技能和网络知识。由于从业人员在很大程度上影响着交易的安全性，所以，加强对上网交易人员的管理变得十分重要。

（1）人员的选拔要谨慎。由于工作性质的特殊性，聘用员工时的道德操守审核相当重要。在人员选择时一定要经过一段时间考察，将责任心强、遵纪守法、诚实可靠、讲原则、了解市场、懂得交易、具有基本网络知识的人委派到这种岗位上。

（2）落实责任到具体人。要把每个人的工作内容和责任划分清楚，万一出现问题可以找到当事人。对于问题人员一经查出，要严肃处理。

（3）贯彻电子商务安全运作基本原则。

双人负责原则：重要业务的操作要实行两人或两人以上相互监督、共同完成的机制。

任期有限原则：与交易安全有关的岗位要定期调换人员，不得同一个人长期从事这种岗位。而当员工进行调换时也必须注意将离职人员原本所具有的存取权力、账号及密码等完全消除．为接替人员设置新的权利，账号及密码，其目的是避免给予他人破坏的机会。

最小权限原则：每位员工的存取权力应和其工作需求相符，不给予超过其工作需求的存取权力。对于所有接触系统的人员，按其职责设定其访问系统的最小权限。按照分级管理原则，严格管理内部用户账号和密码，进入系统内部必须通过严格的身份确认，防止非法占用、冒用合法用户账号和密码。

（4）密码的使用：密码是最普遍使用的安全系统，它能在一定程度上阻止非法入侵。但仍有许多的使用者密码被人破解，原因是密码太过简单。密码设定应该在位数尽可能多的情况下综合考虑多种元素，不要只选择一种元素设密码。也就是说密码应该同时包含有大小写、数字、特殊符号，而不要习惯性地设纯数字的密码。

3.6.2　网络系统的日常维护管理制度

对于电子商务系统而言，网络的维护主要是指对企业或政府的内部网进行日常管理和维护，由于计算机主机机型和其他网络设备特别多，所以它是一件非常繁重的工作。这就要求网络管理员必须建立系统设备档案，记录下各个设备的品牌、型号、技术参数、配置参数、安装时间和地点等。还要建立网络安全维护日志，记录与安全性相关的信息及事件，有情况出现时便于跟踪查询。定期检查日志，以便及时发现潜在的安全威胁。

对网络系统的日常维护可以从三个方面进行：

1. 硬件方面

可管设备（有相应的网管软件来管理），通过安装网管软件进行系统故障诊断、显示及通告，网络流量与状态的监控、统计与分析，以及网络性能调优、负载平衡等；不可管设备（没有相应的网管软件来管理），应通过手工操作来检查状态，做到定期检查与随机抽查相结合，以便及时准确地掌握网络的运行状况，一旦有故障发生能及时处理。

2. 软件方面

任何软件在使用一段时间后都会感觉没有刚装上的时候好用，例如，Windows 操作系统在使用一段时间后往往会变得很臃肿，速度很慢，它说明应用软件会在使用一段时间后出现问题。这些都要求网络管理员定期对网络系统进行维护。

软件维护主要包括以下内容：

（1）定期清理系统运行产生的垃圾文件、临时文件，为系统"瘦身"。
（2）定期整理系统文件。
（3）定期进行病毒查杀，及时发现安全隐患。
（4）检测服务器上的活动状态和用户注册数。
（5）及时为系统打上安全补丁。
（6）软件有新版本出现时及时更新。

3. 数据备份和灾难恢复

对于电子商务中的重要数据要及时进行备份，以免数据库受到意外的自然灾害或黑客攻击而被破坏。数据备份就是为了在数据资源遭受破坏后迅速恢复系统功能，最大程度地保持数据资源的完整性，将损失降至最低。这种备份还包括对系统设备（物理硬件）的备份。灾难恢复就是在信息系统遭到灾难性故障后，能迅速地通过备份数据恢复网络系统和数据。灾难恢复也包括两个方面：一方面是硬件的恢复，另一方面是数据的恢复。

3.6.3 跟踪、审计、稽核制度

跟踪制度要求企业和政府建立网络交易系统的日志机制，用来记录系统运行中的一些操作过程。系统日志是自动生成的，内容包括操作日期、操作方式、登录次数、运行时间、交易内容等。它对系统的运行起到监督、维护分析和故障恢复等作用。

审计制度包括经常对系统日志的检查、审计，及时发现对系统故意入侵行为的记录和违反系统安全功能的记录，监控和捕捉各种安全事件，保存、维护和管理系统日志。

稽核制度是指工商管理、银行、税务人员利用计算机和网络系统，借助于稽核业务应用软件调阅、查核、审核、判断辖区内各电子商务参与单位业务经营的合理性、安全性，堵塞漏洞，保证电子商务交易安全，发出相应的警示或做出处理处罚的有关决定等一系列步骤及措施。

3.6.4 保密制度

电子商务交易过程中涉及很多企业和政府的秘密，比如交易价格、交易数量、供货来源、产品秘方、财务状况等，因此必须严格执行保密制度。保密制度要求把不同的信息根据密级进行分类。密级就是国家秘密的等级，它是根据国家秘密具体范围的事项重要程度及其泄露后对国家安全和利益造成的不同损害程度，对国家秘密事项作出的秘密等级的划分。《保密法》第九条把国家秘密的密级分为"绝密"、"机密"、"秘密"三级。不同的信息根据其密级采用相应的保密措施。很多企业根据自身的情况，也把企业秘密分为这样三级。

绝密级：就是该事项泄漏后对国家的安全和利益遭受"特别严重的损害"的信息。对于企业来讲，比如公司的经营状况报告、发展规划等，此部分的网址、密码不在互联网上公开，只限于公司少数高层人员掌握。

机密级：就是该事项泄漏后对国家的安全和利益遭受"严重的损害"的信息。对于一个企业来讲，比如公司的日常管理情况、会议通知、产品质量通报等，此部分的网址、密码不在互联网上公开，只限于公司中层人员使用。

秘密级：就是该事项泄漏后对国家的安全和利益遭受"一般的的损害"的信息。对于一个企业来讲，比如公司简介、新产品介绍、公司获奖情况及招聘信息等，此部分的网址、密码在互联网上公开，供消费者浏览，但必须有保护程序，防止黑客入侵。

电子商务交易过程中需要很多的保密措施，这就必然产生大量的密钥。因此保密工作另一个重要问题就是密钥的管理。密钥管理工作必须贯穿于密钥的产生、传递和销毁全过程。密钥需要定期更换，否则可能使黑客通过积累密文增加破译机会。

3.7 电子商务安全案例分析

深圳市电子商务身份证书解决方案

由于互联网的广泛性和开放性，使得非法用户可以借机进行破坏，他们很容易伪造、假冒应用和用户的身份。因此，用户无法知道他们所登录的业务系统是否真实、可信的应用系统，业务系统也无法证明访问的用户是否是合法用户。"用户名＋口令"的传统认证方式安全性较弱，用户口令易被窃取而导致损失。

因此，需要采用一种有效的手段和技术，保证基于互联网应用的安全需求。目前，一种叫做 PKI（Public Key Infrastructure，公钥基础设施）的技术，它使用成熟的公开密钥机制，综合了密码技术、数字摘要技术、数字签名等多项安全技术以及一套成熟的安全管理机制来提供有效的信息安全服务，通过建设 CA（Certification Authority，证书认证中心）认证中心为用户签发数字证书，用户在业务系统中使用证书，完成用户的身份认证、访问控制以及信息传输的机密性、完整性和抗抵赖性。PKI 技术已经被广泛应用于电子政务和电子商务，被证明是保证基于互联网的电子政务和电子商务安全。

解决方案 1：基于 SSL 的身份认证技术

SSL 安全协议又叫安全套接层（Secure Sockets Layer）协议，主要用于提高应用程序之间的数据的传输安全。用户与系统之间通讯的采用 SSL 安全传输方式，传输的数据经过加密保护，能最大程度的保护网上通讯过程中机密数据的安全性。同时，SSL 通讯是一个双向认证的过程，认证服务器和终端用户的真实身份，如图 3-13 所示。因此，通过服务器上安装的服务器证书，可以证实服务器没有被仿冒，同时，拥有对应的客户端证书的用户才能进入这个 SSL 通道，也保证了用户的真实身份。

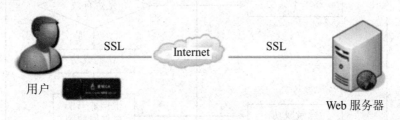

图 3-13　基于 SSL 的身份认证

对该方案的评价：

★ 投入少：采用标准的 SSL 认证模式，只需要在 Web 服务器上进行配置，即可建立 SSL 连接，目前主流的各种平台上的 Web 服务器都支持 SSL 配置。无需要购买专用设备和软件，即可实现 SSL 认证功能。

★ 方便：SSL 传输是采用国际标准的协议进行通讯，不需要额外开发就可以实现，与原有的应用程序无关，能方便快捷地部署和实施。

★ 通用性强：目前主流的浏览器都支持 SSL 通讯，客户不需要额外安装程序就可以实现身份认证和安全通讯。

★ 安全：SSL 双向认证机制保证了客户端和服务器的真实身份，通讯过程中传输的数据经过加密，保证数字安全。

解决方案 2：基于数字签名的身份认证技术

数字签名是基于 PKI 技术（公共密钥体制）基础，在网络环境中实现通信中各实体的身份认证、保证数据的完整性、抗否认性和信息保密等功能。它的主要方式是，报文的发送方从报文文本中生成一个 128 位的散列值（或报文摘要）。发送方用自己的私人密钥对这个散列值进行加密来形成发送方的数字签名。然后，这个数字签名将作为报文的附件和报文一起发送给报文的接收方。报文的接收方首先从接收到的原始报文中计算出 128 位的散列值（或报文摘要），接着再用发送方的公用密钥来对报文附加的数字签名进行解密。如果两个散列值相同，那么接收方就能确认该数字签名是发送方的。通过数字签名能够实现对原始报文的鉴别。因此，数字签名可以明确代表用户的真实操作行为，使用数字签名实现身份认证流程如图 3-14 所示。

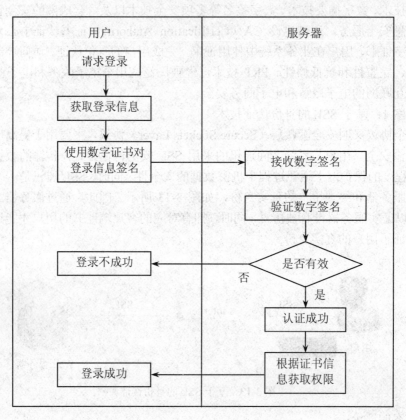

图 3-14　使用数字签名实现身份认证流程

对该方案的评价：

★ 灵活方便：通过二次开发，能方便地把基于数字签名的身份认证功能整合到各类应用系统中，不改变系统原有的通讯模式，适合种类 B/S、C/S 架构的应用系统。

★ 能记录有法律效力的登录日志：根据《电子签名法》的规定，数字签名具有法律效力，因此，使用基于数字签名的身份认证方式，能把用户登录过程中的数字签名记录下来，作为登录的凭证。

★ 安全：必需拥有数字证私钥的用户才能制作数字签名，同时，服务器端验证签名时，既保证签名的合法性，也保证用户使用的数字证书的真实可靠，从而保证了身份认证过程的真实可靠。

解决方案 3：基于安全设备的身份认证技术

身份认证网关提供安全门户功能，将应用系统进行统一管理，方便用户日常使用和维护。身份认证网关独自完成基于证书的身份认证。它连接到认证中心对客户私钥、客户证书信任域、有效期、是否被废弃、证书状态等信息进行完整验证，保障验证完整性和安全性，如图 3-15 所示。

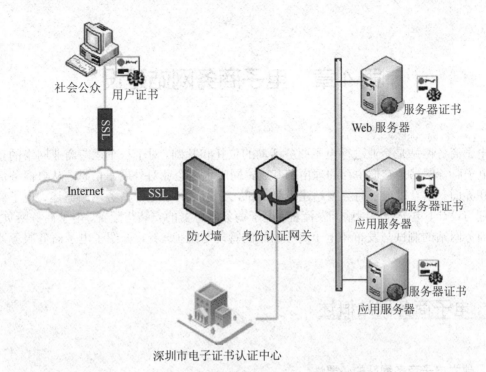

社会公众　用户证书

SSL

Internet　SSL

防火墙　身份认证网关

Web 服务器　服务器证书

应用服务器　服务器证书

应用服务器　服务器证书

深圳市电子证书认证中心

图 3-15　基于安全设备的身份认证

对该方案的评价:

★ 部署简单:与应用系统可以迅速整合成一个有机的整体。

★ 简化开发:对于应用系统透明,不需对应用系统进行改造。

★ 高强度加密通道:通过与用户建立 128 位高强度加密通道,保证信息在传输过程中的安全。

★ 易于管理:浏览器进行管理操作,无须单独客户端管理软件。

★ 性能卓越:采用安全专用集成电路芯片完成整个 SSL 协议过程,完全卸载所有SSL/TLS相关处理到硬件,最大可支持 5000 并发访问。

思考题

1. 电子商务安全要求主要涉及哪几个方面?

2. 什么是对称加密?它的主要缺点是什么?

3. 计算机及网络系统中常用的身份认证方法有哪些?

4. 如何认识病毒的特点及分类?

5. 简要说明 SET 交易中的五个流程。

6. 黑客的攻击类型有哪些?如何防御?

7. 个人 PC 机安全设置有哪些?分别可以阻止黑客哪一种攻击?

8. 电子商务制度安全中,人员管理要注意哪些方面?

第4章 电子商务网站建设

电子商务网站是企业进行电子商务活动的依托和基础。对于一个运营商业网络的企业来说，电子商务网站是它们生存的理由和基础，同时也是企业对外展示信息、从事商务活动的窗口和界面。本章以电子商务网站建设为契机，分别探讨了电子商务网站概述、电子商务网站规划与设计、电子商务网站开发流程、电子商务服务器的安装与配置、电子商务网页制作、电子商务网站的测试与发布和电子商务网站的管理与维护，着重介绍了电子商务服务器与网页制作。

4.1 电子商务网站概述

4.1.1 建立电子商务网站的必要性

随着经济全球化的发展，市场瞬息万变，企业必须准确、及时、以合理的成本将自己的产品推向市场，电子商务网站将能很好地符合这种要求。与传统的经营方式相比，电子商务具有巨大的优势。

1. 减少中间环节，降低商品价格

在传统的产品生产、流通、销售模式中，一件商品的价格由以下部分组成：商品的生产成本加生产企业利润，批发企业的成本加利润，零售企业的成本加利润。也可以分为厂家的成本加利润和商家的成本加利润。由于传统的流通存在的环节多，流通速度慢、成本高，每个环节都会增加一定的成本，同时每个环节也必须有一定的利润空间，因此，生产厂家必须在各个环节留下一定的利润空间。这样，商品的价格随着中间环节的增加不断上涨，有的甚至远远超出出厂价格。企业建立自己的电子商务商务网站以后，生产企业可以直接和消费者打交道，特别是随着网络技术的深入发展与网络本身的普及，使用网络的门槛不断降低，上网消费者的人数不断增长，消费者可以通过网络去了解产品信息，订购产品，通过这种方式减少了传统经营方式的中间环节，降低了商品的价格，在为消费者带来好处的同时，改变了传统商品的流通格局，形成了网络加商品的流通新体系。

2. 提升企业形象

企业网站的建立可以树立企业形象，提高企业层次。无论是从互联网上还是通过传统方式与客户接触，拥有网站的企业当然比还没有建立网站的企业更具竞争力，是否拥有网站亦是一种企业实力的象征。所以，现在很多企业均建立有自己的电子商务网站，通过网站消费者可以直接与企业面对面，详细、准确地了解相关产品，在某种程度上消费者对有自己网站的企业的印象是企业本身管理的规范与实力的体现。

3．加强企业宣传、产品推介与客户沟通

它表现在三个方面：一是增强了企业的宣传能力。一个网站可以提供企业方方面面的信息，可以通过文字、图片、声音、视频等多种方式来展现企业。二是更好地进行产品宣传。互联网具有的最大一个特点就是及时性，当企业推出新的产品时，可以将产品的详细信息在网站上发布，这样客户能够自己方便、及时、详细全面地了解产品的信息。国外大公司都将自己的新产品和服务信息发布于网上，并且定期在网上发布有关产品的消息。三是及时地与客户沟通。客户需求是企业所关注的重点，只有产品有针对性地去符合客户的合理需求，产品才能更容易被客户接受，同时客户对新产品的意见也是企业需要努力去获取的信息，通过互联网，通过电子商务网站，企业可以很好地与客户沟通，及时了解客户的需求与意见，及时调整产品的研发与生产。

4．做好客户信息管理与服务

企业建立网站之后，客户足不出户就可以了解公司的产品、办公地点以及联系方式，从而减少了很多不必要的麻烦，潜在客户可以通过网站直接跟公司取得联系，因为之前客户通过企业网站已经对公司的产品有了较为清晰的认识，因此只要再跟企业稍加了解便可确定购买意向，为公司节省了大量的沟通时间，一个宣传推广好的企业网站，足可相当于十几个甚至几十个业务员的销售业绩，为企业节省了人力、财力和时间。

5．为企业参与全球性竞争提供了条件

随着 Internet 上电子商务的迅速发展，全球经济都开始卷入电子商务之中。企业要想在全球竞争中能够取得一份自己的利益，并最终取得胜利，企业必须具有及时响应业务需求变化的能力，同时必须准确、快速地研发新产品，在价格上，减少各个环节的费用，尽量降低产品的总体成本，在流通上，方便快捷地将商品送达到消费者手中，并建立起一套灵活、反应及时、精准服务的售后服务体系。顾客需求强制企业必须更新经营手段，这一手段便是电子商务。企业通过电子商务网站可以在线收集客户的各种信息，包括客户浏览、产品选择与购买等信息，分析消费者的消费特点、需求、趋势等。

同时，电子商务网站给人们生活特别是经济生活带来了巨大的变化，很多消费者可以足不出户，只需要一台连接互联网的可以正常工作的 PC 机，轻轻地点击鼠标就能购买到自己需要的商品。

4.1.2　电子商务网站的类型

截至 2010 年 6 月，中国网民规模达到 4.2 亿，较 2009 年底增加 3600 万人，使用手机上网的网民规模达 2.77 亿，网站数量已达 323 万个。由于各个网站建立的目的不同，类型也千差万别，以电子商务网站来说，类型就很多，主要介绍三种类型。

1．按照商务目的和业务功能分类

可以将电子商务网站分为基本型商务网站、宣传型商务网站、客户服务型商务网站和完全电子商务运作型网站。

（1）基本型商务网站。这种类型商务网站建立的目的是通过网络媒体和电子商务的基本手段进行公司宣传和客户服务。适应于小型企业，以及想尝试网站效果的大、中型企业。其特点是：网站构件的价格低廉，性价比高，具备基本的商务网站功能。该类型商务网站可以搭建在公众的多媒体网络基础平台上，外包给专门公司来搭建比自己建设还要便宜。

113

（2）宣传型商务网站。这种类型商务网站建立的目的是通过宣传产品和服务项目，发布企业的动态信息，提升企业的形象，扩大品牌影响，拓展海内外市场。适合于各类企业，特别是已有外贸业务或意欲开拓外贸业务的企业。其特点是：具备基本的网站功能，突出企业宣传效果。一般是将网站构建在具有很高知名度和很强伸展性的网络基础平台上，以便在未来的商务运作中借助先进的开发工具和增加应用系统模块，升级为客户服务型或完全电子商务运作型网站。

（3）客户服务型商务网站。这种类型商务网站建立的目的是通过宣传公司形象与产品，达到与客户实时沟通及为产品或服务提供技术支持的效果，从而降低成本、提高工作效率，适应于各类企业，其特点是：以企业宣传和客户服务为主要的功能。可以将网站构建在具有很高知名度和很强伸展性的网络基础平台上，如果有条件，也可以自己构建网络平台和电子商务基础平台，该类网站通过简单的改造即可以升级为完全电子商务运作型网站。

（4）完全电子商务运作型网站。这种类型商务网站建立的目的是通过网站宣传公司整体形象与推广产品及服务，实现网上客户服务和产品在线销售，从而直接为企业创造效益，提高企业的竞争力。适用于各类有条件的企业。其特点是：具备完全的电子商务功能，并突出公司形象宣传、客户服务和电子商务功能。

2. 按照商务模式分类

可以将电子商务网站分为 4 类：B to B 网站、B to C 网站、B to B to C 网站和 C to C 网站。

（1）B to B 网站（全称 Business to Business，常简称为 B2B，商业机构对商业机构的电子商务网站）。B to B 网站模式是当前电子商务模式中份额最大、也是最具操作性、最容易成功的模式。企业和企业之间的交易通过引入电子商务能够产生大量效益，尤其是对于一个处于流通领域的商贸企业来说，由于它没有生产环节，电子商务活动几乎覆盖了整个企业的经营管理活动，是利用电子商务最多的企业。通过电子商务，商贸企业可以更及时、准确地获取消费者信息，从而准确定货、减少库存，并通过网络促进销售，以提高效率、降低成本，获取更大的利益。像阿里巴巴（www.alibab.com）、慧聪网、中国制造网、（http://www.made-in-china.com）、中国五金网等都是著名的 B to B 网站。

（2）B to C 网站（全称 Business to Custom，常简称为 B2C，商业机构对消费者的电子商务网站）。B to C 网站是指提供企业对客户之间电子商务活动平台的网站。目前，在互联网上遍布各种类型的商业中心，提供从鲜花、书籍到计算机、汽车等各种消费商品和服务。如全球最大的亚马逊书店（http://www.amazon.com），顾客可以自己管理和跟踪货物的联邦快递（http://fedex.com）。国内的也有卓越、当当网等。中国的 B to C 网站的相继建立从实践层面上证明了网上交易、网上支付在国内的可行性。

（3）C to C 网站（全称 Custom to Custom，常简称为 C2C，即消费者对消费者的电子商务网站）。这类网站是指直接为客户之间提供电子商务活动平台的网站，例如易趣网、拍拍网等网站就属此类。

（4）B to B to C 网站。这种模式定位于网上商家和消费者之间，提供电子商务中介服务，包括信息中介和比较价格购物服务，能够为消费者在网上购物提供低价优质的服务。

3. 按网站拥有者的职能分类

（1）生产型商务网站。这一类商务网站是由生产产品或提供服务的企业设立，主要用以宣传推广其产品和服务。

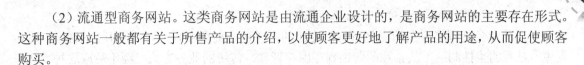

（2）流通型商务网站。这类商务网站是由流通企业设计的，是商务网站的主要存在形式。这种商务网站一般都有关于所售产品的介绍，以使顾客更好地了解产品的用途，从而促使顾客购买。

4.1.3　电子商务网站对企业建设的影响

随着电子商务网站的发展，传统企业从组织结构到组织体系，从企业的业务方式到人才战略，从企业产品的研发到生产，从企业的销售到售后服务，都发生了巨大的变化，这些变化对企业的经营产生了重大的影响。

1. 电子商务网站的建立对企业内部结构的影响

电子商务网站建设将给企业传统的组织形式带来巨大的冲击。传统职能部门分工协作关系被打破，产生了并行的生产过程，形成了一种直接向顾客提供服务的工作方式。这种新型的企业内部结构主要表现在以下三个方面：

首先，扇形的管理结构向扁平结构转变。传统的企业内部结构一般采用高度集中的单一决策中心。从生产到制成品出厂，插入了许多中间环节，需要许多部门，其组织结构就像一把扇子，由决策者向员工扩散。由于 Internet 在企业内部的广泛运用，特别是企业 Internet 与外部 Extranet 的连接，企业组织结构发生了根本性的变化。这就是企业为了适应双向的"多对多式"的快速信息传递，企业结构向扁平方向发展。这就是当企业建立以 Internet 为基础，并与商业伙伴进行交流时，尤其是当企业将自己的网站向商业伙伴开放，允许已有的或者潜在的商业伙伴有条件地进入自己的内部网时，实现了商业信息传输和处理的自动化。企业内几乎所有部门都可以通过网络直接同用户和贸易伙伴快捷地交流。它迫使企业将过去高度集中的扇形组织结构逐步改变为适当分散的的多中心决策组织。这种由多单元共同参与、共同承担责任，并有共同利益的决策过程，提高了企业的整体管理水平，形成了扁平的决策体系。

其次，实物企业向虚拟企业发展。企业网站的建立，打破了时间和空间的限制，出现了一种新型的虚拟企业。虚拟企业打破了企业与企业、产业与产业、地区与地区之间的界限，将社会上所有的资源进行最优化重新组合，它可以是一个企业的某一种要素或几种要素与其他企业、系统中某一种或几种要素的重组，形成了一种没有地域限制的"企业"。虚拟企业从根本上改变了传统的企业组织结构，通过 Internet 将企业组成跨职能的团体，实现了资源的最优配置。由于虚拟企业更多地依靠人员的知识和才干，而不是他们的职能，所以虚拟企业的管理也由原来的控制模式转向支持系统，由上下级监视系统转向激励系统，由命令系统转向指导系统，由管理与被管理关系转向平等的伙伴关系。虚拟企业的出现将从根本上改变人们上下级观念、企业观念、上班观念。个人只要有一台网上计算机终端，那么，不管是在家里还是在办公室，不管是在本单位，还是在外地，都可以完成虚拟企业交给的任务。

最后，电子商务网站建设将从根本上改变企业的组织结构。由于在电子商务环境下企业的最大顾客群是世界各地因特网上的网络消费者，而他们又面对世界无数个可供选择的网上虚拟企业和市场，这就要求上网企业迅速了解和掌握消费者的偏好、需求和购物习惯，并把这些信息及时反馈到决策层。这就要求企业总部与各部门之间以及企业的各部门之间保持快速、频繁和直接的信息传递，并作出迅速、准确和及时的应变决定。在这一决策系统中，企业电子商务系统是心脏，企业各部门都要及时改变本部门经营与社会需求的关系。这就需要有高素质的各种专业人才，特别是具有跨学科复合型人才。

2. 电子商务网站的建立对企业业务的影响

企业的业务是围绕企业的赢利目标而变化的。在电子商务条件下，企业从原材料的获取到生产过程的柔性制造，从企业的营销到零库存管理，传统的业务方式已经不适应这种变化，它要求对企业的业务进行重组，以适应这种高度电子化的要求。

在传统的营销方式中，客户到企业采购商品并发出采购订单，供应商在收到订单后，通过直接见面或电话、传真给客户发出装运通知，客户在收到商品后结算货款并付账，供应商收到货款后开据发票。实行网上销售后，整个交易过程都在网上进行。供应商和客户不用见面，而以 EDI 方式交易、结算、付款，这样做不仅不用再使用订单和发票，而且重新定义了贸易关系，由于库存商品在供应商手中，企业的仓储问题在电子商务环境中将不复存在。

同时，电子商务系统还将原来的非规范的业务处理过程规范化。建立以数据库为基础的信息系统支持业务过程，提高了业务的响应速度，改善了业务信息系统，并将传统的会议、电话等人际沟通方式改变为高效、廉价而有效的电子通信方式，使企业的业务流程发生了巨大的变化。企业的业务人员只要坐在网络终端面前，就能完成原来需要到对方企业才能完成的业务活动。

3. 电子商务网站的建立对人才战略的影响

企业建立电子商务网站，对人才提出了更高的要求。这是因为，电子商务网站需要进行全天候不间断的工作，它需要有一批热爱电子商务网站工作的专业技术人员对其进行管理。由于管理电子商务网站不仅要懂网络技术知识，而且要精通商业贸易、企业管理、人际关系等一系列文理科知识，而具备文理兼收的人才目前又很少，这就要求企业在发展电子商务网站过程中要十分重视人才的引进和培养，形成一支稳定的电子商务人才队伍。

建立与电子商务相适应的人才战略，一是要引进和培养熟悉 Internet 和电子商务并具有企业经营管理综合知识结构的高层决策人才，以保证企业的发展与世界同步。二是要引进培养熟悉 Internet 和电子商务并具有信息管理和计算机网络技术的网站工作人才，以保证网站的稳定运行。三是要引进培养熟悉 Internet 和电子商务市场营销策划人才，以适应电子商务营销的需要。四是要引进培养熟悉 Internet 和电子商务的财务管理人才，以保证企业的财务与电子商务接轨。五是要培养引进熟悉 Internet 和电子商务的其他各类人才。以保证电子商务系统的正常运行。从以上人才的知识构成看，所有电子商务人才除了必须具有忠于职守、奉献敬业精神以外，熟悉 Internet 和电子商务是必备条件。这种要求与我国目前文理分科造成的要么只懂 Internet 而不了解文科知识，要么只会文科知识，不了解理工科知识的现状极不相称，加快文理科兼备人才的培养是当务之急。

4.2 电子商务网站规划与设计

4.2.1 电子商务系统总体规划内容

所谓"凡事预则立，不预则废"，说明计划的重要性。电子商务系统由于投资大、周期长、复杂度高，若不做好规划，不仅会造成自身的极大损失，还会引起企业运行不畅而导致更为惊人的间接损失。所以在我国电子商务工程不断推进的今天，应当把系统规划摆到重要的战略位置上，通过科学、客观、准确的规划减少系统建设开发的盲目性，使得电子商务系统不仅能有计划、有重点、有步骤、低风险地建设发展，还能节约开发费用、缩短系统开发周期。

电子商务系统的规划就是企业信息系统建设的战略规划，是针对企业电子商务系统的最高层次的管理，是针对商务系统建设目标、发展战略以及商务系统资源和开发工作制定的一种综合性计划。规划工作作为电子商务系统生命周期中的第一个阶段，也是系统开发过程的第一步，其质量直接影响系统开发的成败。

电子商务系统的规划是以整个企业信息系统为分析对象的，规划的主要内容可从以下几个方面着手：

（1）对企业电子商务系统建设现状进行分析。明确企业电子商务系统建设所处的阶段，发现本企业现阶段电子商务系统建设存在的问题。现状分析涉及很多具体的资料和数据，包括本企业截止到制定规划时为止的整体信息化水平如何、信息化建设所处的阶段、信息系统的分布、各信息系统的进展及应用效果如何、企业已购置的硬件设备和软件的数量、设备利用情况以及人员和技术储备情况、资金投入等。

（2）确定企业电子商务系统目标。系统目标是实现电子商务系统的原动力。规划不明确，则系统设计人员就会对怎样实现不知所措，系统分析人员也会对系统工作效率和工作质量失去判别的依据。系统的目标，通常需要考虑服务对象和信息提供问题。对企业服务对象的分析，包括服务对象范围的确认和服务对象需求的确认。服务对象（电子商务系统的使用对象）分析得越具体，针对性就越强。信息提供包括进行信息分类和提供层次信息。层次分明的电子商务信息分类方法对系统的设计来说非常重要。系统为不同服务对象提供不同层次和不同详略程度的电子商务信息，并使他们能从电子商务信息服务中获得收益，这是系统被广泛使用的基础。

（3）提出电子商务系统的总体结构。从总体结构可以确定提供信息的主要类型以及主要的子系统，从而为电子商务系统的开发提供总体框架。

（4）明确电子商务系统的发展战略。对系统的建设发展提出具体的步骤和各阶段应达到的分目标，确定电子商务系统中各具体系统建设的先后顺序。

（5）制定出近期开发计划。规划涉及时间跨度一般较长，在规划适用的几年中，应对即将到来的一段时期（如一、两年）做出具体安排，包括系统建设进度安排，具体项目开发、实施、维护的进度安排，软件、硬件设备购置时间表，人力、资金的需求计划，相关的培训计划等。

（6）对相关信息技术发展要有所预测。从信息技术的发展和应用趋势来看，信息技术主要包括计算机软件与硬件技术、网络技术和数据处理技术等。电子商务系统规划随时会受到这些技术发展的影响。因此，应该对规划中涉及的技术环节的发展及其对电子商务系统的影响做出预测，必要时可以进行技术评估，以提高技术选型和产品选型的先进性、正确性、安全性，使得电子商务系统具有可持续发展的潜力。

4.2.2 电子商务建设的系统分析

系统分析是系统建设的一个重要环节，但是往往又是系统建设的薄弱环节。经验表明，有了好的系统分析，系统建设就成功了一半，错误的系统分析则可能导致整个系统的失败。系统分析主要从可行性分析和需求分析两个方面加以考虑。

1. 可行性分析

如果资源、时间不受限制，理论上所有的项目都是可行的。但是在实际工作中，资源和时间总是有限的，因此可行性分析也就成为商务信息系统项目正式启动之前，必须进行的工作。客观地对项目的可行性进行衡量，可以避免系统建设的盲目性，保证项目后续工作的顺利进行；即使得出否定性的结论，也可以避免大量的人力、物力的浪费。可行性研究要回答"是否可能"和"有无必要"的问题，可行性分析主要包括经济可行性、技术可行性、管理可行性、法律可行性、社会可行性等几个方面。可行性分析的结果要以可行性分析报告的形式编写出来，作为上级领导进行科学决策的主要依据。可行性报告讨论通过之后，项目就可以进入实质性的阶段。

2. 需求分析

需求分析是电子商务建设的关键环节，它并不包括系统具体的设计细节和实现细节等信息，其主要目的在于充分说明用户希望系统具有的功能。需求分析主要从企业组织结构、信息资源、信息流程、工作流程等方面考虑，进而形成设计系统时能够依循的基本逻辑工作模式和逻辑信息模式（通常用数据流图、数据字典和简要的算法描述表示）。组织结构与职能分析主要围绕企业的基本任务组织的构成情况，分析组织与任务的关系、职能与部门的关系、职能与岗位的关系，目的是确认企业的工作任务、职能与部门、岗位设置的对应关系、合理性和存在的问题，并为设计提供可能变革的依据。工作流程分析帮助设计者认识工作任务在过程中的分解情况，有助于认识各个部门、岗位在任务执行过程中的作用、工作效率、工作质量、工作时间等要素。信息资源分析的重点要全面收集企业内的各种信息，在初步分类整理的基础上，对信息与任务的关系、信息的形式与目的的关系及信息在各部门、岗位的输入、产生、处理和利用的情况加以分析，得到结构化的企业信息。信息流程分析是对各项职能涉及的收集、处理、传递、存储、输出等信息的流动过程进行的分析。发现和解决信息流动过程中存在的问题，如传递方式、处理环节合理性等。除了以上因素之外，系统分析还要考虑针对整个系统的性能要求、网络的扩充要求等。需求分析阶段的成果是编制需求分析说明书，它可以作为系统设计阶段的直接依据。

值得注意的是在正规的商务系统的分析过程中，应该有专业的系统分析员参与。系统分析员的知识结构介于技术人员和管理人员之间，既熟悉用户的业务知识，了解用户的要求，又能将用户的需求使用必要的工具准确表达出来，成为用户与系统设计人员之间的桥梁。另外，需求分析作为一项团队工作，需要系统分析员和用户的通力合作。企业工作人员必须高度重视电子商务需求分析，在日常工作过程中应当注意及时总结、提炼系统需求，确保系统需求的正确性和完整性，确保系统的成功建设。

4.2.3 电子商务网站的设计

企业电子商务网站的建设是一项操作性很强的工作，必须围绕企业营销的目标来展开，它包括以下几方面的内容。

1. 网站的目标定位

电子商务网站是企业在网络世界展现自己的一个窗口，消费者所能接触的主要是网站，因此电子商务网站建设的好坏，直接关系到企业实施电子商务的成功与否，关系到最终能够给企业带来多少利益。电子商务网站建设的成功与否，跟网站本身的目标定位是不可分的，目标定位又与系统设计不可分，因此，在电子商务网站开发过程中，网站的目标定位决定了网站系统设计，在设计电子商务网站时，一定要找准网站的目标定位，然后才能根据功能去做系统的规划与设计，而这一切必须以网站有利于开展商务活动为前提。

2．网站信息内容设计

如何将网站建设成一个对消费者富有吸引力的电子商务网站，其网站信息内容的确定是成功的关键，与网站的主题相关的信息内容越丰富，登录上网的浏览者就越多。

3．网站主页和页面的设计

网站的整体风格代表了企业的形象，应注意把握网站的整体风格，使网站呈现的形式能很好地为内容服务。电子商务网站的网页设计要考虑以下几个方面：依据内容确定网页风格、合理安排网页内容元素的位置、网站网页色彩的恰当应用以及网页中图片和音乐的应用。

4．设定网站盈利模式

没有利润的企业网站肯定是不能长期维持下去的，因此，盈利模式的设定对网站来说是十分重要的。网站的经营收入目标与企业网站自身的知名度、网站的浏览量、网站的宣传力度和广告吸引力、上网者的购买行为对本网站的依赖程度等因素有十分密切的关系。因此，企业网站应该从对上述因素的分析来设定本网站的盈利模式。例如我国著名的旅游网站——携程旅行网，主要是依靠上网者在网上进行旅游节目的预定作为网站运作和盈利的基础，通过预定飞机票和预定旅游景点的客房以及参加旅行团这三个主导产品来获取收入；同时以会员制的方式建立网站，对旅游景点、旅行社和宾馆的网上展示和广告的收费等来增加收入。

5．设定主要业务流程

网上交易流程应当尽量做到对客户透明，使客户购物操作方便，让客户感到在网上购物与在现实世界中的购物流程没有本质的差别和困难。在很多电子商务网站中上网者都可以找到"购物车"、"收银台"、"会员俱乐部"这样熟悉的词汇，不论购物流程在网站的内部操作多么复杂，其面对用户的界面必须是简单和操作方便的。

6．物流配送作业处理的设定

企业网站对网上销售的商品，必须有相应的后台物流配送作业处理流程的配合，这在网站的建设过程中应同时加以考虑。否则，一旦发生上网者在网站购物并正常完成付款过程后，没有收到或过期才收到所购买的商品，将会由于该网站的服务不佳而对企业产生不利的后果，进而严重影响企业网站的声誉。

7．网络广告促销计划

网上的广告收入是每一个网站盈利的重要部分，同时也是在网上树立本企业良好形象的必要手段。企业网站在建立后，若要留住原有的上网者，吸引更多的新上网者，必须针对本网站的业务特点和客户群设计网络广告促销推广计划。

4.2.4　电子商务网站开发流程

电子商务网站的开发流程主要有以下步骤：

1．确定电子商务网站的主题

网站主题就是网站所要包含的主要内容，一个电子商务网站必须要有一个明确的主题，这样在设计与实现时才能有的放矢。网站的主题是跟网站本身的功能定位密不可分，功能定位包括对企业自身的分析、竞争对手的分析和用户行为分析。具体应该如何定位网站的功能才能充分利用网站去展示企业形象、经营理念、产品特色等，网站如何才能满足企业本身的需求，给企业带来效益，这些是建立网站的一个前提，即网站的功能需求分析。

2. 查询申办域名

域名就是企业在网络上的一个名字，名字本身最好能够突出企业本身的某些特点，如企业本身的主营业务方向，同时这些名字也必须有足够的个性，这样才能方便用户的记忆与输入，经常来访问网站。

3. 网站设计

一个设计比较糟糕的网站将会对企业电子商务的开展造成致命的后果，因此建设好一个网站的前提是，必须有着一个详细的、准确的设计，其中包括系统的稳定性、扩展性、网站的结构、栏目的设置、网站的风格、颜色搭配、版面布局、文字图片的运用等。

4. 开发工具选择

"磨刀不误砍柴工"，选择一个正确的工具能够加快开发进度，达到事半功倍的效果。因为网站本身有很多内容组成，如文字、图片、动画、音频和视频等，所以网站开发涉及的工具很多，首先是网页制作工具，最常用的是 Dreamweaver；其次是图片编辑工具，最常用专业工具是 Photoshop；动画制作工具，常用的是 Flash、Cool 3d 等。

5. 制作网页

制作网页是一项非常复杂的工作，需要耐心与细致，同时还必须要有一个好的开发方法。制作网页也属于软件开发的一个方面，因此在制作网页时可以利用现有的软件工程中的开发方法作为指导。

6. 发布与测试

网页制作完毕，将其发布到 Web 服务器上。发布完成后，对网页进行测试，测试主要包含有用户界面测试、功能测试、接口测试、兼容性测试、负载/压力测试、安全测试等。

7. 维护与管理

这个阶段网站进入正常运行期，主要工作是及时更新网页过时的信息，及时对访问者的留言作出反馈，进一步完善网页，不断采用新的技术更新升级网页，使网页的访问更迅速，外观更美观，信息资源更丰富。

4.3 电子商务服务器的安装与配置

4.3.1 Web 服务器

在现有的电子商务网站中，服务器主要分为两类：一个是 Web 服务器，另一个是 Web 应用服务器。前者如 Apache、Microsoft 的 IIS 等，后者如 websphere、weblogic、tomcat 等。在本节的描述中，按两类进行，一为 Web 服务器，主要目的是提供 Web 服务，以支持静态网页的访问为主；一为 Web 应用服务器，以支持动态网页的访问为主。

常用的 Web 服务器有 Apache、Microsoft 的 IIS，另外还有很多其他的 Web 服务器，如 Google 的 GWS 等，这些服务器的用户量比较少。图 4-1 是 NetCraft 公司在 2008 年 4 月对全球 Web 服务器使用情况的一个统计，此处列出了前五名。从图中可以看出 Apache 与 Microsoft 的 IIS 占据了大部分的份额，Google 的 GWS 主要是 Google 公司自己使用，其他的 Web 服务器使用比例较小。

Developer	March 2008	Percent	April 2008	Percent
Apache	82,454,415	50.69%	83,554,638	50.42%
Microsoft	57,698,503	35.47%	58,547,355	35.33%
Google	9,012,004	5.54%	10,079,333	6.08%
lighttpd	1,552,650	0.95%	1,495,308	0.90%
Sun	546,581	0.34%	547,873	0.33%

图 4-1　2008.4 全球 Web 服务器使用情况统计表

1. Apache

Apache 是全球使用排名第一的 Web 服务器，该服务器具有良好的跨平台性，几乎在所有的平台上都能运行。世界上很多著名的网站如 Amazon.com、Yahoo!、W3 Consortium、Financial Times 等都在运行 Apache 服务器。

Apache 起源于 NCSA（University of Illinois，Urbana-Champaign）所开发的 httpd。在 1994 年中期，许多 Web 管理员自行对 httpd 进行扩展和补丁修订。一小批的 Web 管理员通过电子邮件列表来组织交流他们的扩展和补丁（以"patches"，即补丁的形式出现）。在 1995 年 2 月底，八位核心贡献者成立原始的 Apache 组织，1995 年 4 月，Apache 0.6.2 公布。Apache 是自由软件，服务器现在由非盈利性组织的公司——Apache 软件基金会（Apache Software Foundation，ASF）维护。

在 1995 年 8 月推出了 Apache 0.8.8，该服务器采用新的架构，提高了程序运行效率，增强了扩展性，在一年之内，Apache 服务器超过了 NCSA 的 httpd 成为全球使用排名第一的 Web 服务器。

Apache 服务器拥有以下特性：

- 支持最新的 HTTP/1.1 通信协议
- 拥有简单而强有力的基于文件的配置过程
- 支持通用网关接口
- 支持基于 IP 和基于域名的虚拟主机
- 支持多种方式的 HTTP 认证
- 集成 Perl 处理模块
- 集成代理服务器模块
- 支持实时监视服务器状态和定制服务器日志
- 支持服务器端包含指令（SSI）
- 支持安全 Socket 层（SSL）
- 提供用户会话过程的跟踪
- 支持 FastCGI
- 通过第三方模块可以支持 Java Servlets

2. IIS

IIS 是 Internet Information Server 的缩写，是微软公司提供的 Internet 服务器软件，其中包括 Web 服务器、FTP 服务器、SMTP 服务器等服务器组件，它只能在 Windows 系统上使用，Windows 2000 Server 中集成的是 IIS 5.0，在 Windows Server 2003 中集成的是 IIS 6.0。IIS 与 WindowNT Server 完全集成在一起，用户能够利用 Windows NT Server 和 NTFS（NT File

System，NT 的文件系统）内置的安全特性，建立强大、灵活和安全 Web 站点。很多中小型网站采用 IIS 作为 Web 服务器。

4.3.2　Windows 2003 环境下 Apache 的安装与配置

首先登录 http://httpd.apache.org/，根据提示信息，下载比较新的安装版本，截止到 2008 年 1 月，Apahce 2.2.8 为最高的发行版本，本节以该版本的安装与配置为例进行说明。

内置安全 SSL 的 Apache 新版文件名称为 Apache_2.2.8-win32-x86-openssl-0.9.8g.msi，点击该文件进行安装，根据提示信息完成安装，因安装过程非常简单，不再说明。安装完成后，运行 Apache http server，屏幕右下角有其托盘图标，双击后出现如图 4-2 所示的管理监视界面。

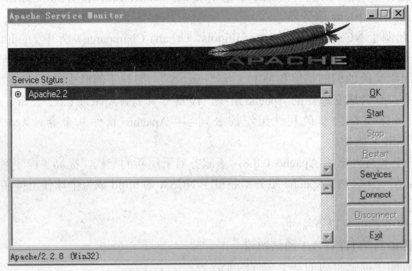

图 4-2　Apache 管理监视界面

可以通过 Start、Stop、Restart 等对 Apache http server 的运行进行管理。在浏览器中输入 http://localhost，如出现 "It works！" 画面，则证明 Apache 服务器已经成功运行。

Apache 的详细配置需要通过配置文件进行，打开安装地址下的 httpd.conf 文件，对服务器进行配置。

相关基本配置如下：

Listen 12.34.56.78:80

Listen 参数可以指定服务器除了监视标准的 80 端口之外，还监视其他端口的 HTTP 请求。由于 Windows 系统可以同时拥有多个 IP 地址，因此也可以指定服务器只听取对某个的 IP 地址的 HTTP 请求。如果没有配置这一项，则服务器会回应对所有 IP 的请求。

ServerAdmin you@your.address

这一项用于配置 WWW 服务器的管理员的 E-mail 地址，这将在 HTTP 服务出现错误的条件下返回给浏览器，以便让 Web 使用者和管理员联系，报告错误。习惯上使用服务器上的 webmaster 作为 Web 服务器的管理员，通过邮件服务器的别名机制，将发送到 webmaster 的电子邮件发送给真正的 Web 管理员。

ServerName localhost

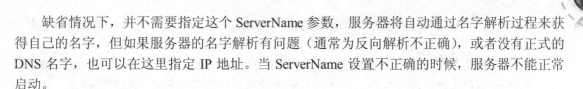

缺省情况下，并不需要指定这个 ServerName 参数，服务器将自动通过名字解析过程来获得自己的名字，但如果服务器的名字解析有问题（通常为反向解析不正确），或者没有正式的 DNS 名字，也可以在这里指定 IP 地址。当 ServerName 设置不正确的时候，服务器不能正常启动。

DocumentRoot

"C:/ProgramFiles/ApacheSoftware Foundation/Apache2.2/htdocs"

DocumentRoot 定义这个服务器对外发布的超文本文档存放的路径，客户程序请求的 URL 就被映射为这个目录下的网页文件。这个目录下的子目录，以及使用符号连接指出的文件和目录都能被浏览器访问，只是要在 URL 上使用同样的相对目录名。

ErrorLog "logs/error.log"

指定错误日志文件，通过该文件中的内容可以快速的定位问题所在，在实际排错时有很大作用。

4.3.3 IIS 的安装与配置

Windows Server 2003 的 IIS 是 6.0 版。安装方法是，插入 Windows Server 2003 的安装光盘，单击"开始->设置->控制面板->添加/删除程序->添加/删除 Windows 组件"，选中"应用程序服务器"，在其前面打勾，按照提示信息进行安装。安装完毕后对 IIS 进行配置，以下是基本功能配置。

1. 新建网站

（1）在 IIS 管理器中，展开本地计算机，右击"网站"文件夹，指向"新建"，然后单击"网站"，出现"网站创建向导"，如图 4-3 所示。

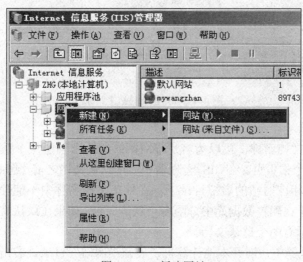

图 4-3 IIS 新建网站

（2）单击"下一步"按钮，在"描述"框中，键入站点的名称，然后再单击"下一步"按钮。

（3）键入或单击站点的 IP 地址（默认值为"全部未分配"）、TCP 端口和主机头（例如，www.mysite.com），然后单击"下一步"按钮。

（4）在"路径"框中，键入或浏览到包含或将要包含站点内容的目录，然后单击"下一步"按钮。

（5）选中与要指定给用户的网站访问权限相对应的复选框，然后单击"下一步"按钮。

（6）最后单击"完成"按钮。要在以后更改这些设置和其他设置，请右击网站，然后选择"属性"命令。

2. 使用 IIS 管理器更改网站的主目录

（1）在 IIS 管理器中，展开本地计算机，展开"网站"目录，右击要更改的网站，然后选择"停止"命令。

（2）使用 Windows 资源管理器将 LocalDrive:\Inetpub\wwwroot 目录重命名为您喜欢的名称，或者可以将整个\wwwroot 目录树复制到一个新位置。

（3）在 IIS 管理器中，右击您的网站，然后选择"属性"命令。

（4）单击"主目录"选项卡，然后根据主目录所在的位置，在"此资源的内容来自"下面单击"此计算机上的目录"、"另一计算机上的共享"或"重定向到 URL"。

（5）在"本地路径"框中，输入目录的路径名、共享名或 URL。

（6）在 IIS 管理器中，展开"网站"文件夹，右击刚才更改的网站，然后选择"启动"命令。

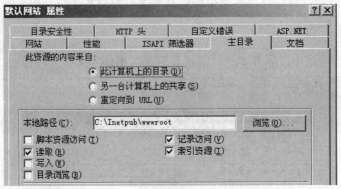

图 4-4　IIS 更改网站主目录

3. 设置默认文档

如果网站未指定文档名称，可以为客户端对网站的请求创建一个默认文档。默认文档可以是目录的主页和某个索引页。在 IIS 管理器中启用默认文档之前，您必须创建该默认文档，并将其放在根目录或相应网站的虚拟目录下。在默认文档名称中不能使用逗号（例如 my, file.html）。逗号只用于在配置数据库中分隔多个默认文档。如果在默认文档的名称中使用了逗号，IIS 会认为这表示有两个默认文档。

（1）在 IIS 管理器中，展开本地计算机，展开"网站"目录，右击所需的网站，然后选择"属性"命令。

（2）在弹出的对话框中单击"文档"选项卡。

（3）选中"启用默认内容文档"复选框。

（4）单击"添加"按钮将新的默认文档添加到列表。

（5）单击要从列表中删除的文档，然后单击"删除"按钮。

（6）单击列表中的文档，然后单击"上移"或"下移"按钮以更改默认文档响应客户请求的次序。

（7）单击"确定"按钮。

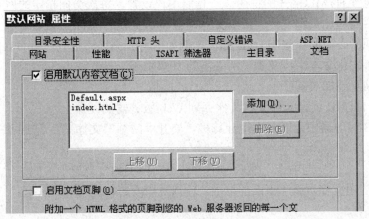

图 4-5　IIS 设置默认文档

4. 创建虚拟目录

（1）在 IIS 管理器中，展开本地计算机，展开要添加虚拟目录的网站或 FTP 站点，右击要在其中创建虚拟目录的网站或文件夹，指向"新建"，然后单击"虚拟目录"，单击"下一步"按钮。

（2）在"别名"框中，键入虚拟目录的名称。这是用户键入的名称，应当简短且易于键入，单击"下一步"按钮。

（3）在"目录"框中，键入或浏览到虚拟目录所在的物理目录，单击"下一步"按钮。

（4）在"访问权限"对话框中，设置符合自己需要的访问权限。

（5）单击"下一步"按钮，然后单击"完成"按钮。在当前选定的级别下面将会创建虚拟目录。

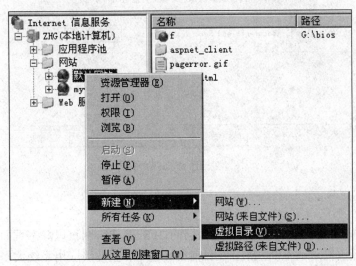

图 4-6　IIS 创建虚拟目录

5. 给网页添加页脚

可以配置 Web 服务器自动将一个 HTML 格式的文件插入到所有由 Web 服务器发送出去的网页底部（不支持在 ASP 页后附加页脚或脚本）。例如，为在网页中添加纯文本信息和徽标图案，文件可以包含 HTML 格式的说明。一旦启用该设置，每次访问指定的网页或文件时，IIS 都会自动在它后面追加页脚文件。页脚文件不应该是完整的 HTML 文档。它应该只包含格式化页脚内容外观所必需的那些 HTML 标记。例如，将公司名添加到所有页底部的页脚文件应该包含文本和格式化文本字体及颜色所必需的 HTML 标记。

给所有的网页添加页脚：

（1）创建 HTML 页脚文件并将其保存到 Web 服务器的硬盘上。

（2）在 IIS 管理器中，展开本地计算机，展开"网站"文件夹，右击网站、目录或文件，然后单击"属性"命令。

（3）单击"文档"选项卡，然后选中"启用文档页脚"复选框。

（4）在"启用文档页脚"下面的框中，输入页脚文件的完整本地路径，或者单击"浏览"按钮以找到该文件。

（5）单击"确定"按钮。

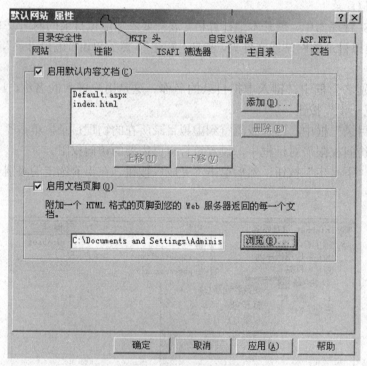

图 4-7　IIS 添加网页页脚

4.3.4　应用服务器

在最初的时候，电子商务系统主要是两层的 B/S 架构，网页以静态页面为主，只有少量的动态页面，但随着需求的不断发展，在目前的环境中，企业级应用系统大多采用三层或多层应用模式。为方便基于多层结构的应用开发、部署、运行和管理，需要提供相应的支撑平台作

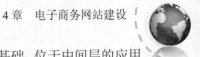

为多层应用的基础设施，该平台应以网络和分布式计算的底层技术为基础，位于中间层的应用服务器是该平台的关键。因为现有应用很多是建立在 HTTP 协议之上的 B/S 结构，所以主流的应用服务器都集成了 Web 服务器，这些应用服务器称为 Web 应用服务器。

应用服务器能够提高企业应用开发的有效性，保障业务逻辑和组件的重用性；提高企业应用的性能，如高运行性能和响应时间、可伸缩性、可靠性等；使企业应用更易于监控和管理，降低系统维护和升级成本。

从技术的角度看，可以将应用服务器划分为基于 J2EE 的解决方案、Microsoft .NET 解决方案和其他技术三大类。

J2EE 是以 Java 2 平台标准版（J2SE）为基础，继承了 J2SE 的许多优点，是 Sun 公司提出的开发、部署、运行和管理基于 Java 分布式应用的标准平台。它提供了对 EJB、Java Servlet、JSP 等技术的全面支持。EJB 是 J2EE 中的企业应用组件，该组件在 EJB 容器中运行。EJB 容器负责为 EJB 提供交易管理、安全管理等服务。EJB 容器为 EJB 组件开发者提供了一组标准的、易用的 API 访问 EJB 容器，使 EJB 组件开发者不需要了解 EJB 服务器中的各种技术细节。J2EE 利用 Java 语言自身具有的跨平台性、可移植性、对象特性、内存管理等方面的性能，为应用服务器的实现提供一个完整的底层框架。基于 J2EE 的应用服务器主要有 BEA WebLogic、IBM Websphere、Oracle 9iAS、Sun iPlanet、SilverStream eXtend 等。

微软在应用服务器上的解决方案是跟微软平台绑定在一起的，这点与 J2EE 有很大不同。微软的目标是分布式的 Web 应用开发环境，将 Windows 操作系统当作其应用服务器的基础，通过附加一系列软件包来实现应用服务器平台。微软提出了与 J2EE 竞争的.NET，它引进了很多新概念与技术，如 C#语言。.NET 提供了一系列企业级服务器，包括 Application Center、BizTalk Server、Commerce Server、Exchange Server、SQL Server 等，这些服务器是为部署、管理和建立基于 XML 和 Web 的应用而构筑的，结合 Windows 平台的开发工具和技术，提供了具有很强竞争力的应用服务器解决方案。

另外还有一些应用服务器使用其他语言和技术实现。

4.3.5　BEA WebLogic 简介

WebLogic 是用于开发、集成、部署和管理大型分布式 Web 应用、网络应用和数据库应用的 J2EE 应用服务器。BEA WebLogic Server 拥有处理关键 Web 应用系统问题所需的性能、可扩展性和高可用性。BEA WebLogic Server 具有开发和部署关键任务电子商务 Web 应用系统所需的多种特色和优势，包括：

1. 领先的标准

对业内多种标准的全面支持，包括 EJB、JSB、JMS、JDBC、XML 和 WML，使 Web 应用系统的实施更为简单，并且保护了投资，同时也使基于标准的解决方案的开发更加简便。

2. 可扩展性

BEA WebLogic Server 以其高扩展的架构体系闻名于业内，包括客户机连接的共享、资源 pooling 以及动态网页和 EJB 组件群集。

3. 快速开发

凭借对 EJB 和 JSP 的支持，以及 BEA WebLogic Server 的 Servlet 组件架构体系，可加速投放市场速度。这些开放性标准与 WebGain Studio 配合时，可简化开发，并可发挥已有的技

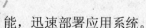

能，迅速部署应用系统。

4．部署更趋灵活

BEA WebLogic Server 的特点是与领先数据库、操作系统和 Web 服务器紧密集成。

5．关键任务可靠性

其容错、系统管理和安全性能已经在全球数以千记的关键任务环境中得以验证。

6．体系结构

BEA WebLogic Server 是专门为企业电子商务应用系统开发的。企业电子商务应用系统需要快速开发，并要求服务器端组件具有良好的灵活性和安全性，同时还要支持关键任务所必需的扩展、性能和高可用性。BEA WebLogic Server 简化了可移植及可扩展的应用系统的开发，并为与其他应用系统交互提供了丰富的互操作性。

凭借其出色的群集技术，BEA WebLogic Server 拥有最高水平的可扩展性和可用性。BEA WebLogic Server 既实现了网页群集，也实现了 EJB 组件群集，而且不需要任何专门的硬件或操作系统支持。网页群集可以实现透明的复制、负载平衡以及表示内容容错，如 Web 购物车；组件群集则处理复杂的复制、负载平衡和 EJB 组件容错，以及状态对象（如 EJB 实体）的恢复。无论是网页群集，还是组件群集，对于电子商务解决方案所要求的可扩展性和可用性都是至关重要的。共享的客户机/服务器和数据库连接以及数据缓存和 EJB 都增强了性能表现。这是其他 Web 应用系统所不具备的。

BEA 公司成立于 1995 年，2008 年 4 月 29 日，甲骨文（ORACLE）公司收购了 BEA 公司。

4.3.6 IBM WebSphere 简介

WebSphere 包含了编写、运行和监视随需应变的 Web 应用程序和跨平台、跨产品解决方案所需要的整个中间件基础设施，如服务器、服务和工具。WebSphere 提供了可靠、灵活和健壮的集成软件，是 IBM 的集成软件平台。

WebSphere Application Server 是该基础设施的基础，其他组件都在其上运行。WebSphere Process Server 基于 WebSphere Application Server 和 WebSphere Enterprise Service Bus，它为面向服务的体系结构（SOA）的模块化应用程序提供了基础，并支持应用业务规则，以驱动支持业务流程的应用程序。WebSphere 是一个模块化的平台，基于业界支持的开放标准。WebSphere 可以在许多平台上运行。

4.3.7 .NET 框架

NET Framework 是用于生成、部署和运行 XML Web Services 及应用程序的多语言环境。它主要由以下三部分组成：

（1）公共语言运行时（CLR）。CLR 管理代码的执行并使开发过程变得更加简单。CLR 是一种受控的执行环境，其功能通过编译器与其他工具共同展现。以"运行时"为目标的代码称为受控代码（Managed Code）。受控代码指向的对象在执行过程中完全被 CLR 所控制。在执行过程中，CLR 提供自动内存管理、调试支持、增强的安全性及与受控代码（如 COM 组件）的互操作性。凡是符合 CLS（公共语言规范）的程序语言（如 C#和 Visual Basic.NET 等）所开发的程序都可以在任何有 CLR 的操作系统上执行。.NET 框架的关键作用在于，它提供了一个跨编程语言的统一编程环境。

（2）统一的编程类。.NET 框架为开发人员提供了一个统一、面向对象、层次化、可扩展的类库集（API）。.NET 框架统一了微软当前的各种不同类框架，开发人员无需学习多种框架就能顺利编程。通过创建跨编程语言的公共 API 集，.NET 框架可实现跨语言继承性、错误处理功能和调试功能。所有编程语言都是相互等同的，开发人员可以自由选择编程语言。

（3）ASP.NET。ASP.NET 建立在 .NET Framework 的编程类之上，它提供了一个 Web 应用程序模型，并且包含使生成 ASP Web 应用程序变得简单的控件集和结构。ASP.NET 包含封装公共 HTML 用户界面元素（如文本框和下拉菜单）的控件集。但这些控件在 Web 服务器上运行，并以 HTML 的形式将它们的用户界面推送到浏览器。在服务器上，这些控件公开一个面向对象的编程模型，为 Web 开发人员提供了面向对象的编程的丰富性。ASP.NET 还提供结构服务（如会话状态管理和进程回收），进一步减少了开发人员必须编写的代码量并提高了应用程序的可靠性。另外，ASP.NET 使用这些同样的概念使开发人员能够以服务的形式交付软件。使用 XML Web Services 功能，ASP.NET 开发人员可以编写自己的业务逻辑并使用 ASP.NET 结构通过 SOAP 交付该服务。

4.4　电子商务网页的制作

4.4.1　HTTP 协议

当在互联网上查看各种网页时，其底层的承载协议就是 HTTP 协议，通过 HTTP 协议 Web 浏览器与 Web 服务器进行信息的交互与传输，但这对于终端用户是不可见的，用户只是看到丰富多彩的网页。HTTP 协议是一种请求/响应协议，服务器等待并响应客户方请求。HTTP 不维护连接的状态信息，是一种无状态协议。它使用可靠的 TCP 连接，一般的 Web 服务器使用 TCP 的 80 端口。客户/服务器传输过程可分为 4 个步骤：①浏览器与服务器建立连接；②浏览器向服务器请求文档；③服务器响应浏览器请求；④断开连接。HTTP 协议的请求与响应信息格式如下：

1. 请求信息

客户请求包含请求方法、请求头和请求数据。

请求方法主要有 GET 与 POST。GET 方法主要用来请求获取某个文档，一般 GET 请求中不含请求数据，只在请求方法后含有请求文档的 URL。POST 方法主要用来向 Web 服务器提交信息，如表单等，提交的数据信息放在请求数据中，在请求方法后也含有请求文档的 URL，Web 服务器一般将提交的信息交由该 URL 指定的文档处理，该文档一般为动态网页，含有可以执行的程序来处理提交的信息。

请求头信息是可选项，它用于向服务器提供客户端的其他信息，如用户使用的浏览器类型，浏览器可以接受的文件类型等，当有请求数据时还包含该数据的长度指示信息。

当请求方法是 POST 时，含有请求数据，如用户填写的表单信息，用户名、密码等被当作请求数据发送到服务器端。

2. 服务器响应

服务器响应包括以下关键部分：状态码、响应头和响应数据。

129

HTTP 定义了很多返回给浏览器的状态码，状态码主要用来指示服务器是否对请求做出了何种响应，如 200 表示正确响应，404 表示未找到请求的文件。响应头向客户方提供服务器有关请求文档的信息，主要有文档信息长度、文档类型、Web 服务器类型等。如果有客户方请求的数据，数据放在响应头之后，即响应数据。

通信实例分析：

（1）请求。浏览器请求文档的 URL 为 http://www.baidu.com/。

```
GET / HTTP/1.1
Accept: image/gif, image/x-xbitmap, image/jpeg, image/pjpeg,
 application/vnd.ms-excel, application/vnd.ms-powerpoint, ap
plication/msword, application/x-shockwave-flash, */*
Accept-Language: en-us
UA-CPU: x86
Accept-Encoding: gzip, deflate
User-Agent: Mozilla/4.0 (compatible; MSIE 6.0; Windows NT 5.
2; SV1; .NET CLR 1.1.4322; .NET CLR 2.0.50727)
Host: www.baidu.com
Connection: Keep-Alive
Cookie: BAIDUID=502AF3D4B5D8C8370D7413ACC727211D;FG=1; BDSTA
T=3fb6dc82b934250ef21fbe096b63f6246b600c338e44ebf81a4c510fd8
f901c7; BD_UTK_DVT=1
```

其中部分字段的含义是，Accept 表示浏览器可以接受的文件类型，有 gif、jpeg、word、ppt、flash 等。Accept-Encoding 表示浏览器可以接受的压缩算法有 gzip，当用压缩算法传输数据时，能够加快数据在网络中的传输速度。User-Agent 表示浏览器的类型，所以很多网站能够获取并显示用户的浏览器类型。

（2）响应。服务响应包括状态码、一些头信息（以空行结束）及请求数据，假设数据存在，则响应信息如下：

```
HTTP/1.1 200 OK
Date: Sun, 18 May 2008 15:06:49 GMT
Server: BWS/1.0
Content-Length: 1507
Content-Type: text/html
Cache-Control: private
Expires: Sun, 18 May 2008 15:06:49 GMT
Content-Encoding: gzip
```

其中部分字段的含义是，第一行表示请求成功，状态码是 200。Server 字段表示 Web 服务器类型，该服务器是 BWS，是百度公司自己的 Web 服务器。Content-Type 表示传输的数据是 HTML 格式的文本文档。Content-Encoding 表示传输时使用的压缩算法是 gzip，Content-length 表示传输压缩数据的长度。

4.4.2　HTML 语言

当浏览网页时，作为终端用户看到的是丰富多彩的网页，这些网页中含有图片、文本和超级链接等各种丰富多彩的元素，每个网页中的元素有不同的组合形式，如元素位置、颜色搭配等，组合这些元素的语言就是 HTML。

HTML 是 Hypertext Marked Language 的缩写，即超文本标记语言，是用来制作超文本文档的标记语言。用 HTML 编写的超文本文档称为 HTML 文档，它能独立于各种平台，自 1990 年以来 HTML 就一直被用作 WWW（World Wide Web 的缩写）的信息表示语言，使用 HTML

语言描述的文件，需要通过 Web 浏览器显示，当前常用的 Web 浏览器是 MicroSoft 公司的 IE。

所谓超文本，是因为它可以加入图片、声音、动画、影视等内容，事实上每一个 HTML 文档都是一种静态的网页文件，这个文件里面包含了 HTML 指令代码，这些指令代码并不是一种程序语言，它只是一种排版网页中资料显示位置的标记结构语言，易学易懂，非常简单。HTML 的普遍应用就是带来了超文本的技术——通过单击鼠标从一个主题跳转到另一个主题，从一个页面跳转到另一个页面与世界各地主机的文件链接，直接获取相关的主题。

一个 HTML 文档是由一系列的元素和标签组成，元素名不区分大小写。HTML 用标签来规定元素的属性和它在文件中的位置，HTML 超文本文档分文档头和文档体两部分，在文档头里，对这个文档进行了一些必要的定义，文档体中才是要显示的各种文档信息。

下面是一个非常简单的 html 文档代码：

```
<HTML>
<HEAD>
<TITLE> 这是 TITLE </TITLE>
</HEAD>
<BODY>
<CENTER>
<H1>欢迎您的访问</H1>
<BR>
<HR>
<FONT SIZE= 7 COLOR= RED>
这部分的内容的颜色是红色的！
</FONT>
</CENTER>
</BODY>
</HTML>
```

图 4-8 是该文档的显示效果图。

图 4-8　简单 HTML 网示例效果图

<HTML></HTML>在文档的最外层，文档中的所有文本和 HTML 标签都包含在其中，它表示该文档是以超文本标识语言（HTML）编写的。但在实际应用中，常用的 Web 浏览器都可以自动识别 HTML 文档，并不要求必须有 <html>标签，也不对该标签进行任何操作，但是为了使 HTML 文档能够适应不断变化的 Web 浏览器，保持良好的网页兼容性，建议按照标准的要求去添加该标签。

131

<HEAD></HEAD>是 HTML 文档的头部标签，在浏览器窗口中，正常情况下，头部信息是不被显示在正文中的，在此标签中可以插入其他标记，用以说明文件的标题和整个文件的一些公共属性，若不需头部信息则可省略此标记。

<TITEL></TITLE>是嵌套在<HEAD>头部标签中的，标签之间的文本是文档标题，正常情况下，它被显示在浏览器窗口的标题栏。

<BODY></BODY>标记一般不省略，该对标签之间的文本是正文，是在浏览器要显示的页面内容。

HTML 标签是 HTML 语言中最基本的单位，HTML 标签是 HTML 语言最重要的组成部分，以下是 HTML 常用的标签。

（1）格式标签。

<p></p>

<p></p>标签用来创建一个段落，在浏览器解析该标签对之间的文本时，按照段落的格式显示在浏览器上。<p>标签可以使用 align 属性，该属性用来说明对齐方式，语法是：<p align=""></p>。align 可以是 Left（左对齐）、Center（居中）和 Right（右对齐）三个值中的任何一个。如<p align="Left"></p>表示标签对中的文本使用左对齐的对齐方式。

是一个很简单的标签，它没有结束标签，该标签用来创建一个回车换行。

<div></div>

<div></div>标签对用来排版大块 HTML 段落，也用于格式化表，此标签对的用法与<p></p>标签对相似，同样有 align 对齐方式属性。

（2）文本标签。

<pre></pre>

<pre></pre>标签对用来对文本进行预处理操作。该标签将在其中的文字排版、格式，原样呈现出来，即输入的东西被原样输出，包括输入的空格，不需要用
等来表示空格或者回车。

<h1></h1>……<h6></h6>

HTML 语言提供了一系列对文本中的标题进行操作的标签对：<h1></h1>……<h6></h6>，即一共有六对标题的标签对。<h1></h1>是最大的标题，而<h6></h6>则是最小的标题，即标签中 h 后面的数字越大标题文本就越小。

<font></font>

<font></font>是可以对输出文本的字体大小、颜色进行随意地改变，这些改变主要是通过对它的两个属性 size 和 color 的控制来实现的。size 属性用来改变字体的大小，它可以取值：-1、1 和+1；而 color 属性则用来改变文本的颜色，颜色的取值是十六进制 RGB 颜色码或 HTML 语言给定的颜色常量名。

（3）图像标签。

<img>

<img>标签是通过对标签对的 src 属性赋值，该值是图形文件的路径与文件名，该路径可以是相对路径也可以是绝对路径。src 属性在<img>标签中是必须赋值的，是标签中不可缺少的一部分。<img>标签有 alt、align、border、width 和 height 属性。align 是图像的对齐方式。

border 属性是图像的边框，可以取大于或者等于 0 的整数，默认单位是像素。width 和 height 属性是图像的宽和高，默认单位是像素。alt 属性是当鼠标移动到图像上时显示的文本。

（4）链接标签。

<a href=""></a>

本标签对的属性 href 是必须赋值的，标签对之间加入需要链接的文本或图像。href 的值可以是 URL 形式、mailto 形式。当为 URL 形式时，语法为<a href="URL"></a>，这样就创建一个超文本链接，例如：

<a href="http://www.baidu.com/">连接到百度主页</a>

当为 mailto 形式时，语法为<a href="mailto:EMAIL"></a>，这样就创建了一个点击自动发送电子邮件的链接，mailto:后边紧跟想要发送的电子邮件的地址，例如：

<a href="mailto:zz0999@163.com">将向 163 的邮箱发送邮件</a>

4.4.3　网页客户端脚本

网页客户端脚本是嵌入到 HTML 网页中的一段特殊文本，当浏览器解析这些脚本时，不是把它们当作一般的文本去显示，而是当作程序运行。这些脚本是随网页一起从 Web 服务器下载的，Web 服务器并不执行这些脚本，只是把这些脚本传递给客户端浏览器，由浏览器解释执行，脚本的出现大大增强了网页的表现力。目前比较流行的脚本有 JavaScript 与 VBScript。

以下以 JavaScript 为例对 Web 网页脚本进行描述，JavaScript 具有以下主要功能与作用：

1．导航功能

网站导航系统可以由 JavaScript 实现。使用 JavaScript 创建一个导航工具，如用于选择下一个页面的下拉菜单，或者当鼠标移动到某导航链接上时弹出子菜单。

2．验证表单

JavaScript 的另一个常用功能是验证表单。JavaScript 程序可以读取用户在表单中输入的值，并能够验证输入信息格式与数值的正确性，如用户的用户名必须由数字与英文字母组成、邮编由六位数字组成等。该项功能将很多信息的验证放在客户端浏览器中进行，并能及时提醒用户，而不需要将信息发送到服务器由服务器验证后再将结果反馈给用户。

3．特殊效果

JavaScript 可以创建引人注目的特殊效果，例如在浏览器状态行显示滚动的信息，或者让页面的背景颜色闪烁、图片跟踪用户鼠标等。

4．AJAX

最初的 JavaScript 无法与 Web 服务器进行通信,因为浏览器无法支持,但现在的 JavaScript 的高级功能够被多数浏览器所支持。JavaScprit 脚本可以直接从服务器中获取数据或者将数据直接发送给服务器。这样通过 JavaScprit，基于浏览器的 B/S 结构的应用可以达到类似 C/S 结构应用的效果，现在这种技术称为 AJAX。Google 的 Gmail 就是通过该项技术实现，该技术的关键基础之一就是 AJAX。

```
<html>
<head>
<title>Javascript 实例</title>
```

```
<script  language="javascript">
function click()
{
if(event.button==1){alert('你点击了鼠标左键!')}
}
document.onmousedown=click
</script>
</head>
<body>
你好，请点击鼠标看效果!
</body>
</html>
```

图为 4-9 为该网页中脚本的效果图。

图 4-9　网页 JavaScript 效果图

在本示例中，在 HTML 的源代码中增加了一个 script 标签，该标签中的 language 属性指定了网页所使用的脚本语言类型，此处为 javascript。Click 是一个事件处理函数，通过 document 的 onmousedown 事件的触发 Click 函数被调用，调用时检测是否为左键单击，如果是则弹出如图 4-9 所示的对话框。

VBScript 是 Microsoft 公司开发的，它的语法来自 Visual Basic，熟悉 Visual Basic 编程人员能够很快掌握该脚本的编写。但 VBScript 有一个缺点，其只能被 Microsoft 公司的 IE 浏览器支持。

4.4.4　网页类型

当用浏览器打开某个网址时，如 www.sina.com.cn，会看到丰富多彩的页面，这些页面就是网页，网页分为静态网页和动态网页两种。

静态网页是相对于动态网页而言的，静态网页与动态的区别主要是看网页是怎样产生的。静态网页是存储在 Web 服务器中的文件，当访问这些网页时，Web 服务器从存储器中获得这些文件，将文件内容发送给客户端，不做任何特殊处理。当浏览器请求动态网页时，Web 服务器获取该网页，然后执行网页中的相关程序，根据程序的输出产生新的页面，然后将新产生的页面发送到用户浏览器端。

采用动态网页还是静态网页主要取决于网站本身。如果网站功能比较简单，内容更新量不大，采用纯静态网页的方式，反之一般要采用动态网页技术来实现。当前很多大型网站为了提高访问速度，也会把动态网页经过技术处理转成静态网页。还有很多网站为适应搜索引擎检索的需要，虽然采用动态网站技术，但是也将网页内容转化为静态网页发布。

4.4.5 静态网页

静态网页的获取与显示原理是：

（1）用户打开浏览器（如 ie 等），在地址栏中输入 URL（如 http://www.test.com/ index.htm），然后按回车。

（2）用户客户端根据 URL 中指定的 www.test.com 得到需要访问的主机域名，然后通过 DNS 服务器得到该域名对应的 IP 地址。

（3）用户客户端获取要访问的 IP 地址成功后，发送 TCP 连接请求到 Web 服务器。

（4）连接成功后，用户客户端发送请求网页的相关信息到 Web 服务器。

（5）Web 服务器接到请求后，得到客户端需要获取的文件是 index.htm。

（6）Web 服务器从其存储器中得到 index.htm 文件，将其内容原样发送到用户客户端。

（7）客户端接到响应信息后，根据 index.htm 文件中的内容生成友好的图形界面，即用户看到的图形界面。

在以上的执行过程中，Web 服务器不对 index.htm 文件做任何特殊的处理，不执行该网页文件中包含的任何内容，只是取出该网页文件内容然后发送到客户端浏览器。

4.4.6 动态网页

1. 动态网页特点

（1）动态网页以数据库技术为基础，可以大大降低网站维护的工作量。

（2）采用动态网页技术的网站可以实现更多的功能，如用户注册、用户登录、在线调查、用户管理、订单管理等。

（3）动态网页实际上并不是独立存在于服务器上的网页文件，只有当用户请求时服务器才返回一个完整的网页。

2. 动态网页工作原理

（1）用户打开浏览器（例如 IE 等），在地址栏中输入 URL（如 http://www.test.com/i.jsp），然后按回车。

（2）用户客户端根据 URL 中指定的 www.test.com 得到需要访问的主机域名，然后通过 DNS 服务器得到该域名对应的 IP 地址。

（3）用户客户端获取要访问的 IP 地址成功后，发送 TCP 连接请求到 Web 服务器。

（4）客户端连接成功后，发送网页相关的请求信息给 Web 服务器。

（5）Web 服务器接到请求后，得到客户端需要获取的文件是 i.jsp。

（6）Web 服务器从其存储器中得到 i.jsp 文件，然后执行该文件中的相应程序，生成一个 HTML 格式的结果，将执行结果发送到用户客户端，而不是将 i.jsp 的内容原样发送到客户端。

（7）客户端接到响应信息后，根据文件中的内容生成友好的图形界面，即用户看到的图形界面。

在以上的执行过程，Web 服务器并不是发送 i.jsp 文件本身给客户端，而是根据该文件执行相应的操作，执行操作临时生成一个 HTML 格式的文档，将该文档发送给客户端。

3. CGI

早期的动态网页主要采用 CGI 技术，CGI 即 Common Gateway Interface（公用网关接口），CGI 规定了 Web 服务器调用其他可执行程序（CGI 程序）的接口协议标准。Web 服务器通过调用 CGI 程序实现和 Web 浏览器的交互，也就是 CGI 程序接受 Web 浏览器发送给 Web 服务器的信息，进行处理，将响应结果再回送给 Web 服务器，然后由 Web 服务器将信息发送给 Web 浏览器。CGI 程序一般完成 Web 网页中表单（Form）数据的处理、数据库查询和实现与传统应用系统的集成等工作。可以使用不同的程序编写 CGI 程序，如 Visual Basic、Shell 脚本语言、Perl、Fortran、Delphi 或 C/C++等。以下是对 CGI 原理的简要概述。

用户浏览器提交数据时，可以通过两种方法调用 CGI 程序，一种是 GET 方法，一种是 POST 方法。当使用 GET 方法时，用户的请求信息通过 URL 的形式传送到 Web 服务器，Web 服务器将请求信息放置到环境变量 QUERY_STRING 中，CGI 程序从该变量中获取请求信息并进行处理。但 URL 有长度限制，所以当客户端需要提交信息数量较大时，一般使用 POST 方法。当使用 POST 方法时，用户的请求信息通过 HTTP 协议数据体部分传送到 Web 服务器，Web 服务器将请求信息作为标准输入传送给 CGI 程序，CGI 程序从标准输入读取请求信息并处理。不论采用何种方法传递，其本质目的就是能够使 CGI 程序获得客户端浏览器提交的信息并处理，CGI 的处理结果通过标准输出的方式发送给 Web 服务器，Web 服务器再将数据发送给客户端浏览器。

环境变量是 Web 服务器与 CGI 程序交换信息的主要方式。因为 CGI 程序可能需要使用很多信息，所以 Web 服务器设置了很多环境变量供 CGI 程序使用，主要分为以下三种：

（1）服务器信息。

GATEWAY_INTERFACE	服务器遵守的 CGI 版本
SERVER_NAME	服务器的 IP 或名字
SERVER_PORT	主机的端口号
SERVER_SOFTWARE	服务器软件的名字

（2）客户端信息。

ACCEPT	列出能接受请求接受的应答方式
ACCEPT_ENCODING	列出客户机支持的编码方式
ACCEPT_LANGUAGE	表明客户机可接受语言的 ISO 代码
REFFERER	指出连接到当前文档的文档的 URL
USER_AGENT	标明客户使用的软件

（3）请求相关信息。

CONTENT_LENGTH	POS 请求中发送的字节数
CONTENT_TYPE	被发送数据的类型
PATH_INFO	CGI 程序的附加路径
PATH_TRANSLATED	PATH_INFO 对应的绝对路径
QUERY_STRING	传送给 CGI 程序的 URL 的问号（?）后的那一部分
REMOTE_ADDR	最终用户的 IP 或主机名
REQUEST_LINE	发送给服务器的完整 URL 请求

REQUEST_METHOD　　　传送数据的方法，主要为 GET 与 POST

SCRPT_NAME　　　　　运行的脚本名字

下面是一个简单的 CGI 程序，它将 HTML 中 Form 表单通过 POST 方法提交的信息返回给 Web 浏览器。

```
#include <stdio.h>
main()
{
int,i,n;
printf("Content-type:text/plain\r\n\r\n");
n=0;
if(getenv("CONTENT-LENGTH"))
n=atoi(getenv(CONTENT-LENGTH"));
for(i=0;i<n;i++)
putchar(getchar());
putchar('\n');
fflush(stdout);
}
```

以下是对该程序的简要分析。

prinf("Content-type:text/plain\r\n\r\n")，该句将 Content-type:text/plain\r\n\r\n 信息写入到标准输出中，该信息的作用是提示以下将要返回的信息类型是文本类型，因为 Web 服务器不能自动从 CGI 程序的返回信息解析信息的格式，必须通过该种方式告诉 Web 服务器返回信息的类型。

```
if(getenv("CONTENT-LENGTH"))
n=atoi(getenv("CONTENT-LENGTH"));
```

此行首先检查环境变量 CONTENT-LENGTH 是否存在。Web 服务器在调用 CGI 程序时设置此环境变量，它的文本值表示 Web 服务器传送给 CGI 程序的输入中的字符数目，因此使用函数 atoi()将此环境变量的值转换成整数，并赋给变量 n。因为 Web 服务器发送给 CGI 程序的输入不以文件结束符来标识终止，所以必须获取 CONTENT-LENGTH，CGI 通过该变量获取输入信息长度，以完全读取输入信息。

```
for(i=0;i<n;i++)
putchar(getchar());
```

此行从 0 循环到(CONTENT-LENGTH-1)次将标准输入中读到的每一个字符直接拷贝到标准输出，也就是将所有的输入以 ASCII 的形式回送给 Web 服务器。

从该例可以看出，CGI 程序的主要任务就是从 Web 服务器得到输入信息，进行处理，然后将输出结果再回送给 Web 服务器。

虽然 CGI 技术已经发展成熟而且功能强大，但由于编程困难、效率低下、修改复杂，所以逐渐被新的技术所取代。现在比较流行的动态网页开发语言是 PHP、ASP 和 JSP。

4. PHP

英文超级文本预处理语言（Hypertext Preprocessor，PHP）的嵌套缩写名称。PHP 是一种 HTML 内嵌式的语言，是一种在服务器端执行的嵌入 HTML 文档的脚本语言，PHP 独特的语法混合了 C、Java、Perl 以及 PHP 自创的新语法。PHP 比 CGI 有更快的执行速度。PHP 将程序嵌入到 HTML 文档中去执行，执行效率比完全生成 HTML 标记的 CGI 要高许多；PHP 执行引擎还将用户经常访问的 PHP 程序驻留在内存中，其他用户再一次访问该程序时不需要重新编译程序，而是直接执行内存中的已编译的程序代码，加快了执行速度，这是 PHP 高效率的重要体现。PHP 具有非常强大的功能，支持几乎所有流行的数据库以及操作系统。PHP 最初是由 Rasmus Lerdorf 在 1994 年创建的，是一个源代码开放项目。

下面是一个计数器的简单示例：

```
<html>
<head>
<title>访客计数器</title>
</head>
<body>
<?php                      //php 标签，编译器解析<?php ...?>之间的内容
/*
simple access counter      //注释:/*...*/用来注释多行   //用来注释单行
*/
$counterFile =   "/tmp/counter.txt";           //声明存储文件的路径
function displayCounter($counterFile){          //定义计数函数
    $fp       = fopen($counterFile,"rw");       //以读写方式打开目的文件
    $num      = fgets($fp,5);                   //将文件内容读取到 num 变量中
    $num      += 1;                             //num 变量自加
    print   "您是第 "."$num"." 位访客";
    exec( "rm -rf $counterFile");               //执行 bash 脚本，删除目的文件
    exec( "echo $num > $counterFile");          //将 num 变量的值写回到目的文件
}
if(!file_exists($counterFile)){                 //判断目的文件是否存在
    exec( "echo 0 > $counterFile");             //如果文件不存在，则将 0 输入到目的文件中
}
displayCounter($counterFile);                   //执行计数函数
?>
</body>
</html>
```

在读取到本页时，PHP 程序先找寻/tmp/counter.txt 文件是否存在，若不存在，则建立一个 counter.txt 文件，然后将 0 写入文件。然后读取 counter.txt 文件的内容，再将该内容表示的数字存入$num 变量中，然后对$num 变量进行加一操作，再将改变后的值存入到 counter.txt 文件中，这样当有新的用户请求该网页时，访客序号值会在前一个值的基础上进行加一。

5. ASP

ASP 即 Active Server Pages，是微软开发的一种类似 HTML（超文本标识语言）、Script（脚本）与 CGI（公用网关接口）的结合体，是一个服务器端脚本编写环境，该技术没有提供专用的编程语言，而是允许用户使用许多已有的脚本语言编写 ASP 应用程序。ASP 网页可以包含 HTML 标记、普通文本、脚本命令以及 COM 组件等。

但 ASP 技术也非完美无缺，由于它基本上是局限于微软的操作系统平台之上，主要工作环境是微软的 IIS 应用程序结构，又因 ActiveX 对象具有平台特性，所以 ASP 技术不能很容易地实现在跨平台 Web 服务器上工作。

与静态 HTML 相比，ASP 主要有以下特点：

（1）利用 ASP 可以实现突破静态网页的一些功能限制，实现动态网页技术。

（2）ASP 文件是包含在 HTML 代码所组成的文件中的，易于修改和测试。

（3）服务器上的 ASP 解释程序会在服务器端执行 ASP 中程序代码，并将结果以 HTML 格式传送到客户端浏览器上，因此使用各种浏览器都可以正常浏览 ASP 所产生的网页。

（4）ASP 提供了一些内置对象，使用这些对象可以使服务器端脚本功能更强。例如可以从 Web 浏览器中获取用户通过 HTML 表单提交的信息，并在脚本中对这些信息进行处理，然后向 Web 浏览器发送信息。

（5）ASP 可以使用服务器端 ActiveX 组件来执行各种各样的任务，例如存取数据库或访问文件系统等。

（6）由于服务器是将 ASP 程序执行的结果以 HTML 格式传回客户端浏览器，因此客户端浏览器用户无法看到 ASP 所编写的原始程序代码，可防止 ASP 程序代码被窃取。

目前的 ASP 版本总共提供了 6 个内建对象，分别是 Request 对象、Response 对象、Server 对象、Session 对象、Application 对象及 ObjectContext 对象，其各自功能简述如下：

- Request 对象：负责从客户机接收信息。
- Response 对象：负责响应用户请求。
- Application 对象：负责保存所有 ASP 程序用户的共用信息。
- Session 对象：负责保存单个用户与应用程序交互的各种信息。
- Server 对象：负责控制 ASP 的运行环境。
- ObjectContext 对象：供 ASP 程序配合 MTS 进行分散式的事务处理。

6. JSP

JSP（Java Server Pages）是当前非常重要的动态网页编程语言，由 Sun Microsystems 公司倡导、许多公司参与一起建立的一种动态网页技术标准。JSP 技术是用 Java 语言作为脚本语言的，JSP 网页为整个服务器端的 Java 库单元提供了一个接口来服务于 HTTP 的应用程序。

当 Web 服务器上的 JSP 页面第一次被请求执行时，JSP/Servlet 容器先将 JSP 页面文件转译 Servlet，Servlet 通过 HTML 与客户交互。服务器将前面转译成的 Java 文件编译成字节码文件，再执行这个字节码文件来响应客户的请求。当这个 JSP 页面再次被请求时，只要该 JSP 文件没有被改动，JSP 容器就直接调用已装载的 Servlet。

Servlet 是用 Java 编写的服务器端程序模块，用以扩展 WebServer 的功能。Servlet 被加载到 Web 服务器上，并在其中运行。Servlet 使用 HTTP 服务器接收和响应客户机发出的请求。

Servlet 能够执行多种功能：

- 能够创建并返回整个 HTML Web 页面，根据客户请求的性质而具有动态内容。
- 能够创建 HTML Web 页面的动态部分，并嵌入到现有静态 HTML 页面中。
- 可以与服务器上的其他资源进行通信，包括数据库、其他 Java 应用程序以及用其他语言编写的应用程序。
- 能够处理与多个 Web 客户机的连接，接收来自多个 Web 客户机的输入信息，并将结果广播到多个 Web 客户机。
- 能够打开对 Web 客户机上 applet 的个别连接，并保持连接处于打开状态，允许在这个单一连接上进行多种数据传递。这种效能使客户机和服务器能够容易地进行会话。

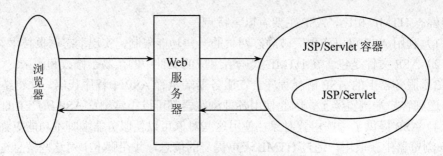

图 4-10　JSP/Servlet 运行原理图

JSP 容器是运行 JSP 页面和 Servlet 的环境。常用的 JSP 容器有 tomcat、WebSphere、Weblogic 等，其中 tomcat 适合中小型网站使用。

（1）JSP 页面的基本结构。在传统的 HTML 页面文件中加入 Java 程序片和 JSP 标签就构成了一个 JSP 页面文件。一个 JSP 页面是由以下元素组合而成的：

1）HTML 标记符、HTML 网页制作。

2）声明：变量、方法、类<%! %>。

3）Java 程序片<% %>。

4）Java 表达式<%= %>。

5）JSP 标签，分为指令标签和动作标签。

6）注释。

示例：

```
<%@ page contentType="text/html;charset=gb2312" %>
<%@ page import="java.util.*"%>
<HTML>
  <BODY>
  <%
  for( int i=0; i<2; i++ )
  {
  %>
      你好<br>
  <%
  }
  %>
  </BODY>
</HTML>
```

其中 1，2 行是指令标签，第 3 行到最后是 HTML 标记，其中"<%"和"%>"包含了 Java 程序片部分。

（2）JSP 内置对象。JSP 提供了大量丰富的资源用来编写程序，其中非常重要的是 JSP 内置对象，这些对象不需声明就可以直接使用。JSP 关键内置对象有：Request、Response 和 Session。

Request 内置对象代表了客户端的请求信息，主要用于接受客户端通过 HTTP 协议传送给服务器端的数据。该对象提供了丰富的方法来获取客户端发送的请求信息。

Response 对象对客户的请求做出动态响应，向客户端发送数据，如 Cookie、HTTP 响应头信息等。

Session 对象是一种服务器个别处理与记录用户端上网使用者信息的技术。当使用者与服务器联机时，服务器可以给每一个上网的使用者一个 Session 并设定其中的内容，这些 Session 都是个别独立的，服务器端可以借此来辨别使用者信息进而提供个别的服务。

4.4.7　XML

XML 全称 Extensible Markup Language，可扩展标记语言，是一种标记语言。标记指计算机所能理解的信息符号，通过此种标记，计算机之间可以处理包含各种信息的文章等。标记语言就是使用某种"记号"来表示特殊信息的语言，例如用一种"记号"来表示格式信息或表示数据信息。XML 是从标准通用标记语言（SGML）中简化修改出来的。主要用到的有 XML、XSL、XBRL 和 XPath 等。

XML 的前身是 SGML（The Standard Generalized Markup Language），是自 IBM 从 60 年代就开始发展的 GML（Generalized Markup Language）标准化后的名称。1978 年，ANSI 将 GML 加以整理规范，发布成为 SGML，1986 年起为 ISO 所采用（ISO 8879），SMGL 的规范性与稳定性很高，被广泛地运用在各种大型的文件计划中，但也正式因为这些导致其过于复杂，影响其推广与应用。HTML 在对 SGML 进行简化后产生的。

但 HTML 有其自身的固有缺陷：

1. 标记数量有限

HTML 语言的标记由专门的规范规定，用户不能随便根据需要制定自己的标记。

2. 侧重格式显示

HTML 在某总程度上是一种侧重显示格式的语言，其所关注的是如何将信息按照某种格式显示出来，而不是被显示信息本身的结构性。

3. HTML 标记不统一

HTML 是紧密跟浏览器结合在一起的，因此其是否正确主要还是由浏览器来决定，只要浏览器支持的标记就正确的标记。浏览器厂商会增加很多自己特有的扩展标记，这些标记可能给使用者带来方便，这些标记可能不被其他浏览器支持，造成的后果就是，在一个浏览器上可以显示的信息不能在另一个浏览器中正常显示。

XML 是 SGML 和 HTML 优点的结合，XML 仍然被认为是一种 SGML 语言，但比 SGML 要简单，其能实现 SGML 的大部分功能。

下面是一个简单的 XML 示例：

```
<?xml version="1.0" encoding="GB2312" ?>
<book_menu>
 <book>
  <name>电子商务技术基础</name>
  <price>28 元</price>
  <description>主要讲解电子商务所使用的技术</description>
 </book>
<book>
 <name>JSP 示例详解</name>
```

141

```
<price>39 元</price>
<description>通过示例讲解 JSP</description>
</book>
</book_menu>
```

用浏览器打开该 XML 文件，在浏览器中的显示如图 4-11 所示。

```
<?xml version="1.0" encoding="GB2312" ?>
– <book_menu>
  – <book>
      <name>电子商务技术基础</name>
      <price>28元</price>
      <description>主要讲解电子商务所使用的技术</description>
    </book>
  – <book>
      <name>JSP示例详解</name>
      <price>39元</price>
      <description>通过示例讲解JSP</description>
    </book>
</book_menu>
```

图 4-11　无格式的 XML

每个 XML 文档必须有 XML 声明语句，声明是 XML 文档的第一句，其格式如下：<?xml version="1.0" encoding="GB2312 "?>，声明的作用是告诉浏览器或者其他处理程序：这个文档是 XML 文档。声明语句中的 version 表示文档遵守的 XML 规范的版本；encoding 表示文档所用的语言编码，该文档使用的是 GB2312 编码。在 XML 文档中，大小写是有区别的。<BOOK>和<book>是不同的标识，注意在写元素时，前后标识大小写要保持一致。在 HTML 中，标识可能不是成对出现的，而在 XML 中规定，所有标识必须成对出现，有一个开始标识，就必须有一个结束标识。否则将被视为错误，本示例中的所有标识都成对出现。

从该例可以看出，XML 能够清晰地表达数据，是一种数据描述语言，本身并不描述显示格式等信息，如果需要格式化显示 XML 信息，则需要定义 XSL。

说先将<?xml-stylesheet type="text/xsl" href="b.xsl" ?>添加到上述示例 XML 文件中的第二行。以下是该示例使用的 XSL 文件：b.xsl。

```
<?xml version="1.0" encoding="GB2312"?>
<xsl:stylesheet xmlns:xsl="http://www.w3.org/1999/XSL/Transform" version="1.0" >
<xsl:template match="/">
<html>
  <body style="font-family:Arial，helvetica，sans-serif;font-size:12pt;
        background-color:#EEEEEE">
    <xsl:for-each select="book_menu/book">
      <div style="background-color:teal;color:white;padding:4px">
        <span style="font-weight:bold;color:white">
        <xsl:value-of select="name"/></span>
        - <xsl:value-of select="price"/>
      </div>
      <div style="margin-left:20px;margin-bottom:1em;font-size:10pt">
```

```
            <xsl:value-of select="description"/>
            <span style="font-style:italic">
            </span>
        </div>
    </xsl:for-each>
  </body>
</html>
</xsl:template>
</xsl:stylesheet>
```

图 4-12 是添加 XSL 后，浏览器的显示界面。

图 4-12　包含 XSL 的 XML 显示

XSL 之于 XML，就像 CSS 之于 HTML。它是指可扩展样式表语言（Extensible Style Language）。这是一种用于以可读格式呈现 XML 数据的语言。XSL 包含两个部分：

- XSLT：用于转换 XML 文档的语言。
- XPath：用于在 XML 文档中导航的语言。

XSLT 是指 XSL 转换（XSL Transformation），它是 XSL 最重要的部分。XSLT 可以将 XML 文档转换为其他 XML 文档、XHTML 输出或简单的文本。这通常是通过将每个 XML 元素转换为 HTML 元素来完成的。由于 XML 标签是用户定义的，浏览器不知道如何解释或呈现每个标签，因此必须使用 XSL。XML 标签的意义是为了方便用户（而不是计算机）理解。

XSLT 还可以对 XML 树进行下列操作：

- 添加和删除元素
- 添加和删除属性
- 对元素进行重新排列或排序
- 隐藏或显示某些元素
- 查找或选择特定元素

XSL 也是 XML，所以其第一行也是 XML 的声明，但 XSL 与 XML 的区别是：XML 用于承载数据，而 XSL 则用于设置数据的格式。XSL 专门用于处理 XML 文档，并且遵循 XML 语法。因此，它只能在支持 XML 的应用程序中与 XML 结合使用。最合适使用 XML 和 XSL 的情况是：Web 门户、新闻聚合器、社区网站或其他任何需要向各种设备及大量客户端提供信息的 Web 应用程序。XSLT 是一种基于模式匹配的语言。它会查找匹配特定条件的节点，然后应用相应的规则。因此，它不具备大多数编程语言的计算能力。例如，XSL 无法在运行时更改变量的值。它不应该用于从使用复杂公式的动态数据源（例如在线商店）来计算值。Web 编程语言更适于此用途。XSL 不能代替或补充 CSS。它不应（也不能）用于设置 HTML 的样式。但是，可以将其用于需要频繁重新设计可视化效果、频繁更换布局以及以灵活格式处理数

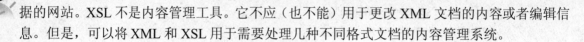

据的网站。XSL 不是内容管理工具。它不应（也不能）用于更改 XML 文档的内容或者编辑信息。但是，可以将 XML 和 XSL 用于需要处理几种不同格式文档的内容管理系统。

4.4.8 AJAX

AJAX 全称为 Asynchronous JavaScript and XML（异步 JavaScript 和 XML），是指一种创建交互式网页应用的网页开发技术，从名称中可以看出 JavaScript 与 XML 是实现 AJAX 的关键技术，AJAX 模糊了传统的 C/S、B/S 模式的应用架构，是当前比较流行的先进技术。

传统的基于 Web 的 B/S 应用允许用户填写表单（Form），当提交表单时就向 Web 服务器发送一个请求。服务器接收并处理传来的表单，从中得到用户的请求信息，并根据请求信息做出相应处理，然后返回一个新的网页。这种方法影响了用户体验，减慢了响应速度，因为在前后两个页面中的大部分 HTML 代码往往是相同的，每次应用的交互均需要进行上述的过程，这导致了用户界面的响应比 C/S 模式的应用慢得多。

AJAX 的出现解决了上述问题，AJAX 应用可以仅向服务器发送并取回必需的数据，减少了无关数据的传输，它使用 SOAP 或其他一些基于 XML 的 Web Service 接口，并在客户端采用 JavaScript 处理来自服务器的响应。因为在服务器和浏览器之间交换的数据大量减少，用户看到了响应更快的应用。同时很多的处理工作可以在发出请求的客户端机器上完成，所以 Web 服务器的处理时间也减少了。

AJAX 应用程序的优势：

（1）通过异步模式，提升了用户体验。

（2）优化了浏览器和服务器之间的传输，减少不必要的数据往返，减少了带宽占用。

（3）AJAX 引擎在客户端运行，承担了一部分本来由服务器承担的工作，从而减少了大用户量下的服务器负载。

AJAX 的工作原理：

AJAX 的核心是 JavaScript 对象 XmlHttpRequest。该对象在 Internet Explorer 5 中首次引入，它是一种支持异步请求的技术。JavaScript 使用 XmlHttpRequest 向服务器提出请求并处理响应，而不阻塞用户。AJAX 的工作原理相当于在用户和服务器之间加了一个中间层，使用户操作与服务器响应异步化。这样以前的一些服务器负担的工作由客户端来完成，利于客户端闲置的处理能力来处理，减轻了服务器处理压力，同时很多重复的数据不再多次发送，减轻了网络的负担，加快了响应速度。

4.5 电子商务网站的测试与发布

4.5.1 网站测试

网站本身是由网页组成的，网页本身也是软件，因此一般软件测试方法也对网站测试有效，但网站本身毕竟不同于一般的软件，因此有其特殊性。对网站的测试主要有用户界面测试、功能测试、接口测试、兼容性测试、性能测试、安全测试等。

1. 用户界面测试

用户界面测试英文名为 User Interface testing，简称 UI 测试，测试用户界面的风格是否满足客户要求，文字是否正确，页面是否美观，文字、图片组合是否完美，操作是否友好等。用户界面测试主要有下述几点：

（1）对网站的使用帮助进行测试，仔细阅读每项使用帮助，观察每项使用帮助是否能够正确的实现对应的功能，同时一定要让非开发或非专业人员去浏览网站内容，当其碰到问题时，让这些测试人员去参考使用帮助，以观察帮助提示是否起到预期的效果。

（2）对站点地图与导航条进行测试，站点地图是网站整体的一个导航，该地图是否明确的标识了网站的各个组成部分，是否通过该地图用户可以顺利到达对应的网页，导航条是否能够方便用户对网页的浏览，是否能将用户链接到对应的网页。

（3）对网站的内容进行测试，内容测试用来检验 Web 应用系统提供信息的正确性、准确性和相关性。信息的正确性是指信息是可靠的还是误传的。例如，在商品价格列表中，错误的价格可能引起财政问题甚至导致法律纠纷；信息的准确性是指是否有语法或拼写错误。这种测试通常使用一些文字处理软件来进行，例如使用 Microsoft Word 的"拼音与语法检查"功能；信息的相关性是指是否在当前页面可以找到与当前浏览信息相关的信息列表或入口，也就是一般 Web 站点中的所谓"相关文章列表"。

（4）对整体界面进行测试，整体界面是指整个 Web 应用系统的页面结构设计，是给用户的一个整体感。例如：当用户浏览 Web 应用系统时是否感到舒适，是否凭直觉就知道要找的信息在什么地方？整个 Web 应用系统的设计风格是否一致？对整体界面的测试过程，其实是一个对最终用户进行调查的过程。一般 Web 应用系统采取在主页上做一个调查问卷的形式，来得到最终用户的反馈信息。对图片进行测试，非常大的图片在传输时会显著的占用更多时间，会给用户带来厌烦的浏览体验，图片的放置位置是否妥当，是否影响网页的布局，是否更能方便用户的浏览。对所有的用户界面测试来说，都需要有外部人员（与 Web 应用系统开发没有联系或联系很少的人员）的参与，最好是最终用户的参与。

2. 功能测试

功能测试，网站作用及其达到的效果主要由网站本身的功能来决定，用户界面只是网站的一个方面，网站的成功与否主要看网站是否完成了指定的功能。做为电子商务网站，其功能要求更加突出，必须保证每项功能能够正确运行，所有的界面都是在紧紧围绕功能进行开发的。功能测试主要有以下几点：

（1）链接的正确与有效性测试，当浏览网站时会经常发现链接的网页不正确，这些不正确的原因有很多，如链接指向的内容与指示的不符，链接的网页不存在等，当出现这些情况时，用户对网站本身的感受就会打折扣，所以必须对网站的链接进行测试，有很多网页测试工具可以对网站所有链接的有效性进行测试，以确保链接的正确性与有效性。

（2）表单测试，电子商务网站不但能够供用户浏览网页，同时还必须能够跟用户进行双向的交流，交流的方式就是用户提交信息，用户提交信息的最主要的手段就是表单，服务器通过表单中的内容来获取用户提交的信息，并对其进行处理，因此必须保证每个表单能够正常工作，服务器能够正确处理用户通过表单输入的信息，同时，服务器或客户端能够对表单输入的信息进行检测，确保表单内容的合法性与有效性。

（3）内容输入合法性测试，当用户输入用户名、产品编号、客户资料等相关信息时，需要对这些信息进行检测，以保证这些信息输入的正确性，进而保证能够被服务器正确处理，这些输入信息可以在浏览器端进行检测，当输入不正确时，可以及时提示给用户，在测试时，根据需要制造合法与不合法的输入信息，检测网页能否对这些信息进行检测，给用户警告信息与错误提示。

（4）应用功能测试，每个电子商务网站有自己的功能与目标定位，必须确保电子商务网站所具有的特定功能能够正常运行，以图书在线销售网站为例，必须确保用户能够通过网站进行注册、图书浏览、图书定制等操作，在测试时，可以尝试进行各种错误情况对网站的应用功能进行测试。

3. 接口测试

电子商务网站不是一个孤立的系统，需要跟很多系统交互，如数据库系统、企业内部的信息系统等，因此需要仔细测试网站跟这些系统之间的接口，保证接口能够正常运行。接口测试主要有下述几点：

（1）数据库接口测试，数据库是所有信息系统的一个重要组成部分，数据库负责信息的有效组织与存储，各种系统都需要从数据库中获取信息或存储信息到数据库中，电子商务网站也需要跟数据库紧密结合才能完成需要的功能，因此需要测试与数据库的接口，看能否正常查询与写入数据，同时还应该测试数据库的读写速度，看是否能够满足大访问量时的读写需求。

（2）接口异常测试，当网站能够正常运行时，接口正常工作，不会感觉到接口的重要性，但当网站因为接口问题出现故障时，网站起不到其应有的功能时，便会认识到接口的重要性，因此需要对接口进行异常测试，可以根据需要制造各种错误，以测试网站对这些错误的处理，以及发生错误时，网站是否有一定恢复与告警机制。

4. 兼容性测试

在互联网中，用户的终端平台有很多种，而且每个平台中所安装的软件不尽相同，运行环境也就不尽相同，因此在测试时，应该尽可能的在很多种终端系统上进行测试。测试方面主要有以下几个：

（1）终端操作系统测试，比如以使用 Linux 和 Windows 操作系统的终端为例，测试时在这两种终端上浏览网站，看能否出现正常的页面，网站的页面能否按照预期完成指定的操作与功能。

（2）浏览器兼容性测试，当前的浏览器有很多中，最主要的是 IE，一般开发时进行测试用的浏览器就是 IE，所以 IE 中一般不会出现问题，但随着浏览器类型的增多，有必要在其他浏览器中对网页进行测试，在多种浏览器中查看网页，看网页的实际运行情况，如字体、版面布局等是否与预想的一致等。

（3）速度测试，随着网络的大规模发展，终端用户的接入方式也有很多中，每种接入方式的速度不尽相同，甚至有很大差别，同样一个页面在宽带网络下会很快的看到整个完整网页，但在普通电话线拨号的接入方式下，用户可能需要等待几十秒，很多图片会因速度问题被浏览器认为传输超时，无法下载，因此需要在各种接入方式下对网页的进行测试。

5. 性能测试

性能测试是通过自动化的测试工具模拟多种正常、峰值以及异常负载条件来对系统的各项性能指标进行测试。性能测试类型包括负载测试、强度测试、容量测试等。

（1）负载测试：负载测试是一种性能测试指数据在超负荷环境中运行，程序是否能够承担。

（2）强度测试：强度测试是一种性能测试，他在系统资源特别低的情况下软件系统运行情况。

（3）容量测试：确定系统可处理同时在线的最大用户数，容量还可以看作系统性能指标中一个特定环境下的一个特定性能指标，即设定的界限或极限值。

6. 安全测试

任何网站都应该能正确安全的运行，应该能够抵御一般的网络攻击，保证关键数据的安全。安全测试主要有以下几个方面。

（1）Web 服务器安全测试，现有的 Web 攻击工具有很多，可以充分利用现有的工具对 Web 服务器进行攻击与扫描，确保网站能够抵御现有已知的很多攻击，同时很多网站之所以遭受攻击是因为没有及时的给程序打补丁，因此攻击测试的一个基本目的就是确保 Web 服务器的所有补丁包已经安装，弥补了现有已知的安全漏洞。

（2）表单提交信息测试，没有动态网页的网站已经非常少见了，用户跟网站交互的基本方式就是表单提交，用户通过表单提交信息给服务器，服务器处理表单并作出响应，但服务器程序在编写时如果总是假定用户的输入是合法的、规范的，那么这些程序将会在出现不规范或者恶意输入时导致运行错误，并进而影响网站的整体运行，甚至影响关键数据与计算机本身的安全，更有甚者会通过网页将影响扩散到用户端，因此必须对用户提交的表单信息进行严格的合法性检测。

4.5.2　站点发布

网页制作完成后，需要将网页发布到 Web 服务器上，Web 服务器可以在企业内部网络中，也可以连接到互联网上，Web 服务器可以在购置的专用服务器上运行，也可以在 ISP 提供商处进行托管运行。

所谓发布网页，就是将组成整个网站的网页与各种媒体素材放置到一台计算机上，这台计算机运行 Web 服务程序，Web 服务程序处理浏览器客户端的请求，将被请求网页的内容发送到浏览器端。将网站所需的各种文件传送到计算机上有各种方式，如 FTP 等。当在自己专用的服务器上发布站点时，需要对该服务器进行安全加固，关闭不需要的其他服务，增加防火墙等网络安全设备。当在 ISP 提供商处对自己的网站进行托管时，Web 服务器本身的安全性由 ISP 提供商来保证，开发者主要关注网页能否正常被浏览，同时是否允许开发者方便的更新网页等。

4.6　网站的管理与维护

4.6.1　企业网站的使用规则

企业建立起 Internet 网站以后，首先遇到的是如何有序地使用。随着 Internet 网延伸到企业的每一个领域，每一个工位，特别是服务器功能呈指数级增长，内部 Web 的内容管理更加难以控制。加上企业内部网与外部网的连接，很多员工经不住 Web 冲浪的诱惑而放弃工作，致使企业网络应变能力下降等。为此企业在建立了网站以后，马上要解决的问题是制定企业

Internet 使用规则。

企业 Internet 使用规则可以概括为四类：

第一，员工使用 Internet 规则。由于员工在 Internet 上的各种应用和活动都是唯一的，因此，必须提出一些使用 Internet 的规则。一是不必限制员工在企业网站上建立个人主页，但个人主页必须有良好的品味。特别是不能攻击其他员工和存在对企业不利的信息。同时基于企业网站空间的限制，还应该对个人主页的大小给出一些规定，如禁止使用音频和视频文件等。二是在允许员工建立必要的新闻组的同时，对一些不适当的新闻组加以限制，以形成企业网站内的良好社会氛围。三是在企业 Internet 上应该允许员工发布匿名意见。这是因为在我国长期的计划经济条件下形成的人际关系中，很多员工不敢说出自己的意见，在这种情况下，允许匿名发表意见，特别是在新闻组中发表意见，以便于员工大胆交换意见。当然，这种现象不应该长期存在，而应尽快走出这种管理模式，以一个开放的、宽松的企业人文环境让员工自由的发表自己的观点，这样做有利于发挥企业的向心力和凝聚力。四是形成宽松的审查制度。由于员工发布的每一条信息所占的系统资源对整个系统来说是微不足道的，而对某些员工却可能会有很大的作用，允许员工发布信息是企业对员工在企业中地位的一种认同。

第二，使用在线工具规则。在线工具包括 Internet 上的各种工具以及企业提供的 Internet 服务。使用在线工具规则包括以下几方面的内容。一是工作用途规则。员工在工作时，会上网冲浪从而影响正常工作，对这种情况不能用传统的强制性管理办法进行限制，而是要在提高员工主人翁责任感的同时，让员工学会玩 Solitaire，学会 Windows 的所有操作。事实上，员工可能会把一定的时间花在玩浏览器上，使生产受到暂时的影响，但当员工学会如何使用浏览器之后，可以利用浏览器大大地提高工作效率。同时允许员工阅读新闻，这样做可以提高企业的生产能力和员工的士气。二是安全规则。企业 Internet 的安全主要依赖于计算机操作环境，但不管企业网络配置怎样，主要的工作还是要靠管理员和企业制定规则，员工按照规则办事。这些规则包括严格执行 Internet 访问安全原则；建立一个使员工可以报告违规行为系统；对访问 Internet 的授权；对访问 Internet 的跟踪；对访问权的申请；员工通过 CIGNA 邮件系统在 Internet 上收发电子邮件的责任。此外，管理人员还应将网络上一些不安全因素告知员工，如病毒、偷窃重要数据、数据破坏、网络瘫痪等，尽量避免因违反规定给企业带来经济损失。三是要提醒员工，无论是使用内部网络还是使用外部网络，他们所发的每一次电子邮件，每一组新闻不仅代表他自己，也代表着企业，因此要注意企业的整体形象。四是明确员工在企业网站的通信权力，要使他们知道，在什么情况下他们通信的内容会被他人阅读，以及此后可能产生的后果。

第三，提供 Internet 内容规则。有一定规模的组织应该出版一份 Internet 使用手册，手册上的信息有利于管理者采取一些措施控制导航工具、图标、图形等。这些规则包括：一是对使用声音、动画、视频的规定；二是对个人提供内容进行分类，以保证符合 Internet 其他部分结构稳定的规定；三是对建立的服务器，要保证它能够正确连接到 Internet 上，服务器的内容能够正确集成到 Internet 搜索索引上，提供从本服务器主页到 Internet 的恰当链接，并交叉连接到其他服务器上的规定；四是对超出 HTML 页出版之外的联机表单以及其他交互性操作作出规定；五是对每个主页应含有的图形、应该采用的导航工具、图标，信息提供者可以在何处自主开发有个性特色内容的规定；六是将文件传送并放置在 Internet 服务器指定位置的规定。

第四，使用 Internet 对外联系的规定。员工利用企业网站访问企业之外的站点，他们就开始代表企业了。当企业的 Internet 是集成在社会 Internet 中时，可以建立这样一些规则：一是

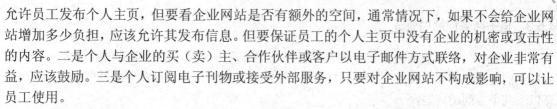

允许员工发布个人主页，但要看企业网站是否有额外的空间，通常情况下，如果不会给企业网站增加多少负担，应该允许其发布信息。但要保证员工的个人主页中没有企业的机密或攻击性的内容。二是个人与企业的买（卖）主、合作伙伴或客户以电子邮件方式联络，对企业非常有益，应该鼓励。三是个人订阅电子刊物或接受外部服务，只要对企业网站不构成影响，可以让员工使用。

企业在制定使用 Internet 规则前，首先要加强对员工职业道德教育，让员工对企业怀有主人翁的责任感。当员工的素质达到一定水平后，就可以赋予员工较大的自由，这样不仅可以充分发挥 Internet 的效用，而且还会给企业带来强大的凝聚力。在此基础上，企业要根据变化了的企业文化氛围，不断修改 Internet 的使用规则。

4.6.2　电子商务网站维护

网站的维护是一项关系到网站能否正常运行的大事。即使是运行得相当顺畅的老牌网站，维护仍然是一个必不可少的工作。网站的维护是一个动态的过程，从设计阶段到站点的应用过程，网站必须一直处在管理人员的维护之中。电子商务网站维护主要包括以下四个方面内容。

1. 服务器的维护与管理

第一，目录管理。服务器中存放的文件过多，会造成服务器容量增大过快，备份的成本也会呈几何级数增长，在服务器目录管理中首先要做到合理分类和定期清理。第二，紧急响应。主要包括使系统恢复正常工作、协助检查和追踪入侵者、提出事故分析报告和提出安全建议。第三，服务器的动态维护。

2. 网站日常维护与管理

第一，网站内容的日常维护与管理。包括内容更新（网站的内容需要及时更新，以保证信息的时效性和准确性）和合理优化程序代码。第二，网站系统的日常维护管理。包括网站制作及技术人员管理、数据库维护以及服务器、网络线路运行监测及故障排除。

3. 网站更新与升级

网站更新是指利用后台管理系统进行内容（文章、图片等）添加。网站升级包括内容升级、服务器升级、后台程序系统升级和数据库系统升级。

4. 对网站安全的维护

网站安全管理和维护是保证网站正常运行的关键所在，网站的安全管理包括防止非法个人对网站服务器的侵害，防止非法盗用他人存在本网站的秘密资料。网站一旦存在安全漏洞，其危害是难以估量的。当然，网站没有绝对的安全，只有使网站具有更安全的管理办法。而且加强网站安全是延续不断的过程。在网站的运行过程中，会不断产生漏洞，维护和管理的责任就是不断发现漏洞并堵塞漏洞。目前比较有效的安全措施有：一是在网站服务器中设置前置防火墙；利用各种现有的用户使用目录协议实施用户控制。根据不同信用度的用户，进入不同的用户访问层。二是采用 IP 网址翻译法或 IP 遮盖术，使内部服务器的网址与名字不从网络外泄。这样做，即使有人从其他途径得到服务器内部分布架构，也无法从外围直接绕过防火墙进入内部服务器。三是运用管理一般计算机系统的办法，如从服务器上删掉 Mail 和 Telnet 这类容易被黑客利用的应用程序，以及去掉多余的用户目录，以减少被攻击的可能性。四是下载防火墙和服务器安全管理产品为我所用，如 Linux、Sun、Cisco、Microsoft、Netscape 等都有这种可供免费下载的软件。

4.6.3 电子商务网站的管理

电子商务网站不仅需要维护，更需要管理。电子商务网站需要管理的内容很多，除了前面提到的规则性管理和技术性维护管理以外，在电子商务网站的建设和管理过程中，还需要注意以下几个方面的问题。

首先，要加强资料管理。电子商务网站的资料管理包括两个方面：一是站点资料管理。这就是电子商务网站应对整个站点各部门、部门与部门、部门内部的相关资料的管理。随着企业经营活动的正常进行，管理者要不断地更新、删除和修改各种资料，并针对各部门不同的需求以及商品属性与商品管理功能的变化进行相应的变更。同时还应有针对性的对特价商品进行专门的管理，使各站点内的特价商品能在特别明显的位置出现，以方便顾客选购。同时也达到宣传企业的目的。二是对会员资料的管理。电子商务网站为了吸引顾客长期购买本公司的产品，通常采用会员制。这就是让顾客登录为会员，并保留顾客的基本资料。这样做除了可以了解顾客并与顾客取得联系外，还可以系统地将有关顾客的资料记录下来，需要时可直接从资料库中取出，不需顾客重复输入很多繁杂的资料。也可以随时根据需要查询会员资料，了解消费群变化情况，为企业领导决策提供依据。

其次，要加强各种信息的管理。包括：一是对留言板管理。网站的留言板是为了加强网站及顾客间良好互动关系而设的，顾客可以在留言板上留下各种要与其他顾客或网站共同分享的意见与想法。对于留言板管理部分，系统应提供多项服务，以协助管理者更新、删除和修改留言板的留言内容，以及对部分留言内容能加以回应。二是最新消息的管理。最新消息即网站最新公告的事项。其相关的管理功能包括新增、删除各种信息，使电子商务管理者能很方便地发布要告知顾客的各项最新消息，以达到网上信息交流的目的。

最后，要注意系统账号管理。系统账号管理就要根据服务对象，设制所有电子商务站点管理人员的使用权限，给每个管理账号分配一个专属的进入代码和确认密码，以确认各管理者的真实身份。同时，还要设立账号等级，依据不同的管理需求设定不同的管理等级，让各管理者能分工管理自己份内的工作，又不会影响他人的工作。此外，还要设定密码有效期限，账号有效期限，让账号管理的安全性更高，账号首页可以设不同的管理账号等级，看到不同的管理网页样式，拥有不同操作界面，让管理工作更加方便有效。

4.7 电子商务网站建设案例分析

4.7.1 亚洲最大的网上交易平台——淘宝网

淘宝网（Taobao，口号：淘！我喜欢。）是亚太最大的网络零售商圈，致力打造全球领先网络零售商圈，由阿里巴巴集团在 2003 年 5 月 10 日投资创立。淘宝网现在业务跨越 C2C、B2C 两大部分。截至 2008 年底，淘宝网注册会员超 9800 万人，2008 年交易额为 999.6 亿元，占中国网购市场 80%的份额。截至 2009 年底，淘宝拥有注册会员 1.7 亿，覆盖了中国绝大部分网购人群，2009 年全年交易额达到 2083 亿人民币。淘宝无疑是电子商务网站的一个成功的案例。现在我们对它的网站建设做以具体的分析。

1. 网站商务专题评析

（1）网站的页面设计。淘宝网在网站的页面设计上十分灵活、多样，针对不同的商品种类采用了不同的设计，不仅让我们在购物的时候得到丰富的资讯、推荐及便捷的操作，同时也让我们不会面对一个一成不变的网站页面。

淘宝网的首页以白色和橙色为主色调，整体上的排版感觉较为紧凑，经过多次的改版，淘宝的首页越来越趋于合理。在首页中，淘宝网利用了多种网页技术，而带来了更多的页面内容承载量，提供了非常丰富的信息。总体上的排版、布局都较为合理，不仅带给买家众多的信息资讯，同时在操作也十分顺手。

在二级页面上，淘宝针对每个分类的特性，制作专门的页面，如"女人"分类下则以粉色为主色调，内容上则主要以各种资讯、导购、流行推荐、购物指南等为主，并辅以淘宝网上热门商品的推介，让买家感觉这不仅仅是个单调的"卖场"，同时还是一个丰富、时尚的主题网站，给人的感觉很亲切。

在商品种类的浏览页面下，淘宝针对不同的商品采用了不同的页面。如家具、零食、衣物等大家经常关注的商品，淘宝网则通过类似于专题的页面进行展现而不是仅仅给我们一个生冷、单调的商品列表，让我们在购买的时候更方便，同时也可获得更多推荐和参考。

（2）内容更新情况。淘宝的内容更新非常快，像它的首页，有一元拍、荷兰拍卖区、二手、新店铺等，像这些内容，几乎每天都在变，因为淘宝的拍卖，是根据时间来排名的，越到离拍卖时间越短就越靠前。还有就是公告栏，时时发布信息，让用户及时了解淘宝的一些活动和规则。

（3）内容质量。淘宝的商品内容多种多样，涵盖了人们所能想象的一切。淘宝实行的是免费注册，只要你注册个号，就能把你认为是商品的物品进行出售。其中大多数商品是值得相信的，但不排除也有部分商品为假冒产品，所以我们在享受网上购物的方便同时还要练就一双火眼金睛。

（4）网站服务。会员在交易过程中感觉到轻松活泼的家庭式文化氛围。其中一个例子是会员及时沟通工具——"淘宝旺旺"。会员注册之后淘宝网和淘宝旺旺的会员名将通用，如果用户进入某一店铺，正好店主也在线的话，会出现"和我联系"（掌柜在线）或"给我留言"（掌柜不在线）的图标，可与店主及时地发送、接收信息。"淘宝旺旺"具备了查看交易历史、了解对方信用情况等个人信息、头像、多方聊天等一般及时聊天工具所具备的功能。作为淘宝主要的即时通讯工具，"淘宝旺旺"在淘宝网用户的线上交流交易过程中发挥着越来越大的作用。

2. 网站的客户定位

淘宝是由阿里巴巴前后投资 4.5 亿建成的，它的定位是：全球最大个人电子商务平台，致力与完善 C2C、B2C 电子商务平台。他们倡导安全、诚信、活泼、高效的网络交易文化，为淘宝会员打造诚信安全的交易平台的同时，还致力于营造一个温馨舒适的购物环境。

3. 网站的盈利模式

广告店铺盈利和银行利息收入是目前网站的主要盈利模式。2008 年交易额为 999.6 亿元，2009 年全年交易额达到 2083 亿人民币。淘宝的资金流量庞大，以此庞大的数字来计算，淘宝网在银行利息上收入庞大利润。

4. 网站的服务内容

（1）会员注册系统。具有鲜明的中国特色——免费注册，用这种办法来招徕人气，使得网站流量窜升之快令人侧目。

（2）淘宝的网上买卖系统。通过电子商务为双方提供了一个在线交易的网上交易平台，使买卖不再受时间地域的限制；广泛方便的比价、议价、竞价过程可以节约大量的时间和成本；参与的群体庞大，选择范围广，使价格优势强，品质优，极大地吸引了客户。

（3）淘宝的支付系统。"支付宝"是一种针对网上交易特别推出的安全付款服务，是淘宝与工行、建行、农行和招商银行等联手推出的一种在线交易安全支付工具，就是网上买家先将货款打到支付宝账户上，支付宝确认到账之后通知网上卖家发货，买家在收到货物确认无误之后通知支付宝，支付宝再将货款转付卖家。支付宝的出现，无疑使得交易更安全，诚信，免去了交易双方的后顾之忧。当然，也有很多商品支持信用卡支付和网银支付。

（5）网络服务系统。

1）淘宝旺旺。使得沟通更及时，服务更贴心，交易更快捷。

2）电子邮件系统。淘宝的电子邮件，及时提醒您交易的动态，保证每一笔交易都不会漏掉。

5. 主要业务处理流程

用户注册——身份认证——发布信息——购买——付款到支付宝——发货——确认收货——打款到商家——信用评价。

4.7.2 中小企业 B2B 交易的平台——阿里巴巴

阿里巴巴（Alibaba.com）是全球企业间（B2B）电子商务的著名品牌，是目前全球最大的网上交易市场和商务交流社区，是由马云在 1999 年一手创立的企业对企业的网上贸易市场平台。阿里巴巴两次入选哈佛大学商学 MBA 案例，在美国学术界掀起研究热潮；连续五次被美国权威财经杂志《福布斯》选为全球最佳 B2B 站点之一；多次被相关机构评为全球最受欢迎的 B2B 网站、中国商务类优秀网站、中国百家优秀网站、中国最佳贸易网。被国内外媒体、硅谷和国外风险投资家誉为与 Yahoo、Amazon、eBay、AOL 比肩的五大互联网商务流派代表之一。我们现在就来分析阿里巴巴网站建设。

1. 网站目标

阿里巴巴网站的目标是建立全球最大最活跃的网上贸易市场，让天下没有难做的生意。

2. 网站结构

阿里巴巴的页面完美地做到了静态与动态的合理搭配，页面文字和图片的完美搭配，并且阿里巴巴页面很有层次感，符合人们的审美观，页面风格是简约的，体现了阿里巴巴网站的风格。同时阿里的信息更新快，并且比较真实，网站的内容和网站的主题相一致，网站的版块布局体现了网站的主题等。

网站功能完善，操作简单。阿里巴巴的定位就是为中小企业服务，在中国现在的情况下中小企业的老板文化层次不都是很高，对电脑的操作水平不都是很熟练，尽量开发一些操作简单的功能，让人一看就知道如何操作，一学就会，这符合现在企业的实际情况，并且大大地满足了人们对电脑操作不足的缺陷。另外一个方面就是功能完善，在阿里的助手页面，丰富了企业上网做宣传和推广的需要，他们的企业资料介绍和管理页面做得很完善，功能强大，很有条理。

以 B to B 为中心的阿里巴巴网站主要分为两大部分：市场和资讯行情。市场又分为按行业划分的阿里巴巴行业市场和面向企业的阿里巴巴市场。资讯行情中包含行业资讯、价格行情和以商会友三个部分。此外，还有网站指南和免费信箱服务。

3. 内容及功能

进入阿里巴巴网站，便可以查询商业机会，发布信息，查看每日最新商机，商情特快；在公司库中，有中文公司网站大全，可以按行业类别查询各类公司资讯；可以在"我的公司"，免费创建公司网页，并加入阿里巴巴"公司库"；产品展示区，按分类陈列展示阿里巴巴会员的各类图文并茂的产品信息；会员可"创建产品目录"，建立和编辑自己的私人产品目录；免费邮箱是阿里巴巴免费为会员提供的信箱服务；在以商会友区，可以和其他会员交流行业见解，或轻松地交流经验；"商业资讯"和"价格行情"是经常更新的，帮助用户了解变幻莫测市场的商业动态。

4. 可视化设计

阿里巴巴网页一般分为上、中、下三部分。上面是网站的主导航条，方便访问者在不同的分区穿梭浏览；中间是最主要的信息内容，分类目录或者其他信息，一般还配有很有用的查询栏；下面是关于网站和公司信息的导航栏。

5. 安全性

在付款方式上，阿里巴巴支持汇款、电汇转账和在线支付。在线支付时，用户资料经银行认证和安全加密处理直接送给银行系统，其他人包括阿里巴巴不会得到用户信用卡资料。

153

思考题

1. 电子商务网站的类型有哪些？
2. 电子商务网站的开发流程是什么？
3. 电子商务服务器的类型有哪些？
4. 什么是 HTTP 协议？
5. 网页类型如何划分？并说明各种类型网页的工作原理。
6. 简述 AJAX 技术。
7. 电子商务网站管理要注意哪些问题？
8. 为什么要建立电子商务网站？

第5章 电子商务支付系统

在电子商务活动中，作为重要环节的在线电子支付方式愈发显示其重要性。虽然电子商务亦可通过传统的支付方式进行清算，例如银行支票、银行汇兑或汇款单等，但是方便、快捷、高效、经济的电子钱包、电子现金、网上电子资金划拨、网上信用卡等电子支付方式显然有着更大的优越性。本章从电子支付概念，电子支付系统，移动电子支付，以及网络银行等方面论述电子商务中的支付问题。

5.1 电子支付概述

5.1.1 电子支付的概念

什么是电子支付？央行《电子支付指引（第一号）》中规定，"电子支付是指单位、个人（以下简称客户）通过电子终端，直接或间接向银行业金融机构（以下简称银行）发出支付指令，实现货币支付与资金转移。"

根据维基百科的定义，电子支付是指电子交易的当事人，包括消费者、厂商和金融机构，使用安全电子支付手段，通过网络进行的货币支付或资金流转。

从一般意义上说，电子支付就是把资金或与资金有关的信息通过网络安全的处理交易的行为，在普通的电子商务中就表现为消费者、商家、企业、中间机构和银行等采用计算机网络技术和数据通信技术以网络化的金融环境为基础，以各类电子支付工具为载体来实现金融货币的流通和支付。

电子支付取代传统支付方式是大势所趋，旺盛的市场需求是推动着电子支付的发展和完善。其实，在电子商务比较发达的美国与加拿大等国，电子支付企业早就为国际化战略拉开了序幕。但是，由于没有牌照和资质，一些小的电子支付企业很难在国际市场立足。所以，在过去的十年里，电子支付企业国际化脚步一直缓慢前行。

5.1.2 电子支付经历的阶段

按照银行采用信息技术对资金处理的5种不同方式，一般认为电子支付经历以下5个阶段：

（1）银行利用计算机处理银行之间的业务，办理结算。

（2）银行计算机与其他机构计算机之间资金的结算，比如代发工资，代交水电费等业务。

（3）利用网络终端向用户提供各项银行服务，如自动取款机上提供的自动存取款业务。

（4）利用银行销售点终端向用户提供自动扣款服务（POS 机），这是现阶段电子支付的主要方式。

（5）电子商务的网上支付，即可随时随地地通过互联网进行直接转账结算，形成电子商

务环境。这种形式是未来主要发展的方向。

5.1.3　电子支付的特点与优势

电子支付克服了传统技术的缺点，是对传统支付系统的发展和创新。与传统的支付方式相比，电子支付具有如下一些特点和优势：

（1）电子支付顺应了整个社会向信息化、数字化发展的趋势，采用先进数字流转技术来完成传输，它的各种支付方式都是采用数字化的方式进行款项支付的。而传统的支付方式是通过现金流转、票据转让或让银行转账等物理实体的流转而实现的。

（2）电子支付的工作环境是基于一个开放的系统平台之上（因特网），而传统的支付是在较为封闭的环境下运行的。

（3）电子支付使用的是应用最广泛、最先进的通信手段（Internet、Extranet），而传统支付使用的都是相对较为落后的传统通信媒介，效率低下。电子支付对软硬件设施的要求也很高，如联网微机、相关软件和其他配套设施，而传统支付则没有这么高的要求。

（4）电子支付具有方便、快捷、高效、经济的优势。有助于降低交易成本，最终为消费者带来更低的价格。同时它是能够真正实现全天 24 小时服务保证的支付方式。

以上特点使得用户只要拥有一台可以上网的 PC 机，就可以在任何地方、任何时间，在最短的时间内完成所有支付过程，使交易成本大大减少，从而节省大量的人力物力。

5.2　电子支付工具

所谓支付工具，就是实现经济活动的一种交易方式，它是随着商品赊账买卖的产生而出现的。电子支付工具从其表面上看就是电子数据，它以计算机网络技术为基础，通过计算机网络系统以传输数字信息的方式实现支付功能，相比传统的支付工具现金、票据、支付卡等，利用电子支付工具可以更快、更方便地实现现金存取、汇兑、直接消费和贷款等业务。随着电子银行、微电子技术的不断发展，电子支付技术日趋成熟，电子支付工具品种不断丰富。目前电子商务中主要使用的支付工具可以分为以下三大类：

（1）卡基支付工具，主要包括银行卡和存储卡，是我国目前使用最为广泛的电子支付工具。

（2）电子现金支付工具，如 Mondex、NetCash 等。

（3）电子票据支付工具，如电子支票等。

这些方式各有自己的特点和运作模式，适用于不同的交易过程。本节中主要介绍电子现金、电子钱包，银行卡和电子支票。

5.2.1　电子现金

1．电子现金的定义

所谓电子现金（E-Cash）也称为电子货币或数字货币，是电子支付中非常重要的支付方式，我们可以把它看做是现实中的货币以数字信息形式存放在硬盘或智能卡上，通过互联网流通。电子现金是以数据为流通形式的货币，它把现金数值转换成为一系列的加密序列数，通过这些序列数来表示现实中各种金额的币值,用户在拥有电子现金业务的银行开设账户,存入现金后,就可以在同样拥有电子业务的商店进行购物了。

2. 电子现金支付的特点

（1）灵活性：电子现金不受时间、空间的限制，可以随时随地地进行交易，只要消费者在发行电子现金的银行上有存款，就可以在任何时间任何地点自由支取使用。

（2）多功能性：电子现金具有纸币的特点，同样可以存、取、转让，比起纸币电子现金更方便快捷，同时也节省了纸币在传输、流通、存储和交易中的费用，更经济。

（3）安全性：电子现金能够实现只有本人才能确认属于自己的现金，即使别人捡到也不能使用，因为发行电子现金的银行在发放现金时使用数字签名，在交易中银行来验证消费者持有的数字现金是否有效。

（4）协议性：电子现金支付要求发行银行与商家之间应有协议和授权，银行负责消费者和商家之间资金的转移。

（5）软件信赖性：消费者、商家和发行银行都需要使用 E-Cash 软件，这也使得电子现金存在一定的风险，安装 E-Cash 软件的硬盘一旦出现故障，如果没有备份，现金就会丢失。

（6）匿名性：电子现金仅仅在结算的当事人之间进行脱线的分散处理，因此资金的流向不必由第三者经受，同时电子现金不提供持有人的信息，确保交易双方的隐私权，实现了匿名性。

3. 电子现金的表现形式

预付卡：它的外形类似于银行卡，但它的流动性远远大于银行卡，它是一种多功能卡，在许多商家的 POS 机上可受理，同一张卡可以同时支付多种账单，通常用于小额现金的支付。

纯电子系统：这种形式的数字现金没有明确的物理形式，而是以消费者数字号码的形式存在。适用于买、卖双方地理位置上处于不同地点并且通过网络进行电子支付的情况。支付行为表现为把数字现金从买方处扣除并传输给卖方。在传输过程中，通过加密保证只有真正的卖方才可以使用这笔现金。

4. 电子现金的支付流程

应用电子现金进行网络支付，需要在客户端安装专门的电子现金客户端软件，在商家服务器上安装电子现金服务器端软件，发行者需要安装对应的电子现金管理软件等。

电子现金的支付流程如图 5-1 所示。

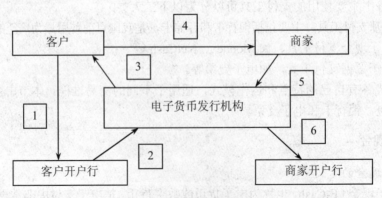

图 5-1　电子现金的交易流程

（1）申请用现金兑换电子现金，消费者在发行电子现金的银行开设自己的账户。

（2）转换现金，消费者用现实货币购买电子现金。

（3）发放电子现金，电子现金的发行机构向消费者账户发放相应的电子现金。

（4）使用电子现金，消费者在同意接受电子现金的商家使用电子现金支付所购买的商品费用。

（5）兑换现金，商家把接收到的电子现金在电子现金的发行机构进行清算。

（6）付款至商家账户，清算无误后，电子现金的发行机构将消费者购买商品的钱支付到商家账户。

5.2.2　电子钱包

1.　电子钱包的定义

电子钱包是现在消费者经常使用的一种新式电子支付工具，通常让消费者用于小额购物和小商品的电子交易以及个人信息的储存交易记录，其中包括诸如信用卡账号、数字签名以及身份验证等信息。消费者要在使用电子钱包购物前，必需先安装符合安全标准的电子钱包软件。

电子钱包的表现形式有两种：一是纯粹的软件，电子钱包软件通常免费提供，消费者在安装完电子钱包软件后，使用已经在银行开户的与电子钱包软件相连的银行账户或银行卡，利用电子钱包服务系统把自己账户里的电子货币输进去，单击相应收付款项目，即可以完成交易。同时它还对消费者的账户进行管理，消费者可以用它来改变口令或保密方式等，同时可以查阅自己银行账号上电子货币收付往来的账目、清单及其他数据。如果想了解自己的购物情况，系统中提供的电子交易记录器，可以帮助消费者查阅自己都买了什么物品、购买了多少，也可以把查询结果打印出来。二是具有物理特征的小额支付智能储值卡，持卡人只要在智能存储卡上存入一定的金额，就可以直接进行消费交易。

2.　电子钱包的功能

（1）账户管理功能：电子钱包系统将为每一位成功申请了电子钱包的客户建立一个属于个人的档案，客户可在档案中个人资料进行增加、修改、删除、存储。

（2）网上消费功能：拥有电子钱包账户的消费者在网上选择自己需要购买的商品后，登录到电子钱包，选择一种网银行卡，电子钱包向银行卡发行银行发出指令，在得到认可后，就可以直接在网上交易付款。

（3）安全功能：电子钱包系统利用国际标准的 SET 协议，交易时电子钱包系统必须辨认用户的身份，通过认证后才会发送交易信息，充分保证消费者个人资料信息在网上传输的安全性；每次使用电子钱包都要进行身份确认，因此电子钱包持有者对自己的用户名及口令应严格保密以防止被他人窃取。

（4）交易记录查询功能：电子钱包将消费者的每一项记录都记录备案，消费者可对电子钱包完成支付的所有历史交易记录进行查询，消费者还可以通过电子钱包查询个人银行卡余额。

3.　电子钱包的运作流程

电子钱包的网络支付模式，是在交易工程中消费者利用电子钱包作为载体，选择其存放的电子货币如信用卡、电子现金等，在网上实现即时、安全可靠的在线支付。

电子钱包的运作流程如图 5-2 所示。

（1）消费者使用浏览器在商家页面浏览商品，并找到自己需要购买的商品，与商家协议后建立购买订单。

（2）消费者确定了订单后，选择一种电子信用卡来支付。

（3）电子钱包系统从商家网站支付页面读取相关信息，对信用卡号码加密后，向信用卡发行银行发送授权请求。

（4）同时，商家也收到了经过加密的购买账单，商家将自己的顾客编码加入账单后，返回电子钱包系统。

（5）电子钱包系统确认这是一起合法交易后，，同时将其送到信用卡公司和商业银行。

（6）之后，信用卡公司和商业银行进行应收款项和财务往来的电子数据交换和结算处理。

（7）信用卡公司向商业银行发送授权请求，商业银行确认无误后将处理意见反馈给信用卡公司。

（8）商业银行对有效地信用卡进行授权后，商家可以放心发货，同时，商家把整个交易的过程生成单据发送给顾客。

（9）交易完成，商家按客户订单发货到消费者手中。

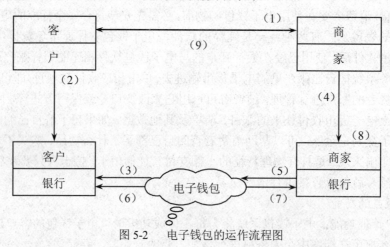

图 5-2   电子钱包的运作流程图

4. 几种常见的电子钱包

（1）Mondex，是世界上最早的电子钱包系统。

（2）金穗通宝（智能）卡，是国内第一个真正意义上的电子钱包。

（3）VISACash Commerce POINT Wallet 软件是国际三大信用卡组织（VISA、MASTERCARD 和 EUROPAY）合作开发了 EMV 系列之一，1995 年推向市场，是比较成功的一款产产品。

（4）Microsoft Wallet，是微软公司为钱包的标准化而推出的一款软件。

（5）Spb Wallet，是一款安全可靠的可以保护重要信息和商务机密的电子钱包软件，提供在电脑和移动设备上快速查看。

（6）HP 公司的 VWallet 软件，是一种简便易用的电子钱包应用软件，它为网上购物提供了一种安全的支付手段。

5.2.3 银行卡

在所有传统的支付方式中，银行卡（主要是信用卡和借记卡）最早适应了电子支付的形式。支付者可以使用申请了在线转账功能的银行卡转移小额资金到另外的银行账户中，完成支付。一般来说，在线转账功能需要到银行申请，并获得用于身份识别的证书及电子钱包软件

（E-wallet）才能够使用。在线转账使用方便，付款人只需使用电子钱包软件登录其银行账户，输入汇入账号和金额即可完成支付。而此后的事务由清算中心、付款人银行、收款人银行等各方通过金融网络系统来完成。

信用卡就是一种常见的银行卡。信用卡具有购物消费、信用借款、转账结算、汇兑储蓄等多项功能。信用卡可在商场、饭店等许多场合使用。可采用刷卡记账、售货终端机 POS 结账、自动柜员机 ATM 提取现金等多种支付方式。其他银行卡还有借记卡（Debit Card）、灵通卡、专用卡等。其基本功能都是用于支付，只是存在着一些业务范围的差异。信用卡与其他银行卡的一个重要差别在于，信用卡不仅是一种支付工具，同时也是一种信用工具。使用信用卡可以透支消费，给用户带来了方便，但这同时也给银行带来了恶意透支的问题。

银行卡电子支付的参与者包括付款人、收款人、认证中心以及发卡行和收单行，其支付流程如下（图 5-3 中各数字序号含义如下）：

（1）付款人向发卡行申请认证，使得支付过程双方能够确认身份。

（2）付款人通过电子钱包软件登录发卡行，并发出转账请求。转账请求包括汇入银行名称、汇入资金账号及支付金额等信息。

（3）发卡行接受转账请求之后，通过清算网络与收单行进行资金清算。

（4）收款人与收单行结算。

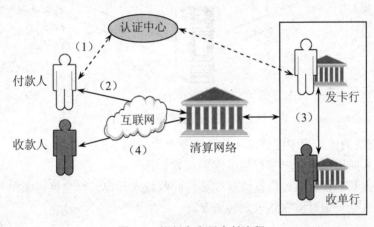

图 5-3　银行卡电子支付流程

5.2.4　电子票据

电子票据是传统票据支付在网络中的延伸，就是将传统票据电子化，同样可以进行转让、贴现、质押、托收等行为，只是将每一个环节进行了电子化处理，改变了业务操作的手段和对象。它在延续了纸质票据在支付时各种优点的同时又避免了使用纸质票据所带来的人力、物力的浪费，最大限度地使用银行的自动化系统。下面以电子支票为例说明电子票据的支付流程。

电子支票是纸质支票的电子替代物，它借鉴纸张支票转移支付的优点，与纸支票一样是用于支付的一种合法方式，电子支票利用数字签名和自动验证技术来确定其合法性，然后将钱款从一个账户转移到另一个账户的电子付款形式。电子支票的填写方式与纸质支票一样，用户填写完成后通过专用网络及一套完整的用户识别、标准报文、数据验证等规范化协议完成数据传输。这种电子支票的支付主要用电子支票支付，事务处理费用较低，而且银行也能为参与电子商务的客户提供标准化的资金信息，故而可能是目前最有效率的支付手段之一。

电子借记支票的流转程序可分以下几个步骤（参见图5-4）：

（1）出票人和持票人达成购销协议并选择用电子支票支付。

（2）出票人通过网络向持票人发出电子支票。

（3）持票人将电子支票寄送持票人开户银行索付。

（4）持票人开户银行通过票据清算中心将电子支票寄送出票人开户银行。

（5）出票人开户银行通过票据清算中心将资金划转持票人开户银行。

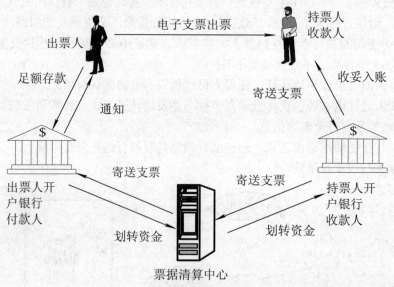

图 5-4　电子借记支票流转程序

电子贷记支票的流转程序可分以下几个步骤（参见图5-5）：

（1）出票人向出票人开户银行提示支票付款。

（2）出票人开户银行通过票据清算中心与向收款人开户银行交换进账单并划转资金。

（3）收款人开户银行向收款人划转资金。

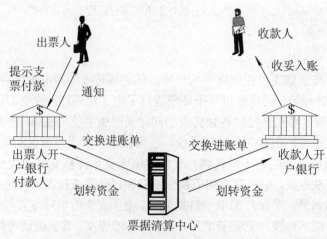

图 5-5　电子贷记支票流转程序

5.2.5　智能卡

1. 智能卡的定义

智能卡是 IC 卡的一种，是在信用卡的大小的卡片上嵌有微芯片的塑料卡。在一些包含 RFID 芯片的智能卡上，不需要接触任何物理的读写器就能够识别持卡人。智能卡可以处理数量较多的数据，同时还不影响主机 CPU 的工作，所以它适应于端口数目较多、通信速度不是很快的场合。智能卡上的计算机芯片和存储器可以将消费者信息和电子货币储存起来，不但可以用来购买产品或服务，还可以存储信息。智能卡中的数据是分开的，有外部读取部分和内部读取部分，这样使得持卡人的个人数据更安全可靠，保密性也要比信用卡高得多。

2. 智能卡的特点

（1）抗破坏和耐用的特点：智能卡存储信息的材料是硅片，硅片先进的制作工艺使得智能卡抗机械、化学破坏能力增强，特别是含有 RFID 芯片的智能卡，由于它与物理读卡器没有接触，这就避免了持卡者由于使用错误的方式插卡，外界灰尘、油渍等导致的接触不良而引起的故障。智能卡的抗破坏性使得一张卡可以使用十年以上，更加精致、耐用。

（2）存储量大和灵活便捷的特点：智能卡的容量可以存储几千个字节，最大的达到 2M 位，由于它的多重分区，使它拥有了不同的访问级别，这就使得它可以处理数量较多的数据，并且可以做到一卡多用。

（3）更加安全保密的特点：由于智能卡的数据有外部数据和内部数据之分，持卡人的数据就更加安全，在软件设计上，智能卡采用各种加密算法，存储区的访问受逻辑电路控制，只有输入多个正确的密码后，才能对智能卡进行操作。智能卡的密码输入还有次数限制，超过规定的次数还没有输入正确的密码，卡将会被锁死，大大增强了持卡人的安全性。

3. 智能卡的应用范围

（1）电子支付：如智能卡用于电话付费，可代替信用卡。

（2）网上支付：智能卡可以在因特网上进行交易。

（3）电子识别：如能控制对大楼房间或系统的访问，如收银机。

（4）数字存储：如存储或查询病历，跟踪信息或处理验证信息。

4. 智能卡的工作过程

（1）持卡人可以使用智能卡的机器上启动操作浏览器界面。

（2）安装完读卡机系统后，持卡人使用智能卡登录，智能卡将持卡人信息发送到服务器终端，终端对智能卡是否可以使用进行检测，检测结果通过后，终端对智能卡继续下一步的处理。

（3）持卡人选择终端返回的可以是用的电子钱包或电子存折，持卡人输入相应电子货币的密码，终端将验证密码的指令发送回智能卡。

（4）智能卡把验证结果传回终端，在验证成功的情况下，终端提出可以交易的类型，持卡人在选择了适合自己的交易类型后，完成交易过程。

5.2.6　其他电子支付工具

1. 负债卡

（1）负债卡的概念：负债卡它可以代替现金、支票和信用卡在 POS 机和 ATM 机上使用，进行网上支付的金融工具。它的支付过程同智能卡相仿，持卡人通过 POS 机终端刷卡，终端机确定持卡人信息后，资金就从持卡人银行转入了卖方银行。

（2）负债卡支付的优点：由于负债卡对卖方提供服务的第三方同样进行监督。交易又都是在银行系统内部发生，所以支付过程非常安全。持卡人的身份确认是通过使用 PIN 号的数字签名进行的，为持卡人提供了更全面的安全保障。

2．EBT 卡

（1）EBT 卡的概念：EBT（电子化收益传送）卡是负债卡的一个扩展用途。消费者可用支票、现金、信用卡等预先购买具有一定价值的 EBT 卡。EBT 卡的使用与负债卡的使用方法基本相同。

（2）EBT 卡的优点：由于它使用完后可以丢弃，所以它的制作成本要比信用卡、负债卡低得多；EBT 卡提供免费的用户服务和对于各种问题的多方支持，使用起来更方便；EBT 卡的存储形式允许随用随取，一旦卡被偷窃，可迅速通过免费电话将卡作废，再申请一张卡；EBT 卡消除了时间支出和支票的使用，同时减少了被窃、被骗的可能性，使零售商使用起来更方便；EBT 卡还方便了政府对收益使用的记录。

5.2.7　电子支付工具之间的区别

不同电子支付工具之间的区别如表 5-1 所示。

表 5-1　网上支付工具的比较

支付类型 / 特点	银行卡支付系统	电子现金	电子支票
事先/事后付款	事后付款	事先付款	事后付款
使用对象	银行卡持有人	任何人	在银行有账户者
交易风险	由发卡银行承担，当银行卡号被盗，可取消银行卡	由消费者自行承担电子现金丢失、被盗用、出错的风险	付款方可以止付有问题的付款指令或有问题的支票
交易凭据转换	直接由商户向银行查询持卡人账号	自由转换，不需要留下交易参与者的信息	电子支票或付款指令需要经过"背书"方能转让
在线检查	允许在线或离线检查	在线检查电子现金是否重复使用	以在线检查方式运作
目前普及程度	是在线付款中最普及的形式	电子现金的未来缺乏国际性的金融网络支持	目前缺乏国际性的标准，法律制度有待建立
交易额度	与银行卡额度相同	电子现金的额度通常是固定的	和传统支票相同，即不大于支票账户的现有余额
与银行的关系	交易信息中的银行卡号为持卡人在发卡银行的账号	电子现金从银行提取后，就与银行账号没有关系	由银行账号进行付款
是否支持小额支付	每笔交易成本相对较高，不适合进行小额支付	可进行不同面额的电子现金交易与找零，适合进行小额支付	有些系统允许商户累计付款指令到一定金额再进行支付，这些系统适合进行小额支付

5.3　电子支付系统

由于现在电子商务的支付工具都是在各种机器上实现，电子支付系统就成了电子商务活动中的重要环节。电子支付系统的实质就是把现有的支付方式转化为电子形式，它是提供支付服务的中介机构，它为转移电子货币的管理制定了法规，同时它为实现支付的电子信息化提供了技术手段，最终它为进行电子商务活动的客户产生的账单进行管理和清算。由于互联网的普及，网上支付成为现代人电子商务活动中的主流交易方式，因此基于互联网的电子商务，需要为数以百万计的购买者和销售者提供支付服务，目前国内外已经开发了很多网上支付系统。

鉴于电子支付系统的重要性，电子支付系统的安全技术也就备受关注，目前国内外使用的最广泛电子支付系统安全的协议包括安全电子交易协议（SET）、安全套接层协议（SSL）等，电子交易的外部环境则由国家以及国际相关法律法规的支撑来实现。电子交易顺是否能够顺利进行，重要的社会基础设施就是电子支付系统，因此它是社会经济良好运行的基础和催化剂，从而支付系统的建设和发展受到市场参与者，货币当局，特别是各大主流银行的高度重视。

5.3.1　电子支付系统

1. 电子支付系统的概念

电子支付系统是电子商务系统的重要组成部分，它指的是消费者、商家和金融机构、网络认证中心之间使用安全电子手段交换商品或服务，即把新型支付工具（包括电子现金（E-Cash）、信用卡（Credit Card）、借记卡（Debit Card）、智能卡等）的支付信息通过网络安全传送到银行或相应的处理机构，来实现资金支付活动。

2. 电子支付系统的发展概况

电子商务于 20 世纪 90 年代初兴起于美国、加拿大等国。在我国，招商银行在 1998 年率先推出网上银行业务后，电子支付对人们来说就不再是新概念，它渐渐地被人们所熟知，消费者开始利用电子支付系统，足不出户地在互联网上完成各种账单的支付，买卖商品的交易和移动银行等业务。在这个阶段，银行的电子支付系统成了主导力量，然而银行的电子支付系统不能满足不同行业的中小型商家的参与，这就出现了第三方电子支付公司。这就出现了各种不同的电子支付系统，每种不同的电子支付系统就会对应一种经济形势，就像传统商务中用各种形态的货币来完成商品交换中的价值转换。然而各种各样的支付系统也会给电子商务带来不便，因为各种支付工具之间存在着很大的差异，它们各自只适用于自己特定的交易过程，因此当前的多种电子支付系统通常只是针对某一种支付工具而设计。电子支付系统的发展趋势就是能设计一款兼容各种支付工具的系统。

中国现代化支付系统业务已经覆盖了全国所有省、市、自治区和直辖市，在不久的将来电子形式的支付工具完全取代纸凭证形式的现金是完全可以实现的。电子支付工具将成为支付工具发展史上的一次飞跃，电子支付工具将成为这次飞跃的助推器。

3. 电子支付系统的构成

电子支付系统由客户、商家、认证中心、支付网关、客户银行、商家银行和金融专用网络七个部分组成。

客户是指利用电子支付工具进行电子商务交易的单位或个人，客户在确定交易订单后，用自己拥有的支付工具发起支付，它是电子支付系统运转的原因和起点；商家是拥有债权的商品交易的另一方，它向客户提供商品和服务。

认证中心就是通常所说的第三方非银行金融机构，它是交易各方都信任的公正的第三方中介机构，它用于确认客户商家双发真实身份的验证，为整个交易工程提供安全保障；支付网关是公用互联网平台和银行内部的金融专用网络平台之间的桥梁，它为银行网络和因特网之间的通信、协议转换和进行数据加、解密提供技术服务，是专门用来保护银行内部网络安全的。

客户银行是指客户在其中拥有账户的银行，客户的资金账户和电子支付工具都是由客户银行提供的，在利用卡基作为支付工具的电子支付体系中，客户银行又被称为发卡行。客户银行保证了支付工具的真实性，确保了每一笔认证成功交易的付款；商家银行是指商家在其中拥有账户的银行，商家收到客户发送的订单和支付指令后，将客户的支付指令提交给商家银行，之后商家银行和客户银行进行清算工作，由于商家银行是依据商家提供的合法账单（客户的支付指令）来工作的，因此又称为收单行。

金融专用网络是网络银行与其他各银行交流信息的封闭式的专用网络，拥有很强的稳定性和安全性。我国银行的金融专用网发展很迅速，为逐步开展电子商务提供了必要的条件。

除以上参与各方外，电子商务支付系统的构成还包括支付中使用的支付工具以及遵循的支付协议。电子支付系统的构成具体如图5-6所示。

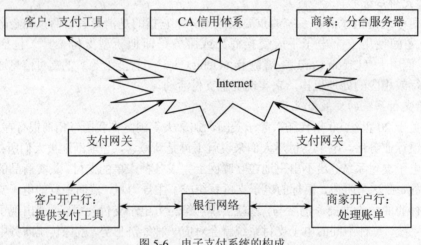

图5-6　电子支付系统的构成

4. 电子支付系统的功能

虽然现在的电子支付系统各种各样，但是安全、有效、便捷是各种支付方式追求的共同目标。对于一个电子支付系统而言（可能专门针对一种支付方式，也可能兼容几种支付方式），它应有以下的功能：

（1）更加安全的认证和加密功能：为实现交易的安全性，电子支付系统对参与贸易的各方身份使用数字签名和数字证书实现对各方的认证，通过认证机构或注册机构向参与各方发放数字证书，以证实其身份的合法性。同时，电子支付系统还是用各种先进的加密技术单钥体制或双钥体制对业务进行加密，并采用数字信封、数字签字等技术来加强数据传输的保密性，以防止未被授权的第三者获取消息的真正含义，确保了交易的安全进行。

（2）先进的消息摘要算法功能：电子支付系统采用数据杂凑技术来保护数据不被未授权者建立、嵌入、删除、篡改、重放，从而完整无缺地到达接收者一方，接收者就可以通过摘要来判断所接受的消息是否完整，接受者一旦发现消息不完整，就可以要求发送端重发以保证其完整性。

（3）存储交易记录的功能：由于电子支付系统对交易的全程存储记录，当交易双方出现纠纷时，电子支付系统就可以调出交易记录提供足够充分的证据来迅速辨别纠纷中的是非，这样保证交易双方对业务的不可否认性。

（4）能够处理贸易业务的多边支付问题的功能：由于网上贸易的支付要牵涉到客户、商家和银行等多方，其中传送的购货信息与支付指令必须连接在一起，因为商家只有确认了支付指令后才会继续交易，银行也只有确认了支付指令后才会提供支付。但同时，商家不能读取客户的支付指令，银行不能读取商家的购货信息，这种多边支付的关系就可以通过双重签名等技术来实现。

5.3.2　电子支付方式

随着现代人生活节奏的加速，互联网的飞速发展，覆盖全球的电子商务系统需要更有效的电子支付方式，电子商务的巨大潜力也为各种支付方式提供了市场需求。电子支付是交易人通过电子终端，向金融机构发出支付指令，实现资金转移，所以它的支付方式按照电子支付指令发起方式可以分为网上支付电话支付、移动支付、销售点终端交易、自动柜员机交易和其他电子支付。目前的电子支付方式主要有网络银行在线支付、第三方转账支付，电话银行，手机银行、IP 账号支付等。各个不同类型的网站采用不同的支付方式。

电子支付系统中可以采用电子支票（E-Check）、电子现金（E-Cash）、微支付（Micro Payments）等支付方式。这些支付一般发生在网上交易中面向顾客的零售业务部分。在美国，一般通过网上银行直接转账，用户可以通过自己所拥有电子货币，申请网上支付，从而可以直接使用网络银行，用户用户通过网站提供的接口，将货款直接转入卖家的开户银行，卖家在确认货款到账后，将商品发货到卖家手中。在欧洲，支付一般发生在递送时或递送之后。一些产品通过邮政运输，而有些可以通过 Web 或电子函件直接发送。

第三方转账支付是目前的主流电子支付方式，它的代表作就是"支付宝"，目前，支付宝在国内网络交易中占据了大部分的支付比例。第三方转账支付使买家和卖家站在同一个平台上，买家在选择了自己购买的商品后，将货款转账到共同平台的账户上，平台在接到银行到款的通知后，将信息传送回卖家，卖家在确认信息无误后，将商品发货到买家手中，买家收到商品后向公共平台发送交易指令，平台就会将货款打入卖家账户。

电话银行的现状是采用声讯平台的方式，买家通过拨打电话选择自己需要购买的商品，商家在买家确认购买商品的同时，在通话中扣除货款，这种支付方式虽然方便快捷，但是由于没有第三方担保，确认购买后也没有办法取消交易，号码的输入也容易出错，所以购买交易的安全保障就显得有些薄弱。

IP 账号支付的方式现在基本上只有电信运营商采用，这种支付方式是把支付费用与网民上网费用捆绑在一起。

5.3.3　电子支付模型

电子支付作为现在的主流支付方式，已经成为大家越来越关注的问题，电子支付本着让消费者的商务活动更加方便快捷，同时保证交易各方的安全保密，它的交易模式是否完善成为了关键。目前，主要的电子支付模式有无安全措施的支付系统模型、利用第三方平台结算支付模式、电子现金支付模型、简单加密支付系统模型和 SET 模型。

1. 无安全措施的支付系统模型

无安全措施的支付系统模型是指客户与商家确立订单后，直接交易付账的模型，它可以通过电话、传真、IP 等非网上传送手段进行清算结账，也可通过网络直接在线转账，但无安全措施。

在这种交易模型中，用户的信用卡信息完全由商家掌握，信用卡信息在传递时无安全保障，商家承担所带来的风险。这种模式的弱点是商家得到了用户的信用卡信息，这样商家就有义务妥善保护用户的这些信息，否则用户的隐私权很容易遭到侵犯。但是这样一来，一些不法的商家就会把消费者的信息透露给第三方；即使是合法商家，消费者的信息也很容易被人截获或篡改。所以，这种模式是安全性非常薄弱的。

2. 第三方平台结算支付模型

第三方平台结算支付模型是我国现在的主流支付方式，拥有最多的服务商，在这种模式下，支付者在第三方支付中介开设账号，消费者在选定购买的商品后用申请的账户登录到第三方平台，然后向第三方平台提供个人的电子货币信息，第三方平台确认消费者有能力购买后，向商家发出购买指令，第三方在确定了消费者已经购买成功后，将货款汇入商家账户，最终完成支付过程。

使用这种模型，真正实现了购买的匿名性，消费者的个人信息不通过网络，不在开放的网络上传送，这种方法的交易成本很低，对小额交易很适用。商家也不用在承担消费者信息传递时所带来的风险，商家的自由度变大。第三方平台是交易双方都信任的经纪人，交易的成功与否、安全保密设施、风险都由它来承担。

3. 电子现金支付模型

电子现金（E-Cash）支付模型是用户在申请的电子现金账户中预先存入现金，然后得等到相应的电子现金后，在电子商业领域中进行流通。电子现金支付模式中最基本的参与者有消费者，商家，电子现金发放者三方。电子现金的发放者可以是电子金融机构，也可以是第三方非金融机构，子现金的发放者可以是一个也可以是多个，它的支付流程如下：

消费者在电子现金发行机构开设账户，购买电子现金，消费者在安装了电子现金软件的上取出一定数量的电子现金，支付所购买商品的费用，商家在接受了电子现金后与电子现金发行机构进行结算，电子银行将消费者的货款支付给商家，商家在确定了付款金额后向消费者发货。

这种模型的特点是适用于小额交易，它的协议性要求银行和商家之间有协议和授权关系；用户、商家和电子现金的发行都需要使用电子现金软件；身份验证由电子现金本身来完成；电子现金的发行在发放电子现金时使用数字签名；商家在每次交易中，将电子现金传送给银行，由银行验证电子现金的有效性；电子现金的发行银行负责用户和商家之间实际资金的转移。

电子现金的优点在于它的匿名性、灵活性、多功能性和经济性，持有者不用提供个人信息，确保了交易双方的隐私权，它可以像纸币一样进行存、取、转让等业务，而且不受时间和空间的限制，节省了传输、流通、存储、交易资金时所产生的费用。然而他的匿名性和不可追踪性也使得持有者一旦丢失相关资料，将无法报失。而且它需要一个大型数据库来存储用户的

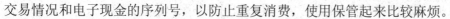

交易情况和电子现金的序列号，以防止重复消费，使用保管起来比较麻烦。

电子现金支付模型中的典型例子：Digicash 公司提供的 E-Cash 模式的系统，使用该系统发行 E-Cash 的银行有 10 多家，包括 Mark Twain、Eunet、Deutsche、Advance 等世界著名银行。IBM 的 Mini-pay 系统提供了另一种 E-Cash 模式。该产品使用 RSA 公共密钥数字签名，交易各方的身份认证是通过证书来完成的，电子货币的证书当天有效。该产品主要用于网上的小额支付。

4. 简单加密支付系统模型

简单加密支付系统模型是一种比较常用的电子支付模式，这种模式把用户的信用卡信息进行加密，是交易更安全，也被称为非 SET 支付模型。简单加密支付系统一般采用 S-HTTP，SSL 等安全协议来保证支付系统的安全，经过加密的客户信息只有业务提供商或第三方付费处理才能够识别，杜绝了商家泄露用户隐私的可能性，这种模型只要保证了业务服务器和专用网络的安全就可以使整个系统处于比较安全的状态。消费者只要拥有一个有效地信用卡号就能进行电子商务交易，更方便快捷。但是为了确保用户在交易时的安全，这种模型需要对信用卡等关键信息加密，使用对称或非对称加密技术，可能还要启用身份认证系统，以数字签名确认信息的真实性、需要业务服务器和服务软件的支持等这一系列的加密、授权、认证及相关信息传送，使交易成本提高，所以这种方式不适用于小额交易。

以 Cyber Cash 安全 Internet 信用卡支付系统为例，简单加密支付系统模型支付流程如下：

（1）Cyber Cash 用户从使用 Cyber Cash 的商家找到需要购买的商品后，通过电子钱包将信用卡信息加密后传给商家服务器。

（2）商家服务器接收到交易信息后，对信息的有效性和完整性进行验证，同时将用户加密的信用卡信息传给 Cyber Cash 服务器，在这个过程中，商家服务器看不到用户的信用卡信息。

（3）Cyber Cash 服务器验证商家为有效身份后，将用户加密的信用卡信息转移到非因特网安全地方进行解密，然后将用户信用卡信息通过安全专网传送到商家银行。

（4）商家银行使用专用电子通道证实消费者的信用卡是否有购买商品的能力，再将结果传送给 Cyber Cash 服务器，Cyber Cash 服务器将验证信息通知商家服务器，商家根据验证信息选择完成交易或拒绝交易，并通知消费者。

整个过程大约历时 15～20 秒。交易过程每进行一步，交易各方都以数字签名来确认身份。用户和商家都需使用 Cyber Cash 软件。签名是用户、商家在注册系统时产生的，而且本身不能修改，用户信用卡加密后存在微机上。加密使用使用 56 位 DES 和 768～1024 位 RSA 公开/秘密密钥对来产生数字签名。

Cyber Cash 支持多种信用卡，如 Visa Card、MasterCard、American ExpresCard、Diners 和 Carte Blanche 等。目前授权处理 Cyber Cash 的系统有 Globe Payment System、Global Payment System、First Data Corporation 和 Visanet 等。

5. SET 支付系统模型

SET 是安全电子交易的简称，SET 模型是在开放的 Internet 上实现安全电子交易的国际协议和标准。SET 最初是由 Visa Card 和 Master Card 合作开发完成的，其他合作开发伙伴还包括 GTE、IBM、Microsoft、Netscape、SAIC、Terisa 和 VeriSign 等。

SET 是以信用卡支付为基础的网上电子支付系统规范，为了满足用户、银行、商家和软件厂商的多方需求，它必须实现以下目标：信息在 Internet 上安全传输，不能被窃听或篡改；

用户资料要妥善保护，商家只能看到订货信息，看不到用户的账户信息；持卡人和商家相互认证，以确定对方身份；软件遵循相同的协议和消息格式，具有兼容性和互操作性。SET 协议规定了交易各方进行安全交易的具体流程。

SET 协议使用的主要技术包括：对称密钥加密、公开密钥加密、Hash 算法、数字签名以及公开密钥授权机制等。SET 通过使用公开密钥和对称密钥方式加密保证了数据的保密性，通过使用数字签名来确定数据是否被篡改，保证数据的一致性和完整性，并可以防止交易方抵赖。交易各方之间的信息传送都使用 SET 协议以保证其安全性。电子钱包是 SET 在用户端的实现，电子商家是 SET 在商家端的实现，支付网关是银行金融系统和 Internet 之间的接口，负责完成来往数据在 SET 协议和现存银行卡交易系统协议（如 ISO 8583 协议）之间的转换。IBM 公司宣布其电子商务产品 Net.commerce 支持 SET。IBM 建立了世界第一个 Internet 环境下的 SET 付款系统——丹麦 SET 付款系统，此外微软公司、Cyber Cash 公司和 Oracle 公司也宣布他们的电子商务产品支持 SET。目前，SET 已获得 IETF 标准的认可，是电子商务的发展方向。

5.3.4 电子商务支付系统的安全性

电子商务支付系统的安全要求包括：保密性、认证、数据完整性、交互操作性等。目前，国内外使用的保障电子商务支付系统安全的协议包括：SSL（Secure Socket Layer，安全套按字层）、SET（Secure Electronic Transaction）等协议标准。

1. SSL 协议

安全套接层（Secure Socket Layer，SSL）协议是由网景公司设计开发的，在网络上普遍使用，主要用于双方通信时数据的完整性、保密性和互操作性，确保了浏览器和互联网服务器传输数据的安全性，在安全要求不太高时可用。它包括：

（1）握手协议。即在传送信息之前，先发送握手信息以相互确认对方的身份。确认身份后，双方共同持有一个共享密钥。

（2）消息加密协议。即双方握手后，用对方证书（RSA 公钥）加密一随机密钥，再用随机密钥加密双方的信息流，实现保密性。

由于 SSL 被 IE、NESCAPE 等浏览器所内置，实现起来非常方便，它是对计算机之间整个会话进行加密的协议。目前的 B2C 网上支付大多采用这种办法。利用招商银行提供的网上支付接口可以很方便地实现基于此协议的网上支付。

SSL 使用公开密钥和私有密钥两种加密的办法建立一个安全的通信通道以便将客户的信用卡号传送给商家。它等价于使用一个安全电话连接将用户的信用卡通过电话读给商家。

虽然 SSL 握手协议可以用于双方互相确认身份，但实际上基本只使用客户认证服务器身份，即单方面认证。按照协议，消费者将订货单以及货款信息发送给商家，商家再发送给银行进行验证，银行验证成功后将结果反馈给商家，商家就可以安全发货了。但是，这一协议不能防止心术不正的商家的欺诈，因为该商家掌握了客户的信用卡号。商家欺诈是 SSL 协议所面临的最严重的问题之一。另外由于加密算法受到美国加密出口的限制，浏览器和 Web Server 都存在所谓的"512/40"的问题，即 RSA 加密为 512 位，DES 对称加密为 40 位。加密强度偏低使 B2C 的 SSL 协议难于推广到有更高要求的 B2B 领域。

2．安全电子交易协议 SET

SET 是 VISA 和 MasterCard 联合其他国际组织为了克服 SSL 协议的缺点，更为了达到交易安全及合乎成本效益之市场要求而制定的安全协议。它的实现不需要对现有的银行支付网络进行大改造。该协议的 1.0 版本于 1997 年 5 月 31 日发布。

SET 规定了电子商务支付系统各方购买和支付消息传送的流程。可见，电子商务支付系统的交易三方为：持卡人、商家和支付网关。交易流程为：

（1）持卡人决定购买，向商家发出购买请求。

（2）商家返回同意支付等信息。

（3）持卡人验证商家身份，将定购信息和支付信息安全传送给商家，但支付信息对商家来说是不可见的（用银行公钥加密）。

（4）商家验证支付网关身份，把支付信息传给支付网关，要求验证持卡人的支付信息是否有效。

（5）支付网关验证商家身份，通过传统的银行网络到发卡行验证持卡人的支付信息是否有效，并把结果返回商家。

（6）商家返回信息给持卡人，送货。

（7）商家定期向支付网关发送要求支付信息，支付网关通知卡行划账，并把结果返回商家，交易结束。

在操作的每一步，消费者、网上商店、支付网关都通过 CA 来验证通信主体的身份，以确保通信的对方合法。

SET 协议是为了满足消费者互联网上进行在线交易而设立的一个开放的以电子货币为基础的电子付款系统规范。它采用了双重签名技术，在保留对客户信用卡认证的前提下，增加了对商家身份的认证，这样就使得商家看不到消费者的致富信息，只能看到订货单，确保了消费者个人信息的安全。安全电子交易使用的安全技术包括：加密（公开密钥加密、秘密密钥加密）、数字信封、数字签名、双重数字签名、认证等。它通过加密保证了数据的安全性，通过数字签名保证交易各方的身份认证和数据的完整性，通过使用明确的交互协议和消息格式保证了互操作性。

由于它实现起来比较复杂，每次交易都需要经过多次加密、HASH 及数字签名，并且须在客户端安装专门的交易软件。因此现在使用该协议的电子支付系统并不多。目前中国银行的网上银行中的支付方式是基于 SET。

5.4　移动支付

5.4.1　移动支付简介

移动支付，顾名思义，也称为手机支付，就是允许用户使用其移动终端（通常是手机）对所消费的商品或服务进行账务支付的一种服务方式。更准确地，我们可以将移动支付定义为：以手机、PDA 等移动终端为工具，通过移动通信网络，实现资金由支付方转移到受付方的支付方式。

移动支付属于移动商务的范畴。移动支付业务是由移动运营商、移动应用服务提供商

（MASP）和金融机构共同推出的、构建在移动运营支撑系统上的一个移动数据增值业务应用。整个移动支付价值链包括移动运营商、支付服务商（比如银行，银联等）、应用提供商（公交、校园、公共事业等）、设备提供商（终端厂商，卡供应商，芯片提供商等）、系统集成商、商家和终端用户。

移动支付系统将为每个移动用户建立一个与其手机号码关联的支付账户，其功能相当于电子钱包，为移动用户提供了一个通过手机进行交易支付和身份认证的途径。用户通过拨打电话、发送短信或者使用 WAP 功能接入移动支付系统，移动支付系统将此次交易的要求传送给MASP，由 MASP 确定此次交易的金额，并通过移动支付系统通知用户，在用户确认后，付费方式可通过多种途径实现，如直接转入银行、用户电话账单或者实时在专用预付账户上借记，这些都将由移动支付系统（或与用户和 MASP 开户银行的主机系统协作）来完成。

移动支付丰富了银行服务业务的内涵，移动支付作为一种崭新的支付方式，具有方便、快捷、安全、低廉等优点，将会有非常大的商业前景，而且将会引领移动电子商务和无线金融的发展。使人们不仅可以在固定场所享受到银行的便捷服务，更可以在旅游、出差中高效、便利地处理各种金融理财业务，进行相关的商务活动。

5.4.2 移动支付的分类

移动支付存在着多种形式，不同的形式技术实现的方式也不相同。不同形式的移动电子支付对安全性、可操作性、实现技术等各方面都有着不同的要求，所以移动支付的种类很多，依据不同的划分标准，可以分为以下几种类型。

1. 按照付费时间分类

（1）预付费：消费者提前为自己将要购买的商品支付费用，如储值卡。

（2）即时付费：在交易完成时即同时完成支付，即时付费通常使用的是电子货币，如电子现金支付。

（3）后付费：消费者在得到他们所购买的商品后才进行支付，如信用卡支付。

2. 按付费的媒介分类

（1）通过信用卡或银行账户支付。这种方式的移动支付也叫手机钱包，它以银行卡账户为资金支持，手机为交易工具的业务。就是将用户在银行的账户和用户的手机号码绑定，用户可以通过短信、语音、WAP 和 GPRS 等多种方式发送支付信息完成支付活动。这种方式费用从用户的银行账户（即借记账户）或信用卡账户中扣除。

（2）通过手机话费进行支付。移动运营商在这种支付方式中占有主要作用，因为这种方式中，费用支付是直接从手机账单中收取的，用户直接与移动运营商结算手机账单即可。但这种代收费的方式使得电信运营商有超范围经营金融业务之嫌，因此其业务范围非常有限，目前仅限手机彩铃、手机游戏等业务。

3. 按支付方案分类

（1）虚拟支付：即利用手机在任何时间、地点对特定的产品和服务进行远程支付。

（2）POS 现场支付：用 POS 现场支付则发生在商家的 POS 机终端，用户用手机替代信用卡或银行卡。

4. 按支付金额分类

（1）微支付。移动支付系统按照交易额的数量分为宏支付和微支付。根据移动支付论坛

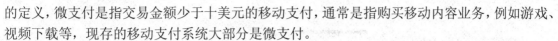

的定义，微支付是指交易金额少于十美元的移动支付，通常是指购买移动内容业务，例如游戏、视频下载等，现存的移动支付系统大部分是微支付。

（2）宏支付。宏支付是指交易金额较大的支付行为，例如在线购物或者近距离支付。用户不需携带信用卡，用手持设备即可在商场购物。

两者之间最大的区别就在于安全要求级别不同。宏支付往往需要可靠的金融机构进行交易鉴权，而微支付使用移动网络本身的 SIM 卡鉴权机制就足够了。

5. 按业务类型分类

从业务种类看，移动支付可以分为手机小额服务、金融移动服务、公共事业缴费支付等。

（1）手机小额服务。手机小额服务的特点是代收费的额度较小且支付时间、额度固定，主要使用手机账号或特制的小额账号完成支付功能。一般采用 SMS、WAP、USSD、K-Java 等实现，用户所缴纳的费用在移动通信费用的账单中统一结算。如个人用户的 E-mail 邮箱服务代收费。当前，手机小额服务在手机支付中居首要地位。

（2）金融移动服务。金融移动服务时指通过移动通信网络将客户的手机连接至银行，实现通过手机界面直接金融理财业务的服务系统。移动运营商与金融机构合作，将手机与银行卡绑定，从银行卡支付交易费用。用户除了可以支付，还可查询账户余额和股票、外汇信息，完成转账、股票交易、外汇交易和其他银行业务。

（3）公共事业缴费支付。在银行营业网点开办的、通过移动支付业务进行的、公共事业缴费，并由第三方平台通过移动网络通知用户确认交易。这种使用移动终端代缴公共事业费的业务，目前已在上海付费通、捷银等第三方支付服务平台实现。

5.4.3　移动支付的商业模式

移动支付现在已经成为人们关注的焦点，目前，移动支付业务在发达国家，特别是日、韩获得了大规模应用，而在我国尚处于起步阶段。由于各国的实际情况不同，产业链主导者也不同，因此，存在着不同的商业运营模式。目前，移动支付的商业模式主要有以下 4 种：

1. 以运营商为主体的运营模式

这种模式的特点是：移动运营商作为移动支付平台的运营主体，移动运营商以用户的手机话费账户或专门的小额账户作为手机支付账户，用户所发生的手机支付交易费用全部从用户的账户中扣减，这种商业模式的好处是：技术实现简便，缺陷是：移动运营商的角色定位不清楚，使得产业链各方的利益难以保证，前景复杂。在政策层面，如果发生大额交易将与国家金融政策发生抵触；无法对非话费类业务出具发票，税务处理也很复杂，如图 5-7 所示。

该模式典型的例子是日本移动运营商 NTT DoCoMo 推广的 I-mode Felica 手机电子钱包服务，2004 年，NTT DoCoMo 先后推出了面向 PDC 用户和 FOMA 用户的基于非接触 lc 智能芯片的 Felica 业务。建立了技术服务操作平台，为客户提供全方位、多元化管理。用户可以利用这种手机购买自动售货机或者便利店的产品，还可以购买电影票。进行交易时费用直接从用户的电子账户中扣除，整个支付过程无需金融机构参与。

2. 以银行为主体的运营模式

在这种模式中，各银行通过与移动运营商搭建专线等通信线路，将银行账户与手机账户建立对应关系，用户通过银行卡账户进行移动支付，如图 5-8 所示。

171

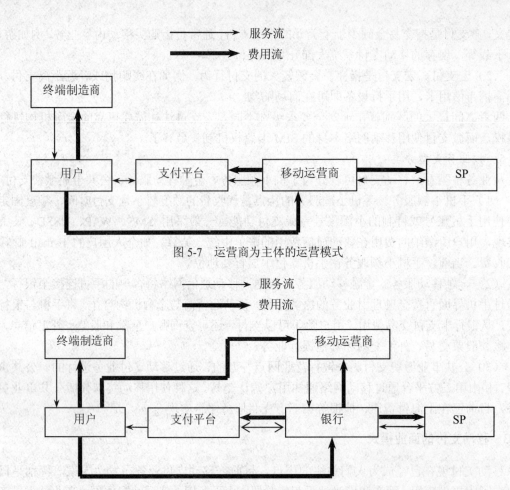

图 5-7   运营商为主体的运营模式

图 5-8   银行为主体的运营模式

银行需要为用户的手机将 SIM 卡换为 STK 卡，用户在手机上可以直接登录所在银行的账户，进行手机支付交易。该模式产生的费用主要有三部分：一是数据流量费用，由移动运营商收取；二是账户业务费用，由银行收取；三是支付业务服务费用，由银行、运营商、支付平台分成。

当前我国大部分提供手机银行业务的银行（如招商银行、广发银行、工商银行等）都由自己运营移动支付平台。如中国工商银行推出的手机银行业务：工商银行的用户使用手机直接登录或发送特定格式的短信到银行的特服号码，银行按照客户的指令可以为客户办理查询、转账以及缴费等业务。

该模式的特点是：移动运营商只负责提供信息通道，不参与支付过程。各银行只能为本行用户提供手机银行服务，移动支付业务在银行之间不能互联互通；各银行都要购置自己的设备并开发自己的系统，因而会造成较大的资源浪费；对终端设备的安全性要求很高，用户需要更换手机或 STK 卡。

3. 以第三方支付服务提供商为主体的运营模式

该模式中，移动支付平台服务提供商是独立于银行、银联和移动运营商的第三方经济实体，其自己拓展用户，与银行及移动运营商协商合作，提供手机支付业务，如图 5-9 所示。

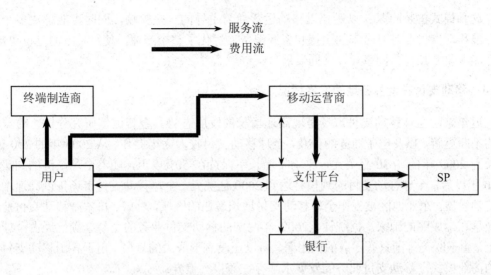

图 5-9　第三方为主体的运营模式

目前，该模式最成功的案例是瑞典的 PayBox 公司在欧洲推出的手机支付系统。Paybox 无线支付以手机为工具，取代了传统的信用卡。使用该服务的用户，只要到服务商那里进行注册取得账号，在购买商品或需要支付某项服务费时，直接向商家提供你的手机号码即可。商家向 PayBox 提出询问，经过用户确认后完成支付。第三方支付服务提供商的收益主要来自向运营商、银行和商户收取设备和技术使用许可费用和与移动运营商以及银行就用户业务使用费进行分成。

这种模式的特点是：该模式的主要特点是：银行、移动运营商、平台运营商以及 SP 之间分工明确、责任到位；平台运营商发挥着"插转器"的作用，将银行、运营商等各利益群体之间错综复杂的关系简单化，将多对多的关系变为多对一的关系，从而大大提高了商务运作的效率。但是在市场推广能力、技术研发能力、资金运作能力等方面对平台运营商的要求很高。

4. 银行与运营商合作的运营模式

银行与运营商合作的运营模式最为普遍。银行和移动运营商发挥各自的优势，在移动支付技术安全和信用管理领域强强联手，如图 5-10 所示。

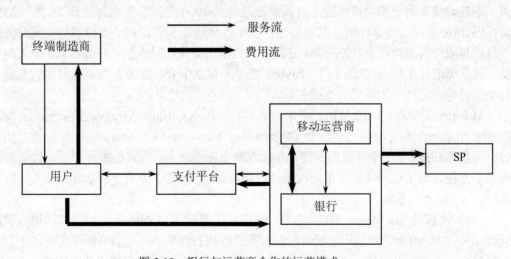

图 5-10　银行与运营商合作的运营模式

这种模式的特点是：以避免以移动运营商为主导的一些弊端，同时也能解决多个银行共同开展移动支付业务时带来的困扰和资源浪费，优化了整个产业，使得各方的定位更加明晰，大家能各司专长，共同事业，共同发展。

5.4.4 移动支付在世界各地的发展情况

近年来，全球移动支付市场呈现高速增长的发展态势。金智恒信研究分析，随着手机技术的不断更新，以及电子商务的普及，全球移动支付收入逐年提升，从 2005 年的 200 亿美元，增长到 2009 年的 1630 亿美元，平均年增长率保持在 50%以上，随着全球经济的回暖，预计2010 年以后，全球移动支付的规模将达到 2600 亿美元。全球移动支付市场正以高速增长的态势蓬勃发展。东亚地区被视作全球移动支付增长最快的区域，韩国、日本是移动支付业务是发展最早、最成熟的国家。据统计，2009 年两国的移动支付业务的交易金额已经占全球的一半以上，由于欧美等国只有零散的试用商，所以还没有形成大的规模。由于各国移动支付业务不同的商业模式，移动支付业务的发展水平存在着很大差异：

1. 欧洲主要国家的移动支付情况

（1）欧通用移动支付系统。2003 年 2 月，欧洲 4 家主要移动运营商 T-Mobile、Orange、Telefónica Móviles 与 Vodafone 建立起"移动支付服务协会"，后命名为 SimPay，西班牙 Amena 与比利时 Proximus 随后加入。该协会建立的目的在于开发与运营泛欧通用移动支付系统。2004 年 4 月完成第一个移动支付产品的技术规范开发，并计划在部分欧洲国家推出服务。后来到 2005 年 6 月 13 日，由于 T-Mobile 退出联盟，联盟终止，但联盟的知识产权由 6 家成员运营商拥有，在各自国家层面上继续开发并提供服务。

现在在欧盟国家已经被广泛接受的移动支付商有 Vodafone 与 Paybox，VISA 电子智能卡和 Ebay/PayPal（贝宝）等。

（2）欧洲的 PayBox 和 Mobipay 系统。欧洲最成功的移动支付系统是瑞典的一个门户网站（www.paybox.net），于 2000 年 5 月推出的。2002 年后分别在瑞典、奥地利、西班牙、澳大利亚和英国等开展了支付业务。享受该服务的用户通过手机购买商品和服务，资金由用户的信用卡或借记卡支付，支持从小额到大额的在线或离线交易。2002 年 9 月 PayBox 宣布其在德国、瑞典、澳大利亚和西班牙的注册商家已经达到 5000 家，注册顾客达到 26 万。2003 年 7 月，PayBox 和英国电信结盟，共同创建一个平台来认证和管理移动支付服务，同时开拓中东（包括科威特等海湾国家）的业务。它的业务范围主要是：网络电子商务付款、个人对个人付款、付款至银行账户、）移动支付，Paybox 是一个付款中介，使用者与商家利用它和银行系统与电信营运商之间产生较强的连接关系。

Mobipay 是 2000 年 12 月由西班牙两大银行（Baneo Bilbao Vizcaya Argentaria、Santander Central Hispano）和三家移动运营商（Telefoniea、Vodafone 和 Amena）共同发起建立的一个合资公司。Mobipay 是一个开放的系统，在技术和业务实现上，为其他银行和移动运营商的加入提供了方便。为了进一步扩大市场规模。它还在 66 个国家申请了专利，对该技术实现了专利保护。

（3）德国的 StarMoney 系统。2005 年 6 月，德国 T-Mobile 推出新的移动银行解决方案StarMoney 2.0，消费者可利用手机访问银行账户并进行转账。同一部手机可支持多个银行账户并管理交易数据。用户离线填写数字化转账表单，建立在线连接后完成数据交换。交易安全由

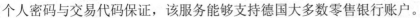

个人密码与交易代码保证，该服务能够支持德国大多数零售银行账户。

2006 年捷德公司和国际万事达卡在拉斯维加斯 CTIA 无线峰会上联合声明，共同推出世界上第一个移动支付的全面 OTA 安全个人化解决方案。它可以使手机的个人化需通过自动空中下载即可完成，因此，金融机构可以安全、经济而灵活地通过手机管理非接触支付，还可以上传其他应用上传到手机上。它还可以应用于其他安全方面，比如门禁控制等。

2. 美国移动支付的发展情况

虽然美国是世界上高新技术和金融服务最发的国家，但是它的移动网络的进程却落后于亚洲和欧洲发达国家，处于移动支付领域的"第三世界国家"，2005 年全球移动支付报告显示，美国的移动支付市场还处于"胚胎期"。

虽然早在 1999 年，贝宝支付就计划开发手机支付软件，但是由于美国信用卡拥有率和使用率比较高，银行、消费者和商家更喜欢使用基于互联网的支付方式进行结算，这样移动支付业务就被放弃了。在美国，通过现场 POS 进行的移动支付刚刚兴起，采取的技术是射频技术而非红外线技术。直到 2009 年 3 月才推出"贝宝移动"（PayPal Mobile）手机短信支付服务。而这种手机短息支付业务也是相当原始的，主要针对无力负担信用卡公司高昂商户折扣的小商户。

但毕竟近 60%的美国成年人拥有手机，在达拉斯和得克萨斯州推出的射频移动支付项目都正在启动，万事达和 Visa 也在将其非接触 IC 卡标准拓展到配置 NFC 芯片的手机中。美国运通、MasterCard 和 VISA 都正在实施各自的非接触支付计划，近年来，已经陆续出台了相关的措施对商家和发卡机构予以激励。移动支付在地铁、餐饮业、影剧院和出租车服务等已经在一些城市开始运行。

3. 亚洲移动支付的快速发展

（1）日本移动支付业发展的情况。日本的移动商务发展很快。它的移动支付业务的支付模式为完全由移动运营商主导、传统金融机构至多扮演辅助性角色的运营模式。它的移动支付业务不仅仅在商务支付活动中应用，而且已经扩展到文化产业、旅游产业等众多领域。

2004 年 7 月、2005 年 7 月、2005 年 11 月日本三大移动运营商 NTT DoCoMo、KDDI、软银纷纷推出移动支付业务，2005 年 11 月"移动支付联盟"在日本成立，它以 JCB 信用卡公司为主导，多家运营商和信用卡机构相结合，共同创建跨发卡、跨运营商的移动支付业务，使消费者在用移动支付业务购买商品时更加方便、快捷。日本移动支付市场也从 2005 年开始迅速增长，截止到 2009 年底，日本 1.1 亿的移动用户，拥有手机支付业务的用户达到 4900 万，其中 NTT DoCoMo 手机支付的市场份额超过一半。

NTT DoCoMo 是开展移动支付业务较为成功的移动运营商之一。它在 2004 年 7 月推出了手机钱包业务，在日本销售的具有支付功能的手机达到几百万部，使用该项业务的用户已超过 300 万户，在日本有一万多家商家安装有这种特殊的阅读器的零售店。NTT DoCoMo 的手机安装有 FeliCa IC 芯片。FeliCa IC 芯片技术是由索尼公司研制的一种近距离非接触支付技术，用于存储个人信息、银行账号等数据，通过读卡器读取，可以完成诸如购买车票等一些支付行为。最早应用在交通系统，乘客可用 IC 卡购买车票。将 FeliCa IC 芯片移入手机是一大创举。移入 FeliCa IC 芯片的手机在阅读器前晃动就可支付票据，用户不必像使用短信、WAP 等再输入繁琐的文字信息或浏览手机上的相应消息，方便了用户，节省了时间。即便在手机处于关机状态下依然能够完成支付。近距离非接触通信技术将成为未来移动支付业务的主流技术。目前 NTT

DoCoMo 的 3G 手机开始发展红外线装置来完成手机支付业务。

日本由于战略定位的合理，市场定位的准确，以及有效地控制产业链的能力，使得日本移动支付业务稳步快速地发展。

（2）韩国移动支付的发展情况。韩国是一个非常团结的民族，这一点也体现在了移动支付业务上，目前韩国已经完成了以商业银行主导，运营商、银行等多方合作的移动支付运营模式，并且已经形成规模。在韩国，已经有越来越多的移动用户通过手机实现 POS 支付，购买地铁车票，或用移动 ATM 取款。

早在 2004 年 3 月、2004 年 8 月、2003 年 9 月，韩国三大移动运营商 SKT、KTF 以及 LGT 都纷纷联合金融机构推出采用红外技术的移动支付业务。截止到 2009 年为止，SKT 推出的 MONETA 移动支付业占韩国手机支付市场的 50%，KTF 推出的 K-merce 占韩国移动支付市场的 30%。目前在韩国，每月有超过 30 万人在购买新手机时会选择具备能储存银行交易资料并进行交易信息加密功能的手机，申请 MONETA 的移动用户可以获得两张卡：一张是具有信用卡功能的手机智能卡，另一张是供用户在没有 MONETA 服务的场所使用的磁卡。移动用户只要将具有信用卡功能的手机智能卡安装到手机上，就可以在商场用手机进行结算，在内置有红外线端口的 ATM 上提取现金、在自动售货机上买饮料，还可以用手机支付地铁等交通费用，无须携带专门的信用卡。KTF 推出的 K-merce 类似于 MONETA，它的移动支付服务可以提供移动证券、移动银行、彩票、购物、拍卖等服务，拥有 K-merce 的手机像遥控器一样，发射红外线就可以结账，它还可以像公交卡一样在刷卡机上结账。

目前，韩国正在发展商用国际手机支付网络业务。2010 年 1 月韩国达纳企业与美国电信运营商签订合同，商用"国际手机支付网络"业务，由此包括已经提供了解决方案的中国，达纳企业已经构建起了涉及"韩美中华圈"的国际"境外手机支付与网络"。达纳企业已经向美国境内的 40 多家网站签署了支付网管合同，这样一来，韩国的消费者就可以在本国购买国外的在线商品，居住在美国境内的消费者也可以通过手机购买韩国国内的互联网在线商品。

5.4.5 国内移动支付的发展展望

据调查，2008 年中国电子商务市场交易额 30,000 亿元（同比增长 43%），国内移动电子商务用户达到 7200 万，市场规模迅速增加到 11.7 亿元，这个数据表明国内电子商务市场增长飞快，非常有市场发展潜力，特别是移动电子商务，因为移动电话消费者的数量增加的非常迅速，据调查，截止到 2009 年底中国移动电话用户 39300 万，到 2010 年下半年已经突破 45000 万，如果把中国小灵通用户叫做潜在的移动电话用户数，它的用户已经突破 1 亿，两者加在一起，中国的移动电话用户数已经超过 5 亿，这个消费群体使得手机支付的潜力巨大，它将成为移动互联网发展的必然趋势。

艾媒市场咨询（iimedia research）研究数据显示，2009 年，中国移动支付市场规模将近 18 亿元，2015 年，中国移动支付市场规模将达到 2300 亿元。所以移动支付业务发展空间很大，我国最早的移动支付是在 2000 年，中国移动与多家金融机构合作，推出了基于 STK 方式的手机银行服务，之后中国联通与 2002 年与中国银联签订战略合作协议，共同推出基于联通手机的移动支付业务，2003 年"联动优势科技公司"的成立进一步推动了我国移动支付的发展进程，2007 年我国的移动支付业务进入到产业规模快速增长的拐点，全国手机支付定制用户突破 1000 万户，全年交易总额超过 108 亿元，2009 年初中国移动开始在上海招募用户，手机支

付业务的大规模推动已经开始。

目前我国存在的移动支付运营模式有三种：第一种是以电信运营商为主导的模式，电信运营商拥有靠近手机用户的优势，它现在主推的"手机钱包"模式，是用户通过预存的话费进行消费，"手机钱包"能够方便地购买车片、电影票、景点门票等，但由于话费总额的限制，它只适用于小额消费；第二种是以金融机构为主导的模式，银行拥有靠近银行卡用户的优势，它现在主推的"手机银行"就是将用户的银行卡号等支付账号与手机号码绑定，通过手机上网、手机短信等移动通信技术传递交易信息；第三种是以第三方支付平台为主导的模式，第三方支付平台拥有大量电子商务用户的优势，随着 3G 的普及，只要手机能上网，用户便能如在 PC 上一样用手机支付。

但是，以我国的国情来看，国内移动支付业务还存在一定的问题，首先，以移动运营商为主体或是以银行为主体单独经营都存在很大的困难。目前，规模庞大的中国移动用户只需更换一张带有 REID 的 SIM 卡就能实现各种消费，这样中国移动就相当于拥有了"金融发卡"的权利，然而垄断金融资源的银行业是不会同意移动运营商在金融领域上开展业务的。我国超过 5 亿的移动用户如果都使用手机购买商品，任何一个商业银行都不是移动运营商的对手。其次，我国的移动支付还没有可靠健全的行业操作规范，移动支付的应用存在着一定的风险；而且由于用户支付的习惯，垃圾短信、电话诈骗等问题的广泛存在，移动运营商在经营类似支付金融业务时为用户提供的信用度明显不如银行。第三，电信运营商的态度也影响着移动支付的发展，如果移动支付不能使主导方电信运营商得到利益，该市场就不可能又好又快的发展。

综上所述，目前我国的手机支付政策还不完善，市场管理比较混乱，所以建立完善的手机支付安全法律法规已经是当务之急，同时由于各自的局限及核心优势的不同，我国手机支付产业链中的主要环节——银行、移动运营商和第三方支付服务提供商都无法独立开展手机支付业务。因此，目前产业融合发展趋势最适合我国手机支付业务发展的商业，而金融和通信交叉融合就顺应了这种商业模式，当电子支付成为消费习惯，由第三方支付服务助力移动支付，使手机成为个人信息处理终端。这种方式将实现资源共享，达到优势互补，促进价值链的高效运转。

当前我国的 3G 业务、手机刷卡业务终端问题的解决以及第三方支付服务公司的建立都将推动着我国移动支付市场的完善和发展。有助于推动手机上网普及的 3G 业务一旦商用，银行和运行商都将会拓展手机上网支付服务；2010 年电信运营商和银联纷纷定制刷卡手机，同时还为商户提供配套的读卡设备；2009 年 11 月，第三方支付服务公司——支付宝，它的手机支付业务也已经上线。相信在这么多的有利条件下，随着人们传统观念的改变，使用移动支付交易金额的加大，我国的移动支付一定能够安全稳定快速地发展下去。

5.5　网络银行

5.5.1　网络银行的概念

随着网络的发展，网络已经成为人们交流的新方式。正由于网络交流的日益增长，网络经济引起了全球的关注。进行网络商业交易，方便，快捷。为了更方便地进行网络商业活动，

177

网络银行就应运而生。在经济全球化、金融一体化的今天，以现代信息技术和互联网为基础发展而来的网络银行，越来越受到人们的关注。

网络银行，包含两个层次的含义，一个是机构概念，指通过信息网络开办业务的银行；另一个是业务概念，指银行通过信息网络提供的金融服务，包括传统银行业务和因信息技术应用带来的新兴业务。在日常生活和工作中，我们提及网络银行，更多是第二层次的概念，即网络银行服务的概念。网上银行业务不仅仅是传统银行产品简单从网上的转移，其他服务方式和内涵发生了一定的变化，而且由于信息技术的应用，又产生了全新的业务品种。

网络银行通过互联网向客户提供开户、销户、查询、对账、行内转账、跨行转账、信贷、网上证券、投资理财等传统服务项目，使客户可以足不出户就能够安全便捷地管理活期和定期存款、支票、信用卡及个人投资等。可以说，网络银行是在互联网上的虚拟银行柜台。因此网络银行又被称为"3A银行"，因为它不受时间、空间限制，能够在任何时间（Anytime）、任何地点（Anywhere）、以任何方式（Anyway）为客户提供金融服务。

网络银行在国外的发展比较早，而且发展比较快；1995年10月，全球第一家网络银行"安全第一网络银行"在美国诞生，这家银行没有银行大厅，没有营业网点，营业厅就是首页画面，所有交易均通过互联网络进行。该银行业务人员仅有十几人，但在96年其存款金额达到1400万美元。我国网络银行的发展相对较短，与发达国家相比仍有较大差距，而且在国内，顾客对网络银行的反映也远不如预期的热烈，人们仍然偏爱面对面的银行服务。

网络银行与电子货币的理论与实践是20世纪90年代兴起的一个新的金融理论前沿学科。目前，国际上对这一学科的研究还处于开创和探索阶段，虽然有不少人出于各种原因写了大量与之相关的文章，但真正成型的理论体系和分析方法还都较少。

5.5.2 网络银行的产生与发展

1. 网络银行在各国的发展

作为经济与金融信息化、网络化的直接产物，网络银行是二十世纪银行业最具影响力的创新。如同其他金融创新一样，网络银行的形成也经历了一个不断演变的过程。网络银行从初级的电话银行、PC银行，发展到现在的WAP银行，呈现出加速成长、不断完善的特点。现在，网络银行不仅在数量上已形成了相当的规模，在发展模式上，也渐趋成熟。网络银行的发展可以从三个地区进行分析：

（1）美国网络银行的发展状况：1995年10月18日由美国三家银行联合在互联网上成立全球第一家无任何分支机构的网络银行，即美国第一安全网络银行。经过近几年的发展，美国在互联网上设立网站的银行数目从1995年的130家发展到现在的5000多家，占所有联邦保险的储蓄机构和商业银行的一半以上。2007年美国网上银行用户量达到7920万人，预计到2011年将突破1亿。

（2）欧洲网络银行的发展状况：欧洲网络银行的起步较晚，但其发展速度相当快，早在2000年2月就有网络银行122家。越来越多的其他新市场参与者正纷纷准备加入到这个新兴的银行服务行业当中。现在，欧洲每月新增的网络银行用户已超百万。欧洲的一些银行将不同方式的服务结合起来，使用户在任何时间、任何地点享受最方便的银行服务，因此使用网络金融服务的客户比例领先于美国。

（3）亚洲网络银行发展状况：在亚洲，网络银行的发展也方兴未艾。亚洲网络银行的增

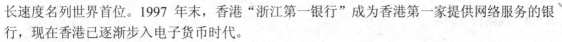

长速度名列世界首位。1997 年末，香港"浙江第一银行"成为香港第一家提供网络服务的银行，现在香港已逐渐步入电子货币时代。

2. 网络银行的属性

随着网络银行在全球的迅速兴起，其功能、可提供的服务、发展模式等，也在不断演变，人们对网络银行的认识，正在不断深化。

广义和狭义的网络银行概念，虽然有以上不同，但在核心内容基本一致。它们都包含了网络银行的一些基本属性。这些属性包括：

（1）电子虚拟服务方式。突破了银行传统的业务操作模式，摒弃了银行有店堂前台接柜开始的传统服务流程，把银行的业务直接在互联网上推出。

（2）运行环境开放。网络银行是利用开放性的网络作为其业务实施的环境，而开放性网络意味着任何人只要拥有必要的设备、支付一定的费用，就可进入网络银行的服务场所，接受银行服务。

（3）模糊的业务时空界限。网上银行业务打破了传统银行业务的地域、时间限制，具有 3A 特点，即能在任何时候（Anytime）、任何地方（Anywhere）、以任何方式（Anyhow）为客户提供金融服务，这既有利于吸引和保留优质客户，又能主动扩大客户群，开辟新的利润来源。

（4）业务实时处理。实时处理业务，是网络银行同银行的其他电子化、信息化形式的一个重要区别。相对于传统的银行系统，网络银行无需等待"反馈"即可操作指令。

（5）交易费用与物理地点的非相关性：传统银行的客户交易成本随距离的增加而增加，而网络银行的边际成本不依赖于客户和业务发生的地点。

总的来看，网络银行形成了新的银行产业组织形式，是信息化革命导致的社会制度变迁在金融领域中的深刻体现，是银行制度的深刻变革。

5.5.3 网络银行在电子商务中的作用

网上银行是通过 Internet 这一公共资源及使用相关技术来实现银行与消费者之间安全、方便、友好连接的银行。它可为消费者提供各种金融服务产品，真正实现家庭银行，企业银行的服务。传统银行的客户必须到银行的业务柜台办理业务，而网上银行客户想要办理银行业务，接受服务，可以在家里、办公室、旅途等只要具备上网通讯条件的地方，随时都可以办理。网上银行在电子商务中作用，归纳起来有以下几点：

（1）网上银行能够促进电子商务的快速发展，保证资金流的畅通无阻。它创造的电子货币以其独具优势的网上支付功能，为电子商务中电子支付的实现提供了强有力的支持。

（2）提高了服务的准确性和时效性。作为电子支付和结算的最终执行者，网上银行起着连结买卖双方的纽带作用，它所提供的电子支付服务是电子商务中最关键要素。

（3）降低了银行服务成本，提高可服务质量。

（4）降低银行软、硬件开发和维护费用。

（5）降低消费者成本，消费者操作更加生动、友好。

电子商务作为信息流、资金流和物流的统一，它的运行从根本上离不开银行网上支付的支撑。因此，发展电子商务客观上要求银行业必须同步实现电子商务化，以保证资金流正确、安全地在网上流通，进而保证电子商务目的的最终实现。而银行业同步电子化的基本途径就是大力发展网上银行。

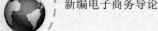

5.5.4 网络银行的风险

1. 网络银行面临的问题

与传统银行相比，网络银行在发展过程中，面临着一些特有的问题。从国外的实践情况来看，网络银行面临的一般问题主要包括 4 个方面：

（1）网络安全。安全问题是网络银行的首要问题，随着电子商务的普及和推广，它所涉及的资金流和信息流的安全问题越来越引起人们的关注。电子商务的基础是互联网，而互联网的一个显著特征恰恰是它的开放性，虽然计算机专家在网上银行的安全问题上下了极大的功夫，采取了多种措施，然而安全问题仍旧是网上银行电子支付中最关键、最重要的问题。由于电子形式的金融产品和信息，对于知道网络机密并能不留痕迹的网络进入者而言，其伪造、篡改、复制的成本极低，网络银行对非法侵入者的吸引力巨大。据报道，美国金融界每年由于计算机犯罪造成的损失近百亿美元。除了非法侵入以外，网络银行可能还会面临在金融信息传递中出现差错，或者他人盗用客户的账户，或者工作失误等引起的不必要纠纷和损失。同样，如果不能登录上网，或者银行的服务器出现故障，使紧急的交易无法进行，也会形成损失。

（2）消费者信心。网络银行只有达到一定规模，才可能获得有价值的收益。近几年，虽然我国市场经济得到了快速发展，但社会信用体系发育相对滞后，经济活动中失信现象比较严重。在个人信用体系的建设方面我国目前还很落后，这也是绝大多数客户对网络银行采取观望态度的原因之所在。尽管银行家为扩大客户群绞尽脑汁，仍难以消除消费者对网络银行的疑虑。美国波士顿咨询公司曾对客户不愿使用网络银行的原因，进行过市场调查，结果显示，80%的消费者是出于对风险因素的担心，尽管从目前看来，这种担心已远超过了其必要的程度。由于传统的银行业已经有 400 多年的历史了，人们已经习惯了它的运作程序。网络银行要提升消费者的信心仍需要加强网上银行的宣传力度不够和营销推广力度。

（3）相关法律问题。网络银行业务的开展牵涉到电子商务的方方面面和参与方的各种利益，然而，现有法律尚滞后于网络银行的发展。同传统银行相比，网络银行有两个十分突出的特点，一是它传递和保存信息（包括契约）采用的是电子化方式；二是它模糊了国与国之间的自然疆界，其业务和客户随着互联网的延伸可达世界的任何角落。从理论上讲，国外客户使用银行服务的便利几乎同国内客户一样。由于现代的法律体系，几乎全部是基于自然疆界和纸质合约的环境制订设立的，各个国家的法律管辖，大部分也都是建立在属地原则的基础之上。网络银行创造了一种新的交易环境，传统法律如何在这种新环境中运用成为问题。这些问题主要包括：①跨境网上金融服务和交易的管辖权、法律适用性问题；②服务和交易合约的合规性问题；③品牌与知识产权问题；④语言选择的合法性问题。

（4）业务标准。同其他行业一样，金融业的发展日趋标准化、系列化和通用化。目前所有提供网络银行业务的国家，都面临着如何选择业务标准，不至于将来因不能与国际上通行的标准相兼容，成为一个"孤岛"。在大多数国家，这些标准由银行业建立并控制，但也有一些国家，如英国、瑞士等，是由银行业和 IT 业共同控制。

2. 网络银行中存在的风险

作为一种新的银行组织形式，网络银行不仅面临着发展中的问题，而且也面临着许多风险，它主要经营电子货币和电子结算业务等虚拟金融业务，所以，网络银行除了具有传统商业银行经营过程中存在的信用风险、流动性风险、利率风险、汇率风险和市场风险外，还有经营银行业务所固有的风险。主要包括：战略风险、营运风险、信誉风险、法律风险。其中，战略风险、营运风险、信誉风险、法律风险构成了网络银行4种重要的风险。

（1）战略风险。战略风险是指网络银行管理层在制订网络银行发展战略时，可能出现的风险。它是网络银行风险中，影响最大的风险，直接关系到网络银行的生死存亡。如企业的发展方向、竞争力、收益成本等最基本的问题。

（2）营运风险。营运风险是在建立网络银行后，企业各项业务运营过程中存在的风险。如技术设施与规范、数据安全与完整性、内控内审机制、系统有效性和外包等方面的风险。

（3）信誉风险。信誉风险是指网络银行的信誉可能受到的某些不利影响，交易的安全性、信息的准确性、及时性、适宜的风险揭示、对客户问题的及时答复、客户隐私权的保障等，都会对银行品牌、商誉产生直接影响。

（4）法律风险。法律风险是指网络银行在开展业务时，面临着的许多法律法规上的不确定。网络银行属于新兴事物，大多数国家政府尚未有配套的法律法规与之相适应，造成了银行在开展业务时无法可依，且银行难以采取主动措施，将犯罪活动消灭于萌芽之中。

对于监管者而言，上述的营运风险和信誉风险有可能引发网络金融业的系统性风险，是关注的焦点。

5.5.5　网络银行的监管

1. 网络银行的监管存在的问题

几乎所有的国家在对网络银行的监管问题上，都采取了相当谨慎的态度。考虑到网络银行的创新、竞争力与监管规范之间的协调问题，从一开始就对网络银行实施较为严格的监管，这样可以有效地降低网络银行乃至整个金融体系的风险，但却会引发一系列负面的问题。

（1）降低国内银行的竞争力，导致银行业的衰败。由于互联网覆盖的广泛性导致网络银行的超国界性，网络银行的业务可以自然而然地延伸到任何一个互联网通达的国家里，客户自然也就来自四面八方。因此，网络银行从成立之日起，就不得不溶入国际化的竞争之中。保持一国网络银行的竞争力，技术的改进和业务的创新是必不可少的。从一开始就实施较为严格的监管制度可能会抑制这种创新，而且会使国内的网络银行逐渐不适应今后的发展。

（2）造成社会资源和福利的损失。据统计调查，网络银行中的资金和客户，会向"软"规则的地区或国家迁移。这种迁移会导致大量的资金流失，会直接造成社会资源和福利的损失。

2. 国外对网络银行的监管形成的两种模式

从目前的情况来看，国外对网络银行的监管形成了美国和欧洲两种模式。

（1）美国银行监管模式。美国采用的是二元多头式的银行业监管模式。此种监管模式的特点是中央和地方两级都有监管商业银行的权力（即二元），同时每一级又有若干监管机构共同对商业银行实施监管（即多头）。这种模式可以确保分工明确，各负其责的监管机构能从不同侧面和不同角度及时发现银行在经营中的问题和漏洞，各监管机构间的相互制衡，也有助于防止权力的滥用，提高监管的效果，但也易造成职权重复、浪费资源等弊端。

具体对网络银行的监管中，美国金融监管当局对网络银行的监管采取了审慎宽松的政策，在强调网络和交易的安全、维护银行经营的稳健和对银行客户的保护的同时，又认为网络银行是一种有益于金融机构降低成本、改善服务的创新。因而，他们基本上不干预网络银行的发展，但在安全和消费者保护方面，有严格的检查程序。美国大多数现有金融机构在开展网络银行业务时，不需要事先申请，也不需要声明或备案，监管当局一般通过年度检查来收集网络银行业务数据。新成立的网络银行既可以按照标准注册程序申请注册，也可以申请按照银行持股公司规则注册，但储蓄机构例外。储蓄机构如果想开展网络银行业务，必须按 OTS 的要求，提前30 天声明。现在也有一些国民银行部门提出了类似的要求，按这一要求，国民银行必须提前声明其用于储蓄和贷款的唯一网站地址。

（2）欧洲银行监管模式。欧洲对网络银行的监管，采取的办法较新。欧洲中央银行要求其成员国采取一致性的监管原则，欧盟各国国内的监管机构负责监督统一标准的实施。它要求成员国对网上银行业务的监管保持一致，承担认可电子交易合同的义务，并将建立在"注册国和业务发生国"基础上的监管规则，替换为"起始国"规则。欧盟对网络银行监管的主要目标有二：一是提供一个清晰、透明的法律环境；二是坚持适度审慎和保护消费者的原则。而这两个目标又与电子商务发展的大环境密不可分，为此，欧盟正在着手研究修改相关的四项法律和条约："电子商务指导"、"远程销售金融服务指导"、"布鲁塞尔公约"和"罗马公约"。

按照这些要求，欧洲对网络银行的监管主要集中在以下几个方面：一是银行间的合并与联合、跨境交易活动等区域问题；二是错误操作和数据处理产生的风险、网络被攻击等安全问题；三是随着业务数量和范围的扩大而增加的信誉和法律风险，包括不同的监管当局、不同的法律体系可能造成的风险；四是服务的技术能力。

在具体的规则上，比较有代表性的是英国金融服务局（FSA）的观点。FSA 认为：①金融监管的基本准则不能随意更改；②金融监管不应限制或阻碍网络银行的创新与发展；③监管当局应努力保持监管的透明度和一致性；④监管当局的合作应加强，促进信息共享；⑤与金融服务媒介相关的法律法规应留有调整的余地。

目前，跨境交易这一问题已成为国际金融机构集中讨论的焦点之一，无论是美国模式还是欧洲模式都未能很好地解决这一问题。传统上，在考虑政治上的管辖权问题和市场公平的前提下，对于国际性业务的管理，一般采用投资人所在国的法律，而无论金融服务源于何方。但对于网络银行，采取这种办法是不可行的。因为网络金融产品与服务日新月异，网络银行的迁移成本很低，在可预见的未来，网络银行的市场进入障碍也会减少，一国监管者很难对所有的产品与服务进行详尽的调查和分析，更谈不上对各项业务是否符合某一特定规则进行准确的判断。

3. 网络银行的国际业务监管的新策略

面对网络银行国际业务监管这一全球性问题，需要有新的策略。目前，大体上有三种设想，每种设想都有各自的优点和缺点。具体如下：

（1）世界监管局模式。这种模式的特点是要求各国放弃国内市场的概念，成立一个全球性的网络金融监管局，管理所有网络金融业务。或者，由现有的国际金融机构，如 BIS、WB或 IMF 担起此重任。优点在于可以避免各国监管时可能出现的监管争议、重叠或真空，更有效率，但考虑到此机构所需要的人力、物力、财力过于庞大规模和无所不在的特性，就足以使人气馁。

（2）统一规则模式。与统一监管机构不同，在统一规则下，各国金融监管当局对本国金融业务仍有管辖权，也承认各国金融市场的差别，但是强调要联合各国监管当局共同制定一套全球通用的管理体系。该体系类似于 IMF 的协议，由各国监管当局签署后，遵守执行。对于这一设想，认证方式和标准的国际化趋势已较为明显，目前有不少金融机构正在尝试实行。在

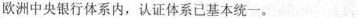

欧洲中央银行体系内，认证体系已基本统一。

（3）母国监管模式。按照这一模式，由母国的监管本国内所有的提供跨境网络金融服务的网络银行，而不论其业务发生在国内还是国外。其优点很明显：可以避免监管上的纵横交错、纠缠不清。但是也存在一定的缺点：消费者要了解不同国家对消费者权益的保护和规定，有失公允。这有可能导致消费者信心下降，进而影响网络金融的发展。

无论是哪一种模式，网络银行的监管一般都涉及了"电子商务法"、"电子签名"和"认证系统"等一些与网络经济、电子商务相关的问题。从现在各国的具体情况来看，母国监管模式占了主要地位，但统一规则模式正得到越来越多的认可。

4. 网络银行与电子货币对金融理论与实践的影响

银行业形成以来，始终与货币密不可分。伴随着网络银行的出现，货币形态也发生了变化。电子货币，成为货币史上货币形态的又一次标志性革命。

电子货币是指在零售支付机制中，通过销售终端、不同的电子设备之间以及在公开网络（如 Internet）上执行支付的"储值"和预付支付机制。可以在互联网上或通过其他电子通信方式进行支付的手段。这种货币没有物理形态，为持有者的金融信用。所谓"储值"是指保存在物理介质（硬件或卡介质）中可用来支付的价值，如智能卡、多功能信用卡等。这种介质亦被称为"电子钱包"。而"预付支付机制"则是指存在于特定软件或网络中的一组可以传输并可用于支付的电子数据，通常被称为"数字现金"，也有人将其称为"代币"（token），通常由一组组二进制数据（位流）和数字签名组成，可以直接在网络上使用。

与纸币相比，电子货币有许多不同之处：

（1）发行机构不同。纸币一般由中央银行或特定机构垄断发行，中央银行承担其发行的成本与收益。电子货币的发行机制有所不同，当今各国在电子货币的发行主体问题上并无统一的解决方案，而是根据具体国情而定。从目前的情况看，电子货币的发行既有中央银行，也有一般金融机构，甚至非金融机构。现在已经基本成形的电子货币包括：Cybercash、First Virtual、DigiCash、NetCash、Netcheque、Mondex、Annt 等。

（2）发行方式不同。传统通货是以中央银行和国家信誉为担保的法币，是标准产品，由各个货币当局设计、管理和更换，被强制接受和广泛使用。而目前的电子货币大部分是不同的机构自行开发设计的带有个性特征的产品，其担保主要依赖于各个发行者自身的信誉和资产，风险并不一致。

（3）电子货币具有匿名性。一般来说，通货具有匿名性，但不可能做到完全匿名，交易方或多或少地可以了解到使用者的一些个人情况，如性别、相貌等。电子货币则完全的不特定物，支付具有匿名性。

（4）发行区域不同。在欧元区未出现以前，货币的使用具有严格的地域限定，一国货币一般都是在本国被强制使用的唯一货币。电子货币则不受区域性的制约，只要商家愿意接受，消费者可以较容易地获得和使用多国货币。

（5）流通渠道和识别的差异。传统货币的流通、防伪、更新等可依赖物理设置，而电子货币只能采取技术上的加密算法的变更或认证系统认证来实现。

网络银行与电子货币结合在一起，对现有的金融理论和实践已经产生了影响。

5. 我国网络银行的发展与监管

1996 年中国银行在 Internet 上建立和发布了自己的主页，成为全国第一家在 Internet 上向全世界发布信息的银行。1997 年 10 月，中国银行率先创建了中国第一家网络银行，建立了中国银行在线服务系统，推出了企业理财、银证快车和网上支付三大类网上银行服务。1998 年 3 月 6 日，国内第一笔"网上银行"交易，在 Internet 上进行，中央电视台的王珂平先生通过中国银行的网上银行服务，从世纪互联公司购买了 10 个小时的机时。2009 年中国网上银行市场交易总额达 404.88 万亿，其中个人网银交易额达到 38.53 万亿截至 2009 年第 4 季度末，中国网上银行注册用户数达到 1.89 亿。目前已有 20 多家银行的 200 多个分支机构拥有网址和主页，其中开展网络银行业务的分支机构（分支型网络银行）达 50 余家。

我国网络银行在高速的发展中呈现出以下特点：

（1）目前中国尚无纯网络银行，网络银行形式都是分支型网络银行。

（2）许多银行在发展网络银行业务的初期，利用的是非银行专有的域名或网站。

（3）业务方式演变迅速，我国商业银行网站几乎一开始就进入了动态、交互式信息检索阶段，很快就进入了在线业务信息查询阶段，并与电子商务的发展紧密结合。

（4）跳跃性发展，由于我国的网络银行起步时，发达国家的网络银行体系已相对完善，所以我国商业银行基本上没有经历内部网络电子银行的发展阶段，直接由银行办公自动化阶段进入了网络银行发展阶段。

这些特点导致我国的网络银行存在着较多的问题，除了网络银行普遍存在着的交易安全、消费者保护、法律法规的一致性等问题之外，还有以下几点。

（1）发展战略。中国的网络银行没有形成自己的特色，它们之间相互影响、简单模仿的发展方式，形成了我国网络银行独特的发展战略。几乎所有的商业银行都以提供从信息查询到转账结算各层次、全方位的服务为指导思想，银行卡、ATM 和网络银行的结合，也几乎成为必由之路。既没有特定的目标市场和客户群，也没有独特的核心业务。结果是，所有的网络银行都千篇一律，丝毫没有自己的特色。

这种状况首先使我国网络银行的发展只有数量而没有质量，在竞争力方面十分欠缺。虽然投资不少，同国际上的网络银行相比，竞争水平依然低下。其次，相似而又分割的网络银行运行平台，会加大了网络银行整体的系统性风险。一旦某一薄弱的网络银行被非法侵入，会对所有相似的网络银行构成信誉和技术上的威胁。最后，同样的发展战略，加上相同的事业部发展模式，很难合理地划分市场，创造合理的市场环境。现在，大多中小银行在网络银行的发展上相对滞后，这有可能加重他们将来的竞争劣势，加大金融体系的风险。

（2）安全问题。各国的网络银行都非常重视技术设备的先进性和安全性。我国的网络银行也都不惜巨资，购买了先进的软、硬件系统。但对应用安全的管理并不重视。主要表现在：

1）网址、网站不统一、不明确。由于人民银行或银行协会还没有设立一个用于公示和确认网络银行站名、网址的权威网站，网络银行更加需要注意保持其域名的统一性。多个网址网站的存在，不仅会降低银行品牌的积累效应，而且会对消费者使用造成一定的安全隐患。

2）风险揭示不足。只有少数银行在网站上进行了风险揭示，揭示的内容仍比较简单。

3）对客户的利益安全不够重视，部分银行至今尚未采用适当的加密手段。要么加密位数较低，要么在依赖客户端本身密级时，未给出警示。

（3）信息规范和消费者保护。主要发达国家对网络银行的信息规范，都有明确的规定。这些规定涵盖了银行发布的各类广告、金融信息、站点链接等，以避免消费者因对银行的信任

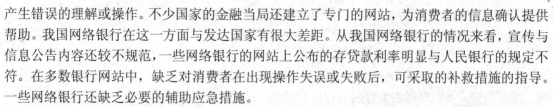

产生错误的理解或操作。不少国家的金融当局还建立了专门的网站，为消费者的信息确认提供帮助。我国网络银行在这一方面与发达国家有很大差距。从我国网络银行的情况来看，宣传与信息公告内容还较不规范，一些网络银行的网站上公布的存贷款利率明显与人民银行的规定不符。在多数银行网站中，缺乏对消费者在出现操作失误或失败后，可采取的补救措施的指导。一些网络银行还缺乏必要的辅助应急措施。

（4）法律与监管的协调。随着网上银行业务品种的不断增加和业务量的快速上升，网上银行面临的风险也随之增加，我国网上银行在行业规划、经营管理、风险控制和监管等方面的一些深层次问题开始逐步显现。在推动网上银行发展的同时，如何提高商业银行的网上银行风险控制能力，加强网上银行的监管，已经成为我国金融监管部门的重要工作内容。2001 年以前，我国网上银行业务的监管沿用的是传统银行业务的管理规章，没有专门的法规和规范性文件。2001 年 6 月，中国人民银行制定颁布的《网上银行业务管理暂行办法》，是我国关于网上银行监管的第一部行政规章。随着网上银行风险控制意识的加强，这两年来，网上银行的监管工作取得了一定的进展。

对网络银行的监管，目前世界上还没有统一的模式。各个国家网络经济发展战略和国情的不同，考虑问题的角度和重点也就不同。相应地，监管策略、监管方式和规则也就不同。

（5）我国网络银行监管需要考虑的问题。就目前而言，网络银行的运作一般有三种模式：一是完全建立在互联网上的网上银行。如美国安全第一网络银行；二是在传统银行的基础上，建立一个独立的机构或部门经营网上银行业务；三是配备相应的人力和财力资源，将传统银行业务和创新品种扩展到互联网上。我国目前的网上银行大都采用第二、第三种模式，还未出现完全意义上的网上银行，也就是说我国的网络银行业务尚处于初级阶段。我国的网络银行同电子商务、商业网站的发展相似，是在相关法规几乎空白的情况下，迅速出现并不断演进，带有浓厚的自发性。这就导致了目前对网络银行的管理规则较少，具体的监管条例和规则缺失的状况。但如何对网络银行实施适当的监管，始终是监管当局认真考虑的问题。

从我国的实际情况来看，对网络银行进行监管，存在着以下几个难点：

1）银行竞争力与监管抑制。前文中已提到过，如果再从一开始就对网络银行实施较为严格的监管，虽然有可能有效地降低网络银行乃至整个金融体系的风险，但却会对网络银行的演进与变化，以及网络银行业务的发展起到一定的抑制作用。我国现行的分业监管体制，在一定程度上已有可能影响到我国网络银行的竞争力。

2）我国现行的金融法规将面临冲击。传统交易方式中具有法律效用的原始合同、签名等如何在电子介质中应用，如何监管网络银行提供的虚拟金融服务，如何评价网络银行的服务质量，对利用网络银行进行金融犯罪的行为如何惩罚和制裁，纠纷出现后电子形态的证据如何被法庭所接受等是网络银行运行中存在而又亟待解决的问题。

3）国内银行保护与社会福利损失。网络银行的模糊疆界性和相对较低的转移成本，使监管也形成了一个竞争性的市场，据有关统计研究，网络银行中的资金和客户，都会向"软"规则的地区或国家迁移。侧重于保护本国的监管政策，会造成社会资源和福利的损失。

4）社会监管成本与监管效率。确定某一规范和标准的另一个问题，是有可能造成高昂的社会监管成本或无效监管。前者是指，如果这一规范或标准在实践中被证明是不适用的，不仅银行业要化费巨大的重置成本，而且会丧失千载难逢的发展机会。无效监管则是指，某些规则由于缺乏可操作性，在具体执行过程中难以体现。

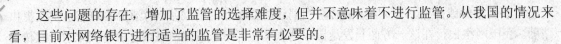

这些问题的存在，增加了监管的选择难度，但并不意味着不进行监管。从我国的情况来看，目前对网络银行进行适当的监管是非常有必要的。

我国网络银行监管的建议：

首先，加强监管工作的针对性。监管机构可适当地增加若干对口监管部门，强化监管力度，增强监管效率。对网络银行的对口监管模式，不但可以更好地适应网上银行业务无缝运行的特点，而且可以避免因不同部门在监管思路、重点和方法等方面的不同，而产生对同一网上银行业务流程的合规性与风险判断的不同。消除了多头监管中协调的困难，有利于形成全面的监管制度。

其次，就我国目前的情况来看，对网络银行的基本服务行为进行一些必要的规范，更有利于取得消费者的信任，扩大市场，避免不必要的交易摩擦。必要的监管规则还有利于形成一个相对公平的竞争环境，为中小银行的转型和发展提供机会，从而降低金融体系的总体风险。

最后，完善现行法律法规和相关金融监管办法。网上银行加速了金融创新的步伐，金融监管的法律法规和监管手段有可能越来越落后于网上银行业务创新与发展。但面对层出不穷的新问题，有必要进一步完善现行法律法规和相关金融监管办法。

国外的经验也表明，网络银行的监管是必要的，不仅有利于迎接国际竞争的挑战，而且可以避免一些不必要的弯路。

5.6 电子商务支付案例分析

5.6.1 支付宝基本框架与功能

1. 基本情况

支付宝是提供网上支付服务的第三方支付平台，于 2003 年 10 月在淘宝网推出，由阿里巴巴公司创办。支付宝一经推出，短时间内迅速成为使用极其广泛的网上安全支付工具，深受用户喜爱，引起业界高度关注，用户覆盖了整个 C2C、B2C 以及 B2B 领域。截止 2006 年 12 月，使用支付宝的用户已经超过 3300 万，支付宝日交易总额超过一亿元人民币，日交易笔数超过 46 万笔。

支付宝庞大的用户群吸引也越来越多的互联网商家主动选择集成支付宝产品和服务，目前除淘宝和阿里巴巴外，支持使用支付宝交易服务的商家已经超过 30 万家；涵盖了虚拟游戏、数码通讯、商业服务、机票等行业。这些商家在享受支付宝服务的同时，更是拥有了一个极具潜力的消费市场。

支付宝以其在电子商务支付领域先进的技术、风险管理与控制等能力赢得银行等合作伙伴的认同。目前已和国内工商银行、农业银行、建设银行、招商银行、上海浦发银行等各大商业银行以及中国邮政、VISA 国际组织等各大机构建立了战略合作，成为金融机构在网上支付领域极为信任的合作伙伴。

支付宝品牌以安全、诚信迎得了用户和业界的一致好评。支付宝被评为 2005 年网上支付最佳人气奖、2005 年中国最具创造力产品、2006 年用户安全使用奖；同时支付宝也在 2005 年中国互联网产业调查中获得"电子支付"第一名，名列中国互联网产业品牌 50 强以及 2005

年中国最具创造力企业称号。2006 年 9 月,在中国质量协会用户委员会及计世资讯主办的"2006年中国 IT 用户满意度调查"中,支付宝被评为"用户最信赖互联网支付平台"。

2. 支付宝的商业模式

(1)目标客户群。支付宝刚创立时的目标客户是淘宝网用户,为他们提供一种安全、便捷的支付方式。随着支付宝的影响力不断增加,支付宝开始为阿里巴巴中国网站用户以及其他非阿里巴巴旗下网站提供支付平台。截止到 2006 年底,支付宝已有 3300 万用户,是我国最大的第三方网上支付平台。

(2)盈利模式。截止到 2006 年底,支付宝对所有用户均是免费使用,没有盈利模式。但从 2007 年 2 月开始,支付宝将向非淘宝网卖家收取一定比例的技术服务费,收费标准约为交易总额 1.5%。淘宝网用户可以继续免费使用支付宝。

(3)核心能力。与国内其他第三方支付平台相比,支付宝的核心能力主要体现为两点:一是强大的后盾为其提供的庞大客户群,陶宝网、阿里巴巴中国站都支持支付宝,这为支付宝获得了其他任何第三方支付平台无法比拟的客户数量;二是安全保障,支付宝对外推出"全额赔付"的政策,使用户有了安全保障。

3. 经营模式

支付宝前期为淘宝网定制,后扩展到阿里巴巴中国站和非阿里巴巴旗下网站。2003 年 10月阿里巴巴公司推出支付宝的目的就是为了解决旗下 C2C 网站——淘宝网支付困难的问题,从而推动淘宝网的发展。后来随着产品的成熟,开始在阿里巴巴中国站和非阿里巴巴旗下网站推广,且不收取任何费用。

与各大银行、金融机构合作,圈地电子支付市场。支付宝目前已和国内工商银行、农业银行、建设银行、招商银行、上海浦发银行等各大商业银行以及中国邮政、VISA 国际组织等各大机构建立了战略合作,成为金融机构在网上支付领域极为信任的合作伙伴。另外,支付宝还与中国建设银行合作,发布了国内首张真正专注于电子商务的联名借记卡——支付宝龙卡及电子支付新产品——支付宝卡通业务。该卡除了具有建行龙卡借记卡的所有功能外,还能使持卡人享受到电子支付创新产品支付宝卡通的服务。持卡人将支付宝账户与支付宝龙卡通过建行柜台签约绑定后,可登录支付宝账户,直接通过支付宝龙卡账户,完成持卡人在支付宝平台的在线支付业务。同时,持卡人还能通过支付宝卡通完成支付宝龙卡账户余额和支付限额的查询服务。

推出"全额赔付"等措施,打造安全信用体系。目前,网上支付最大的障碍就是支付问题。支付宝对此认识很深,于 2005 年 2 月率先推出"全额赔付"制度。在使用支付宝支付的网站,如果在成交协议后,卖家没有向买家寄送货品或者买家收到的物品与描述不符,淘宝作为第三方监管将为买家提供与货品价值等额的"全额赔付"。2006 年 6 月,支付宝又推出国内支付领域首张数字证书,并向所有经过认证的网民免费发放,使网上购物者有了身份确认和全额赔付的双重保障。2006 年 10 月,支付宝再推出"电子机票"全额赔付制度,凡是支付宝的用户,只要用其支付宝账户登录游易网进行机票订购,都可享受全额赔付待遇。另外,为了消除用户担心支付宝挪用"沉淀资金"的疑虑,支付宝于 2006 年 5 月与中国工商银行签订托管协议,支付宝所有的客户交易保证金都将统一存放在工行备案允许的资金托管账户,由工行总行对支付宝公司交易资金情况进行综合审计,每月提交资金托管报告披露客户保证金存管情况,并出具支付宝客户交易保证金专用存款账户的资金存管情况,在支

187

宝客户交易保证金出现重大异常情况时，向相关部门报告并可以根据相关规定拒绝支付宝不符合规定的业务请求。

4. 结论与建议

经过几年的发展，支付宝已经成为国内第三方支付平台的领头羊，取得了不俗的成绩。但面对国内十余家第三方支付平台的竞争，支付宝需要突出自己的优势，在稳中求发展。国家对第三方支付平台的政策也直接影响支付宝的发展。在盈利模式方面，支付宝应在做大用户数的基础上，强化其信用功能，从而收取交易费。另外，作为国内第三方支付平台的领头羊，应该更多地与银行等行业合作，从中寻找盈利模式。

5. 问题与思考

（1）你所知道的第三方支付平台还有哪些？

（2）你认为支付宝取得成功的原因何在？

5.6.2 腾讯拍拍网支付模式

腾讯拍拍网（www.paipai.com）是腾讯旗下电子商务交易平台，它于 2005 年 9 月 12 日上线发布，2006 年 3 月 13 日宣布正式运营。得益于腾讯 QQ 庞大的用户资源优势，拍拍网目前拥有注册卖家总数超过 100 万、在线商品数超过 200 万、用户总数超过 900 万以及增长速度高达 1285% 的不俗表现。有资料显示，腾讯目前已拥有超过 4 亿注册用户以及 1.7 亿活跃用户的资源。

另据 Alexa 数据显示，目前全球排名 419 位的拍拍网已经成为继淘宝、eBay 易趣后的中国第三大购物网站。在运营满百天就跻身"全球网站流量排名"前 500 强，拍拍网也创下了电子商务网站进入全球网站 500 强的最短时间纪录。如当初 QQ.com 流量的攀升迅猛让各大门户网站如临大敌，拍拍网的迅猛发展势头也给 ebay 易趣和淘宝这两位国内 C2C 市场的先行者带来了危机感。

降低沟通成本是核心竞争力，以往 C2C 交易中沟通成本高给了拍拍网崛起的机会，"降低沟通成本，让卖家提供更多的互动功能给买家是腾讯的优势所在"。拍拍网基于腾讯构建一站式"在线生活"的理念为 C2C 赋予了新的内涵，这就是"沟通达成交易"（Communicate To Commerce）。而这全新内涵的依托点，正是此前腾讯所强调过的 4 亿注册用户以及 1.7 亿活跃用户的强大 QQ 用户群。

通过分析，得知拍拍与其他商业网站的区别在于：

（1）拍拍的支付方式。拍拍可提供银行卡外又推出了"财富通付通"服务。在卖家和买家交易过程中，买家可以先将钱打入拍拍特设的一个账户中，一旦钱到位，拍拍会马上通知卖家发货；买家收到货并对货物的数量和质量没有疑义，拍拍才会将钱支付给卖家。这种做法成了目前中国商业信用缺乏的情况下一种有效解决方案。

（2）拍拍在信用方面做得很好。拍拍建立了一套独特的个人信用评定体系。买家和卖家可以对双方交易的过程和结果在网上发表意见；拍拍会以此意见为参考，通过自己的数据库进行分析测评，得出卖家的交易诚信度的得分。奖杯级用户诚信度高，交易笔数大，在交易中获得的收益就更多。拍拍通过技术手段将传统商业固化到网络上，形成了独特的电子商务氛围。拍拍从一个网络交易的信息发布平台转变为交易中介平台。

提到拍拍就不能不说说拍拍的另一半——财付通。

1）什么是财付通。财付通是属于腾讯公司的一部分，网址为 http://www.tenpay.com/。在拍拍上购物付款时起信用中介的作用，为广大的 QQ 用户群提供安全、便捷、简单的在线支付服务。

2）财付通与腾迅的关系。财付通网站（www.tenpay.com）作为功能强大的支付平台，是由中国最早、最大的互联网即时通信软件开发商腾讯公司创办，为最广大的 QQ 用户群提供安全、便捷、简单的在线支付服务，是腾讯公司为促进中国电子商务的发展需要，满足互联网用户价值需求，针对网上交易安全而精心推出的一系列服务。

3）财付通与拍拍网的关系。财付通作为在线支付工具，在拍拍网在线交易中，起到了信用中介的作用。同时为 CP、SP 提供了在线支付通道以及统一的计费平台，解除了个人用户和广大商家的安全顾虑，保证了在线交易的资金和商品安全。同时，财付通极大地推动了中国电子商务的发展，而且为用户在线消费创造了更大的价值需求。

4）财付通的作用。

①交易时使用财付通在线支付，待你收到货确认后，钱才会给对方，在整个交易的过程中钱是在拍拍财付通账户上，解除了个人用户和广大商家的安全顾虑，保证了网上购物的资金和商品安全。

②省掉银行汇款的麻烦，网上在线支付，操作简单使用方便。

③在线支付无需手续费，即时到账。

④可查询任意时间进出账记录明细表，账单一目了然，让您的钱花得不再糊涂。

⑤为您的交易提供全额保障，交易多少保障多少，让您无任何后顾之忧。

在这里我们可以将拍拍的成功因素划分为以下几条：

（1）拍拍不光有二手货，还要有新品。在美国市场上，二手物品来源非常丰富，但中国的情况就大不一样了：国内人均收入只有美国的五十分之一，消费水平低下、居民消费观念差异导致二手物品贫乏。对此，我们也认识得很清楚，如果缺乏足够的二手物品来源，没有大量的物品在网站上成交，就不能实现规模受益，那么网站盈利的实现只会是海市蜃楼。因此，拍拍不能将经营范围锁死在"二手货"上。当越来越多的用户开始尝试将新品放到网上来卖，而买家的响应又是如此积极时，拍拍更要鼓励新品交易的成长。随着新品的激增，商品范围也迅速扩张。拍拍网站上商品的分类从初期的只有 300 多个细分类发展到 15 大分类，150 多个二级分类，500 多个三级的商品细分类，覆盖电脑网络、通讯器材、体育用品、服装服饰、居家生活、办公文教、旅游休闲、爱好收藏、书籍音像等多个商品流通领域。特别是电脑、通讯、服装服饰、体育用品。其中服装商品三分之二都是新品；通讯产品中，70%是新品，其中手机新品比例达到 50%～60%；80%的视听产品、80%家居和娱乐产品以及 40%多的体育用品都是新品。

（2）交易方式也要随内容而变动。随着新品的激增，原有单一的拍卖式交易方式显然已不能满足需要，拍拍推行的"一口价"销售方式受到了用户的欢迎。特别是当越来越多的正规企业加入到卖家的行列里来时，他们要求加快成交的速度。定价销售与原来的拍卖销售结合在一起，提供给用户多种服务选择，满足不同人群的需要，网上分销平台魅力不减。像一些从事珠宝类商品交易的卖家就喜欢"一口价"交易，这样来得比较爽快；像一些喜欢竞拍氛围的网友还是可以选择时间较长的拍卖。现在，以"一口价"方式销售的商品比例不断增加，有一半的商品都是"一口价"销售的。其中，珠宝"一口价"出售比例为 60%，而手机类商品则有

80%至 90%是"一口价"销售的。另外，拍拍上视听产品和电脑类商品的"一口价"率达到40%，体育用品类商品也有70%使用一口价。

问题与思考：

1）你认为腾讯拍拍网有哪些特色？

2）对比财付通与支付宝各自有哪些特点？

思考题

1. 与传统的支付方式相比，电子支付具有哪些不同的特征？

2. 电子现金具有哪些属性？

3. 基于银行卡的支付有哪几种类型？

4. 电子钱包有什么作用？

5. SET 安全协议的运行目标是什么？

6. 网上银行面临什么样的风险？如何监管？

7. 我国未来应该如何发展电子支付业务？

第 6 章　企业电子商务应用

通过本章的学习，掌握企业电子商务应用中的基本概念；了解企业上网工程与办公自动化在企业发展中重要作用；理解顾客服务体系的基本构成和 CRM 的内涵；熟悉 ERP 的定义及产生和发展历程，了解企业决策支持系统的组成。

6.1　企业上网工程

6.1.1　企业上网的必要性

企业上网是指企业利用 Internet/Intranet 等计算机通信技术，在互联网上建立自己的网站，在网站上宣传企业的产品和服务，与用户及其他企业建立实时、及时的信息交换机制，实现生产、流通、交换、消费各环节的电子商务，最终实现企业经营管理全面信息化。

通过对网络经济的研究，可以发现，速度和知识是网络经济不可或缺的两大要素。

首先，网络经济是快速经济。21 世纪是注重速度的时代，企业只有利用网络速度的快捷性，才能赢得发展的先机。网络突破了传统的国家、地区界限，在各个企业纷纷联网之后，谁能够充分利用网络资源、以更迅捷的速度建立起与客户、供应商和代理商之间的密切关系，并及时组织生产和销售，谁就能够率先获得先机，促进企业发展。毫无疑问，企业上网是企业在信息时代提升企业竞争力必然的选择，通过上网可以在很多程度上提高企业发展的加速度。例如：Credit Acceptance Corporation（CAC）是美国的一家大型金融咨询公司，在实施企业上网工程之前，对每个客户咨询的反应速度至少是 4 个小时，而现在是即时受理，4 个小时的优势对现代咨询服务业是不可想象的优势。

其次，网络经济是知识经济。在现代经济中，知识资源是越来越重要的经济资源，企业通过充分利用丰富的网络资源，不断地获取、处理、更新和利用企业各方面知识，分析所属领域的发展趋势，掌握企业的发展方向，企业就能够提升效率，及时准确地抓住市场商机，把知识变成现实生产力，获得收益，进而推动企业快速发展。面对新经济的到来，企业上网成为一个企业获取知识、整合知识和积累知识的有效途径。如：掌握客户或供应商的差别信息，根据这些信息根据他们之间的差别采取不同的方式拉紧不同的供应商、代理商和客户，从而为企业带来新的商业机会。同时，企业能够以低代价却很便捷的途径把产品或服务的信息发布到全世界的各个角落，为企业客户提供更完善的全天候的服务，所有客户都能够通过网站完成信息索取，加强企业间的信息联系。

6.1.2　企业上网环境分析

1. 网络环境

网络环境是企业上网最底层的环境。它一般包括硬环境和软环境。硬环境包括上网的计算机数，电信、网通等网络的铺设状况，各种宽带或光纤的接入等；软环境包括居民个人上网状况、各种网络技术因素、各种软件的开发与应用状况等。

从硬环境看，随着互联网的发展与普及，我国的计算机数量逐年递增，并且在我国的网民数量增加的同时，现有网民每周的上网时间也在不断增加。

从软环境看，首先各种网络技术的出现与应用保证了企业能够快速、安全、高效地上网。目前的网络技术主要有局域网技术、防火墙等网络安全技术和 VPN 技术，尤其是局域网技术，随着局域网的发展，局域网技术成为网络技术中的热点，同时它也是企业在组建内部网时应用的主要技术；其次是各种软件技术，它关系到企业上网后电子商务的运行问题。比如电子交易系统、电子支付系统、客户管理系统等应用软件，它们在企业上网过程中起着重要的作用。当前这些技术已经比较完善且处在不断的发展过程中，日益成为企业上网强有力的助手。

2. 商业环境

改革开放以来，我国经济的不断发展与市场化的持续推进使得我国所处的商业环境已经发生了很大的变化。我国目前已经基本上完成了市场化改革，现在的商业环境是一个高度竞争、快速高效、全球化的环境，对此企业必须适应。而企业上网正是企业实现自己适应当前客观商业环境的战略选择。

3. 社会服务环境

企业上网的社会服务环境，指的是企业通过网络来实现运行销售产品、管理企业等商业活动所依托的相关社会服务机构的协助与支持。凡是会影响企业向客户提供的服务表现水准和沟通的任何设施和机构都包括在内。显而易见，如果企业要实现上网工程，保证网络经济的正常运行，就需要充分了解相关的社会服务环境。首先是网络与通讯等方面的社会服务环境，这种环境由电信运营商等机构提供。其次金融环境是影响企业上网工程的重要因素。通过网络进行商业交易等经济活动的时候，良好的金融环境能够保证交易行为高效、快捷与安全地进行。

4. 法律环境

当前，电子商务迅猛发展，越来越多的大小企业不断加入到网络经济的浪潮中，使得传统商业运作模式受到极大的冲击。这也必然导致与传统商业运作模式相适应的相关法律法规面临很大的问题。在我国，电子商务法律环境的建设速度远远跟不上电子商务的发展速度，满足不了电子商务的发展要求，比如：电子合同的法律地位、网上支付各当事人之间的法律关系、电子身份认证的法律地位、网上消费者权益保护、知识产权保护、电子商店的法律责任等。因此，要使我国电子商务快速稳健地发展，就必须加大企业上网的法律环境建设，逐步扬弃规范传统商业活动的内容，制定用以规范电子商务活动的法律法规体系。

6.1.3 企业上网成本与收益

1. 企业上网的成本

企业上网必须付出一定的成本，分析这些成本，对于提高企业经济和社会效益有着重要的作用。企业上网的成本主要包括内部成本和外部成本。

内部成本一般包括硬件成本、软件成本、人员成本和风险防范成本等。

（1）硬件成本。企业运用网络进行企业管理和销售的过程中需要借助一系列的部件和设备，这是实施上网工程的最初投入，其成本主要包括上网所必需的相关计算机设备的购买开支，例如 PC 机、服务器、路由器、交换机等，这些都是企业上网必须购置的硬件设备。

（2）软件成本。它主要包括开发系统软件和后期应用系统的成本。在企业上网的整个过程中，软件对企业的成败有着至关重要的作用。如果企业根据信息系统还需购置一些其他系统软件，则其系统软件成本由软件价款、邮费、税金等组成。

（3）人员成本。企业上网必然需要系统分析人员、设计人员、程序人员、使用与维护人员和管理人员等一批网络方面的专业人员的参与和支持，这也是企业上网成本的一个重要组成部分。同时，人员成本也包括企业对上述人才的培训费用，如企业员工在培训期间的工资及支付给培训单位的培训费。

（4）风险防范成本。企业上网后会面临很多风险，主要包括计算机病毒、网络犯罪和电子交易的法律风险等。

外部成本一般包括企业间的通信成本、网络发展滞后的成本、观念转化及信用成本和法律成本等。

（1）企业间的通信成本。企业间的通信成本主要是指企业与业务伙伴或客户之间进行电子交易时需要支付的通信费、入网费和网络服务费等。企业上网后，与客户间之间的联系频繁，通讯费用开支较大，这些都包括在通信成本中。

（2）网络发展滞后的成本。目前我国很多企业遵循的仍然是传统的手工作业方式，不能适应企业上网的要求，这会降低企业正常运行的效率，不仅会带来许多资金浪费，也会增加企业总成本。

（3）观念转化及信用成本。目前，我国大多数企业的应用水平落后，使用计算机往往只是用计算机进行文字处理等工作。这不利于企业在网络交易中的快速发展，需要进行观念转化，要把观念转化为现实，经常不得不增加材料和加工技术等方面的投入，这就可能成为拉动成本上升的原因。另外，我国企业的信用程度普遍较低，在运用网络进行交易时就比较困难，影响企业发展的效率。实现一个诚信的互联网信用环境需要一个适应期，这不仅需要企业努力改善，同时，逐步建立和完善适应现代市场经济的也是必需的。

（4）法律成本。毫无疑问，电子交易中经常会面临大量的法律问题，例如，网上交易纠纷的公司裁定、司法权限；安全与保密、数字签名、授权认证中心管理等；跨国、跨地区网上交易时法律的适应性、非歧视性等。

2. 企业上网的收益

企业上网一方面有利于企业树立良好的企业形象，另一方面有利于企业降低交易成本。

首先，良好的企业形象对于一个企业的生存和发展是十分重要的，它的定位于网页设计直接影响着企业在网络电子商务应用推广中的成败。纵观国内外知名企业的网站，我们不难发现这样的规律：企业的知名度和实力往往与其企业网站的设计制作水平成正比。另外，企业可以在很短的时间内利用网络提高产品的品牌形象。例如王老吉凉茶在 2008 年 5 月之后迅速红遍大江南北，就是因为网络的作用。王老吉凉茶为汶川地震捐款 1 亿元这个事迹首先在网上迅速流传，出现网民发帖"封杀王老吉：见一瓶买一瓶"的号召，从而迅速提升其形象美誉度。

其次，企业利用网上电子商务，还能有效地降低企业的交易成本。它主要体现在以下几个方面：

第一，降低采购成本。原材料采购是一项程序复杂的过程，利用电子商务通过互联网与与客户建立方便的联络方式进行业务洽谈，可以帮助企业简化采购程序，同时加强与主要供应商之间的协作关系，形成一体化的信息传递和信息处理体系。企业通过在自己网页的 BBS 公告牌上发布商品需求信息，同时主动在网上查询所需原材料及配件的相关生产厂家的信息，并与其直接联系采购，从而有效降低了采购成本。

第二，降低营销成本。建立和维护企业网站需要一定的投资，但是相比于其他传统的销售渠道，使用互联网大幅度减少了人员出差的时间和费用，降低通信、传真、邮寄费用，并省去了许多中间环节，提高了产品直销率，降低了营销成本。

第三，降低管理成本。企业通过互联网和内部网络进行信息收集及日常电子邮件传输，能够促进信息的交流。借助互联网的强大优势，可在网上随时随地查找您所要获得的行业宏观信息、同行竞争对手的发展及产品信息，还可在企业的网站上建立起自己的专门栏目，收集用户的反馈信息，保证了在较短时间内获得最新的信息。而通过企业内部网络，上下级之间可以点对点或点对多的快速安全进行文件、报表等其他文件的传输，其中一些绝密文件可以通过加密的方式传输。

第四，减少库存。传统的生产方式下，企业存在需要较高的原材料库存量来保证生产的进度，需要较高的成品库存量来保证按时交货的弊端。这样不仅增加了运营成本，而且减慢了对客户需求变化的反应速度。而企业通过上网工程，而企业通过上网工程，可以有效地降低库存，提高客户满意度，同时还能降低经营成本。

第五，降低客户服务成本。一方面，企业可以通过互联网，对目标对象进行在线产品信息查询、技术支持等服务、为客户提供了一个便于查询的服务系统，并且可以把常见的客户反馈信息，经过处理后，发布在网上，供更多的客户查阅，通过不断地为客户进行网上的在线咨询、技术支持等方式，加强对目标客户的售前服务，提升企业的服务品质。另一方面，企业可以将产品的常见问题解答等信息全部都放在企业的商务网上，客户有任何问题都可以到这个页面上寻找解决方案或者发出求助信息。

第六，提高经营管理效率。企业将交易中的商业报文标准化，使其通过网络能在世界各地瞬间完成传递，原料采购、产品生产、需求与销售、银行汇兑、保险等过程，在无需人员干预或较少人员干预的情况下就能在最短的时间内完成，从而大大减少不必要的费用支出，做到有的放矢。

总之，企业在开展上网工程之初，可通过专业公司提供网上策划，并做出详细的成本、效益分析，做出正确的决策，从而提高产品竞争力。

6.1.4　企业上网的形式

尽管每个企业的网站规模不同，表现形式各有特色，但从经营的实质上来说，主要包括信息发布型、产品销售型、综合电子商务型这三种企业上网的基本形式。

1. 信息发布型企业网站

信息发布型企业网站是将网站作为一种信息载体，其主要功能包括用于品牌推广以及沟通的企业信息发布，如公司新闻、产品信息、采购信息等用户、销售商和供应商所关心的内容。但是网站本身并不具备完善的网上订单跟踪处理功能，只是用于品牌的推广以及与顾客之间的沟通，这也是任何一个网站都必须具备的基本功能。这种类型企业网站的建设和维护都比较简单，投入的资金也很少，而且不需要太复杂的技术，能够初步解决企业上网的需要，因此，是中小企业网站的主要形式。

2. 网上销售型企业网站

网上销售型企业网站是在发布企业产品信息的基础上，增加了网上接受订单和支付功能，网站具备网上销售的条件。这种网站改变了传统的分销渠道企业可以通过网上销售型企业网站直接面向客户提供产品销售或服务，从而减少了中间流通环节，减少流通费用，降低总成本，增强产品竞争力。

3. 综合性电子商务网站

综合性电子商务网站是是企业网站的高级形态，它的主要功能除了用以将企业信息发布到互联网上与销售公司的产品之外，还集成了包括供应链管理在内的整个企业流程一体化的信息处理系统。因此，这种形式的网站具备了信息发布型企业网站与网上销售型企业网站的功能的同时，还能快速满足不同用户的个性化要求，适用于具有一定实力的大型企业。这一方面，海尔集团的网站在具备了一般信息发布型网站的基本内容之外，还建立了完善的网上零售体系，很好地满足了用户的个性化需求；同时，面对供应商的企业间电子商务平台也展示了一个现代企业的风采。

6.1.5　企业上网的具体实现

1. 开发策略

企业上网系统的开发策略一般有以下三种：

（1）采用自行开发的方式。这种方法的特点是成本较低，开发较为灵活，因此比较适合中小型企业。

（2）将全部或部分工作外包给电子商务供应商。这种方法的特点是比较省事，但在某种程度上企业将失去设计与运作电子商务系统的大部分主动权，同时还需要支付高昂的租金。

（3）购买一套集成所有功能的电子商务套件。这种方法的特点是管理人员需要熟悉各种套件的性能，购买后需要按照本企业电子商务的功能分析选择套件的功能。

2. 成立开发小组

开发小组成员一般有不同的分工。开发小组中，一个人可能承担多个角色，一个角色也可能有几个人承担。对于一个企业网络系统项目来说，主要角色有：网站内容主管、网站技术主管、网页编制人员等。

6.1.6　企业上网管理系统的功能

企业上网管理系统的包括帮助企业控制和管理对互联网的运用，其主功能主要包括：

1. 上网权限管理功能

企业上网管理系统具有设置每个用户和每台计算机访问互联网的权限，将用户或计算机组织成不同的用户组，以组为管理单位，以配置的时间段长度为时间单位，设置每个管理单位被允许上网的时段；同时，企业上网管理系统还可以根据人员、计算机或部门的调整，更改用户或计算机所属的管理单位。通过这一功能，可以将互联网的访问权限按实际情况合理分配给真正需要的各部门和员工，避免资源的浪费。

2. 访问内容管理功能

企业上网管理系统可以通过限制用户在工作时间内访问与工作内容无关的网站或不良网站，来防止员工滥用企业的互联网资源。例如，设置允许访问和禁止访问的 IP 地址，上网管

195

理系统可以将用户对互联网的访问情况记录在登录用户的账户上。同时，企业上网管理系统可以根据实际需要，通过数据库提供的功能定制自己的互联网访问策略，并且能够自行增加和删除受限制和管理的网站地址。

3. 带宽管理功能

企业上网管理系统具有带宽管理功能，企业可以根据实际需要在不同的时间对不同的部门和人员、分配不同的网络资源，针对不同的用户分别设置其上行带宽和下行带宽，使不同部门和不同用户间的上网行为之间不会互相影响，有效阻止某些用户或部门滥用网络资源而影响其他用户对互联网的访问。

4. 数据备份功能

企业上网管理系统具有数据备份和恢复的功能，网络管理员可以通过系统定期备份用户管理数据和用户上网记录。当系统出现意外情况，数据被破坏或丢失时，能够迅速进行数据恢复，从而不影响企业的正常活动。

5. 监控审计功能

企业上网管理系统能够对用户上网行为进行实时在线监控和事后审计。企业上网管理系统能够对用户访问互联网的真实情况进行实时监控。企业上网管理系统还能够按照时间顺序将用户全部访问互联网的情况逐条记录到每日一个的日志文件中。网络管理员可以通过系统审计查阅日志和审计记录，根据管理系统记录的分类资料，掌握企业内部每个用户和每一台计算机访问互联网的相关数据，在对历史数据进行分析的基础上，对企业互联网访问的管理策略进行有针对性地调整。

6. 计费控制功能

企业上网管理系统可以对用户和用户组访问互联网的计费进行设置，根据用户访问互联网的情况动态的进行计费累积；同时，系统能够针对指定的用户或 IP 地址设置计费阈值，当计费超过阈值时，系统可以自动停止其互联网访问权限。

6.1.7 企业内联网的使用

1. 企业内联网的概念

企业内联网（Enterprise Intranet），也叫做内部网，它是在一个协同作业的组织内部，采用 Internet 技术建立的可支持企业内部业务处理和信息交流等应用需求的网络应用系统。内联网是使用 TCP/IP 协议作为通信协议构建的企业级信息集成和信息服务的信息设施，以较少的成本和时间将一个企业内部的大量信息资源高效合理地传递到每个成员。

2. 企业内联网的特点

企业内联网是 Internet 技术在企业内部应用的延伸，具有两个显著的特点：

第一，内联网的使用能够改进企业的经营模式。在电子商务技术的支持下实现网络化的开放式经营——在网上发布企业信息，宣传自己产品、技术和服务，快速高效地获得信息——Internet 上的事务，与客户和市场建立更紧密的联系，进而为企业开辟一条接触客户的全新途径，帮助企业率先进入市场。

第二，内联网的使用能够改善企业管理。将 Internet 引入企业内联网，按照 Web 和 HTTP 结构建立独立于操作系统的平台，使企业员工能够充分共享企业信息和应用资源，保护重要的文件的传递、数据资料的共享以及使用浏览器浏览或查询信息，并可发布及时一致的信息，从而加强企业内部管理，提供工作效率。

企业内联网的使用简单，系统建立成本低，而且建成后系统维护的成本低。内联网自身见效快、回报率高的优势，为企业发展带来加速度。因此，企业要发展，要提高自身的竞争力，建立内联网实现企业网络化势在必行。

3．企业内联网的应用

企业内联网上常见的应用主要集中在协同工作、信息公告、业务控制和信息共享等几个方面。

（1）信息公告。要想进行信息公告，就需要建立员工信息中心，并体统如下服务：

①为员工提供有关培训、研讨、公司理念、设施和地址簿等常用信息。

②允许员工自己订购新的办公用品，检查假期、退休金和借贷结余。

③帮助新员工查询有关公司的基本信息。

④访问公司员工手册、预算方针、人力资源政策和计划执行等细节。

⑤提供访问和提交各种公司表格的功能，如出差报告、费用凭证和休假申请等。

（2）内部协作。电子协作是信息技术高度发达之后，跨国公司最迫切需要的网络应用，通常是用邮件系统和内联网集成在一起，以实现电子邮件、新闻组和工作流的应用，从而改进群组之间的通信和生产力，为分布在不同时区和地点的项目组成员提供了一种通信和共享文档及成果的方式。从而促进项目管理，提高协作效率。

（3）营销管理。

①市场和销售：通过 WWW 迅速发送市场销售信息，而不是采用复印或人工发送的方法。

②向客户提供智能化的产品搜索服务。

③在内联网上出版多媒体信息，以此取代手册或录像资料。

④允许市场营销人员从世界的任何地方访问由企业负责维护的最新客户资料库。

⑤为完整的销售周期提供支持——包括销售支持资源、销售工具、参考信息的链接订制等，销售周期的每一个步骤。

（4）客户服务。

①提供放置订单、订单跟踪方案。

②利用智能代理技术帮助客户解决简单问题。

③维护技术栏目，为客户提供智能化技术支持。

④与卖主和供应商的交互，包括询价、报价和按时间表发货等。

企业内联网的价值在于它能够轻松地发布和获取信息以利更佳决策、节省营运成本、增强内部沟通与合作、延伸企业现有投资，使信息直接进入增值过程。

企业内联网应用的关键问题是，如何充分发挥企业能力与每个员工、客户、合作伙伴以及供应商进行信息共享。这些应用需要有周密的计划，否则企业内联网的建设可能会相当混乱。

6.2　企业办公自动化

6.2.1　企业办公自动化的产生与发展

"办公自动化"一次是 20 世纪 50 年代中在美国首先出现的，当时是指利用电子数据处理设备使簿记工作自动化；在 20 世纪 60 年代指的是"管理信息系统"，是用计算机管理数据处理；到了 20 世纪 70 年代由于微型机的出现，办公自动化能大幅度提高办公效率和管理水平，从而引起了许多国家的重视。

现代社会，办公人员数量超过就业人数的一半以上。针对这种情况，如何提高办公效率、改进办公质量、实现科学管理等，面对这一系列问题办公自动化应运而生。

（1）在美国，经历了三个阶段：

第一阶段（1975 年以前）采用基本的通信设备和办公单机设备来实现单项业务办公自动化，如文字处理机、复印机、传真机、专用交换机等。

第二阶段（1975～1982 年）个人计算机迅速发展并逐步进入办公室，实现了办公室关键部位业务运行自动化。这一阶段办公自动化系统以个人计算机和办公套件为主要特征，以结构化数据为存储和处理对象，强调对数据的计算和统计能力，实现了数据他那个急和文档写作电子化，完成了办公信息载体从原始纸介质方式向数字方式的飞跃，实现了个体工作的自动化。同时，这一阶段分散在各办公室的电子计算机系统开始连接成局部网，主要采用电子报表、电子文档、电子邮件等新技术和高功能的办公自动化设备。例如，1978 年，卡特的"白宫办公信息系统"，就是包括了一千多台计算机终端的局域网。

第三阶段（1983 年以后）办公自动化向建立综合业务数字网的方向发展，局域网技术和远程通讯网络技术进一步发展。在这一阶段，出现了高功能的办公自动化软件包、多功能的办公自动化工作站和各种联机办公自动化设备，如电子白板、智能复印机、智能传真机、电子照排轻印刷设备、复合电子文件系统等。办公自动化系统也发生了根本性变化，多功能工作站、电子邮件、数据通信网络等系统综合设备的广泛采用，逐步推动系统化、标准化、结构化、网络化、综合化办公自动化的发展。1991 年比尔盖茨提出每一人一台计算机，1993 年克林顿提出 15 年内建成全国性信息高速公路。

（2）我国办公自动化的三个阶段：

"六五"期间（1985 年以前），准备时期。这一阶段的主要标志是在办公过程中普遍使用现代办公设备，如传真机、打字机、复印机等设备。主要目标是学习、引进、建立相关组织机构、制定发展规划。

"七五"期间，初见成效时期。这一阶段的主要标志是办公过程中普遍使用电脑和打印机，通过电脑和打印机进行文字处理，表格处理、文件排版输出和进行人事财务等信息的管理等。主要目标为：在国家重点组织机构与单位建立能体现水平和规模的办公自动化系统，在省部级单位建立在一定水平的办公自动化系统，在基层单位，建立初级的办公自动化系统，增大办公自动化系统的普及面，规范办公自动化的标准。

"八五"、"九五"期间，发展并走向成熟期。这一阶段的主要标志是网络技术在办公过程中的普遍应用，实现文件共享、网络打印共享、网络数据库管理等工作。主要目标是：基本建成以现代计算机技术、通信技术为主要手段的全国行政首脑机关办公决策服务系统，实现各级单位之间的计算机联网，对电子信息资源进行管理，以便高效率、高质量为国家各级机构进行宏观管理和科学决策服务。

目前，我国互联网技术得到了迅速发展和普遍使用，出现了 Intranet、Extranet、Internet、政府上网工程、企业上网工程、电子政务、电子商务、电子管理、政府内部网、企业网、数字神经系统和数字化办公等一系列新概念。一些国家机关、部委、省市、重点企业与高校相继采用办公自动化手段，并取得较好的效益。到 2010 年，我国十大城市逐步建成了有限规模的信息高速公路。

6.2.2　企业办公自动化的概念

企业办公自动化（Office Automation，OA）是信息化社会的产物，指的是建立在计算机局部网络基础上，将现代化办公和计算机网络功能结合起来的一种新型的办公方式。目前，关于办公自动化较具权威性的定义有两个：

（1）季斯曼定义。办公自动化就是将计算机技术、通信技术、系统科学与行为科学应用于传统的数据处理技术，应对难以处理且量非常大而结构又不明确的那些业务上的一项综合技术。

（2）我国专家定义办公自动化。我国专家在第一次全国办公自动化规划讨论会上提出企业办公自动化的定义是：利用先进的科学技术，不断地使手工处理的办公业务借助于各种办公设备完成，并由这些设备与办公人员构成人—机信息处理系统，进而提高企业内办公效率和办公质量。

一般来说，传统的办公自动化多是指字处理系统、轻印刷系统、文档管理系统，无法实现信息的共享、交换、传递，无法实现单位、企业内部的协调，难以对非文本的，如音频、视频、图形等多媒体信息、超媒体信息进行有效的处理。而现代办公自动化系统则认为：办公实际上是人与人、人与部门、部门之间信息的共享、交换、组织、分类、传递及处理，以及活动的协调，从而达到整体目标实现的过程。现代办公自动化系统着重于提供办公信息的共享、交换、组织、传递、监控功能，提供协同工作的环境。

通过实现办公自动化，或者说实现数字化办公，可以优化现有的管理组织结构，调整管理体制，在提高效率的基础上，增加协同办公能力，强化决策的一致性，最后实现提高决策效能的目的。目前，办公自动化已将计算机技术、通信技术、科学管理思想和行为科学有机结合在一起，应用数据处理技术处理难于处理的数据量庞大的（包括非数值型信息）的办公事务上，从而有效地提高了现代企业的办公质量和办公效率。

6.2.3　企业办公自动化的优势

办公自动化是企业除了生产控制之外的信息处理与管理的集合，是利用先进的科学技术，尽可能充分地利用信息资源，提高企业效益。一套优秀的办公自动化系统是企业迈进数码时代的"基石"，对于普通管理者，办公自动化是事务/业务处理系统，对于中层管理者，办公自动化是信息管理系统，而对于单位的领导来说，办公自动化则是决策支持系统，能够为领导提供决策参考和依据。办公自动化能够为企业的管理人员提供良好的办公手段和环境，能够准确、高效、愉快的工作。

第一，办公自动化能极大地提高工作效率。任何一个企业，都会有大量的文案需要处理，复杂的工作流程需要安排，企业决策者需要依据纷乱的信息作出重要的决定。拥有一套智能化、信息化的办公系统，企业员工就不用拿着各种纸质文件、申请、单据等穿梭于各部门等候审批、签字、盖章，因为这些都可以在网络上完成。

第二，办公自动化能节省运营成本。在办公自动化之前，企业的每个文件都需要相公工作人员进行编辑，打印，如果出现错别字等任何一个错误，都需要重复打印，并且是每个文件要打很多套，然后拿着文件签字盖章。如果相关领导不在，就要多次来回跑，而如果与领导不在一个楼层甚至不在一个地方的，就要费更多的时间。这些纸张和时间成本的浪费在办公自动化实现之后，就不会因为书写一份资料而浪费大量的纸张，不需要因为一个文件浪费大量的时间跑来跑去。

第三，办公自动化能规范单位管理。办公自动化能够把原来杂乱无章的工作流程规范化，让工作进行得更加井然有序，比如：公文会签、计划日志、用款报销等工作流程审批都可在网上进行。

第四，办公自动化能提高企业竞争力与凝聚力。办公自动化不仅使得不同地理位置之间的不同单位或部门之间进行协同办公成为可能，更为员工和上级之间的沟增加了上下级之间沟通交流的渠道，使信息反馈得更加真实和畅通，调动员工的积极性，并为员工提供了充分发挥能力的舞台，毫无疑问，这将大大增强企业的竞争力与凝聚力。

第五，办公自动化能够使决策变得迅速和科学。大量的真实有效数据等有效信息可以为高层决策者在进行制定决策时提供科学的依据，不再是在不完全掌握公司情况的情况下凭臆测而下决定，而是以数据和真相为基础，这就增强了企业决策的正确性与高效性。

6.2.4　企业办公自动化的功能

1. 企业收发文管理

企业收发文管理是一个企业对具有约束能力文件形成过程的一种管理，包括企业执行各类文件的手法、拟定、收发、审批、传阅、归档、统计、查询检索和打印等工作的处理。办公自动化系统实现了公文处理的网络化、自动化和无纸化。先由相关人员进行文件的拟制，之后将拟稿通过网络发送给相关负责人进行审批，通过审批后签发。当接收到文件后，进行收文登记，然后将文件发送给相关负责人进行办理，办理完毕后再由专人将文件进行归档。同时各类文件拥有相应的安全机制，具备相应的保密级别，通过指定不同级别人员具有的不同权限，还可以实现网上文件查询。

2. 企业会议管理

企业召开会议时往往需要大量的文件，在传统的管理方式下，这无疑将是会议组织者面对的一大难题。而在办公自动化的方式下，可通过网络安排会议流程、传输管理会议的相关文件，同时还可实现网络远程实时会议控制，进行图文与影音文件的在线传输。

3. 企业远程办公

企业远程办公是现今大多数企业业务的外延，适用于以下两种情况：一是那些暂时出差在外或长期在外工作而又非常需要了解企业的某些数据信息的企业员工；二是，相隔较远的同一单位的不同的办公点，在离本单位较远的地方设立几个办公点时。企业远程办公主要是通过电话网、DDN专线等连接的远程计算机，以完成所有的有关办公的功能。

4. 企业领导活动安排

企业领导的活动安排是指办公室员工对领导的日常工作和常规活动等进行统一的协调和安排，包括一周（一月）活动安排和每日活动安排。相关所属员工可以根据领导的工作安排日程来安排自己的相应工作，以避免发生冲突或者遗漏工作的情况。

5. 企业个人用户管理

企业个人用户在日常工作中对本人各项工作进行统一管理，例如存放个人的各项资料、纪录、安排日程、活动等，以方便本人查看处理当日工作。此外个人用户还可以通过电子邮件与其他个人或单位交流讨论问题以及传送材料。

6. 企业外出人员管理

对企业人员的外出管理是企业员工管理的重要内容，企业一般通过要求外出人员进行登记来控制人员在位情况。登记内容包括外出事由、外出时的联系方法、外出时间以及外出期间自己负责的工作的代办人和代办事项等，以保证企业工作的正常运行；而外出人员登记管理一般是在电子公告板上进行的，这样，还可以将自己外出的消息通知给其他有关人员。外出归来后再通过网络在电子公告板上进行销假的一般事项。

7. 电子邮件

电子邮件系统可完成信息共享、工作批阅流程、文件传递等功能。

8. 企业档案管理

办公自动化系统可以提供强有力的检索功能和权限控制，把企业员工资料与考勤制度、工资管理、人事管理相结合，实现高速、实时查询等的有序管理，从而降低管理费用，提高工作效率，实现交互式的劳资人事管理。

9. 企业论坛管理

企业论坛的作用就相当于现实生活中的公告牌，用于企业系统内部人员在上面发布相关公开信息。论坛管理的主要任务就是对所发布信息的管理，比如信息筛选、信息分类、信息更新等。另外，企业论坛还可以用来发布各种通知或其他公用信息。

10. 企业综合信息管理

企业综合信息管理以工作流引擎为基础，为企业各部门员工提供了强有力的沟通手段。它可以提供企业员工的电话号码查询，增进员工与企业和外界的沟通；提供国内外相关法律、法规查询，并提供相关咨询服务。这种公共信息服务可以增强本单位内部与外界的交流与资源共享，有利于拓展企业的业务与企业的形象宣传等。

6.2.5　企业办公自动化应用举例

Notes 是目前最为流行的文档数据库系统之一，是一个内含强大的电子邮件功能，具有完善可靠的安全机制，适合于处理各种非结构化与半结构化的文档数据、建立工作流应用、建立各类基于 Web 的应用。它全面实现了对非结构化信息的管理和共享，是实现办公自动化的最佳开发环境。邮件应用是最基本的应用。

机关办公应用系统的主要组成部分包括电子邮件、文件传输、综合办公、综合信息服务、综合办公系统和决策支持等部分，其中综合办公系统包括公文管理、政务信息管理、签报、报告管理和会议系统等子系统。与之对应的 Notes 是基于文档型的、分布式的数据库应用，是一种公文流转系统，而公文流转系统是日常办公事务中重要的一环。因此，机关办公系统的建设从邮件系统开始，应该作为第一步的应用，尽快投入使用，以提高工作效率、监督处理过程、减少不必要的浪费及人为的失误。

由于 Notes 是一个基于客户机/服务器体系结构的具有存储转发功能的电子邮件系统，所以系统安装完毕以后，即可用它收发邮件。这样的邮件系统具有良好的用户界面、可定制的邮件风格和管理的邮件信息。

在文件传输方面，邮件系统提供了通过附件邮寄文件（或报表）的服务，也可以通过 Lotus

Domino/Notes 提供的应用程序接口（Notes API）自动地转交应用系统产生的实际数据。系统在提供邮件或文件传递的过程中，可以向发送者返回传递过程信息和对方收件情况。为企业的办公自动化提供即时准确的信息，保证信息安全，也就是能够保障资料是否正确且被对方收到。

Notes 极大程度上完善了办公自动化中企业工作流程自动化和非结构化数据库的功能，建立和完善了各个职能部门之间的沟通和信息共享机制，建立起了协同工作的环境，为员工办公提供了一个自动化工具，所有员工都可以通过系统根据自己的权限，了解自己需要完成的工作。也就是说，通过该系统员工能够对自己所要实施的任务和目标有明确的了解。整体说来，Notes 能够为企业和员工提供的服务有：

1. 综合信息服务

由于 Lotus Domino/Notes 对平台、网络和数据的开放性，可以成为事实上的企业级信息存访中心（即所有的信息通过 Notes 获得）。因此，我们可以开发和提供综合的信息服务。就其来源和用途的区别，可以分成以下几类：

（1）动态的公共信息，如新华社的每日电讯、国家信息中心的每日信息等。

（2）一般静态公共信息，如国家的法规和条例，列车和航班信息等。

（3）内部公共信息，如规章制度、文件、机构分布信息、从事信息和联系电话等。

（4）党务政务信息等。

综合信息服务系统包括信息采集、整理、分类、审核、发布和管理的全过程，具备完善的信息管理和发布管理功能。综合信息服务系统的开发工作，应当反映其"综合"和"服务"两个特点。具体地，该系统应具备以下特征：

（1）全面：尽可能全面地涵盖各类信息来源。

（2）及时：尽可能快捷地反映国家和各级政府的方针政策。

（3）支持交互处理：允许相应领导或办公人员在浏览信息的同时进行相应地处理。

2. 综合办公系统

由于办公业务涉及面广且影响到长期形成的工作习惯，所以，应尽量简化办公自动化的运行过程，以此保障该应用系统可以为多数人接受。开发的模块应当简单易用，即易于维护、扩充和修改，更重要的是易于使用，能够快速地进行操作。综合办公系统包括以下几个模块：

（1）电子报刊与公告牌。重要的办公消息可以在指定的模块向预定范围的工作人员发布，这类公告牌实际上是广播型电子邮件的演变，但是相比较而言更加地正式。

（2）问题研讨。问题研讨包括相关问题的提出和答案的征集，这是鼓励人们参与企业运营的一个有效途径。

（3）建议和意见。可以通过建议/意见模块，对用户问题进行答复和对答复的答复。

（4）人员日程安排。在部门内或机构内，依据指定的权限，可以查阅有关人员的行程、去向和日程安排。

（5）任务追踪。按照上下级的隶属关系，可以提供领导追踪某项任务的完成情况或目前所处的状态。

（6）公文管理（包括形成、编辑和收发等）。公文管理是一项非常典型的工作流，从草拟、编辑，到领导批阅、发放和归档等都包含在内。

（7）会议系统。会议系统主要包括会议的计划、人员安排和会议资料的整理和管理。

（8）出差申请。出差申请涉及出差的目的、日程和费用等。

（9）其他审批过程。

3. 因特网连接

目前机关办公系统可以提供以下涉及国际互联网的服务。

（1）浏览资源管理：将因特网上有关站点的信息统一下载到服务器上，使用 Domino/Notes 的自动页面更新功能以维护这样的信息。由于 Notes 是一个文档数据库系统，信息可以在必要的情况下转换为数据库的形式，以完成高效的检索和查询等操作。

（2）发布信息管理：统一组织和发布需要向因特网上公开发布的企业信息。

（3）来自办公信息网外部的邮件的管理：可以增强系统的安全性，以防止诸如邮件炸弹等危险的袭击。

综上所述，企业办公自动化实现的是企业职能部门的管理功能，其主要应用需求来自职能部门，而用户则是企业内部全体员工。作为企业职能部门的好帮手，它的核心目标是通过公文流转、业务支持工作的自动化以及非结构化数据处理等，既为企业的业务部门运作服务，又对业务部门进行监督和管理。可以说，企业办公自动化是现代企业运作的基础，失去了办公自动化系统，企业就会寸步难行。

6.3　顾客服务体系

电子商务市场给企业带来的最大影响是使市场由原来的以产品为中心变成了以客户为中心，企业的经营由原来的规模化生产变成了今天的一对一的个性化服务。由以产品为中心向以客户为中心的转变，决定着建立完善的顾客服务体系对企业的发展至关重要。

6.3.1　形成顾客服务系统

在当今买房市场的环境下，由于产品之间的差距日益缩小，客户占有率和客户保持率成为企业关注的焦点，建立良好的顾客服务系统有助于保持和发展顾客的忠诚和满意度，顾客服务的重要性在顾客心目中甚至高于产品的价格、质量以及其他有关要素。而对于市场组合的要素而言，顾客服务系统又是一个企业区别于其他竞争对手并吸引顾客的重要手段。尤其是在当今社会，市场竞争激烈，消费者的自我意识高涨，产品消费纷争是难以避免的，消费者对顾客服务的需求水平不断提高。在这种情况下，企业不能守株待兔、引颈以待，必须立刻采取有效措施，通过迅速建立顾客服务系统来不断强化与顾客间的关系，最终满足顾客服务的需求。

一个完整、成熟的顾客服务系统是由顾客服务传送系统（Custom Service Delivery System）、顾客服务生产系统（Custom Service Production System）和顾客服务管理系统（Custom Service Management System）三部分组成。这三个系统各有侧重：顾客服务传送系统主要是直接面对顾客的，属于前台工作。这部分工作是顾客可以看得到、接触到的。而顾客生产系统则主要侧重于幕后工作，是支持顾客服务传送系统正常运作的技术平台，一般是顾客看不到的部分。顾客服务管理系统主要是对前两个系统进行资源整合的，也就是为了协调、控制客户服务传送系统和顾客服务生产系统的正常运行而设置的。这样既能提高顾客服务的效率，又能提高顾客服务的质量水平。完整的顾客服务系统可用图 6-1 来表示。

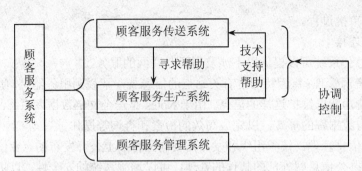

图 6-1　顾客服务系统的组成要素

顾客服务传送系统作为顾客服务的"前台",能够随时随地准备奔赴顾客服务活动的第一线。最为常见的上门维修、保养等部门就属于这一子系统。顾客服务传送系统的工作主要包括:第一,提供多重渠道的顾客服务方式。企业可以通过电话、传真、电子邮件、网际网路或其他自动化通讯手段来为顾客提供服务。顾客可以根据自己的实际条件来选择适合自己的服务方式。当然在电子商务时代,更多的顾客是利用网络的方式来寻求服务的。第二,选择合适的服务人员。企业应该针对各种服务的需求特性,选派最合适的团队、个人来处理特定的顾客服务需求。例如在美国零售业大鳄"沃尔玛"的门口,总有一位和善的迎宾者,他不年轻,但举止文雅、彬彬有礼。他总会微笑、耐心地听完不满顾客对商品或其他方面的抱怨,他也会详细地回答顾客提出的任何疑问或不解。

顾客服务生产系统是顾客服务工作中的重中之重,它是顾客服务传送系统顺利开展的坚强后盾。它主要包括三个子系统。第一,顾客数据库子系统。这是一个对顾客进行有效管理的子系统。通过这一系统可以确保企业与顾客的畅通联系,便于随时与顾客进行双向交流。顾客数据库子系统一般以顾客档案或数据库的形式出现。这一子系统的建立不仅对顾客服务活动的实施来说是必不可少的,而且对企业的整体经营活动都有非常重要的意义。第二,顾客意见收集子系统。这主要是对顾客的意见进行收集、汇总和分析,以便为顾客服务提供决策依据。第三,顾客服务行动子系统。这一子系统与前面的顾客服务传送系统直接相连,它能对顾客的任何意见与投诉、不满做出快速反应,并能够立即指挥顾客服务传送系统对之予以妥善解决。

顾客服务管理系统作为一个协调、控制系统,主要拥有三个小系统。第一,顾客服务满意度监测与反馈子系统。它和顾客意见收集子系统相连,通过全面把握顾客对企业产品和服务的态度、看法、批评和建议等来调整和改进服务决策。第二,顾客服务盈利能力评估子系统。顾客服务活动的开展意味着企业投入的增加,因此,在投入与产出(I/O)之间企业必须做出平衡。不顾成本无限制地、或者不加选择地增加顾客服务项目,最终可能导致企业亏本,这将是得不偿失的。顾客盈利能力系统的任务,就是对企业顾客的终生价值和维系顾客所花费的成本进行比较评估,使顾客服务的收入大于成本,从而选择一个最佳的顾客服务活动方案。第三,顾客服务管理协调控制子系统。它主要是起控制和协调各子系统的作用。

6.3.2　顾客自助服务管理

电子商务条件下的顾客愿意自己尝试解决问题,自己回应信息请求。这种自助顾客服务能力对于电子商务而言不仅节省时间和财力,而且可以使顾客感到更满意。美国著名的行为心

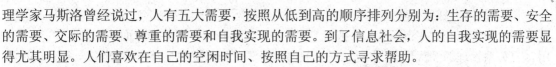

理学家马斯洛曾经说过，人有五大需要，按照从低到高的顺序排列分别为：生存的需要、安全的需要、交际的需要、尊重的需要和自我实现的需要。到了信息社会，人的自我实现的需要显得尤其明显。人们喜欢在自己的空闲时间、按照自己的方式寻求帮助。

顾客自助服务可以通过 E-mail 等邮寄方式来寻求常见问题的解答，另外企业还可以通过提供顾客所需的信息资源来帮助顾客。例如 CISCO 公司的顾客自助服务系统。CISCO 公司是专营网络设备和软件的公司。它在网上设立了专门用于销售产品和提供顾客服务支持的站点，此站点能够帮助顾客顺利实现自助服务。首先，它的站点上有一个专门介绍负责 CISCO 站点的高级顾客服务系统小组成员的页面，这个页面详细介绍了小组中每个成员的职能，这使站点非常人格化，给顾客一种信任感和亲切感。其次，对于顾客的提问，除 FAQS（经常性问题）外，CISCO 采用以下两个措施来回答解决：一是开放论坛（OPEN FORUM），一是案例库（CASE BRARY）。开放论坛是由顾客服务部门管理的私人新闻组（所谓私人，就是需要有密码才能进入）。它是只面向顾客、对稍为复杂的技术问题提供帮助的工具。

回答顾客的问题一般分两步操作：第一步，对问题解析，得出其关键词。利用关键词在 CISCO 顾客在线服务问题与答案库中搜集答案。第二步，当搜集结束时，系统会给顾客一系列可能的答案，并根据与关键词的匹配程度给顾客相应的权重。如果搜索结束后，系统不能返回任何相关的答案，或返回的答案不能满足顾客的要求，顾客可以换一种方式重新叙述问题，或单击"SEND TO FORUM"按钮，这样就可以将问题发给 CISCO 负责寻找问题答案的专职人员，但是这并不保证他就一定能找到问题的答案。如果他们不能找到令人满意的答案，系统会在 CISCO 的 TAC（技术服务中心）将以顾客的名字为其在案例库打开一个新的案例。问题创建者还应将他需要答案的时间告诉 Q&A TIMER，比如是 48 小时、一周还是无论什么时候都可以。这样顾客服务小组就会按照顾客的紧急程度确定先回答哪个问题。此外，问题的答案提交给开放论坛的同时，也会给问题创建者发出 E-mail。当顾客回来后，就会发现一个电灯泡的图标，提示他问题的答案已经发至，正等候他的阅读。在图标上单击，即可看到顾客提的问题和一个或多个答案，顾客就可以根据自己的需要选择最合适的解决方法。

顾客接受答案后，他所提的问题及答案会被添加到 Q&A 数据库中，以后出现类似提问，通过 Q&A 库的搜集即可解决。CISCO 于 1995 年 4 月开始启用开放论坛，至今已有长足发展，Q&A 数据库中的问题及答案已逾千数。每周论坛上大约要接受 600 多个提问，其中大约只有 70 个左右的问题需要进入案例库。

在开放论坛中不能搜集到答案的问题都要进入案例库由 TAC 负责解答。TAC 是由一组资深顾客服务专家组成，他们见多识广，经验丰富，可当场回答问题，或通过适当试验后再回答，或请其他部门经理帮助解决。CISCO 公布对各类问题回答的优先顺序，如果出现的问题涉及到顾客的根本利益，他们会建议顾客打电话。总之，CISCO 公布他们内部的操作方法是一种可敬的顾客服务哲学。

6.3.3 客户关系管理

所谓客户关系管理（Customer Relationship Management，CRM）是指企业通过有效的与客户之间及时而多方面的沟通与交流，与客户建立长期良好的关系，动态地掌握客户的真实需求的变化，并对客户需求和消费行为进行合理地组织和引导，进而获得更多的客户信息，最终获得更多客户。CRM 是指企业针对各方面信息进行实时采集和动态跟踪，然后进行综合、分析、处理和统计,进而辅助企业进行以客户为中心的全面运营管理。实施客户关系管理有两大目标:一是强化和规范企业在市场营销、销售流程、技术支持和客户服务等方面的管理工作;一是利用客户关系管理的经营理念,实现其与企业内部资源管理系统的整合,从而建立一条完整的"以客户为中心"的企业信息管理系统。

企业实施客户关系管理的目的是通过提高客户的满意度和忠诚度,从而提高企业的竞争优势,具体来说,主要集中在以下三个方面:第一,实现业务与客户数据的集中;第二,提高服务质量,挽留客户,完善内部服务体系;第三,收集竞争情报,挖掘数据资源,实现预决策的科学化。无论企业出于上述哪一种目的,都意味着客户关系管理对一个企业来说是非常重要的。根据一份最近的研究报告显示,在接受调查的企业中,有2/3以上期望在未来的五年内改变其客户关系的管理模式,而有3/4以上的企业计划集成"面对客户"的信息管理系统及其组织的其他部分。客户关系管理的实施意味着企业的经营思路由以商品为中心转向以顾客为中心,管理战略从市场占有率转向顾客占有率。近年来,CRM由于因特网的介入而如虎添翼。它利用Web、呼叫中心等多种渠道,实现了企业与客户的无缝连贯交流,大大提高了工作效率。CRM与电子商务的紧密结合,使企业与客户之间实现了实时的、互动的以及个性化的联系,建立了新颖的客户关系。如今,CRM已经成为电子商务的前端,是电子商务的重要组成部分。

企业要成功实施客户关系管理,需要注意以下几个问题:

第一,做好客户信息的收集,即建立起全面而详细的客户档案。将客户代码、名称、地址、邮政编码、联系人、电话号码、银行账号、使用货币、报价记录、付款信用记录、销售限额、交货地、客户类型和产品信息等数据以标准化的统一格式记录下来,同时要注意在将这些有关客户的基础性资料,即原始数据导入客户关系管理系统之前,要全面考察这些数据的来源,以确保所获取数据的真实性和可靠性。另外,要注意结合历史数据和实时信息(如顾客交易的历史记录和目前的订单情况),辨别不同的客户,从而对不同客户提供有针对性的服务。

第二,及时对所收集的客户信息进行分析、整理,从而了解和把握客户的需求,以采取积极、适当的行动来建立并保持顾客的忠诚度。企业在进行交易之前,一定要了解目标客户的特征,根据不同的客户设计不同的交付方式。例如,企业会发现不同的客户群对供货周期存在着不同的服务要求:大公司允许较长的供货提前期,而小型企业则要求在一、两天内供货。根据客户需求,企业可能这样设计其后勤网络:建立大型分销中心和产品快递供应中心。

第三,注意客户关系管理不是只针对企业的外部顾客,对企业的内部顾客(即企业的员工)也是相当重要的。因为客户关系管理说到底还是通过企业的员工来做好客户工作的。顾客的购买行为是一个在消费中寻求尊重的过程,而员工在此过程中的参与程度和积极性,在很大程度上影响着顾客的满意度。例如,联邦快递(Federal Express)发现,当其内部顾客的满意率提高到85%时,企业外部顾客的满意率就高达95%。因此,一个好的CRM系统还应该有利于为公司的员工提供服务。提高企业内部顾客的满意度可以通过开放式交流、充分授权以及员工教育和培训等方法,而不能仅仅依赖提高工资等纯物质性手段。

6.3.4 创造忠诚顾客系统

市场的竞争,归根到底就是客源的竞争。只有获得源源不断的客源,企业才能获得竞争优势促进企业持续发展。在过去的很长一段时间里,人们普遍认为市场份额是决定利润的最主

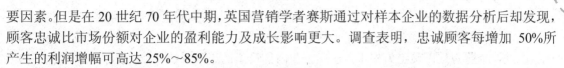

要因素。但是在 20 世纪 70 年代中期,英国营销学者赛斯通过对样本企业的数据分析后却发现,顾客忠诚比市场份额对企业的盈利能力及成长影响更大。调查表明,忠诚顾客每增加 50%所产生的利润增幅可高达 25%~85%。

顾客满意并不必然创造忠诚的顾客。即使你的顾客对你所提供的产品和服务感到完全满意,你还是会流失 40%的顾客。管理顾问米契(Laura Michaud)在《训练与发展》杂志(Training & Development)指出:流失顾客带来的成本,远比你想象的还高,因为你要花双倍的力气来吸引新顾客。满意的顾客是所有成功企业的生命之源,而忠诚的顾客则是促使企业保持领先地位不可或缺的要素。但是企业怎样才能让顾客感到满意并且让满意的顾客发展成绝对忠诚的顾客呢?如何才能创造忠诚顾客系统呢?

第一,企业要根据顾客关系管理系统,学会甄别不同顾客,对顾客进行分类管理。为了有效地保持客户,公司需要首先搞清楚到底需要保持哪些客户,然后每一个管理者和雇员才能切实地以这些客户为导向——将这些客户的一生都看作是公司的利润来源。

第一层次是最广泛的网上居民,他们没有在 CISCO 系统中登记。他们是那些只想浏览一下 CISCO 产品目录,或阅读产品年终报告而不愿让人知道他们是谁的普通网络浏览者。这类访问者获得的关注和信息优先权最少,他们只能接触有关公司、产品、服务等最基本的信息。但 CISCO 并不忽视这类顾客,它欢迎他们提供反馈信息。

第二层次是从 CISCO 的零售商、代理商手中购买 CISCO 产品的顾客。他们可以获取 CISCO 的有关信息,但由于他们不是 CISCO 的直接贸易伙伴,所以 CISCO 无法知道他们的定货需求,他们也无法获取公司关于价格方面的信息,因为零售商要求将这类信息对其顾客保密。在这个层次中还有一类叫做“公司用户(Enterprise Users)”,他们可以获取有关价格及定货方面的信息,但他们只能得到他们所在市场区域的这类信息,他们也只可以查看自己的定货状况。某些时候,企业对这类交易的历史信息非常保密,甚至不愿意让同一组织中的其他成员知道。对此 CISCO 有专职的人员(顾客服务代表)处理这类问题,而顾客也无需查询即可获得所需信息。

第三层次的用户是所谓的“签约服务顾客”。他们是由 CISCO 商业伙伴保证的、并接受 CISCO 商业伙伴服务的顾客群。他们可以浏览 CISCO 技术细节和参考部分的内容。另外,用户也可以创建自己的网络环境,通过 E-mail 或传真接受 CISCO 软件中新的、可实施的 BUGS 更换。签约服务顾客可能会获得接触软件库中全部信息的权利,这取决于 CISCO 商业伙伴和顾客之间的支持合同是只对硬件还是同时兼顾硬、软件。同时,他们还掌握着一些管理工具,控制哪些信息应对其顾客(即第二层次、第三层次的顾客)保密。而 CISCO 的雇员不仅可以接触以上提及的所有信息,掌握一些控制工具,而且还能对系统用户的使用过程进行全程监测。

第二,在对相应的顾客分类完毕后,就要以顾客个性化的价值观为导向,为顾客创造增值,即提升顾客让渡价值,这是创造长期忠诚顾客系统的关键所在。顾客让渡价值是整体顾客价值与整体顾客成本之间的差值。通过增强企业提供的产品、服务、人员、形象等价值,提供整体顾客价值,或者通过降低价格,减少整体顾客成本,或两者同时进行,从而提升顾客让渡价值。例如,针对价格敏感的顾客,加拿大某一航空联盟推出了“Air Miles(航空里程)”的服务措施。“Air Miles”强调积累消费、快速获奖的好处。消费者可以在一百多家赞助企业里消费。

第三，建立企业内部员工的忠诚系统。企业获利能力的强弱主要是由顾客忠诚度决定的；顾客忠诚度是由顾客满意度决定的；而顾客满意度是由工作富有效率、对企业忠诚的员工创造的。因此，企业必须以员工为根本，建立企业内部员工的忠诚系统。企业要采取多管齐下的方法来培养员工对企业的忠诚：

（1）培养员工对企业的向心力和凝聚力。企业要设法将员工的个人目标与企业的整体目标有机地结合起来，为员工的个人发展提供机会。

（2）为员工提供尽可能好的工作条件。在企业中，良好的工作条件能够提高员工的工作效能。例如为销售人员配备电脑，以便让他们能随时掌握有关顾客和企业销售产品的情况，从而使他们及时做出最佳的销售计划等。

（3）适度向员工授权。员工要完成工作，就要被赋予适当的权力，而权力范围的设计是否适当，会直接影响其工作质量。因此，企业要针对每位员工的特点和工作的性质，适当地赋予其相应的权力。

（4）倡导内部协作的企业文化。良好的团队精神和协作态度是企业内部人际关系和谐的重要基础。因为企业目标的完成需要每位员工的共同努力，所以内部协作是必不可少的。正如"星巴克"咖啡能取得今天的辉煌业绩一样，完全归功于其内部员工的团结合作精神。

另外，建立企业内部员工的忠诚系统，要注意以下几个方面的问题：第一，提高员工的忠诚度要从招聘环节进行把关，招聘过程中不能纯粹以工作技能为导向，更要重视对员工的品德与个性特征的考察。第二，建立公平的绩效考核制度，这将直接影响到员工的情绪、对企业的信任度和满意度。第三，建立具有激励性的薪酬体系，包括基本工资与奖金福利的分配比例，各种福利组合等。第四，增强企业内部的沟通能够让管理者了解到员工的想法，同时也能够向员工提供一个申诉的通道，及时地沟通能够消除员工的忧虑与不满，提高员工对企业的满意度。第五，良好的培训晋升制度能够提高员工的自我效能感。员工的工作业绩希望得到认可，但往往物质上的激励并不能使员工感到满意，职位的晋升制度对于员工的自我认可很重要。应该明确的一点是，要提高和培养员工对企业的忠诚度，远非一朝一夕之功，需要长期积累并不断完善企业人力资源管理系统，进而形成一种敬业忠诚的企业文化氛围。

6.4　电子商务中的现代物流

6.4.1　现代物流的内涵

物流，从字面上理解："物"指一切物质，如物资、商品、原材料、零部件、半成品等；"流"指物质的一切运动形态，既包括空间的位移，又包括时间的延续。可以是宏观的流动，如洲际、国际之间的流动，也可以是同一地域、同一环境中的微观运动，如一个生产车间内部物料的流动。从这个意义上来说，物流是一种古老又平常的现象，自从人类有了产品交换，就有了物流活动。

物流一词最早出现于美国，1915年阿奇·萧在《市场流通中的若干问题》一书中指出"物流是与创造需求不同的一个问题"。第一次世界大战后，美国学者克拉克就已经运用 Physical Distribution 这一概念作为企业经营的一个要素加以研究。到了第二次世界大战，美国陆军中就开始用"Logistics Management"（现代物流管理）来指代物流，围绕战争供给，建立了"后勤"（Logistics）理论。"后勤"是将战时物资生产、采购、运输、配给等活动作为一个整体进行统一布置，以求战略补给费用更低、速度更快、服务更好。战后，这一理论、方法也为企业和理论界认同，并广泛运用起来。这时的物流概念是包含了生产过程和流通过程的物流。现在欧美国家把物流称作 Logistics 的多于称作 Physical Distribution 的。Logistics 包含生产领域的原材料采购、生产过程中的物料搬运与厂内物流和流通过程中的物流或销售物流即 Physical Distribution。

1984 年美国物流管理协会正式将物流这个概念从 Physical Distribution 改为 Logistics，并将现代物流定义为"为了符合顾客的需求，将原材料、半成品、产成品以及相关的信息从发生地向消费地流动的过程，以及为使保管能有效、低成本地进行而从事的计划、实施和控制行为"。这个定义的特征是强调顾客满意度、物流活动的效率性，以及将物流从原来的销售物流扩展到了调达、企业内和销售物流。

最近，美国物流管理协会又扩展了原有的物流领域，将之修正为"物流是指为了符合顾客的必要条件，所发生的从生产地到销售地的物质、服务以及信息的流动过程，以及为使保管能有效、低成本地进行而从事的计划、实施和控制行为"。对物质和服务的修正业已表明物流活动是从商品使用、废气到回收整个循环过程。

物流概念主要通过两条途径从国外传入我国，一条是在 20 世纪 80 年代初随"市场营销"理论的引入而从欧美传入，因为在欧美的所有市场营销教科书中，都毫无例外地要介绍 Physical Distribution，这两个单词直译为中文即为"实体分配"或"实物流通"，我们普遍接受"实体分配"的译法。所谓"实体分配"指的就是商品实体从供给者向需求者进行的物理性移动。另一条途径是 Physical Distribution 从欧美传入日本，日本人将其译为日文"物流"，80 年代初，我国从日本直接引入"物流"这一概念至今。2001 年发布的《物流术语》中，我国将物流定义为：物品从供应地到接收地的实体流动过程，根据实际需要，将运输、储存、装卸、搬运、包装、流通加工、配送、信息处理等基本功能实施有机结合。

从以上关于物流的各种定义中可以发现的共同因素是，物流一方面包括运输、存货、流通加工、配送、仓储、包装、物料搬运及其他相关活动，但是更为重要的另一方面是要有效率和效益，物流的最终目的是满足客户的要求和企业的盈利目标。

6.4.2　现代物流模式

电子商务物流体系可以有以下几种组建模式：

（1）企业自营模式。企业自营模式是指电子商务企业自行组建物流配送系统，经营管理企业的整个物流运作过程。如果采取这种方式，对投资应十分谨慎，因为电子商务的信息业务与物流业务是截然不同的两种业务，企业必须按照物流的要求来运作才有可能成功。在电子商务发展的初期和物流、配送体系还不完善的情况下，不要把电子商务的物流服务水平定得太高。另外，可以多花一些精力来寻找、培养和扶持物流服务供应商，让专业物流服务供应商为电子商务提供物流服务。

（2）外包物流模式。外包物流模式又称为第三方物流或合同物流。它以签订合同的方式，在一定期限内将部分或全部物流活动委托给专业物流企业来完成,社会分工的细化促使这种专业物流企业出现，利用专业设施和物流运作的管理经验，为顾客定制物流需求计划。外包物流是由物流劳务的供方、需方之外的第三方去完成物流服务的物流运作方式，是提供物流交易双方的部分或全部物流功能的外部服务提供者。在某种意义上，可以说它是物流专业化的一种形式，是物流社会化、合理化的有效途径。

（3）物流联盟模式。物流联盟是一种介于自营和外包之间的物流模式，可以降低前两种模式的风险。物流联盟是为了取得比单独从事物流活更好的效果，企业间形成了相互信任、共担风险、共享收益的物流伙伴关系，企业之间不完全采取导致自身利益最大化的行为，也不完全采取导致共同利益最大化的行为，只是在物流方面通过契约形成优势互补、要素双向或多向流动的中间组织，联盟是动态的，只要合同结束，双方又变成追求自身利益最大化的单独个体。狭义的物流联盟存在于非物流企业之间，广义的物流联盟包括第三方物流。这里指的是广义的物流联盟。

电子商务企业与物流企业进行联盟，一方面有助于电子商务企业降低经营风险，提高竞争力，企业还可以从物流伙伴处获得物流技术和管理技巧；另一方面也使物流企业有了稳定的货源，当然物流联盟的长期性、稳定性会使电子商务企业改变物流服务供应商的行为变得困难，电子商务企业必须对今后过度依赖于物流伙伴的局面作周全的考虑。

（4）物流模式的比较分析。不同的物流模式有着各自的优势和劣势，三种物流模式的比较见表6-1。

表6-1　主要物流模式比较

	自营物流模式	外包物流模式	物流联盟模式
优势	· 电子商务企业对物流有较强的控制能力 · 物流部门与其他职能部门易于协调 · 企业容易保持供应链的稳定	· 电子商务企业可以将力量与资源集中于自己的核心主业 · 降低自营成本 · 改进客户服务	· 可以降低经营风险和不确定性 · 减少投资 · 获得物流技术和管理技巧
劣势	· 物流基础设施需要非常大的投入 · 需要较强的物流管理能力	· 我国的第三方物流尚未成熟 · 容易受制于人	· 更换物流伙伴比较困难

投身于电子商务的企业根据自己的实际情况选择不同的物流模式，而各种物流模式也有利弊，国际上流行的做法是电子商务企业将物流全部交给第三方物流企业。

6.4.3　现代物流流程

现代物流主要是以供应链为核心的物流。所有环节都以一个目标为核心。包括采购、储存、生产、包装、运输、销售、回收等。这些前提是信息化要求高，作为物流商必须合理调节上下游的关系。广义上说，现代物流包括运输、配送、仓储、包装、流通加工、装卸搬运以及其间的信息处理等。这一集合才算现代物流。例如一家运输公司经营货物的运输和仓储和配送，其他的业务暂无，那么它只能算运输公司，不能算做物流公司。例如一家报关行处理清关业务，那么它只能称为报关行，无法称为物流公司。

6.4.4　现代物流技术

电子商务时代要想提供最佳服务，物流系统必须要有现代化的装备配置及信息系统。电子商务的发展，尤其是信息技术的进步也给物流技术带来了新的变化。目前，信息技术在物流中的主要应用包括以下几个方面。

1. 条形码技术

条形码技术（Bar Code）是在计算机的应用实践中产生和发展起来的一种自动识别技术，为实现对信息的自动扫描而设计的，可以实现快速、准确而可靠地采集数据，进而为电子商务环境下的物流管理提供了有力的技术支持。

条形码是承载标识信息的一个载体，其承载的信息是随物品一起流动的，这个信息可以在任何一个点上采集到，信息采集到以后，还可以在供应链上下流动，因此，它为各贸易环节提供了通用语言，也为 EDI 和电子商务奠定了基础。物流条形码标准化在推动各行业信息化进程和供应链管理的过程中将起到不可估量的作用。

2. 射频识别技术

射频识别技术（Radio Frequency，RF）是将非接触特性应用到普通 IC 卡上，利用射频方式进行非接触双向通信，以达到识别目的并交换数据。射频技术的基本原理是电磁理论，利用无线电波对记录媒体进行读写。使用射频技术，在完成工作时无须人工干预，始于实现自动化，可以识别高速运动的物体并可同时识别多个射频卡，操作快捷方便。射频卡不怕油渍、灰尘污染等恶劣的环境，短距离的射频卡可以在这种环境中代替条形码，长距离的射频卡多用于交通上，可达几十米。

3. 地理信息系统

地理信息系统（Geographic Information System，GIS）是以采集、存储、管理、处理分析和描述整个或部分地球表面与空间和地理分布有关的数据的空间信息系统。

物流企业可以利用 GIS 基于属性数据和图形数据的结合对分区进行科学、规范的管理，并且可以优化车辆与人员的调度，最大限度地利用人力、物力资源，使货物配送达到最优化。对于物流中的许多重要决策问题，如配送中心的选址、货物组配方案、运输的最佳路径、最优库存控制等方面，都可以得到更好的解决。

4. 全球定位系统技术

全球定位系统（Global Positioning System，GPS）的含义是利用导航卫星进行测时和测距，已构成全球定位系统。

GPS 主要应用于运输工具自动定位，跟踪调度。如利用 GPS 的计算机管理信息系统，可以通过 GPS 和计算机网络实时收集全路汽车所运货物的动态信息，实现汽车、货物追踪管理，并及时进行汽车的调度管理；在铁路运输方面，通过 GPS 和计算机网络实时收集全路列车、机车、车辆、集装箱及所运货物的动态信息，实现列车及货物的追踪管理。只要知道火车的车种、车型和车号，就可以立即从近十万公里的铁路网上流动着的几十万辆货车中找到该列货车，还能得知这列货车现在何处运行或停在何处，以及所有的车载货物发货信息。

5. 电子数据交换技术

电子数据交换技术（Electronic Data Interchange，EDI），也称电子数据贸易或无纸贸易。它利用存储转发方式将贸易过程中的订货单、发票、提货单、海关申报单、进出口许可证、货运单等单证数据以标准化格式，通过计算机和通信网络进行传递、交换、处理，代替了贸易、运输、保险、银行、海关、商检等行业间人工处理信息、邮递呼唤单证的方式，使交易行为更加快速、安全和高效。经过二十多年的发展与完善，EDI 作为一种全球性的具有巨大商业价值的电子化贸易手段，具有无纸化贸易、缩短交易时间、加速资金流通、提高办公效率等优点。

6.4.5 我国现代物流业的发展

现代物流业是跨行业、跨部门的新兴复合型产业，业务范围涉及生产、流通、运输、代理、仓储、信息等诸多领域。在发达国家，现代物流已经成为国民经济发展的重要支柱产业。我国加入 WTO 后，在与国际市场的交流与竞争中，为了提高竞争力、降低运营成本，生产和销售等企业不断吸收经验，对物流业的重视程度也越来越高，物流外包的需求也越来越大。

当前我国物流发展的主要特点有以下几点：

第一，物流业继续保持快速发展态势。据统计，今年前三季度全国社会物流总额 53.7 万亿元，同比增长 25.5%；物流业增加值 11311 亿元，同比增长 17.6%，占服务业增加值的 17.6%，同比提高 0.5 个百分点。社会物流总费用与 GDP 的比例为 18.2%，同比降低 0.3 个百分点。

第二，物流业与制造业联动发展的趋势更加明显。随着物流业发展，企业物流逐步由"小而全，大而全"向"主辅分离、服务外包"转变。据对重点制造企业调查，2006 年，销售物流外包以 5%～10%速度增长，运输与仓储外包以 10%～15%速度增长，运输业务委托第三方已占企业运输业务的 67.1%。企业物流外包由简单的运输、仓储环节向增值服务和一体化物流模式延伸。制造业和物流业融合，二产与三产联动发展已成为物流发展的新趋势。

第三，物流市场竞争更加激烈。根据 WTO 的承诺，外资企业已全面进入我国物流市场。联邦快递、总统轮船、荷兰天地、马士基等企业分别采取独资、合资和并购等形式加快业务整合和规模扩张，加剧了我国物流市场的竞争。中远、中外运、中储控股、中邮物流、中铁快运等国内大型物流企业加快改制重组，创新业务模式，整合外部资源，注重运营规模和效益，积极应对激烈的市场竞争。

第四，增值服务、业务创新成为物流企业新的利润增长点。2009 年以来，由于油价上涨、人力成本升高等因素，物流企业的运营成本大幅提高。同时，随着行业竞争加剧，物流服务收费普遍降低，运输和仓储等基础性服务已进入"微利时代"。物流配送、加工、包装、代理、仓单质押、供应链管理等增值服务快速发展。今年前三个月，仅配送、加工、包装等业务就同比增长 30%。物流企业的效益越来越依赖于业务模式和盈利模式的创新。

6.4.6 电子商务物流供应链

1. 现代物流供应链的内涵

所谓供应链是指在产品生产和流通过程中所涉及的原材料供应商、产品生产商、产品销售商、物流配送服务商、售后服务中心以及最终消费者组成的供求网络，即由物料获取、物料加工、并将成品送到消费者手中这一过程所涉及的企业和企业部门组成的一个网络。这个网络不是一个简单的链条循环，而是在循环过程中链上各企业有机结合、互补长短而形成的一种新型合作联盟体系。供应链是一种虚拟的企业组织模式，它不仅是一条连接从供应商到用户的物料链、信息链、资金链，而且还是一条给相关企业都带来收益的增值链。

现代物流供应链的基本特征就在于：

（1）需求性和增值性。需求性和增值性是供应链最重要的一个特点。在供应链的运作过程中，必须以"顾客需求"为中心，因为顾客的需求是驱动供应链中信息流、产品/服务流、资金流运作的原动力。供应链又是一条增值链，将产品的研发、供应、生产、营销和服务等都

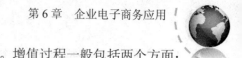

联系在一起，使企业从系统整体的观点出发思考整个增值过程。增值过程一般包括两个方面：一方面要根据顾客的需求，不断增加产品的技术含量和附加值；另一方面要不断地消除供应链上的浪费现象，使投入市场的产品同竞争对手的相比，能为客户带来更多的效益和满意的价值，同时使客户认可的价值大大超过总成本，从而为企业带来应有的利润。

（2）协调性和整合性。协调性和整合性是供应链最明显的特点之一。供应链本身就是一个整体合作、协调一致的系统。它有多个合作者，他们彼此之间就像链条一样环环相扣，大家为了一个共同的目标，协调动作，紧密配合。每个供应链成员都是"链"上的一个环节，都要与整个"链"的动作一致，最终做到供应链上的各成员方向、动作一致。

（3）交叉性和动态性。一个节点企业既可以是这条供应链上的成员，同时又可以是另一条供应链上的成员，众多的供应链成员形成交叉结构，从而增加了协调节点企业管理的难度。供应链的交叉性使得供应链随时都处在一个动态的调整过程中。另外供应链这种组织是以协作的方式组合在一起的，通过信息网络和相互间的信任关系，为了共同的利益而保持"双赢"或"多赢"的关系。

（4）复杂性和虚拟性。组成供应链的一些节点企业在供应链中其跨度或层次在不同的时间、不同的地点、不同的交易活动中往往是不同的，由此引发供应链活动的不规范性和不可预测性。从另一个方面看，供应链往往由多个、多类型甚至是多国的企业构成，所以纵横交错的复杂状态决定了供应链结构和运作模式的复杂性。此外，供应链这种形式不像企业一样有实体结构，它只是以一种虚拟的结构存在着，因此供应链还具有虚拟性。

2. 电子商务与现代物流供应链模式

按照供应链核心企业的不同可以将供应链划分为三种模式：以制造企业为主的供应链模式、以零售企业为主的供应链模式和以物流中心为主的供应链模式。

（1）以制造企业为主的供应链模式。

以制造企业为主的供应链模式其管理的重点是针对市场需求的不确定性和消费者需求的多样化，不断缩短供应链的完成周期，缩短供给与需求的市场距离，从而实现快速、有效的反应。

在社会现实生产中，大量存在以制造企业为主的供应链模式。下面以产品制造为例来说明以制造企业为主的供应链模式是如何运转的，如图 6-2 所示。

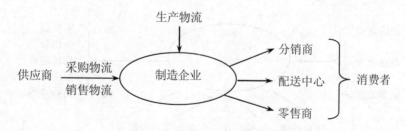

图 6-2　以制造企业为主导的供应链

首先，制造企业会向它的上游企业——原材料供应商和零配件供应商发出订货单，于是采购物流就会从众多供应商那里由不同渠道流向制造商，同时还伴随着原材料供应商的销售物流。制造企业接受到原材料后经其加工装配成整机产品，再通过分销商、配送中心、零售商等方式最后到达消费者手中。在这个过程中，制造商扮演了对物流进行采购、配送、调度的"总

213

导演"角色：向供应商发出物料需求指令，向各销售商发出供货指令，以保证各个环节都能在正确的时间、正确的地点得到正确的产品，这样既不会存在缺货的风险，又不会造成大量的库存积压，最终实现供应链总成本的最小化。

（2）以销售企业（如连锁超市等）为主的供应链模式。在买方市场条件下，销售是生产企业的主要矛盾。以销售企业为核心构筑供应链往往是众多生产企业的客观要求，而且随着社会分工的不断提高，这方面的需求会不断增加。以销售企业为核心的供应链模式，其管理的重点是销售企业的库存水平，通过控制库存来降低整个物流成本。它要求生产企业与销售企业密切合作，共同根据最终消费者的需求来制定生产和销售计划，而不是根据各自的市场调研来处理消费者的需求。以销售企业为主的供应链模式对零售企业内部的信息管理系统要求很高，它应该能够随时通过 EDI 等电子传输形式与生产企业的供货系统相连，以保持最佳的动态库存水平。以销售企业为主的供应链模式其运作过程如图 6-3 所示。

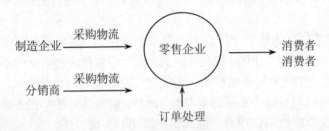

图 6-3 以零售企业（连锁超市）为主导的供应链

（3）以 3PL（3rd Party Logistic，即第三方物流）为主的供应链模式。3PL（3rd Party Logistic，即第三方物流）是一个集商流、物流、信息流、资金流为一体的综合体，它是产销企业之间的中介，承担着产品从出厂直到到达最终消费者手中这一整个过程的全部活动。运用 3PL 提供的服务，产销企业能够有效地降低生产成本，提高经济效益。

以 3PL 为主的供应链模式其管理的重点是强调快速配送，通过仓储管理保证整个市场分销活动的顺利开展，同时尽可能地降低库存水平、减少仓储成本。以 3PL 为主的供应链模式其运行过程如图 6-4 所示。

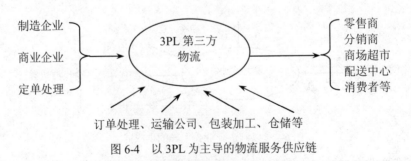

图 6-4 以 3PL 为主导的物流服务供应链

与生产企业和销售企业相比，3PL 更强调整合，更注重整个供应链的完整性。作为服务中介，3PL 应具备以下 5 种基本服务能力：①拥有跨服务领域的专业技能，包括整车运输、零担货运、多式联运、空运、海运和仓储等；②拥有与客户供应链节点分布相适应的全球物流服务地域覆盖网络；③拥有综合性的专业知识，能够运用具有创新性和战略性的思维方式帮助发货人认识到通过物流外包企业所能达到的增值潜力；④拥有强大的技术支持系统，能够有效地管理大量的数据流，并将其综合成有意义的报告，然后提出有影响力的建设性行动方案；⑤拥有强大的财力资源，能够为客户提供先期的物流服务解决方案，并能够与客户一起分享合同执行过程中的风险和效益。

3. 现代物流供应链的主要流程

供应链包括一系列流程，这些流程发生在一个企业内部或供应链中不同企业之间，它们结合在一起共同实现客户对产品的需求。"供应链流程管理"是供应链决策的一项重要内容。

现代物流供应链的流程一般可以分为三个环节。第一个环节就是生产商。生产商从供应链的最上游——原材料供应商那里得到生产资料，然后加工成产成品。产成品经包装后交给供应链的第二个环节也是最重要的一个环节——商品配送中心。由商品配送中心负责将产成品送到各级批发商手里。各批发商的下游又存在着大量的供应链的第三个环节——众多的零售商。最后由分散的零售商将产品销售给最终用户。这是现代物流供应链的主要流程，其流程如图6-5所示。

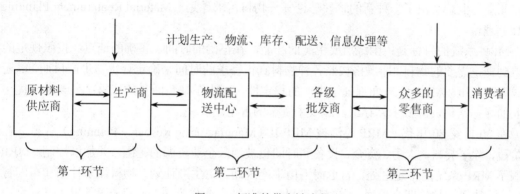

图 6-5　标准的供应链流程

4. 现代物流供应链职能集成

电子商务下的供应链功能集成主要包括三个方面的集成：物流环节与生产环节的集成、物流渠道之间的集成、物流配送功能的集成。

物流环节与生产环节的集成属于供应链上游的活动，这种集成主要是为了降低商品的库存，增加生产与销售物流的弹性，减少生产和销售物流的延滞性。生产制造商在生产过程中可以灵活地选择最适宜的供应链成员来完成生产任务,生产出来的产品可以立刻得到集成的物流服务。

物流渠道之间的集成主要表现在公路运输、铁路运输、水路运输、空中运输和管道运输这五种物流渠道的综合化和最优化上。只有对这五种运输渠道进行优化组合，才能使各种运输方式之间得到很好地转换和连接，才能实现运输渠道功能的有效集成。例如我国目前虽然已经建成了由铁路运输、公路运输、水路运输、航空运输和管道运输五个部分组成的综合运输体系，而且随着近两年经济的快速发展，运输线路和场站建设以及运输车辆及装备方面有了较大的发展，但是由于时代观念、行业分割等各种主、客观因素使得这五种运输的优化组合和高效集成还未真正实现。

物流配送功能集成主要是从供应链优化的角度考虑，是供应链成员在集成物流配送中的仓储、包装、流通加工和配送等方面功能的集成，供应链上的成员出现某个物流环节的运作障碍时，集成物流配送功能具备从供应链上的其他成员的物流配送功能中获得使供应链物流配送顺利进行的能力。

6.5　企业资源规划

6.5.1　企业资源计划的产生与发展

企业资源计划（Enterprise Resource Planning，ERP）的起源可以追溯到20世纪40年代。当时计算机系统还没有出现，为了解决库存控制问题，人们提出了订货点法。后来随着计算机系统的发展，20世纪60年代中期，美国IBM公司的管理专家约瑟夫·奥利佛博士首先提出了独立需求和相关需求的概念，将企业内的物料分成独立需求物料和相关需求物料两种类型，并在此基础上总结出了一种新的管理理论——物料需求计划（Material Requirement Planning，MRP）理论。

MRP系统的目标是：围绕所要生产的产品，在正确的时间、正确的地点，按照规定的数量得到真正需要的物料，即严格按照各种物料真正需求的时间来确定订货与生产日期，以避免造成库存积压。MRP一方面保证了生产的稳定性，减少了缺料断货的现象；另一方面优化了企业的库存结构，降低了库存量，减少了资金的占用。

在20世纪80年代，MRP逐渐被MRP-II（Manufacturing Resource Planning）代替。在这个阶段，除了材料，人力、资金、设备和时间也被纳入企业资源的范围，并加以控制。MRP-II克服了MRP系统的不足之处，自上而下由生产规划、主生产计划、物料需求计划和车间管理组成，反映了计划的四个层次。它的基本思想就是把企业作为一个有机整体，以生产计划为主线，从整体最优的角度出发，通过运用科学方法对企业各种制造资源和产、供、销、财各个环节进行有效地计划、组织和控制，使物流、信息流、资金流畅通流动的动态反馈系统。

进入20世纪90年代，随着市场竞争的进一步加剧，企业间竞争空间与范围的进一步扩大，人们已经不再满足于仅仅对企业内部的资源进行计划管理，而是将眼光投向了整体资源的管理和利用。因此，在扩展了MRP-II管理范围的基础上，产生了一种新的结构——企业资源计划，这是实施企业流程再造的重要工具，是一个属于大型制造业所使用的公司资源管理系统。

6.5.2　企业资源计划的含义

ERP最早是由美国著名管理咨询公司加特纳公司（Gartner Group Inc.）在1990年提出的一种先进的管理思想，最初被定义为应用软件，是根据计算机技术的发展和供应链管理，推论各类制造业在信息时代管理信息系统的发展趋势和变革。

ERP是从企业全局角度对经营与生产进行计划的方式，现在已经发展成为现代企业管理理论之一。以生产企业为主的供应链，其管理策略一般都运用ERP。

企业资源计划是先进的现代企业管理模式，主要实施对象是企业，目的是向企业决策层及员工提供决策运行手段，其基本思想是将企业的业务流程看作是一个紧密连接的供应链，其中外部包括企业的供应商、制造商、分销商和消费者等，而把企业内部看作是一个信息中心，这些信息来自企业内部的 5 个主要流程：财务、物流、制造、人力资源和市场营销。而 ERP 的核心思想则体现在以下三个方面。

（1）是对企业资源进行整体系统管理的供应链思想。在知识经济时代仅靠自己企业的资源不可能有效地参与市场竞争，还必须把经营过程中的有关各方如供应商、制造工厂、分销网络和客户等纳入一个紧密的供应链中，才能有效地安排企业的产、供、销活动，满足企业利用全社会一切市场资源快速高效地进行生产经营的需求，以期进一步提高效率和在市场上获得竞争优势。

（2）体现精益生产和敏捷制造的思想。ERP 系统支持对混合型生产方式的管理，其管理思想表现在三个方面：其一是"精益生产（Lean Production，LP）"的思想，它是由美国麻省理工学院提出的一种企业经营战略体系。即企业按大批量生产方式组织生产时，把客户、销售代理商、供应商、协作单位纳入生产体系，企业同其销售代理、客户和供应商的关系，已不再简单地是业务往来关系，而是利益共享的合作伙伴关系，这种合作伙伴关系组成了一个企业的供应链，这就是精益生产的核心思想。其二是"敏捷制造（Agile Manufacturing，AM）"的思想。当市场发生变化，企业遇有特定的市场和产品需求时，企业的基本合作伙伴不一定能满足新产品开发生产的要求，这时企业会组织一个由特定的供应商和销售渠道组成的短期或一次性供应链，形成"虚拟工厂"，把供应和协作单位看成是企业的一个组成部分，运用同步工程组织生产，用最短的时间将新产品打入市场，时刻保持产品的高质量、多样化和灵活性，这即是"敏捷制造"的核心思想。

（3）体现事先计划和事中控制的思想。一方面，ERP 的核心理念是"计划和平衡"，ERP 系统中的计划体系主要包括：主生产计划、物料需求计划、能力计划、采购计划、销售执行计划、利润计划、财务预算和人力资源计划等，而且这些计划功能与价值控制功能已完全集成到整个供应链系统中。ERP 系统中的平衡主要是指企业内部环境与企业外部环境的平衡、战略与战术的平衡、外部市场需求与企业能力的平衡、业务运行和资金组织的平衡等。另一方面，ERP 系统通过定义事务处理相关的会计核算科目与核算方式，在事务处理发生的同时自动生成会计核算分录，保证了资金流与物流的同步记录和数据的一致性。此外，计划、事务处理、控制与决策功能都在整个供应链的业务处理流程中实现，要求在每个流程业务处理过程中最大限度地发挥每个人的工作潜能和责任心，流程与流程之间则强调人与人之间的合作精神，以便在有机组织中发挥每个人的主观能动性与潜能。实现企业管理从"高耸式"组织结构向"扁平式"组织机构的转变，提高企业对市场动态变化的响应速度。

总之，借助 IT 技术的飞速发展和应用，企业资源计划系统得以将很多先进的管理思想变成现实中可实施应用的计算机软件系统。

ERP 系统的开发与实施是一项涉及面广、投资大、风险大、实施难度大、周期长的系统工程，企业要成功实施 ERP 系统需要采取科学的方法来保证项目实施的成功，必须要做到：

第一，企业各级管理层要明确支持并积极参与 ERP 系统的建设。ERP 的实施关系到企业内部管理模式的调整，业务流程的变化及大量的人员变动，没有企业领导的参与和将难于付诸于实践。ERP 是信息技术和先进管理技术的结合，为了提高各级领导对实施 ERP 系统重要性的认识，应对他们进行相应的培训。无论是决策者、管理者还是普通员工都要掌握计算机技术、通信技术，并将之运用到现代企业的管理中去。

第二，要对企业的经营业务流程进行重新审视，进而重新设计企业的业务流程。ERP 是面向工作流的,它实现了信息的最小冗余和最大共享。对企业经营业务流程进行重组(Business Process Reengineering, BPR)要把握一个原则:以顾客为中心,针对产品质量、市场变化、客户满意度等关键问题进行实时分析、判断,进而对企业的经营过程、组织管理模式和运行机制进行重新思考。要根据顾客需求考虑应设置哪些经营环节,以此找出哪些流程是合理的、必要的,是应当保留的,哪些流程是落后的、冗余的、滞涩的,是应当改变的。本着这个原则来设计企业的业务流程。

第三,拟定实施办法和程序。ERP 系统的实施是一项浩大的工程,企业不能急功近利,想在短时间内就迅速获得成功,这是不现实的。企业应该采取循序渐进的步骤,科学合理地规划实施 ERP 系统的方法和程序。例如海尔在实施 ERP 系统的过程中就采取了分步进行的方法。第一步,将 ERP 系统应用在库存管理上,降低库存水平;第二步,将其应用在车间的生产计划管理上;最后将其逐步应用在供应链的全过程管理中。

6.5.3 如何实施 ERP 系统

ERP 系统的实施过程是其管理思想的贯彻过程和管理方式的实现过程。企业在实施 ERP 时,应注意以下几个问题:

(1)企业领导必须对 ERP 的真谛、内涵有深入的了解,并大力支持 ERP 的实施。ERP 的实施意味着企业管理思想的根本性转变,并会给企业带来全面深入的变革。因此要求企业领导对此有一个深入的认识,明确目标,使系统的实施有一个清晰的方向,并且对整个变革的过程给予足够的、积极的、热情的支持和投入。否则草率行事,很有可能半途而废,导致 ERP 实施的失败。

(2)认真做好企业业务流程重组。业务流程重组(Business Process Reengineering, BPR),就是对企业的业务流程进行根本性再思考和彻底性再设计,从而获得在成本、质量、服务和速度方面业绩的戏剧性的改善。适当地改变企业业务流程成为企业实施 ERP 中不可缺少的环节,是正确实施 ERP 的前提和保障,在分析清楚企业现状的基础上,"流程分析——流程梳理——e 化流程——流程配套——定期考核"为企业进行流程改造提供一种模式,企业可结合各自的行业特点,对之进行参考利用。实现企业内部的财力、物力、销售和人力资源等管理部门系统运行的整体继承性、数据共享性和数据一致性。

(3)充分认识 ERP 的实施风险。决策者必须对 ERP 实施过程中的环境风险、流程风险、决策信息风险等有充分认识,要建立一整套包括生产计划、物料需求计划、能力需求计划在内的行之有效的项目和风险管理机制,提高 ERP 实施的成功率。

(4)重视人员培训。缺乏一支技术过硬的 ERP 专业技术队伍,对于 ERP 系统运行和维护缺乏有效的监督管理,不能及时发现问题或发现问题后不能及时得到解决,会使得系统实施偏离企业实际情况,造成企业资源的浪费。因此,实施 ERP 系统的同时,有计划、有步骤地对企业的所有职工进行培训,提高员工素质,加深他们对 ERP 的理解,是保证 ERP 战略顺利实现的重要因素。

总之,在当前全球经济趋向一体化,全球竞争不断加剧的背景下,实施 ERP 系统体现了精益生产,同步工程和敏捷制造的思想,运用同步工程组织生产和敏捷制造是企业的当务之急。正确有效地实施 ERP,保持产品高质量、多样化、灵活性,实现精益生产将有利于实现企业管理方式向开放化和现代化转变,从而推动企业管理水平的不断提高。

6.6　企业决策支持系统

6.6.1　企业管理与决策

20 世纪 60 年代末，明茨伯格（Henry Mintzberg）对 5 位总经理的工作进行了一项仔细的研究。他发现，管理者扮演着 10 种不同的但却是高度相关的角色。这 10 种角色可以进一步分为三方面：人际关系、信息传递和决策制定，如表 6-2 所示。

表 6-2　管理决策制定角色表

角色		描述
人际关系	名义首领	象征性首领，必须履行许多法律性或社会性的例行义务
	领导者	负责激励与动员下属，负责人员配置．培训和相关的职责
	联络者	维护自行发展起来的外部接触与联系网络，向人们提供恩惠与信息
信息传递	监听者	寻求获取各种特定的信息，以便透彻地了解组织与环境，作为组织内部与外部信息的神经中枢
	传播者	将从外部人员或下属那里获得的信息传递给组织其他的成员，有些是关于事实的信息，有些是解释和综合组织的有影响的人物的各种价值观点
	发言人	向外界发布有关组织的计划、政策、行动和结果等信息，作为组织所在产业方面的专家
决策制订	企业家	寻求组织和环境中的机会，制定改进方案以发起改革，监督某些方案的策划
	混乱的处理者	当组织面临重大的、意外的动乱时，负责采取补救行动
	资源的分配者	负责分配组织的各种资源——事实上批准所有重要的组织决策
	谈判者	在主要的谈判中作为组织的代表

在这三个方面中，可以看出决策制定是管理中最核心、最具实质性的角色。所有的管理活动都围绕着决策而展开，决策的整体质量对企业的发展有重大的影响。

6.6.2　企业决策支持系统的概念

1. 决策支持系统的兴起

决策支持系统（Decision Support Systems，DSS）的出现是要解决由计算机自动组织和协调多模型运行的问题，对大量数据库中数据的存取和处理，达到更高层次的辅助决策能力。它是在管理信息系统（MIS）基础上发展起来的。MIS 是指在计算机上进行各种事务处理工作，并利用数据库技术实现各级管理者的管理业务；而 DSS 则是要为各级管理者提供辅助决策的能力。

20 世纪 70 年代初，美国 MIT 的莫顿（M.S.Scott Morton）在《管理决策系统》一书中首先提出决策支持系统（DSS）的概念。70 年代中期，DSS 的一些概念得到进一步发展，70 年代末、80 年代初，计算机管理应用的重点由事务性处理转向企业的管理、控制、计划和分析等高层次决策制定方面，人们对 DSS 内涵的认识也在不断发展。

首先，1980 年斯派奇（R.h.Sprague）明确了 DSS 系统的基本组成，提出了决策支持系统三部件结构，即对话部件、数据部件（数据库 DB 和数据库管理系统 DBMS）、模型部件（模型库 MB 和模型库管理系统 MBMS）。该结构既明确了 DSS 的组成，也反映了 DSS 的关键技术，如数据库管理系统、模型库管理系统、部件接口等，极大地推动了 DSS 系统的发展。

然后，1981 年 Bonczak 等提出了决策支持系统三系统结构，即语言系统（LS）、问题处理系统（PPS）和知识系统（KS）。该结构的特色体现在"问题处理系统"和"知识系统"上，并在一定范围内有一定的影响，但它容易与人工智能的专家系统（ES）产生混淆。

随后，80 年代末 90 年代初，人们将决策支持系统与专家系统结合起来，形成了智能决策支持系统（IDSS），这是决策支持系统发展史上的一个巨大的进步。目前，决策支持系统已逐步推广应用到大、中、小企业的预算和分析、预测和计划、生产和销售、研究和开发等职能部门中。

2. 我国决策支持系统的进展

决策支持系统在我国的研究和应用始于 20 世纪 80 年代中期，相对来说目前处于起步阶段。1991 年 4 月全国首届 DSS 学术交流会的召开以及全国首届 DSS 专业委员会的成立，是我国 DSS 研究和应用走向正规化的重要标志。虽然起步比较晚，但是 DSS 在我国的应用发展速度是比较快的。例如，华中理工大学系统工程研究所开发的用于资源分配与货运配车的 DSS，支持人口与经济发展战略决策的 DSS，在实际应用中都取得了很好的效果；清华大学经济管理学院开发的基于知识的 DSS 原型系统，可以用于反通货膨胀政策决策支持、对台经济贸易政策决策支持、计划决策支持和气候决策支持等多个方面；西安交通大学战略与决策研究所设计开发的三峡工程 DSS 原型系统，集数据处理、模型处理、人工智能（AI）技术于一体，能够自动调度数据管理、模型管理或者决策专家子系统等模块，为用户提供多方面的信息。

DSS 在我国应用最广泛的领域是区域发展规划。其中，大连理工大学、山西省自动化所和国际应用系统分析研究所合作完成的山西省整体发展规划决策支持系统是在我国一个大型、起步较早、影响较大的决策支持系统；随后，大连理工大学、国防科技大学等单位又开发了多个区域发展规划的决策支持系统；在此基础上，我国不少单位在智能决策支持系统的研制中也取得了显著成绩，如以中国科学院计算技术研究所史忠植研究员为首的课题组研制并完成的"智能决策系统开发平台 IDSDP"就是一个典型代表。同时，天津大学信息与控制研究所创办的《决策与决策支持系统》刊物，在我国决策支持系统的发展中起到了很大的推动作用。目前，关于 DSS 的研究已经成为我国信息系统领域的热点，受到人们的普遍关注。国内的 DSS 研究和应用，正在向综合、集成、多领域方向发展，这必将推动我国社会和经济的良性发展。

3. 决策支持系统的概念

DSS 是建立在运筹学和管理信息系统的基础上的。运筹学主要是运用单模型辅助决策，管理信息系统重点是通过处理大量数据辅助决策。

决策支持系统的新特点是增加了模型库和模型库管理系统，它把数学模型与数据处理模型以及更广泛的模型等众多的模型进行有效地组织和存储，在此基础上将数据库和模型库进行有机结合。

决策支持系统主要是以模型库系统为主体，通过定量分析进行辅助决策。其模型库中的模型可概括为广义模型，因此它已经由数学模型扩大到数据处理模型、图形模型等多种形式。决策支持系统的本质是将多个广义模型有机组合起来，对数据库中的数据进行处理而形成决策问题模型。决策支持系统不同于 MIS 数据处理，也不同于模型的数值计算，而是它们的有机集成，既具有数据处理功能又具有数值计算功能，二者相互补充、相互依赖，发挥各自的辅助决策优势。

综上所述，决策支持系统是通过结合个人的智力资源和计算机能力来改进决策的质量，有机利用大量数据和众多模型（数学模型与数据处理模型等），通过人机交互，辅助企业的中高层领导进行事件决策和趋势分析，实现科学决策的管理决策制定者。

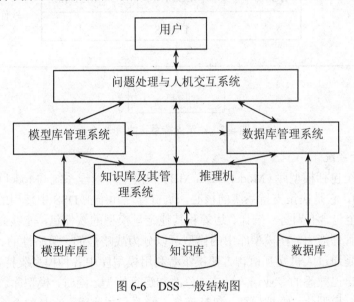

图 6-6　DSS 一般结构图

6.6.3　企业决策支持系统的组成

1. 决策支持系统的基本结构

决策支持系统是一个由多种功能协调配合而成的，以支持决策过程为目标的集成系统。从内部结构上看，它由对话子系统、数据库子系统、模型库子系统和方法库子系统组成，如图 6-7 所示。

2. 数据库子系统

数据库子系统包括数据库（Data Base，DB）和数据库管理系统（Data Base Management System，DBMS），是 DSS 区别于 MIS 系统的重要特征。一般来说，DSS 的数据库通常包含在数据仓库中。数据仓库是集成的、面向主题的数据库集合，它是用来支持决策支持功能的，其中每个数据单元都不随时间改变。与一般的数据库相比，这个数据库不仅能够提供企业内部数据，而且能够提供企业外部数据，所以能够充分适应管理者的广阔的业务范围。因此，DSS 的模型的建立通常是随 DSS 解决问题的要求而定的，不同的企业不同层次的决策需求是不一样，一般情况下包括：投资模型、筹资决策模型、成本分析模型、利润分析模型等。

221

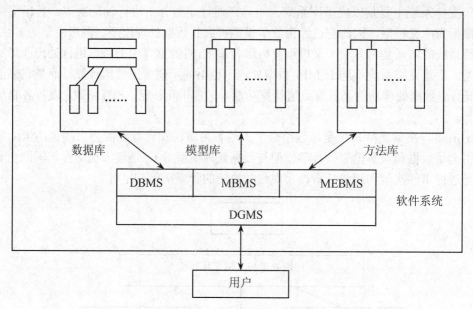

图 6-7 决策支持系统的组成

3. 模型库子系统

模型库子系统包括模型库（Model Base，MB）和模型库管理系统（Model Base Management System，MBMS），它是决策支持系统的核心，负责管理和维护 DSS 中使用的各种数据，是最重要的。这是一个包含有财务、统计、运筹和其他定量模型的软件包，能够提供系统的分析能力和合适的软件管理能力。在模型库中的模型可以分为战略性的、策略性的、运营性的等。该系统的主要作用是通过人机交互语言方便决策者利用模型库中各种模型支持决策，引导决策者应用建模语言和自己熟悉的专业语言建立、修改和运行模型。同时，模型库管理系统支持决策问题的定义和概念模型化、维护模型，包括连接、修改和增删等，它是整个系统中较难实现的一部分。

4. 方法库子系统

方法库子系统包括方法库（Method Base，MEB）和方法库管理系统（Method Base Management System，MEBMS）。在企业决策系统中，通常是把决策过程中的优化方法（线性规划法、非线性规划法、动态规划法、网络计划法等）、预测方法（时序分析法、结构性分析法、回归预测法等）、蒙特卡罗法和矩阵方程求根法等常用方法作为子程序存入方法库中，同时通过方法库管理系统对方法库中的标准方法进行维护和调用。但是方法库子系统并不是决策支持系统所必须的，有的决策支持系统没有方法库子系统。

5. 对话子系统

对话子系统（Dialogue Generation Management System，DGMS）负责接收和检验用户的请求，协调数据库系统、模型库系统和方法库系统之间的通信，是决策支持系统的人机接口，主要为决策者提供信息收集、问题识别以及模型构造、使用、改进、分析和计算等服务。对话子系统通过人机对话，使决策者能够依据个人经验，主动地利用决策支持系统的各种支持功能，反复学习、分析各种数据、模型、公式、经验、判断等，通过推理和运算充分发挥决策者的智慧和创造力，充分利用系统提供的定量算法，以便确定一个最优决策方案。

6.6.4　企业决策支持系统的应用

企业根据自己的情况可以实施不同的 DSS 应用。最主要的应用如下：

（1）销售支持。每日按地区、部门、销售员和产品生成对企业的销售情况进行汇总，这些汇总报告清楚标识了丢失的业务、挽回的业务和新的业务，从而给企业的高层管理者提供支持。同时，还可以根据需要定制额外的周期报表，这些特殊的报表可以帮助管理者进行销售情况的比较和趋势分析等，有助于发现问题和寻找机会。企业决策支持系统应用能够帮助分析和评价以往产品的销售，以确定产品成功或失败的因素。DSS 的充分应用可以帮助企业根据数据分析来推测一个决策所隐含的利润和收入。

（2）客户分析和市场研究。企业决策支持系统的应用可以利用统计工具来分析每天收集的交易数据，以分析确定各种类型客户的消费模式，便于有针对性地采取相应的营销措施，从而实现最大的利润。对于易流失的客户要分析原因以挽回；对于潜在客户要进行促销加以争取；对于重点客户要提供更好的服务和更优惠的价格策略。市场研究包括：利用预测模型分析得出每种产品的增长模式，分析市场规模和潜在规模的研究等，以便做出终止或者扩充某种产品、拓展或缩减某地区的市场规模等适当决定；进行企业品牌和形象的研究，以便提高企业和品牌的知名度。

（3）财务分析。定期按年、月、日或者其他自定义周期对企业的实际费用和花费进行审核，对过去现金流的趋势进行审查，并对未来的现金需求量进行预测；制定大型复杂项目的预算计划和成本分析；有效整合各分支机构的财务数据，形成正确、一致的财务报表。

（4）运筹和战略计划。基于资源和时间的限制，制定企业最优的每日生产计划，确定最优的项目时间表；确定大型连锁机构中分支网点的设立；协助制定大规模资本投资计划，并计算投资风险等。

6.6.5　企业决策支持系统的发展趋势

随着信息技术和管理思想的不断发展，企业决策支持系统正在向群体化、智能化和行为导向等方面发展。

（1）群体化。群体决策比个体决策更合理、更科学，但是由于群体成员之间存在价值观念等方面的差异，也带来了一些新的问题。从技术上讲，群体企业决策支持系统是建立在个体企业决策支持系统的基础上的，只需要增加一个接口操作环境，支持群体成员更好地相互作用。

（2）智能化。20 世纪 80 年代知识工程（KE）、人工智能（AI）和专家系统（ES）的相继兴起，为处理不确定性领域的问题提供了技术保证，为企业决策支持系统朝着智能化方向奠定了一定的基础，并确定了 DSS 在技术上要研究的问题。

（3）行为导向。行为导向的企业决策支持系统不是以计算机为基础的处理系统，而是从一个全新的角度即行为科学角度来研究对决策者过程的支持，其主要研究对象是人，它不仅仅是用信息支持决策，同时也利用对决策行为的引导来支持决策。这为人类最终解决决策问题开辟了一条新的道路，但其研究范围和技术手段已超出今天的信息系统的范围。

6.7 企业电子商务案例分析

6.7.1 第三方物流管理实例

美国宝洁公司是世界最大的日用消费品生产企业。宝洁公司最初在进入中国市场的时候，产品能否及时、快速地运送到全国各地是其能否迅速抢占中国市场的重要环节。为了节省运输成本，宝洁公司在公路运输之外，寻求铁路解决方案，具有运输物流服务需求。

作为日用产品生产商，宝洁公司的物流服务需求对响应时间、服务可靠性以及质量保护体系具有很高的要求。根据物流服务需求和服务要求，进入宝洁公司视野的物流企业主要有两类：占据物流行业主导地位的国有企业和民营储运企业。经过调查评估，宝洁公司认为当时国有物流企业业务单一，要么只管仓库储存，要么只负责联系铁路运输，而且储存的仓库设备落后，质量保护体系不完善，运输中信息技术落后，员工缺乏服务意识，响应时间和服务可靠性得不到保证。于是，宝洁公司把目光投向了民营储运企业。

在筛选第三方物流企业时，宝洁公司发现宝供承包铁路货运转运站，以"质量第一、顾客至上、24 小时服务"的经营特色，提供"门到门"的服务。于是，宝洁公司将物流需求建议书提交给宝供。

围绕着宝洁公司的物流需求，宝供设计了业务流程和发展方向，制定严格的流程管理制度，对宝洁公司产品"呵护倍至"，达到了宝洁公司的要求，同时宝供长期良好合作的愿望以及认真负责的合作态度，使得宝供顺利通过了考察。宝洁公司最终选择了宝供作为自己的合作伙伴，双方签订了铁路运输的总代理合同，开始了正式的合作。

在实施第三方物流服务过程中，宝供针对宝洁公司的物流服务需求，建立了遍布全国的物流运作网络，为宝洁公司提供全过程的增值服务，在运输过程中保证货物按照同样的操作方法、模式和标准来操作，将货物运送到目的地后，由受过专门统一培训的宝供储运的员工进行接货、卸货、运货，为宝洁公司提供门到门的"一条龙"服务，并按照严格的 GMP 质量管理标准和 SOP 运作管理程序，将宝洁公司的产品快速、准确、及时地送到全国各地的销售网点。双方的初步合作取得了相当好的成效，宝供帮助宝洁公司在一年内节省成本达 600 万美元，宝洁公司高质量高标准的物流服务需求也极大提高了宝供的服务水平。

宝洁公司针对自身需求选择宝供作为第三方物流服务提供商，开展了合作伙伴关系，在这种合作模式下，实现了"双赢"的目标。在物流市场需求日益增长和国际国内激烈的市场竞争环境下，宝洁公司应用第三方物流的成功，将为中国工商企业采购第三方物流服务、选择物流服务提供商树立标杆。

6.7.2 物流供应链管理决策实例

中国石油化工集团公司（简称中国石化集团公司）注册资本 1049 亿元，在《财富》2006年度全球 500 强企业中排名第 23 位。为实现全国范围内的数据集中式管理，公司通过构建集中式决策支持平台，支持全国范围的业务决策多级扩展，使得公司内部的资源可以充分共享，总部可以更加关注诸如资源流向、调运计划、运力资源等有限关键资源，物流部可以实现对区域内的生产企业仓库、配送中心以及网点库的物流资源实行集中管理，最终达到总部可以全面控制供应链各个环节的管理要求。同时也希望建立以订单处理、业务协同为核心的管理机制，通过加强对物流业务协同的核心经营管理，实现外部单一物流订单向内部多个作业执行指令的转变，当订单处理结束下达以后，各协同机构都可以看到与某订单有关的作业指令单，及时安排责任范围内的操作，同时实现对物流全过程的业务监控，对运输配送的订单和调拨订单进行全程跟踪，对订单执行过程中的业务异常情况进行实时反馈至调度中心，调度中心根据实际情况进行相应决策，并对业务进行及时调整。

作为中国石油化工行业的龙头老大，中国石化的信息化发展一直走在行业的最前沿，尤其是在物流供应链软件方面拥有众多成功的知名实施案例，例如建立中石化国内统一的物流网，支持 9 个生产企业 11 个省的化工销售业务的集中式决策支持系统。该信息通过现代化信息技术，优化了资源流向，保证了化工产品安全高效的运送，完全达到了"稳定渠道、在途跟踪、提高效率、降低成本"的系统目标；支撑了中石化全国业务近千亿化工产品的销售和物流配送，支持了中石化全国各地数百个信息点的同时在线操作，实现了中石化全国各分公司信息的充分共享，系统为中石化整个供应链各个环节提供了数百个业务功能，目前已节约了大量的巨额交通运输费用、平均每笔业务交货周期也缩短了数天。

由于中石化物流供应链管理决策支持系统的成功上线，中国石化集团公司从 2007 年起将采用三种物流模式，这三种物流模式分别是：用户到石化厂自行提货，用户到网点（区域代理商）提货，销售分公司直接将货送到用户手中。三种模式执行三种不同的价格，到石化厂自行提货享受厂价，网点提货为区域价，送货上门模式采用送货价。这样既降低了物流成本，提高了配送效率，更增强了对用户的服务。三种物流模式对中石化而言是一种变革。此前数十年，中石化采用的都是用户到石化厂自行提货或用户到网点提货两种模式，而这种变革得益于中石化对于物流调度决策支持管理水平的提升。

思考题

1. 如何理解企业上网的必要性？企业应如何对待企业上网并应用其为企业创造财富？
2. 论述办公自动化产生的必然性及其在企业发展中的重要作用。
3. 顾客服务系统的构成有哪几部分？各部分的作用和相互联系是什么？
4. 试完整描述顾客自助服务管理的实现流程。
5. 简述建立完善的顾客服务体系对企业的发展的重要性。
6. 简述供应链管理及电子商务下供应链管理的典型模式。
7. 企业资源规划的含义与实施过程。
8. 上网操作，进入中国国家图书馆（http://www.nlc.gov.cn）或其他网上图书馆查阅有关电子商务的书籍资料及中国电子商务年鉴。
9. 上网操作，进入 8848 电子商务网站（http://www.8848.net）或其他电子商务网站了解有关网上开店的过程，写出你自己开店的商务策划书。

第7章 电子商务网络营销

网络营销是一种新兴的营销模式,与传统的营销模式相比,它借助电子技术和互联网技术,改变了营销观念,实现了营销方式的创新与重组,全面提升了营销的效率,是21世纪新的营销模式。本章系统论述了网络营销的概念、网络营销策略,详细介绍了网络营销的系统构建、网络市场细分和目标市场定位,以及网络营销广告和营销公关等问题。

7.1 网络营销概述

7.1.1 网络营销的概念

网络营销作为电子商务的重要环节和内容,是电子商务的基础。它作为信息时代全新的营销方式,对传统经营观念产生了巨大的影响,使企业营销手段和内容都发生了深刻的变化,网络营销将成为21世纪市场营销发展的大趋势。

1. 网络营销的含义

网络营销是最近二十多年才发展起来的营销方式,并且由于研究人员对网络营销的研究角度不同,因而人们对网络营销的理解和认识也不尽相同,所以,到目前为止还没有一种统一的网络营销定义。目前,对网络营销概念的理解主要有以下几种:

- 在虚拟的计算机空间开展的营销活动。
- 在互联网上进行的营销活动。
- 基于Web站点开展的营销活动。
- 在电子化、信息化、网络化环境里开展的营销活动。

我们认为,网络营销就是以现代营销理论为基础,以互联网技术为手段,为实现企业总体经营目标所进行的网上经营和销售活动。网络营销是企业整体营销战略的一个组成部分,贯穿于企业网上经营活动的全过程,企业通过市场调查、客户分析、产品开发、销售策略、反馈信息等活动,开拓市场、增加盈利。

2. 网络营销与传统营销的关系

网络营销是从传统营销中发展而来的,网络营销的兴起对传统营销活动产生了巨大的冲击,这种冲击突出地表现在以下几个方面:

(1)从营销战略看,网络营销具有平等、自由和透明等特点,靠传统营销战略中的规模经济和保密等优势已难以生存,只有能及时获取、分析运用信息的企业才有胜算,策略联盟将成为新的竞争手段。

(2)从营销条件看,传统营销依赖于层层严密的渠道,并投入大量人力与广告;而网络营销则是企业直接与最终用户联系。

（3）从营销方式看，随着互联网向宽带化、智能化、个性化方向发展，用户可以在更广阔的领域内实现声音、图像、文字一体化多维化信息共享、互动，可以达到"一对一服务"，使营销方式发生了根本性变化。

（4）从营销组织看，互联网相继带动企业内部网的蓬勃发展，使企业内外部沟通与经营管理均需要依赖网络作为主要的渠道与信息源。

但是，这不意味着网络营销将完全取代传统营销。由于目前网络营销覆盖群体有限，许多消费者还不愿接受或使用新的沟通方式和营销渠道，而传统营销所具有的独特的亲和力是网络营销无法替代的等原因，现在以及未来相当长一段时间，网络营销与传统营销将相互促进、相互补充，在不断整合中促进企业更好地为消费者服务。

3. 网络营销的形成和发展

人类社会从传统营销向网络营销发展是科技进步的结果，是消费者价值观变革的结果，也是市场竞争日益激化的结果。

（1）网络营销形成的条件。随着信息技术的发展，特别是搜索引擎、即时通信、E-mail、Web、Blog 等网络技术的应用，企业之间的竞争更趋合理、公平，人们的生活、工作、学习、合作和交流环境也得到改变，原来的市场营销理论、方法和手段从根本上被改变，从而为人们从事网络营销提供了条件。

与此同时，人们的观念也在发展化，个性消费成为消费主流，消费者参与营销活动的主动性增强，对购买的便利性要求增加，而网络营销因为可以较好地满足消费者便捷性和经济性的要求而快速发展。从企业的角度看，网络营销可以使企业运用新方法吸引顾客，节约大量店面租金，减少库存商品和资金占用，使经济规模不受场地限制，方便地采集客户信息等，因而能够有效增强企业的竞争力。

（2）网络营销的发展趋势。随着互联网技术的不断进步，网络营销也呈新的发展趋势，突出地表现在以下几个方面：第一，网络技术和网络媒体将更快地发展。它为网络营销提供了更先进、快捷的营销手段。第二，网上商城将更加发达兴旺。除目前已有的企业门面网站、中介网站和大型门户网站之外，将有越来越多个人网站、专业网站以及其他网站从事网络营销，且质量越来越高，效率越来越快。第三，网络营销决策运用将更理性化。具体表现为网络广告从规模到质量都将有极大的发展和提高。由于企业在互联网上是透明的，所以企业的决策将更理性化。这意味着培养忠诚的顾客更加重要，也更困难；企业的发展战略在企业的发展中将占有更重要的地位。

7.1.2 网络营销的特点

市场营销中最重要、最本质的是信息传播与交换。如果没有信息交换，交易也就变得不可能。因此，互联网具有营销所要求的特性，与传统的营销相比，网络营销呈现以下特点：

1. 高科技为前提

网络营销是建立在计算机网络基础上的一种新的营销模式。企业要实施网络营销，必须有一定的技术投入，有一支技术队伍，有一个完整的网络环境，整个网络营销过程必须紧紧依靠高科技手段，否则网络营销将成为一句空话。

2. 公平的竞争环境

网络营销完全打破了传统营销中规模和实力占统治地位的游戏规则，使所有企业无论大小都处于同一起跑线上，不受时间、空间限制。中小企业只要能充分吸引顾客的眼球，就能获得与大公司同等的营销条件。

3. 低廉的经营成本

网络营销使网站和网页成为营销场所，可以无店面销售，免交租金节约水电和人工成本，减少了库存商品的资金占用，降低了商品供应链的费用，从而降低了整个企业的经营成本。

4. 丰富的营销模式

与传统的营销模式相比，网络营销可以充分发挥计算机及多媒体的技术优势，采用丰富多彩的营销方式，如文字、声音、图像等进行广告宣传和公关。

5. 准确的营销目标

与传统的营销方式相比，网络营销可以实现"一对一服务"，企业可以从每个消费者身上寻找商机。同时网上促销效果、消费者的消费意愿、访问次数、顾客来源等都是可以收集记录的，这为企业确定营销目标，进而主动地有针对性地开展营销活动提供依据。

7.1.3 网络营销理论

随着网络营销的发展，网络营销理论也发生了巨大变化，形成了一些与传统营销理论完全不同的理论。具体来讲，有以下几种理论：

1. "4Rs" 理论

"4Rs"是与顾客建立关联、提高市场反应速度、关系营销以及回报是营销的源泉四个词的英文缩写。它主要包括以下内容：

（1）与顾客建立关联。要赢得长期而稳定的市场，就必须通过某些有效的方式在业务、需求等方面与顾客建立关联，形成一种互助、互求、互需的关系，把顾客与企业联系在一起，提高顾客的忠诚度。特别是企业对企业的营销，它与消费市场营销完全不同，更需要靠关联、关系来维系。建立关联的方式很多，各类企业不尽相同。如上海贝尔，采用集成方式，着重提供最好的方案，为客户提供一揽子服务。而海尔的星级服务则通过提供一揽子方案，帮顾客做得最好，从而企业与顾客之间建立起了长期、牢靠的关系。

（2）提高市场反应速度。今天，对经营者来说最现实的问题不在于制定和实施计划，而在于站在顾客的角度及时倾听他们的需要，并及时答复和迅速做出反应。目前一些先进的企业已把商业模式从推测型转变为高度回应需求型。面对迅速变化的市场，企业必须建立快速反应机制，提高反应速度和回应力，才能满足顾客的需求。

（3）关系营销越来越重要。在企业与客户的关系发生本质变化的市场环境中，只有与顾客建立长期而稳固的关系才能抢占市场。企业要把交易变成责任，把管理营销组合变成管理与顾客的互动关系。其核心在于处理好与顾客的关系，把服务、质量和营销有机地结合起来，通过与顾客建立长期稳定的关系实现长期拥有客户的目标。

（4）回报是营销的源泉。企业要满足客户需求，为客户提供价值，但不能做"仆人"。因为对企业来说，市场营销的真正价值在于使企业获得回报，它是企业营销发展的动力，也是维持市场关系的必要条件。所以，一切营销活动都必须以为顾客及股东创造价值为目的。

"4Rs"营销理论的最大特点是以竞争为导向，在新的层次上概括了营销的新框架，互动与双赢的反应机制为建立顾客与企业之间的关联提供了基础和保证，体现并落实了关系营销思想。

2. 关系营销理论

关系营销理论是 20 世纪 90 年代以后出现的营销理论，其中心思想是：宏观上企业只是社会经济大系统中的一个子系统，其营销目标要受到众多外在因素的影响。企业营销活动是一个与供应商、分销商、消费者、竞争者、政府机构以及社会组织发生相互关系的过程。企业与顾客之间的关系是不断变化的，市场营销的核心应该从过去简单的一次性交易关系转变到注重保持与顾客长期的关系上来。企业应通过为顾客提供让其高度满意的产品和服务，保持与顾客的长期关系；并在此基础上开展营销活动，实现企业的营销目标。

3. 直复式营销理论

直复式营销即直接回复式营销，是指企业不经过中间分销渠道而通过网络直接与消费者建立联系，实现企业与顾客之间的交流互动。实行直复式营销的关键在于企业要为每个目标顾客提供直接与营销人员联系的渠道，并根据其反映的情况找到不足并加以改进。直复式营销强调在任何时间、任何地点都能实现企业与顾客的信息交流，其活动效果是可测定、可度量、可评价、可控制的，因此，可以大大提高营销决策的效率和营销执行的效果。

4. 软营销理论

软营销理论是针对工业化时代的以大规模生产经营为主要特征的强势营销而提出的新营销理论。它以消费者心理学为基础，主张通过信息交流，在营销人员和顾客之间形成一种平等、自由、开放和交互式的关系，强调企业进行营销活动时必须尊重消费者的感受与体验，让消费者主动接受企业的营销活动。网络本身的特点和消费者个性化需求的回归，使越来越多地企业接受软营销理论。

5. 4A 营销理论

"4A" 是 Ahead、Appreciation、Appropriate、Arouse 四个单词的缩写。4A 营销理论的核心精髓是：

（1）它强调对产品的引导、创新（Ahead），而不是过分满足。它注重产品本身和消费者的需求，但它更强调产品的引导性和创新性，强调以一种强势产品创新引导消费、引导潮流。

（2）它强调能提升消费者对产品的溢价、升值感觉（Appreciation），而不是不断降价。它要求产品价格与成本平衡、与消费者心理价位的平衡，但它更强调要引导消费者的心理价位调整，提升消费者心理价值观感，提升品牌和产品在消费者心目中的价值形象。

（3）它强调分销和购买方式的合适、恰当、新颖（Appropriate），而不是过度强调方便。它要求渠道建设方便可控，能让消费者购买方便，但并不是越多越好，而是要创新地引领一种时尚而又节约高效的购买方式，从而让消费者甘愿以一种并不过度方便而又能让品牌企业承担得了的渠道模式解决购买方式。

（4）它强调与消费者建立共鸣、激发消费欲望（Arouse），而不仅仅是让消费者知晓的沟通。它要求企业要强势推介产品的功能性和卖点，同时要与消费者心理形成有效沟通，但宣告和沟通只是解决了双方交流的管道，并不能解决最终购买问题，要解决最终购买问题，还必须激发消费需求，与其建立心理共鸣，这种共鸣和激发足以把你的品牌宣传和沟通内容在消费者心里自动产生消费欲望。

7.1.4 网络营销的基本内容

网络营销产生于互联网飞速发展的信息时代，作为一种依托网络的新的营销方式，它有助于企业在网络环境下实现营销目标。网络营销涉及范围较广，包含内容较丰富，主要表现在以下几个方面：

（1）网上市场调查。网上市场调查是指企业利用互联网的交互式信息沟通渠道所实施的市场调查活动。其调查重点是利用各种网上调查工具收集、整理、分析信息以得出有用信息，从而提高调查的效率与效果。一般来讲，企业通常采取两种方法进行调查：一种是企业直接在网上发布问卷进行调查；另一种是企业在网上收集市场调查中需要的各种资料。

（2）网络消费者行为分析。互联网作为信息沟通的工具，正成为许多有相同兴趣和爱好的消费群体聚集交流的地方，这些消费者在网上形成了一个个特征鲜明的虚拟社区，他们与传统市场上的消费群体的特性截然不同，因此要开展有效的网络营销活动必须深入了解网络消费群体的需求特征、购买动机和购买行为模式。

（3）网络营销策略的制定。不同的企业所处的内外环境不同，因此企业要通过网络营销实现其营销目标，就必须制定与其相适应的营销策略。而企业实施网络营销时要投入，并且会有一定的风险，因此企业制定网络营销策略时，应该考虑各种因素对它的影响。

（4）网络产品和服务策略。网络作为有效的信息沟通渠道，改变了传统产品的营销策略，特别是营销渠道的选择。在网上进行产品和服务营销，必须结合网络特点重新考虑对产品的设计、开发、包装和品牌的产品策略研究，因为有不少传统的优势品牌在网络市场上并不一定是优势品牌的例子。

（5）网络价格营销策略。作为一种新的信息交流和传播工具，互联网从诞生开始就实行自由、平等和信息基本免费的策略，因此在网络市场上推出的价格策略大多采取免费或者低价策略。所以，制定网上价格营销策略时，必须考虑到互联网对企业产品的定价影响和互联网本身独特的免费特征。

（6）网络渠道选择与直销。互联网对企业营销影响最大的是其营销渠道。通过网络营销获得巨大成功和巨额利润的戴尔公司，借助互联网的直接特性建立了网上直销的销售模式，改变了传统渠道中的多层次选择和管理与控制的问题，最大限度地降低了营销渠道中的营销费用。但是企业在建设网上直销渠道时必须在前期进行一定的投入，同时还要结合网络直销的特点改变传统的经营管理模式。

（7）网络促销与网络广告。互联网具有双向的信息沟通渠道，可以使沟通双方突破时空限制进行直接的交流，且操作简单、高效，费用低廉。这有利于开展网上促销。但是在网上开展促销活动必须遵循在网上进行信息交流与沟通的规则，特别是遵守一些虚拟社区的礼仪。网络广告是网络营销最重要的促销工具，它作为新兴的产业已经得到迅猛的发展。网络广告作为在第四媒体上发布的广告，其交互性和直接性的特点具有报刊杂志、无线电广播和电视等传统媒体发布广告无法比拟的优势。

（8）网络营销管理与控制。网络营销依托互联网开展营销活动，必将面临许多传统营销活动无法遇到的新问题，如网络产品质量的保证问题、消费者隐私保护问题及信息的安全问题等，这些都是网络营销必须重视和进行有效控制的问题，否则企业开展网络营销的效果就会适得其反。

7.1.5　网络营销系统

网络营销系统是保证企业开展网络营销的物质基础，它是一个由人、设备、程序以及相关活动规则组成的相互关联的能完成一定网络营销活动的网络平台,它是企业网络营销活动的系统操作环境。我们把网络营销系统分解为以下子系统,它们在网络营销活动中相互支持、相互依存,分别承担不同的营销功能。

1. 技术保障系统

技术保障系统是指保障网络营销正常运行的一系列技术因素,它包括以下几个方面:

(1)人员配备。网络营销系统的人员必须既精通计算机网络技能,又有现代营销经验和观念。一般包括:项目管理员、技术领队、系统分析员、市场代表、安全专家等。

(2)互联网接入方式(ISP)。互联网接入一般有两种方式:一是服务器托管方式;二是公用网络接入方式。目前,提供互联网接入的服务商和代理商很多,企业在选择 ISP 时主要应考虑的问题是:ISP 的接入能力、ISP 的服务种类和技术支持能力、ISP 服务费、是否有备用线路等。

(3)向 ISP 申请 IP 地址及域名。

(4)硬件设备的购置和网络建设。影响系统性能的主要部件包括 CPU、主板、RAM、硬盘驱动器、视频和监视器以及 I/O 部件。

(5)确定提供服务的种类及选用合适的服务器软件。最常用的服务有:Web 服务、E-mail 服务、Newsgroup、ETP、Gopher 等。

(6)选择合适的数据库后台支持。利用后台数据库的支持,可以将页面的设计、布局、形式同内容分离,更有利于信息的维护和页面布局的更新。

(7)总体设计。信息要以恰当的形式表现出来,因此,主页的设计应尽量做到美观、简洁,使人过目不忘;文字、图像方面要考虑到远程用户的使用方便。

(8)站点的维护。站点的维护是一项长期工作,其目的是提供一个可靠、稳定的系统,使信息与内容更加完整统一,让内容更加丰富多彩,不断满足用户更高的要求。

技术保障系统包括三个平台:一是信息平台。信息平台是企业网络营销系统中最重要、最复杂的一个平台,是其他平台的基础。其基本功能是收集、处理和发送与企业网络营销有关的各种信息。为了提高信息平台的效率和准确性,必须把计算机网络、网站、电话系统、语音系统、电子邮件系统等渠道整合为一个有机的整体。二是制造平台。制造平台是一个借助网络把顾客信息、竞争信息和内部报告信息与产品的设计制造技术紧密结合起来,创造具有高顾客满意度和经济效益的产品平台;其核心任务是在网络环境下成功地开发新产品和仿制新产品。三是交易平台。其功能是把网上和网下资源高效整合并综合利用,使顾客相信并切实体会到购买企业产品只需花费最小的成本就能获得最大的价值。网上交易平台的模式主要有 B2B 模式、B2C 模式和自动撮合的网上交易所。此外,网上营销的交易平台不仅具有交易功能,还具有信息沟通和顾客服务的功能。

2. 物流配送系统

网络营销最后要完成送货上门必须依赖于先进的物流配送系统。物流配送不是简单的送货,而是一项信息系统工程。它具有以下功能:一是仓储功能,调剂货物供求;二是流转功能,将货物及时配送给客户;三是信息沟通功能和交易功能,及时传递供求信息,协助完成交易。很多大型物流集成商都有专业的物流系统软件,同时,物流网的建设完全依赖于互联网与所有配送中心的连接。

231

3. 效益评估系统

网络营销效益是反映网络营销成败的标志。对其最终成果进行评估，不仅使我们看到营销活动的成绩，而且使我们从中发现经营的薄弱环节，并不断地改进和完善，在未来的营销活动中争取更大的效益。

只有这三个子系统协调运转、相互促进，才能实现整个网络营销系统的最优化，从而实现企业网络营销的目标。而要实现这一目标，就要以互联网站为核心，全面开发和整合整个网络营销系统的功能。

7.2 网络市场定位

7.2.1 网络市场细分

网络市场又叫网上市场，是指在某一特定时空对某种产品或服务具有现实和潜在需求的网上用户群。网络市场细分，就是网络企业通过市场调研，依据网络顾客的需要、购买行为与习惯等方面的差异性，把某一产品市场整体划分为若干个消费者群体市场的分类过程。不同的市场划分依据不同。消费市场，主要依据地理、人口、心理、行为、受益等进行细分；产业市场，则根据用户行业、用户地理、用户规模等进行细分。市场细分以后的每一类顾客群被称之为"子市场"或"细分市场"。

在电子商务环境下，市场细分要着眼于顾客的心理需要、生活方式与行为特点。因为今天的顾客衡量一种商品的好坏，不是看它的设计、品牌、性能以及服务，而是看它能否给自己带来愉悦、舒适和美感。因此，企业应注意把握顾客个性化的需求。

根据顾客的身份及其网上购物目的的不同，可以把网络市场细分为：消费者市场（适用于 B2C 或 C2C）、企业市场（包括生产者市场与中间商市场，适用于 B2B）、政府及社会团体市场（适用于 B2G）。与此相适应，企业针对不同的顾客应采取不同的网络营销战略。企业不管多大多强，也不可能占领全部市场，充分满足所有消费者的所有需求；而企业不管多么弱小，如果善于抓小放大，瞄准某类细分市场打出重拳，必然能获得可观效益。例如，海尔集团，根据欧美等国消费者不同的需求特点，把欧洲和美国细分为两个市场。针对喜爱大容积、技术先进而简单的冰箱的美国人，设计出了数字控制、超大容积、简单明快的金王子系列产品；而针对喜爱线条流畅、雍容华贵、典雅别致的冰箱的欧洲人，则设计出了无霜金王子系列产品。海尔精确到位的市场细分，赢得了欧美不同消费者的青睐，连对产品最挑剔的德国商人都直竖大拇指。

企业在进行网络市场细分时，应把焦点放在最重要的顾客身上，并找出公司的服务与他们的期望之间有何差异，尽量把顾客的期望维持在企业能够履行的水平上，这个水平稍低于实际标准。例如，如果你的公司可能在接到请求后 18 个小时内提供服务的话，则只承诺保证在 24 小时之内提供服务，而不是相反。

7.2.2 目标市场确定

市场细分以后，企业还要在各细分市场中评估选择自己的目标市场。目标市场是企业营

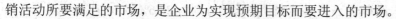

销活动所要满足的市场，是企业为实现预期目标而要进入的市场。

一个细分市场能否作为企业的目标市场，关键看它是否满足以下条件：

第一，市场潜量分析。要考虑市场是否有足够的需求规模与增长潜力，有较大的发展前景。别克 GL8 陆上公务舱正是找准了商务用车市场的空缺，一举成为中国商务车的领跑者。

第二，企业自身特征分析。分析企业的资源条件和经营目标是否能与细分市场的需求相吻合。如果企业在某个细分市场中的某个或某些方面缺乏必要的能力，就要放弃这个市场。

第三，竞争优势分析。要分析在划定的细分市场中是否有强大的竞争对手。与竞争对手相比，企业要有明显的或潜在的竞争优势；如果细分市场上竞争者很少且障碍不多，或者该市场虽然已有竞争者，但对手实力较弱，企业可以选择该市场作为目标市场；但如果对手实力雄厚，企业要进入必须付出一定的代价。

第四，获利状况分析。细分市场能够带给企业预期的合理的利润，企业才可以选择其作为目标市场，如果细分市场存在潜在的替代产品或此产品容易复制，则将会对企业的产品产生巨大的冲击，也会使这个细分市场失去吸引力。

另外，还有根据一个国家或地区的上网情况和参与热情来确定目标市场。因为电子商务环境下，消费者是否上网、是否有主动查询信息的动机，是电子商务能否发挥作用的关键。

需要注意的是，随着电子商务的迅猛发展，任何企业都可以凭借互联网的优势，超越时空的限制与世界各地的企业和用户进行直接的商品交易，企业目标市场已由局部地理市场发展为全球市场。而目标市场越大，就越难把握未来客户的需求。因此，需要对目标市场进行细分，并在此基础上进行更广范围的需求集聚与目标市场确定。比如经营化妆品，其目标市场一定要集中在某一特定的群体，明确她们的年龄、职业、兴趣爱好、社会地位、地理区域。若定义过宽，则投入的时间、精力就越多，成功的几率反而越小。

总之，选择网上目标市场的基本原则是：使企业有限的资源能最经济地运用于具有最大潜在利益的市场上。

7.2.3　网络营销目标市场定位

网络营销的目标市场定位不同于传统营销的目标市场定位，它不是单向的，而是双向的，即网络营销者既要最大限度地了解上网用户的信息，同时又要了解自己的产品是否适合在网络上进行销售。否则，企业难以获取丰厚的利润。对网络营销目标市场定位可以从以下两方面入手：

1. 网络营销对象定位

网络营销对象是企业要为之提供产品或服务的顾客群。根据上网用户中男性、年轻人、高学历、中等收入以上者居多的情况，目标市场主要定位在：男性消费者市场、中青年消费者市场、具有较高文化水平的职业层市场、中等收入阶层市场以及不愿意面对售货员的顾客市场等。这几种分类之间互有交叉。

男性是互联网的主要使用者。男性对耐用消费品以及汽车、房屋等不动产较为热心；对化妆品、手饰、鲜花等也较关注，因为这是他们向自己爱慕的女人表达感情的重要载体。因此，企业应想方设法吸引男性公民的眼球，让他们心甘情愿地网购这些商品。

中青年消费者，特别是青年消费者在网民中的比例比较大。根据 2009 年发布的《第 25 次中国互联网络发展状况统计报告》显示，目前中国网民中，26～30 岁人群最为庞大，所占

233

比例为 35.1%。21~25 岁人群和 31~35 岁人群所占比例分别为 28.6%和 16.7%。上述 3 个人群累计比例达 80.4%，构成了中国 IT 网民的主力群体。在非主力群体里，20 岁以下的低龄人群所占比例为 5.8%。2010 年发布的《第 25 次中国互联网络发展状况统计报告》显示 30 岁以上各年龄段网民占比均有所上升，整体从 2009 年底的 38.6%攀升至 2010 年中的 41%。但是总的来看，网民在结构上仍然呈现低龄化。美国网民也是如此。根据哈里斯互动调查公司 2009 年的一份最新调查显示，2009 年美国网民平均上网时间大约为 14 个小时，而 30~39 岁的网民最活跃，平均每周上网 18 个小时。因此，网络营销必须瞄准这部分消费者群体，满足他们的需求。

互联网对网民的文化素质有一定要求，因此多数网民为教师、学生、科研人员、政府官员等，他们既有一定的计算机操作能力，又具备一定的英文水平。因此，这部分人的需求也应受到关注。网上书店就因此生意红火。例如，亚马逊书店 1995 年 7 月成立，两年后已发展成为全球最大的网上书店；四年后，公司数据库中已拥有 300 万种图书，顾客超过了 1310 万名，成为网上销售的开路先锋。1999 年，书店创始人贝佐斯当选美国《时代》周刊风云人物。经过 15 年的发展，它已成为一个拥有超过 340 亿美元市值、4000 多万客户群并能提供数以百万计商品的巨大的网上商城。贝佐斯正是准确地把握了一类网络消费者的需求从而使企业获得了成功。

随着人们收入的增加和互联网的普及，网民越来越多。但对低收入阶层来说，实现网上消费恐怕还有一段路要走。因此，未来一段时间内，网络营销仍要瞄准中等以上收入阶层，推出中高档的产品或服务。

2. 网络营销产品定位

网络营销产品是指在网络营销活动中，消费者所期望的能满足自己需求的所有有形实物和无形服务的总称。它具有以下特点：

（1）就产品形式而言，大多属于易于数字化的信息产品，如音乐、电子图书、软件、信息服务、远程教育、远程医疗、网上咨询等。

（2）就产品性质而言，一般属于质量差异不大的同质产品或非选购品，如书籍、电脑、手机等。像高档时装、首饰等需要反复试穿试戴才会购买的商品，一般不宜在网上销售。

（3）就产品品牌而言，一般是名牌产品或名牌企业的产品。因为这些企业或产品，已经被广大消费者认可，货真价实，质量可靠。消费者认牌购物，可以减少购物风险。

（4）就产品的顾客群而言，其容量大，覆盖面广，配送容易。如果目标市场太狭窄，效益差，则不能充分发挥网络营销的优势。

（5）就产品价格而言，一般要有低价优势。由于网络销售的成本低于其他渠道，在网上销售一般都采用低价位定价。

（6）就产品的利益而言，最好有不可替代的垄断性，否则很难形成网络营销的优势。

网络营销产品定位，是通过营销活动的策划与开展，为企业产品创造一种明显区别于其竞争者的特色性差异，并把这种差异形象生动地展示给顾客，使企业产品在顾客心目中形成一种独特的、深刻的、鲜明的印象，从而确立该产品在市场上的位置，最终形成网络市场上该企业的独一无二、不可替代的竞争优势。

一般来讲，对网络营销产品定位时，应考虑以下几个问题：①产品或服务是否与计算机有关，如果无关，网上销售则不可能成功；②产品或服务在做出购买之前是否需要尝试或观察，像飞机票和电影票等在购买前无需观察或尝试的产品或服务，更适合在网上销售；③通常情况下，无形资产比有形资产更适合在网上进行交易；④产品或服务是否属于高技术，高技术的产品或服务，更易于在网上销售；⑤产品或服务是否具有国际性，因为互联网是国际性的媒体，所以，具有国际性的产品或服务更容易取得成功。

7.3　网络营销策略

7.3.1　网络竞争者分析

分析和考察网络竞争者，是开展网上促销前必须认认真真、扎扎实实做的工作。定期监测竞争对手，把握对手的新举措，从中汲取经验和教训，发现缺点和不足，才能推陈出新，出奇制胜。对网络竞争者进行分析时，应从以下方面进行：

（1）整体印象。站在消费者的角度认真浏览竞争对手的主页，看其整体创意能否给你留下美好、深刻的印象。由于受上网时间和费用的限制，主页设计能否立刻吸引顾客并给其留下较好的印象，是企业取得竞争优势的前提。

（2）设计水平。主页设计水平的高低，直接影响到顾客浏览企业站点的兴趣。可以从三个指标上考察其设计水平：一是图形构思，观察其主页标志是否醒目，色彩是否协调，图片是否精美，体会它是怎样利用屏幕来展现公司形象和传递业务信息的；二是栏目设置，主页上都有哪些业务栏目，是否涵盖了主要的业务活动；三是文字表达，是否准确、流畅、清晰易读、朗朗上口。

（3）链接情况。主要看网页间的链接是否方便顾客浏览，有无死链接，是否有调不出来的图形。应有目的地记录其传输速度，特别是图形的下载时间。因为速度是影响顾客浏览你的页面的一个很关键的因素。面对网上浩如烟海的站点，节省浏览者的时间，也就为自己创造了更多的机会。

（4）宣传力度。主要从两方面进行考察：一是考察竞争对手在网上的导航台、新闻组中宣传其网址的力度，特别是旗帜广告的投放量等；二是查看在竞争对手的站点上是否有别人的旗帜广告，他们是否形成松散的旗帜广告宣传联合体。

（5）业务情况。主要考察竞争对手目前在干什么，是否开发了新的产品或新的服务，其特点与价格定位等情况。

7.3.2　吸引客户策略

想方设法吸引客户，是网络营销制胜的法宝。网络营销时要吸引客户应从以下几方面着手：

1. 注重整体的服务功能和水平

（1）应该让顾客充分了解商品信息，方便顾客购买，使他们在心理上产生信任感和亲切感，并最终成为企业的忠实客户。例如，亚马逊在其网站上对图书的介绍非常详细，既有书名、作者名、价格、出版社及出版时间，也有内容介绍与相关书评，这样便于顾客充分了解他想要购买的书籍。

（2）顾客订货后，能够按时、保质保量地把其所订货物送达顾客手中，否则就丧失了信用，最终可能会失去客户。送货可以通过邮局普通邮寄或快件邮寄。

235

（3）注意保护顾客的网上隐私，包括个人信息和信用卡信息等。这是倍受网民和网站关注的问题，解决得好则能吸引顾客。因此，网上商店应采取积极的安全措施，阐明公司的隐私政策，以赢得顾客的信任。

（4）建立完善的顾客支持服务系统，包括在网页上开辟网上购物问答栏目，安排专人快速回答顾客的电子邮件，设立24小时的专职电话回答顾客的咨询等。

2. 基本服务项目

由于营销理念和经营商品的不同，不同的企业都会有不同的服务项目。但不论哪种类型的企业，也不论经营何种商品或服务，一些基本的服务项目是必不可少的：

（1）承诺无条件退货。无条件退货对顾客来说无疑提供了最大程度的承诺，确实能够让顾客放心在网上购物。有的公司甚至还提供退货费用，确实用心良苦。

（2）便利的商品检索。具备良好的网上商品检索功能，能让顾客在网上快速找到自己所需要的一种或一类商品，节省了顾客的上网时间，无形中也就节省了顾客的费用支出。

（3）多样化的网上促销。既有优惠折扣、Over-stock折扣以及热销商品、廉价商品、专家精选商品推销等传统促销方法，也有网站与网站间的联合销售、在一个网站的主页上放置其他公司的链接标志等网络促销方法。

（4）富有特色的个性化服务。即针对顾客的不同需求提供相应的信息服务。计算机处理数据的速度非常快，能够把根据顾客要求快速提供反馈信息。

（5）提供免费信息。企业要想拥有一个忠实的顾客群，应该向消费者提供免费信息和服务；对再次访问公司站点的顾客，应该给予某种形式的鼓励和回扣；要主动向顾客提供超值的信息服务，比如，化妆品商店提供美容建议，体育用品公司提供相应的室外运动课程，图书商店提供图书排行榜，电器商店为顾客提供挑选音响商品的专家建议等。

（6）保留顾客的购货记录。这样做可以使顾客了解自己的购货情况；使公司了解顾客的购货特点，从而更有针对性的向其推荐商品；使网上商店根据记录了解顾客的消费倾向，并据此组织货源。

3. 品牌意识

电子商务的核心策略是以服务和广告迅速创出品牌，产生品牌效应，进而占领市场。因此，在营销网站建设初期，宁可规模小些，也要有特色、创品牌，形成品牌效应。

首先，要注意记录消费者的网上购物经历。因为所有经历，不管好的、坏的或其他都会影响到消费者对该品牌的认识和接受度。所以网上经营者应记录并妥善管理消费者的网上购物经历。

其次，要大规模地扩充顾客利益。网络营销商应为消费者提供一个完美的"终端对终端"的购物经历，将产品或服务的承诺直接送抵消费者手中。

第三，网络营销商应自己的核心承诺。该承诺必须以真实的、富有特色的价值提案吸引目标客户。这里有5项行之有效的承诺理念：一是便利性，二是娱乐性，三是成就感，四是归属感，五是个性化。互联网作的特别之处在于拥有无可比拟的互动能力，可以快速、可靠、方便地履行承诺并有利可图，其规模之大、范围之广令传统对手无力反击。实际上，这也意味着承诺必须被转换成特定的互动模式，同时网站在设计上也必须给消费者提供畅通无阻的购物经历。

4. 注重新技术的应用

电子商务是一个新的领域，新技术是它赖以生存和发展的基础。上面我们所提到的常备服务项目中，除了无条件退货外，基本上都是通过新技术实现的。亚马逊公司总裁贝佐斯认为是"技术使 Amazon 在零售业出人头地"。

7.3.3 网络促销策略

促销是企业快速扩大市场份额的重要方法和手段。网络促销是指利用现代化的网络技术向虚拟市场传递有关商品和服务的信息，以激发消费者的需求欲望，引起消费者购买行为的各种活动的总称。

1. 网络促销的特点

（1）通过网络传递商品信息和服务信息。网络促销是建立在计算机与现代信息技术基础之上的，因此，它不仅要求营销者熟悉传统的营销技巧，而且要求其具备相应的计算机和网络技术，包括各种软硬件的操作和使用。

（2）在虚拟市场上进行。虚拟的网络社会聚集了庞大的人口，融合了众多的文化。因此，网络营销人员必须充分了解网络社会的特点和网络文化，用虚拟市场的思维方式进行促销。

（3）在全球统一大市场中进行。全球性的竞争迫使每个企业都必须学会在全球统一大市场上做生意。

2. 网络促销的策略

（1）网络广告促销。即通过信息服务商（ISP）进行广告宣传，开展的促销活动。它具有宣传面广、影响力大、方便快捷、成本低廉等特点；它发布的多媒体立体广告能增加页面的吸引力；它可能通过与别的站点交换广告增加本站点的访问量；它还能传达产品信息，这对树立企业形象、巩固扩大产品市场份额具有重要作用。网络广告顺应了人们快节奏的生活和工作环境，已成为企业积极参与市场竞争、促进企业发展的有力武器。

（2）网络公关促销。即利用企业的网络站点树立企业形象，宣传产品和服务，提高企业及其产品知名度和美誉度的促销活动。它具有广告促销不可比拟的两大优势：一是它能以广告无法实现的方式提高产品或服务的知名度、可信度；二是其公关费用只相当于广告费用支出的一部分。

（3）网上销售促销。即企业在网上销售活动中，采用的一系列能激发需求、激励购买的促销方法的总称。其形式有以下几种：①免费信息。在网络促销中，提供一些免费的产品和服务。比如，在网上提供一些新软件的试用版等。②折价销售。折价就是企业对标价或成交价实行降低部分价格或减少部分收款的促销方法。③网上赠品。赠品促销目前在网上的应用不是太多，一般情况下，在新产品推出试用、产品更新、对抗竞争品牌、开辟新市场时，利用赠品促销可以达到比较好的促销效果。④网上抽奖。抽奖促销在网上的应用较为广泛，它是大部分网站乐意采用的促销方式。⑤积分促销。积分促销一般设置价值较高的奖品，顾客通过多次购买或多次参加某项活动来增加积分以获得奖品。现在不少电子商务网站"发行"的"虚拟货币"可以说是积分促销的另一种体现。⑥联合促销。联合促销是由不同商家联合进行的促销活动，联合促销的产品或服务能够起到一定的优势互补、互相提升自身价值的效应。

（4）网络站点促销。即企业利用各种网站推广策略，扩大站点的知名度，增加网站访问量，宣传和推广企业及其产品的促销活动。比如《花花公子》杂志的读者一直以成年男性、青少年为主，其中不乏一些大款。1994 年夏天，《花花公子》公司正式推出了自己的网站，每天吸引超过 10 万人次的访问。在其网站上，有一小段标上底线的红蓝色文件，叫做"长春藤联盟的女生"，大多数精力充沛而又愚蠢无知的男性都会点击"下一步"，进入之后发现里面不是他们想要的东西上，而是《花花公子》杂志的介绍。通过这种方法，《花花公子》成功地推销了自己的杂志。因为任何一个点击者是不会轻而易举让这种欲望和诱惑自行熄灭的，他们会去买本杂志尽情享受。《花花公子》网站除了推销自己的杂志外，还有提供其他印刷品，其中也有一些有档次有质量的好书籍，比如一些科学健身养生书籍、旅游娱乐导读等。《花花公子》是网络运营中的一个另类，但这种企业运作方式是值得人们思考的。网络经济以创造注意力、创造点击率取胜，一个网站一旦成功地抓住了千千万万访问者的"眼球"，它必须给眼球们提供一些实际内容让他们一而再、再而三地回到网站上来。

另外，在网页上提供可下载打印的优惠券，也不失为一种好的促销方法。潜在顾客可通过访问网页获此优惠券，凭此优惠券到当地商店购买商品时可获得优惠。

7.3.4 渠道策略

在中国 IT 市场中，85%以上的产品是通过渠道进行销售的，"得渠道者得天下"，仍是颠扑不破的真理。传统的营销渠道是指某种货物或服务从生产者向消费者转移时所需经过的流通途径。传统营销渠道中，除了生产者和消费者外，还存在着大量的独立和代理中间商。传统营销渠道的作用是单一的，它只是商品从生产者向消费者转移的一个通道。而网络营销渠道的作用则是多方面的，它是信息发布的渠道，是销售产品、提供服务的快捷途径，是企业间洽谈业务、开展商务活动的场所，还是进行客户技术培训和售后服务的理想园地。

1. 网络渠道的分类

（1）网络直接分销渠道。和传统的直接分销渠道一样，都是零级分销渠道。通过网络的直接分销渠道销售产品，网络管理员可以从互联网上直接受理世界各地的订货单，然后直接将货物寄给顾客。这种方式所需的费用只是网络管理员的工资和上网费用。目前，常见的网络直销有两种：一种是企业在网上建立自己独立的网站，另一种是委托信息服务商在其网点上发布信息，直接销售产品。

（2）网络间接分销渠道。只有一级分销渠道，即只存在一个信息中介沟通买卖双方的信息，而不存在多个批发商和零售商的情况。网络商品交易中心通过互联网强大的信息传递功能，完全承担起信息中介机构的作用，同时也利用其在各地的分支机构承担起批发商和零售商的作用。网络商品交易中心将中介机构的数目减少到一个，从而把商品流通的费用降低到最低限度。

可见，无论哪种渠道，其渠道结构相对传统营销来讲都大大减少了流通环节，有效地降低了交易成本。实践中，两种渠道同时使用可以实现销售量最大化、效益最优化，也更容易实现"市场渗透"。

2. 网上分销渠道的功能

一个完善的网上分销渠道应具备三大功能，即订货功能、结算功能和配送功能。

（1）网上订货功能。可以最大限度地降低库存，减少销售费用。如戴尔公司的网上订货系统，通过它实现的销售额每天高达 3000 万美元，占公司总收入的 60%以上。我国的联想公司开通网上订货系统当天，订货额高达 8500 万元人民币。可见，网上订货系统发展潜力巨大。

（2）网上结算功能。目前网上提供信用卡、支票、电话、传真、邮件、数字现金和第三方交易等多种结算方式，可以方便顾客在购买产品后进行付款。其付款方式可分为两类：一类是脱机付款，如电话、电传、信件等，虽然不太方便但相对比较安全；另一类是网上直接付款，如信用卡、银行账号、电子货币、第三方交易等，虽较方便但安全度还需进一步提高。目前，我国已实行邮局汇款、货到付款和信用卡等结算方式；一些银行还开通了网上支付，如与招商银行的"一卡通"配套的"一网通"、中国银行的以信用卡为基础的"电子钱包"、中国建设银行提供的"网上银行"等。

（3）网上配送功能。网上配送涉及运输和仓储问题。国外已经形成了专业的配送公司，如美国的联邦快递公司，其业务覆盖全球。目前我国的送货方式主要有送货上门服务，货到付款和利用邮政系统进行邮寄两种方式。

7.3.5　网络企业的价格策略

随着网络经济的发展，出现了一些适合于网络环境的价格策略。一些企业根据网络特点采用新的定价策略，或者对传统的定价方法加以改造、利用，从而使企业重新适应网络环境。一般来说，电子商务的价格策略有以下几种：

1. 个性化价格策略

个性化定价是企业对顾客实行个性化服务的策略。在知识经济时代，买卖双方的关系发生了重大变化，顾客开始主宰买卖关系。顾客不但要求产品价格合理，而且对其外观、颜色、样式等都有个性化的需求。互联网出现之前，企业无法以较经济的成本收集足够多的顾客个性化需求信息，因此无法对产品进行个性化定价；互联网出现之后，网络企业能通过网络即时获得消费者的需求信息，从而实现了个性化服务。

实行个性化价格策略，一方面，要求企业保持与顾客的直接接触，了解顾客的需要。电子商务环境下，企业可以通过建立顾客需求数据库、对数据库分类提炼信息从而快速响应客户的需求。另一方面，要求企业能够对内部资源进行有效地组织与计划，并利用互联网连接企业经营管理中的外部力量，如供应商、外销商等，从而全面整合企业内外部各方面的信息，通过一个统一的、集成的环境，准确掌握企业的需求、供货、存货及供应商的资源状况，以及时为顾客提供个性化的产品和服务。

个性化价格策略在更好满足顾客需求的同时也让顾客很难进行价格比较。由于企业提供的服务是根据个别消费者的偏好而制定的，消费者无法将它所提供的服务同其他企业比较，因此，企业在价格的制定方面有一定主动性。

2. 免费价格策略

免费价格策略是企业将产品和服务以零价格的形式提供给顾客使用。其形式主要有 4 种：一是完全免费，即产品或服务从购买、使用和售后服务所有环节都实行免费；二是限制免费，即产品或服务限次数使用，超过一定期限或者次数后，取消这种免费服务；三是部分免费，如一些著名研究公司的网站公布部分研究成果，如果要获取全部成果必须付款；四是捆绑式免费，即购买某产品或服务时赠送其他产品和服务。

需要注意的是，在网络营销中，并不是所有的产品都适用免费策略。只有那些具有易于数字化、无形化、零制造成本、成长性、间接收益等特性的产品才能实行免费价格策略，如电子图书、数据库等。

3. 顾客主导价格策略

网络经济的发展使需求方的地位上升，由过去的被动选择提升到主动选择。许多企业的价格策略从按产品成本定价转为按顾客能接受的成本定价，这意味着顾客真正成了交易的主动方。同时，顾客可以通过充分的市场信息来选择购买或者定制自己满意的产品或服务，并力求以最小代价获得。这是顾客主导价格策略的具体表现。

拍卖市场定价是顾客主导定价的一种方式，也是目前网络上较为流行的商品交易定价方法，国内外著名的网站有：易趣网、淘宝网、网易拍卖站、eBay 等。网上拍卖与传统零售业和网上购物的最大不同在于，后两者均为卖方指定价格，买方被动接受，定价是否合理需要相当长的时间来检验。网上拍卖允许买卖双方对所交易的商品价格进行广泛的协商，买方亲自参与定价过程，许多竞买者之间不断比较、调整，最终达到一个比较合理的价位。由此可见，网上拍卖是利用网络平台，将拍卖时间、人数、物品等进行最大限度的延伸。

而由顾客主导定价的产品并不比企业主导定价获得的利润低。根据 eBay 拍卖网站分析统计，在网上拍卖定价产品，只有 20%产品拍卖价格低于卖者的预期价格，50%产品拍卖价格略高于卖者的预期价格，还有 30%产品拍卖价格与卖者预期价格相吻合，在所有拍卖成交产品中有 95%的产品成交价格卖主比较满意。可以预见，顾客主导价格是一种双赢的发展策略，既能更好满足顾客的需求，又能使企业收益不受影响。

4. 折扣价格策略

价格折扣即让价，是指企业为了更有效地吸引顾客，对公开价格的商品实行部分降价或减少部分收款，扩大销售的促销方法。

（1）现金折扣。即企业为了加速资金周转，减少坏账损失或收账费用，给现金付款或提前付款的用户在价格方面的一定优惠。例如，某企业规定：提前 10 天付款的顾客，可享受 2%的价格优惠，提前 20 天则可享受 3%的价格优惠。

（2）数量折扣。即企业给大量购买的顾客在价格方面的优惠。购买量越大，折扣越大，以鼓励顾客大量购买。

（3）职能折扣。又称同行折扣或贸易折扣。这是生产企业给中间商或零售商的价格折扣。

（4）推广折扣。即生产企业为了报答中间商在广告宣传、销售推广方面做出的努力，在价格方面给予一定比例的优惠。例如，一个零售商在网上做服装广告，因而扩大了某服装厂的销售，服装厂为了鼓励和报答零售商的努力，就给零售商一定价格的折扣。

7.3.6 网络营销产品策略

网络营销产品是指能提供给市场以引起人们注意、获取和使用，从而满足人们某种欲望或需求的一切东西。网络营销产品策略主要包括以下几种策略，企业可以根据自身的实际情况选择具体的方式。

1. 新产品开发策略

（1）新问世的产品。即首次进入市场的新产品。互联网时代使得市场需求、消费者的需求和心理都发生了重大变化。因此，即使没有资本如果有很好的产品构思和服务概念，企业也可以获得成功，因为许多风险投资愿意投入互联网市场。例如，阿里巴巴凭借其独特的专门为商人提供网上免费中介服务的概念，使公司迅速成长起来。

（2）模仿型新产品。互联网的技术扩展速度非常快，利用互联网迅速模仿和研制开发出已有产品是一条捷径，但是由于新产品开发速度不断加快，企业在互联网竞争中一招领先招招领先，所以这种策略只能作为一种对抗的防御性策略。

（3）现行产品线的增补品。这是企业在已建立的产品线上增补新产品（包括尺寸、口味）等。由于市场不断细分、市场需求差异性增大，所以是一种比较有效的策略。

（4）改进型新产品。企业在原有老产品的基础上进行改造，使产品在结构、功能、品质、花色、款式等方面具有新的特点和新的突破。在网络营销市场中，消费者的选择权利增大，他们可以在更大范围内挑选商品，所以企业在消费者需求品质日益提高的驱动下，必须不断改进产品和对产品升级换代。

（5）降低成本型新产品。即提供同样功能但成本较低的新产品。网络消费者更注重个性化消费，其消费意识更趋理性，更注重产品的性价比。网络营销中，产品的价格总是呈下降趋势，因此提供降低成本型新产品更能满足日益成熟的市场需求。

（6）重新定位型新产品。即以新的市场或细分市场为目标市场的现有产品。这种策略是网络营销初期可以考虑的，因为网络营销面对的是更加广阔的市场空间，企业可以突破时空限制以有限的营销费用占领市场。

2．产品组合策略

（1）缩减产品组合策略。即通过减少企业网络营销产品组合的宽度（指在原有的产品组合中减少一个或几个产品线，以减少企业网上营销产品的范围）或深度（指在原有产品线内减少产品项目），从而减少产品组合的长度等策略。采用这种策略会剔除那些获利小甚至亏损的产品线或产品项目，使企业集中力量发展获利多的产品线和产品项目。在市场不景气或原料、能源供应紧张时期，缩减产品组合能使总利润上升。

（2）扩大产品组合策略。即企业增加网上营销的产品线或者增加某一产品线内的产品项目数。增加企业网络营销产品组合的宽度，可以扩大企业网络营销的范围，充分发挥企业各项资源的潜力，提高效益，减少风险。增加产品组合的深度，可以使产品线丰满充裕，迎合广大网上用户的不同需要和爱好，吸引更多的顾客，从而占领同类产品的更多细分市场。

（3）产品线延伸策略。即突破企业网络营销原有营销档次的范围，使产品线加长的策略。产品线延伸策略是实现扩大产品组合策略的一种重要途径。

（4）淘汰产品策略。即企业对一些已确认进入衰退期的老化的产品线和产品项目，做出果断决定，淘汰和放弃这些产品的策略。

3．品牌策略

网络品牌对网上市场也有着非常大的影响力。而优秀的网络品牌并非一朝一夕所能建立，它需要企业从多方面采取措施。

（1）多方位宣传。企业不仅要善于利用传统媒体宣传，而且还要在互联网上宣传，通过建立相关链接扩大其知名度。互联网的一大特色就是各站点之间的互联性，可以在不同站点和页面之间建立非线性访问。因此企业应与不同站点和页面建立链接以提高其访问率，而且还应在有关搜索引擎登记，提供多个转入点，提高域名站点的被访问率。

（2）通过产品本身的品质和顾客的使用经验来建立品牌。品牌的声誉是建立在产品质量和服务质量之上的，所以企业应始终注重产品和服务的质量。广告在顾客内心激发出的感觉固然有建立品牌的功效，但却比不上顾客在网站上体会到的整体浏览或购买经验。因此在网站、网页的设计上更要考虑满足顾客的需求。例如戴尔公司让顾客在网上根据需求定制电脑，而亚马逊则认为品牌的基石是不是广告或赞助而是网站本身，根据该网站统计，顾客对亚马逊的感觉有七八成来自于他们在这个网站的使用经验。

（3）利用公共造势建立网上品牌。网上传播的影响力是世界性的，口碑的好坏直接影响到产品的世界声誉。因此，企业要慎重对待谣言和有损形象的信息，努力做好公共关系工作，这种品牌的建立至关重要。

（4）遵守约定规则。由于互联网开始是非商用，使其形成了费用低廉、信息共享和相互尊重的原则。商用以后企业应该注意在提供产品、安排交易和信息发布等方面严格遵守相关的法律法规。特别是信息发布方面，不得随意向顾客发布信息，否则容易引起顾客的反感。在美国，联邦法院规定，任何组织向素不相识的顾客发送未经许可的促销邮寄广告、宣传品（包括电子邮件）时，其内容必须符合有关法律规定，否则视为非法。

（5）品牌延伸和多品牌策略。前者指企业利用成功品牌的声誉来推出改良产品或新产品。企业运用这种战略可以节省宣传新产品的费用、使新产品迅速、顺利地打入市场。后者指企业基于不断推出新产品而缺乏扩展的品牌，希望通过多种品牌来扩大市场占有率，或者希望企业内部各生产部门之间展开竞争等原因，可能同时经营两种或两种以上的品牌，使这些品牌形成相互竞争的态势。这样可以使新产品顺利上市，起到东方不亮西方亮的效果。该战略由宝洁公司首创，它在中国市场上销售的洗发液，就有飘柔、潘婷和海飞丝三种品牌。

（6）法律保护。品牌在市场上唯有注册才受法律保护。国际上多数国家采用注册在先原则，即谁先注册，谁就拥有专有权，我国也如此。因此，企业在品牌推广过程中，要想获得合法权利就必须注册。

7.3.7 网络营销方法

企业的网络营销需要通过各种相应的网络营销方法来实现，常用的网络营销方法有企业网站营销、搜索引擎营销、许可电子邮件营销，病毒营销、博客营销、论坛营销、RSS 营销及网络广告和网上市场调查等。

1. 企业网站营销

企业网站是众多网络营销工具中最基本、最重要的一种工具。没有专业化的企业网站为依托，网络营销就会受到限制。因此，建立以网络营销为导向的企业网站是网络营销的基本任务。企业网站在网络营销中起到信息发布、信息沟通、提供交互性服务功能、市场调研、在线交易等作用，同时也是展示企业文化和品牌形象的窗口。如果企业想要通过网站来挖掘潜在顾客增加销售额，就要兼顾为网络营销服务和营销网站自身建设两个方面。企业通常可采取网络直销、网站促销、互动式营销、会员制营销和交换链接等方法进行网站营销。

2. 搜索引擎营销

搜索引擎营销是企业根据网络用户使用搜索引擎的方式，利用用户检索信息的机会将营销信息传递给目标用户。它已经成为企业网站推广和企业进行网络营销的首选方法。按工作方式不同，搜索引擎分为全文搜索引擎、目录索引类搜索引擎和元搜索引擎三种。

3. 许可电子邮件营销

电子邮件营销是企业在得到潜在顾客许可之后，通过子邮件的方式向顾客发送产品和服务信息的一种网络营销方法。其主要方法是通过邮件列表、新闻邮件、电子刊物等形式，在向用户提供有价值的信息的同时附带一定数量的商业广告。它与滥发邮件不同，它可以减少广告对用户的滋扰、增加潜在客户定位的准确度、增强与客户的关系、提高品牌忠诚度等。与传统推广方式相比，它具有精准直效、个性化定制、信息丰富，全面、具备追踪分析能力等特点。

4. 病毒营销

病毒营销通常利用用户口碑相传的原理，是通过用户之间自发进行的、费用低廉的营销手段。它并非利用病毒或流氓插件来进行推广宣传，而是通过一套合理有效的积分制度引导并刺激用户主动进行宣传，是建立在有意于用户基础之上的营销模式。病毒营销的前提是拥有具备一定规模的，具有同样爱好和交流平台的用户群体。它实际是一种低成本的信息传递战略，没有固定模式可循，最直接有效的方式就是许以利益。Hotmail 开辟了病毒营销的先河，是病毒营销中取得成功的公司之一。最初 Hotmail 推出电子邮箱服务的时候，在 IT 界还是一个很不起眼的公司，但在短短的 10 个月内，公司的注册用户就达到了上千万，而且每个月注册的用户还以几十万的速度递增。

5. 论坛营销

论坛营销是企业利用论坛这个网络平台，通过文字、图片、视频等方式发布企业产品和服务的信息，从而让目标客户进一步了解企业的产品与服务，最终达到宣传企业品牌、加深市场认知度的目的。论坛从产生至今一直显示出巨大的活力。论坛营销可以成为支持整个网站推广的主要渠道，尤其是在网站建设之初，可以利用论坛的超高人气，有效地为企业提供营销传播服务。并且由于论坛话题的开放性，企业所有的营销诉求几乎都可以通过论坛传播得到有效实现。未来，企业将更多把论坛这些虚拟空间作为为客户服务和发展忠诚客户的场所。

6. 博客营销

博客营销是利用博客这种网络平台实现企业与用户之间的互动交流，并通过较强的博客平台帮助企业以零成本获得搜索引擎的较前排位，以达到宣传企业目的的一种营销手段。博客营销具有细分程度高、定向准确，互动传播性强、信任程度高、口碑效应好，影响力大、引导网络舆论潮流，与搜索引擎营销无缝链接、整合效果好，有利于长远利益和培育忠实用户等优点。

7. RSS 营销

RSS 起源于 Netscape 公司的 Push 技术，它是一种用于共享新闻和其他 Web 内容的数据交换规范，用于新闻和其他按顺序排列的网站，如 Blog 和网上新闻频道。运用 RSS 技术，网络用户可以在客户端借助于支持 RSS 的新闻聚合软件，在不打开网站内容页面的情况下阅读支持 RSS 输出的网站内容。目前世界上大多数新闻网站都提供了 RSS 订阅服务，商业网站则比较少。但是，许多企业网站已经认识到 RSS 技术的先进性和优越性，并把对 RSS 技术的支持当作增加网站访问量、推广网站品牌、更好地为用户服务的重要手段。

8. SN 营销

SN 是 Social Network 的缩写，即社会化网络，是互联网 Web 2.0 的一个特制之一。SN 营销是基于圈子、人脉、六度空间这样的概念而产生的，即主题明确的圈子、俱乐部等进行自我扩充的营销策略，一般以成员推荐机制为主要形式，为精准营销提供了可能，而且实际销售的转化率偏好。

7.4　网络广告

7.4.1　网络广告概述

广告既是一门科学，又是一门艺术。许多人用自己的经历演绎着"成也广告，败也广告"的感叹。而新兴的网络广告则是互联网问世以来广告业务在计算机领域的新拓展。

243

1. 网络广告的概念和基本术语

网络广告分为广义和狭义两种，广义的网络广告指企业在互联网上发布的一切信息传播活动，包括企业的互联网域名、网站、网页等；狭义的网络广告一般指建立一个含广告内容的WWW节点，目前多为标题广告，用户通过点击这一含超链接的标题，将进入广告主的WWW节点。

与网络广告密切相关的是常用的广告术语，熟知他们非常重要。

（1）点击数、点击次数和点击率。点击数是指从一个网页提取信息点的数量。网页上的每一个图标、链接点都产生点击。点击次数是指网上广告被用户点击、浏览的次数。点击率是指网上广告被点击的次数与被显示次数之比。点击率能较为精确地反映广告效果。

（2）访问次数、页面浏览数和印象。访问是指用户点击进入一个网站，在某一段时间对网站内各网页进行的一系列点击，访问次数表示每天进入网站浏览者的总数。它是衡量网站受欢迎程度的重要指标。页面浏览数是指网站各网页被浏览的总次数。一个访客有可能创造十几个甚至更多的页面浏览数，页面浏览数显示一个网站内各个网页栏目吸引浏览者的程度。印象是含有广告的页面被访问的次数，一次叫一个印象。当受众群体进入网站后必须点击才有印象，否则没有印象。

（3）千人次收费标准。表示每一千个印象数的广告费用，即每千人次访问的收费。网上广告收费最科学的办法，是按照有多少人看到广告来收费。按访问人次收费已经成为网络广告的惯例。比如说，千人次收费标准在美国是30美元，若有一百万访问者，广告的费用则为3000美元。

2. 网络广告的发展

世界上第一则网络广告出现在1994年10月14日，美国著名的《热线》杂志推出了网络版的Hot Wired（www.hotwired.com），这是广告史上里程碑式的一个标志。此后，无论电视、广播还是报刊、杂志，纷纷上网并设立网站，在刊登信息、服务网络浏览者的同时，也经营广告。伴随着互联网的发展，网络广告也迅速发展。我国的网络广告起步较晚，但发展很快，并呈现出以下特点：

（1）快速发展、数量增加。网络作为广告传播的载体，其发展速度可以用"爆炸性"来描述，我国网络广告市场连续多年以年均50%以上的速度增长。根据《2010～2015年中国互联网广告行业投资分析及前景预测报告》显示，2008年中国网络广告市场规模达180.6亿元人民币，2009年已达到207.3亿元。

（2）广告形式多种多样，创意新颖。不同于常规的广告尺寸和放置位置，绕开网民的阅读习惯；更多的互动性（如可扩展广告）；多样化的赞助（频道、网站、关键字或活动等）；多样化的技术应用（弹出页或过渡页）；更充分地利用互联网的独有资源：BBS、聊天室，甚至E-mail。

（3）对广告人才的需求迫切。由于网络广告发展迅速，网络广告人才极其缺乏。目前我国急需熟练掌握广告艺术基本理论与现代广告策划、设计、制作技能，又精通网络化商业运作的高级复合型、应用型人才。

7.4.2 网络广告的分类

借助先进的多媒体技术，网络广告呈现出灵活多样的表现形式，根据不同的表现形式可以以下分类：

1. 传统广告形式

（1）旗帜广告。又称为横幅式广告（Banner）或网幅广告，是目前最常见的网络广告形式。它是以 GIF、JPG 等格式建立的图像文件，尺寸多为 486×600 像素，经常出现在画面上方首要位置或底部中央，多用来作为提示性广告（一句话或一个标题），浏览者点击进入后可了解更多信息。

（2）图标广告。又称按钮式广告（Buttons），其属性、制作与付费方式等同网幅广告没有区别，只是小一些，像个钮扣。其大小一般为 80×30 像素，属于纯提示性广告，一般只是由一个标志性图案构成，常常是商标或厂徽等。没有广告标语和正文，所以信息容量十分有限，吸引力较差，它仅适合于知名公司及其产品。

（3）电子邮件广告。主要有三种方式：第一，"直邮"广告，即广告主选择拥有免费电子邮件服务的网站，直接将其广告通过收集到的顾客或潜在顾客的 E-mail 发送过去，但直接闯入私人邮箱，会引起邮箱主人的反感；第二，使用电子邮件的网络广告形式叫电子邮件列表，这是一种非常有针对性的传播方式，拥有邮件列表的网站会将广告附加在读者订阅的刊物中，发送给相应的邮箱所属者。因为大多数网友都讨厌强迫式的商业广告形式，所以不能无限制地使用。第三，电子刊物广告。即使用任何渠道吸纳自愿订阅用户，以有偿或无偿的形式用电子邮件载体向订户发送经过编辑的内容，这些内容里包括广告。它有固定的发送频率和分期的固定篇幅，以及相对固定的内容特点和涵盖范围，带有一定的可读性，并长期向订户发送。这种广告形式较前两种更易让人接受。

（4）新闻组。即 Usenet 广告，Usenet 是由众多的在线讨论组组成的自成一体的系统，其中一组就叫做新闻组或讨论组，每组都有其明确的主题和规则，发布的信息尽量短小但要有足够的吸引力，这样才能引人注意并带来回应，才能达到自己的广告目的。

（5）BBS。即电子公告牌系统（Bulletin Board System）的简称。它是一种以文本为主的网上讨论组织，气氛自由、宽松，而且参与者有种公约式的自觉。在这里，人们可以阅读或发布信息，提出问题并得到其他传媒不可能得到的答案。

（6）赞助式广告（Sponsorships）。主要有内容、节目和节日三种赞助形式。广告主可以有针对性地进行赞助。例如奥运会网站、世界杯网站等。

（7）插入广告（Interstitial）。又名弹跳广告，无论用户在做什么，都会被广告打断，用户无法控制插入广告，它占满了用户浏览器的整个可视区域，不过用户可以点击关掉插入广告，继续工作，但广告可能会不打招呼地不断再现。因为插入广告绝对能被用户注意到，所以广告主喜欢采用这类广告。

（8）互动游戏式广告（Interactive Games）。在一段页面游戏开始、中间、结束的时候，广告都可随时出现，并且可以根据广告主的产品要求，为其量身定做一个属于自己产品的互动游戏广告。其形式多样，例如圣诞节的互动游戏贺卡，在欣赏完贺卡后，广告会作为整个游戏贺卡的结束页面。

（9）导航器和搜索引擎。又名关键字广告。广告主可买下著名搜索引擎的流行关键字，这个关键字就是进入的导航器，在用户输入该关键字进行检索的同时们就会被吸引到广告主的网站。

245

2. 创新广告形式

（1）巨型广告。一种比标准的旗帜广告大 4 倍，约占全屏幕 14%的广告形式。

（2）全屏广告。此种广告形式在用户打开浏览页面时，以全屏方式出现 3～5 秒，然后，逐渐缩成 Banner 尺寸，进入正常阅读页面。

（3）声音广告。在各种广告形式中加入声音，增强广告效果，加深受众印象。

（4）画中画广告。画中画广告存在于某一类新闻中、所有非图片新闻的最终页面，该广告将配合客户需要，链接到为客户量身订做的相应网站，它大大增强广告的命中率。

7.4.3 网络广告的特点

网络广告首先具有传统广告的一般特点，是一种有目的、有计划地通过媒体进行的有偿的信息传播活动；其次，由于网络媒体不同于传统媒体的独特性，使网络广告还具有以下特点：

1. 广泛性

网络广告的广泛性体现在两个方面：一是传播范围的广泛性。通过互联网发布的广告不受时空的限制，可以迅速传播至互联网所覆盖的国家或地区的所有受众；二是信息受众的广泛性。网络用户可以是世界各地不同年龄、不同爱好、不同职业和不同种族的任何浏览者。

2. 交互性

这是网络广告区别于传统媒体广告的一个最明显的特点，也是其优势所在。互联网是一个具有良好互动性的开放空间，信息能够实时更新，信息发送者和接受者之间可以进行即时双向沟通。受众可以在访问广告所在站点时即时反应，如发送 E-mail、参加问卷调查等，向广告主传达自己的感受或意见，广告主则根据受众的要求及时更新广告信息，灵活调整，形成一对一的营销关系。

3. 灵活性

网络广告的灵活性表现在三个方面。一是形式灵活多样，从电子邮件到互动游戏网络广告无所不在，而且新的广告形式层出不穷。二是功能灵活，网络广告具有文字、图像、表格、声音、动画、三维空间、虚拟视觉等多种功能，这些功能可根据需要任意组合，从而达到完美的视听效果。三是更新方便，网络广告可以根据不断变化的市场环境和顾客需求随时修改、更新内容，而成本却不会大幅度地上升。

4. 针对性

网络广告的针对性表现在两个方面：一方面，广告主可以有针对性地选择投放广告的目标市场。在互联网世界中，有着共同兴趣、爱好的人们往往聚合成一个个"分众团体"，企业可以将特定的商品广告投放到有相应消费人群的地方，从而使广告信息和受众的相关程度大大提高，而信息受众也会因为广告信息与自己的专业相关而更加关注这类广告。另一方面，由于不同网络或同一网站的不同频道提供的内容或服务一般都有较大差别，加上上网要双重收费，网民不会随便浪费自己的金钱，只有在真正感兴趣时，他们才会有选择性地浏览广告，因此在受众方面针对性也较强。

5. 经济性

网络广告的经济性表现在两个方面：一是网络广告的发布费用远比传统广告要低，并且能以较低成本进行修改和更新；二是广告主不仅可以花钱通过网络媒体发布广告，而且可以通过互换广告的形式为其他站点或企业做广告，从而实现以收抵支。

6. 易统计性

网络广告可以利用网络的即时检测功能为用户提供广告促销活动效益的最新报告,可以准确地掌握广告的浏览量和点击率等指标,清楚地了解有多少人看到了广告,有多少人对广告感兴趣,这些人的来源和特点等,从而加深对顾客和潜在顾客的了解,并据此调节广告投放的时间、地点和内容。

7. 内容丰富,信息量无限大

网络广告内容非常丰富,大至飞机、小到口香糖均可上网做广告。并且,每条广告后面都包含着海量的信息,因为广告主可以把公司及其产品或服务,包括产品的性能、价格、外观、型号等信息制成网页,放在网站中等待受众来查询。

8. 心理性

与传统媒体广告相比,网络广告的最大优势不在技术上,而在心理上。有研究表明,消费者之所以点击广告,心理因素是主要动因。网络广告是一种以消费者为导向、个性化的广告形式,消费者拥有比传统媒体更大的自由。他们可根据自己的个性、爱好,选择是否接收、接收哪些广告信息。一旦消费者做出选择点击广告,其实心理上已经认同,而在随后的交流中,广告信息可以毫无障碍地进入到消费者的心中,实现对消费者的引导。

当然,网络广告也有局限性。如广告信息纷繁复杂,网络传输速度慢,目前国内上网查询费用较高;有些广告制作简单,不能形成像电视广告那样的视觉冲击力;各种广告信息鱼龙混杂,可信度差等。但网络广告正凭借着得天独厚的优势,形成了与传统媒体相依共存、优势互补的关系。

247

7.4.4 网络广告主的业务策略

如果把广告看成一系列决策和行动的一环,那么确保行动符合决策的要求、决策之间不互相矛盾的关键则是广告主的业务策略。广告主的业务策略主要体现在以下几个方面:

1. 选择网站

选择有投放价值的网站是广告主要做的第一步,而要选择具有投放价值的网站,应依据三个原则:一是用户的构成。应选择网站用户群与客户希望的广告对象尽量一致的网站。如汽车厂商的广告在汽车类专业网站刊载,可能要比一般门户网站效果更好。二是网站的访客流量。访问量越大的网站,越有投放广告的价值。三是可靠的服务。这样可以避免由于网站经常不通或速度太慢而影响广告主的广告产品的形象。目前在我国,比较知名的门户网站有新浪、网易、搜狐等,它们在内容上、用户人数、类别和特征上都有所不同,广告主可以根据自己的实际情况进行选择。

2. 确定广告价格

确定网络广告收费标准的主要依据是广告显示次数。按访问人次收费是网络广告的惯例,一般是按照每千人次访问次数作为收费单位。目前,国内的收费标准差别很大,每千人次从几元到 100 百元都有,主要看网站的大小和广告的效果。按千人次成本收费可以保证广告主的付费与浏览人数直接挂钩,基本上消除了广告主对广告实际效果的怀疑。

3. 设计网络广告

网络广告设计有其特殊性,必须认清它与传统媒体广告的区别。在设计网络广告时,应考虑吸引用户点击广告的策略及广告下载的速度、广告的摆放位置、文件的大小、文字介绍、字节数等，特别是要注意与企业的广告策略保持一致，如果企业想做战略性的网络广告投放，最好在热门网站发布网幅广告，这样位置抢眼，影响较大；如果企业追求即时效果，突出短期影响，可以做插入式广告；如果希望广种薄收，可以选择图标广告。无论采取哪种策略，都应注意图像文件不要过大，以免因速度问题影响浏览率。

4. 注重广告投放效果

许多人都觉得网络广告很呆板，不能像电视广告那样富有冲击力。事实也并非如此，欧美的一些网络广告节目就非常受人欢迎。所以，网站应当从网民的心理需求出发，在广告形式和内容上大胆创新。另外，还应该对广告进行实时监测，看其投入效果如何，然后有针对性地调整广告策略和方案，效果差的网站及时撤出，效果好可加大投放力度。同时，可以适时调整投放的结构。对于追求高效、不太计较成本、实力较大的广告主来说，要及时调整那些效果欠佳的栏目广告，将资源集中投放到效果最好的热门网站的主页上作网幅广告。

总之，广告主投放广告的目的，是为了增加销售量，扩大产品的知名度，为公司赢得利益。只有找准市场，准确定位，网络广告产品才能在激烈的竞争中立于不败之地。

7.4.5 网络广告的管理

电子商务属于营利性的商业行为，与之相关联的网络广告也具有商业性质。在电子商务快速发展的今天，如何对网络广告进行法律规范是急需解决的问题。

1. 网络广告管理及其重要性

网络广告管理，有狭义和广义之分。狭义的观点认为，它属于行政管理。即指国家工商行政管理机关依据有关法规，对广告宣传和经营活动进行的管理，这是最重要、最基本的广告管理形式。广义的观点则认为它属于经济管理，主要指通过广告从业人员的共同劳动，达到合理地组织沟通、促进生产、指导消费、繁荣经济的目的。它具有开展现代广告活动所必需的调节、监督、指挥和组织的职能，是一种合理的组织生产力，用较少的消耗使广告更好地为经济建设和群众消费服务的综合管理手段。我们认为，网络广告管理是一种包括工商行政管理、广告行业管理、企业广告经营管理、广大消费者监督管理等内容的综合管理系统。

随着互联网的迅猛发展，我国内地从事互联网业务的企业越来越多，利用互联网提供信息服务、发布广告已成为网络公司的主要业务。与此同时，也出现了一些网络广告的违法行为。众所周知，网络广告与传统媒体发布的广告的特点不同，例如，一个广告链接本身可能没有违反广告法，但它指向的站点可能存在问题，如何规范这类广告行为？网络广告作为个全新的领域，对它的管理应该遵循先发展再规范的原则。但是，这并不是意味着不规范，也不是慢规范，而是要赶上网络广告的发展速度，尽快出台相应的法律法规，把网络广告的经营活动和网上发布的广告内容完全纳入广告监管体系之中，绝不能让其盲目发展。所以，制定网络广告规范是当务之急。

2. 网络广告的监管体系

（1）存在的问题。我国网络广告的发展有着巨大的潜力，完全可以成为广告业界的"大户"。但是，目前网络广告中存在着许多问题：有些网站发布虚假广告，欺骗消费者；有些网站发布法律、法规禁止或限制发布的商品或服务的广告；有些特殊商品在广告发布前未经有关部门审查，内容存在着严重的问题等，这些都制约了互联网广告朝着健康、有序的方向发展。具体来讲，网络广告管理存在六大难题：

一是因新而难。媒体新、运作模式新、表现形式新、计价方法新等,使广告管理机关对网络广告有一种陌生感,因为生疏而无所适从。二是网络广告无区域之限,因而确定管辖难、适用法律难、调查取证难、追究责任难。例如一个违法广告的发布,受害者很可能涉及不同国家,甚至分布在全世界,如何定性?特别是一些广告在有的国家是违法行为,在另一国家却是合法行为,如何认定?在无法认定的情况下,怎样追究违法当事人的法律责任等问题,使人无法把握。三是网络广告经营主体的市场准入授权难。由于网络广告是跨地区、跨国界的经营,该由哪级广告管理机关为其发许可证或执照等,均无现成的依据可循。四是界定网络广告难。互联网上的信息交叉性突出,区分较难。五是广告管理机关自身条件尚不具备,不论是人员素质还是管理装备都不适应。六是寻找法律依据难。到目前为止,我国还没有专门用来调整网络广告的法律法规,因此,加强对网络广告的管理已经迫在眉睫。

(2)具体措施。网络广告管理是一种宏观管理,其主要职责是通过广告立法、制定广告管理、广告宣传、广告经营的行为规范,明确广告活动中各种行为主体各自的权力与义务,以及他们之间的法律关系,从而建立起全社会广告活动的正常秩序。这是网络企业进行广告经营、监督的基本依据。

可以从两方面加强网络广告的管理。一是政府管理与 ISP、ICP 自律相结合。这里所说的 ISP、ICP 自律包含两层含义:其一,ISP、ICP 自身必须遵守广告法和相关法规,抵制不正当竞争和虚假、欺骗广告;其二,ISP、ICP 应当在经营的范围内,规范所托管的主页,一旦发现恶意广告行为时,应担负管理人的法律责任。二是法律与业界规章相结合。对电子商务而言,法律当然不可能预先穷尽规则,这就需要行业规章在法律正式出台前起到游戏规则的作用。例如,对商业网站的规范、对个人主页的管理都必须有一个可行的规章。

目前在我国,对网络广告的监管已初见成效。我国已制定了相应的互联网广告管理办法,国家工商局广告监管司作为全国广告业主管机关,对网络广告也有管理权。我国已出台了相关管理办法,其中规定:对开展网络广告的企业,凡在中华人民共和国境内从事广告活动,都应遵守《广告法》及有关法规的规定,各种广告活动都应纳入广告管理的范畴。各企业应守法经营、公平竞争,不得发布各种形式的违法广告。同时对申请开展广告业务的互联网企业进行资格审查,符合条件的发放《广告经营许可证》。互联网企业只有在领取了《广告经营许可证》后,方可进行广告经营,违者处罚。但是,由于网络广告是一种新兴事物,在这方面的立法还需进一步完善,应该尽快制定相关的、细化的、可操作的法律法规,才能对广告中的违规行为实施有效管理。

由于国家对网络广告管理的重视,许多网站也从本身利益出发,将广告管理有意识地带向规范化管理的道路,现在网络公司已经开始成熟起来,管理的无序状态有所好转,管理进一步得到加强。

7.5 网络推销

7.5.1 网络搜索引擎

搜索引擎营销是根据通过用户使用搜索引擎的方式,利用用户检索信息的机会将营销信息传递给目标用户，企业则可以利用这种被检索的机会实现信息传递的目的。根据中国互联网信息中心 2009 年 1 月发布的《第 23 次中国互联网络发展状况统计报告》显示，目前搜索引擎的使用率为 68.0%。2008 年全年搜索引擎用户增长了 5100 万人，年增长率 33.6%。可见，搜索引擎营销是企业进行网络推销的首选方法。

1. 搜索引擎的工作原理

不同类型的搜索引擎收录原理和排名方法是不同的，因此，为了更好地利用搜索引擎进行网络营销，应该对搜索引擎的主要类型及其工作原理有一定的了解，以针对不同的搜索引擎的特点采取不同的搜索引擎推销策略。

搜索引擎按工作方式主要分为三种：全文搜索引擎、目录引类搜索引擎和无搜索引擎。

（1）全文搜索引擎。这是真正意义上的搜索引擎，它通过从因特网上提取的各个网站的信息（以网页文字为主）而建立的数据库，检索与用户查询条件匹配的相关记录，然后按一定的排列顺序将结果返回给用户。国外有代表性的全文搜索引擎有 Google、Altavista、Inktomi 等，国内的有百度等。

从搜索结果来源的角度，全文搜索引擎又可细分为两种：一种是拥有自己的检索程度，俗称"蜘蛛"程序或"机器人"程序，并自建网页数据库，搜索结果直接从自身的数据库中调用，如上面提到的几家引擎；另一种是租用其他引擎的数据库，并按自定的格式排列搜索结果，如 Lycos 引擎。

全文搜索引擎的优点是信息量更大、更新及时、无须人工干预；缺点是返回信息过多，有很多无关信息，用户必须从结果中进行筛选。

（2）目录索引类搜索引擎。目录索引虽然有搜索功能，但从严格意识上讲它算不上真正的搜索引擎，它是以人工方式或半自动方式搜集信息，由编辑员查看信息之后，人工形成信息摘要，并将信息置于事先确定的分类框架中，提供按目录分类的网站链接列表。用户完全可以不用进行关键词查询，仅靠分类目录也可找到需要的信息。该类搜索引擎因为加入了人的智能，所以信息准确，导航质量高，缺点是需要人工介入，维护量大，信息量少，信息更新不及时。具有代表性的有 Yahoo、LookSmart、新浪爱问和搜狐搜狗。

（3）元搜索引擎。元搜索引擎在接受用户查询请求时，可同时在其他多个引擎上进行搜索，并将结果返回给用户。这类搜索引擎没有自己的数据库，而是将用户的查询请求同时向多个搜索引擎递交，将返回的结果进行重复排除、重新排序等处理后，作为自己的结果返回给用户。其优点是返回的结果信息更大、更全；缺点是不能充分使用搜索引擎的功能，用户需作更多的筛选。有代表性的有 InfoSpace、Dopile、Vivisimo 和搜星搜索等。

除以上三种主要类型外，搜索引擎还有集合式搜索引擎、门户搜索引擎和免费链接列表等几种形式。企业可以针对不同搜索收录网站的原理，对企业网站进行优化，从而尽量多地被搜索引擎收录，尽量得到较好的排名。

2. 搜索引擎的发展趋势

（1）搜索引擎的品牌优势更为显著。随着搜索引擎领域竞争的加剧，实力弱小的公司逐渐被淘汰，或者被强势的品牌企业收购，搜索引擎领域的行业集中优势比较明显，90%以上的用户集中于几个知名搜索引擎。

（2）分行业、分地区的垂直搜索引擎服务。随着网上信息的不断增加，综合性的搜索引擎在检索某些类别的信息时显得不够准确，分行业的垂直搜索引擎将会在一定时期内有发展的

空间。

（3）搜索引擎技术仍在不断发展中。目前搜索引擎用户利用因特网资源发挥了重要作用。但是搜索引擎并没有解决网络资源检索的所有问题，比如，目前最大的搜索引擎只收录了所有网页资料的 20%，大量的动态网页对于搜索引擎来说不是很友好，因此搜索技术还在不断发展。

7.5.2　网络交换

网络交换是网络推销的重要手段之一，它包括交换链接和交换广告两种形式。

1. 交换链接

（1）交换链接的定义。交换链接又叫做互换链接、友情链接等。它是指各网站本着互惠互利的原则，互相把对方视做一个链接，访问者在浏览一个网站时，就可根据该站链接的其他网站的信息，决定是否到相关网站寻找更多的信息，这样每个网站都可以从所链接的网站获得一定的访问量。显而易见，被其他网站链接的机会越多，越有助于推广自己的网站。

（2）建立交换链接的方法。建立交换链接的过程，正是向同行或相关网站推广自己网站的过程，企业网站能引起对方的注意和认可，交换链接才能实现。一般来讲，在对方网站拥有一定访问量的前提下，相关性或互补性越强的网站之间的链接，越容易吸引访问者的注意，交换链接产生的效果也就越明显。因此，建立交换链接的首要任务是寻找那些比较理想的对象，然后主动与对方联系，请求将自己的网站作为链接伙伴。

具体来讲，有以下几个环节：

第一，分析潜在的合作对象。如果你希望从你所链接的网站获得一定的访问量，那么这些网站的用户应该对你的网站有类似的兴趣或需求特征。可以运用以下几种方法找到这样的网站。一是先到几个先于自己发布的和自己实力、规模、经营领域最接近的网站去看看，逐个分析他们的交换链接对象，发现合适的，先作为备选对象，留待后面主动发出合作邀请。不过，由于新网站不断涌现，这些网站的链接对象可能不够全面，那么就需要做更多的调研。另外可以分析哪种网站的访问者可能对自己的网站感兴趣，同时分析自己的网站的访问者对这些网站是否会感兴趣，找到那些双方的访问者可能互相有兴趣的网站，将这些列为重点目标。

第二，向目标网站发出合作邀请。起草一份简短的有关交换链接的建议，发给目标网站的联系人，然后静等对方的回应。发函时注意主题明确、内容礼貌有诚意。

第三，链接的实施。得到对方确认后，应尽快为对方做好链接，回信告知对方，并邀请其检查链接是否正确、位置是否合理，同时也是暗示对方，希望尽快将自己的链接做好。

第四，访问已建立友情链接的网站，检查自己的网站是否已经被链接、有无错误。当上述环节完成以后，大规模交换链接的工作就可以暂时告一段落了，以后随着新网站的出现再逐步增加，完善链接队伍，并剔除那些关闭或有其他问题的网站。

2. 交换广告

（1）交换广告的定义。交换广告与交换链接的主要区别在于，双方交换的是标志广告（也有文本广告）而不是各自网站的 LOGO 或名称，而且通常是加入专业的广告交换网从而与其他成员建立交换广告，而不是自行寻找相关的网站直接交换双方的标志广告。广告投放和显示次数也是由广告交换网决定的，在你的网站显示广告网成员的广告，同时你的广告显示在交换广告网其他成员的网站上。交换链接可以放置在你网站的子目录或其他任何位置，链接的形式可以是图像，也可以是文本，当用户浏览完你的网站之后再跳到其他网站；而免费广告交换网则不同，一般地，免费广告交换网要求在你的网站首页放置有一定规格限制的 Banner 广告，而不是放置在你的网站内部。

（2）选择广告交换网站的标准。广告交换的网站很多，但是通常只能和一个网站建立交换联系，因此在决定和哪个广告交换网站合作之前，应当认真选择。交换广告涉及交换者双方的利益，因而实际上它又是一个双向选择的问题。在选择广告交换网站时，选择者通常会考虑交换比例、网站影响力和稳定性等因素。交换比例直接影响到企业广告在其他网站的显示次数。一般来说，比较著名的广告网，交换比例往往比较低。例如，网盟采取 2:1 的交换比例，即在你的网站显示两次广告，可以获得 1 次广告显示机会。当然，这并非唯一的选择标准。由于许多新兴的广告交换网站往往规模比较小、发展前途很难预测，即使承诺提供较高的交换比例，也不一定适合你的网站，尤其是当你的网站比较正规，或者更换交换对象不太方便时，一定要考虑网站的影响力和稳定性。

（3）交换广告的方法。当选定合适的广告交换机构后，需要加入广告信息网以获得互换广告的资格。不同的网站其加入方法也略有不同，一般在其网站上会有详细说明。通常需要注册为会员，然后获得一段代码，将其置入自己网页的合适位置，就完成注册；更新你的网站之后，就可以显示网站为你提供的广告了。

注册为会员之后，还要根据网站对广告的格式、规格、字节数等要求设计好自己的广告条，在规定的时间内上传到网站指定的位置。这样，当你自己的网站上显示其他网站广告的同时，也获得在其他网站显示自己广告的机会。

7.5.3 网络推销信息的制作与传播

以良好的形象与各类公众建立并维持良好的关系，是网络推销的重要基础。为此，企业要精心准备网络推销活动的材料制作，并做好网络推销信息的播报工作。

1. 网络推销信息的制作

在实施网络推销活动之前，必须进行网络推销材料的制作。制作方式主要有以下两种：

（1）互动式的新闻稿。在真实世界中，新闻稿通常要求短小精悍；而在虚拟的网络世界则没有这种限制，而且还可将新闻链接到其他相关信息上，通过链接可以找到更有用的信息，所以网上互动性新闻稿的信息容量远远超过了真实世界中的静态新闻稿。制作互动式新闻稿时应注意以下几点：在新闻稿页面的顶部和底部添加联系信息链接，使记者能与公司的有关人员快速取得联系，实现记者和公司公关部门的即时互动；创建新闻稿到站点中，与过去的新闻稿及相关信息的链接，使记者获得事件发展过程的概貌及更多的信息；创建新闻稿到其他站点中相关信息的链接，创建新闻稿到相关图片的链接，在记者需要时，将它引导到相关的图片资源中；在非常必要时可添加密码，只允许部分记者阅读该新闻。

（2）电子推销信。写作电子推销信应遵循如下原则：简明扼要，直切主题；给不同的记者发送不同的推销信，切忌重复雷同；创作具有吸引力的标题；在电子推销信的末尾添加一个返回到公司的链接，请求记者答复。

2. 网络推销信息的传播

在网络推销过程中，企业首先要确定网络推销的传播渠道，不同的渠道有不同的作用，科学地选择适合自身特点的传播渠道组合，才能为企业创造良好的生存和发展环境。网络为企业公共关系信息传播提供了一些新的传播渠道，主要有以下几种：

（1）传统媒体电子版。到目前为止，我国已经有 1000 多种日报有了电子版，数千种商业刊物建立了自己的站点，这些出版物既在真实世界中存在，也在互联网上发行电子版。

（2）媒体电子版。这些出版物只在网上存在，都有自己固定的读者群。

（3）网络广播电视节目。就一些专题如时事、技术、音乐、商业、个人理财、体育等方面的内容进行网上广播，网络广播和电视也会成为网络推销信息传播的最有效工具。

（4）新闻论坛。即 Usenet 或网络论坛，它把世界上具有相同兴趣的人们组织起来，交流各自的看法。在 Usenet 上，常常有各方面的专家主持专题讨论会，这给企业传播推销信息提供了机会，企业可以通过论坛提高企业形象和知名度。

7.6　网络公关

7.6.1　网络公关的特点

网络公关和网络广告一样，都是利用网络实现与受众的信息沟通来为企业服务，但二者有很大的不同，网络广告无法克服需要受众主动连接，要解决这一问题，必须依靠网络公共关系，提高企业或网站的知名度以增强对受众的吸引力。网络公共关系的目标和基本任务与传统的公共关系并无太大差异，但由于网络的开放性和互动性特征，使得网络公共关系又具有一些新的特点。

1. 主体主动性提高

传统公共关系是通过报纸、杂志、电视、广播等媒介把信息传播给大众，广告公司无法完全掌握公关信息的传递，只有编辑、制片、导播、记者等拥有信息播放决定权，公司在很大程度上是被动的。网络公共关系的主体可以是网络上的多种社会组织，由于网络的互动性，使企业（即主体）能掌握公共关系的主动权，可直接面向消费者（即客体）发布新闻而不需要媒体的中介，避免消息被媒体干预。网上信息的传播与反馈速度快、范围广，有关企业的消息可以迅速传遍整个网络，引起公众的反应，使企业环境改变。它在影响公众的同时，也影响新闻记者，有助于与新闻记者建立和保持良好的关系。这种网上公共关系对企业来说既是财富，又是挑战。

2. 客体参与性增强

网络公共关系的客体是指网上公众，即与网上企业有实际或潜在的利害关系或相互影响的个人或群体。与传统公众不同，他们不是消极的、被动的对象，他们的主动参与性大大增强，对网上企业的影响更直接、更迅速。他们的意见、态度、观点和行为会迅速在网上扩散，对企业形象产生重大影响，甚至会决定企业的命运。网络公关人员应充分认识到公众的权威性，及时采取有效措施化解对企业的不良影响。

3. "一对一"的公关活动

网络公共关系可针对个别消费者进行一对一的公关活动，受众在阅读信息的同时，可以发表意见，并就其关心的问题展开讨论。企业可根据受众的不同需要做出不同的反应，如提供个性化的信息服务，甚至利用电子邮件进行意见交流，这种方式对于融洽目标族群的关系非常有用。

4. 效能明显提高

网络公共关系可以利用网络的及时互动性，以及对自身宣传的深入性，使传播目标更具体、传播内容更深入，而且由于网络改变了人们的时空观念，网络公共关系克服了传统公关的时间和篇幅的限制，效果明显提高。

7.6.2 网络公关信息的收集

信息是现代企业经营决策的主要依据，是企业制定战略的依据，是保障企业资源发挥潜在效用的工具。公共关系说到底是一种双向的信息交流，既要收集信息、传递信息，还要反馈信息，只有完整地收集并掌握网络企业公共关系信息，才能有效地进行公共关系促销活动。网络公共信息收集主要包括：

1. 企业内部基本信息

企业内部的基本信息包括：企业理念、经营方针、策略、财务制度、产品品种和质量、销售情况、新产品开发、员工素质、技术水平、企业的网络能力等。其中企业理念是企业内部环境的观念概括，它体现在人才开发、领导哲学等电子商务的各个方面，是企业一切决策和措施的根基，是企业设计自身形象的重要蓝本。

2. 网络公众信息

网络公众信息通常包括背景、知名度、态度、行为以及信息源等资料。其中，背景资料是指被调查者的姓名、年龄、性别、籍贯、住址、文化程度、职业、收入情况、家庭情况等；知名度资料是指社会公众对该组织的知晓、了解的程度；态度资料是指被调查者对各种对象的态度，有延时性和即时性两种，延时性态度是指一个人长时期内的价值观念，即时性态度是指一个人对事物、别人的现实态度；行为资料指的是被调查者对某个问题正在或已经采取的行动；信息源主要是指网络公众了解信息的通道。一般来讲，通过对公众的居住区域、职业、教育程度、社会经济地位等特征的把握，就能大体上判断出网络公众喜欢或习惯阅读的报刊、收听的广播和收看的电视节目等。据此进一步查明这类报刊、广播电台、电视台的情况及有关编辑、记者的情况，就能为有关信息的制作与传送提供有效的依据。

3. 网络舆论信息

网络舆论是网络企业在拓展公共关系时不可忽视的重要方面。网络为舆论的传播提供了便利的途径，借助网络，舆论可以突破时空的障碍，使各方面的意见及时、广泛、深入地进行交换。对于网络舆论，应及时进行引导，使之朝着健康、正确的方向发展。

因此，网络企业应注重公众舆论信息的收集，时刻关注网络舆论的走向，并尽早采取一些避免负面影响的措施。但同时也要注重对公司有利舆论信息的收集和利用。

7.6.3 网上宣传的技巧

一般来讲，企业会通过电子邮件和BBS进行网上宣传。

1. 电子邮件宣传技巧

电子邮件宣传有点类似于传统销售方式的直销。使用电子邮件进行宣传时，应当注意以下几点：

（1）企业要通过竞赛、评比、优惠、售后服务、网页特殊效果、促销等方法让客户参与进来，有意识地营造自己的网上客户群，不断地用电子邮件来维持与客户的关系。

（2）企业要根据自身的性质准确定位，要在顾客心目中树立某种形象。

（3）企业要根据产品情况决定发送周期。

（4）企业可以创建一个邮件列表，把收集到的地址都放进去，直接向该地址发送电子邮件；或使用 EUDORA 软件，使用该软件的 Nickname 工具时，只要建立一个别名就可以包含所有的电子邮件地址，然后用秘密抄送的方式发出即可。

（5）企业发送邮件时，应注意邮件格式。可以将企业的供求信息以超文本格式发送，即使其内容与接收者关系不大，也不会被当作垃圾邮件马上删掉，人们至少会留意一下发送者的地址。

另外，企业在进行电子邮件宣传时，还应注意为客户提供个性化服务并使用签名文件，在签名文件里列入姓名、职位、公司名、网址、电子邮件地址、电话号码等，这样可以使潜在客户对你的网址产生信赖感并引导他们浏览你的网站。

2. 讨论组 BBS 宣传技巧

讨论组是指参与讨论的人们之间通过电子邮件进行在线交流。管理者有权力保留和删除任何内容。参与者可以用不同的身份参与讨论，以达到人们对你的话题感兴趣以至受到影响的目的。如果每天给所有参与讨论的人们发送一份讨论话题的摘要，还会吸引更多的人参与讨论。当企业拥有了一定的客户群或潜在的客户群，就可以在他们之间建立一个讨论组。通过讨论组 BBS 进行网上宣传时，应当注意以下几点：

（1）选择讨论组。先将网站归类，根据网站所属类别确定应参加哪一种主题的讨论组，如果是关于旅游的，就去找旅游讨论组；如果是关于经济的，就去找经济问题讨论组。找到相应主题的讨论组后，还要注意看看大家讨论的热点是什么。

（2）进入虚拟角色。在进入讨论组时，应尽量避免广告宣传之嫌，可以用虚拟身份参与讨论，然后以另外一个虚拟身份提供咨询或解答。这种问答方式或许会引起热烈的反响。

（3）建立信任。讨论问题时尽量务实，不要虚夸，这样可以使人们对你的网站产生信任感，人们也会自动帮你宣传。

7.7　电子商务营销案例分析

7.7.1　中国网络营销的典范——海尔

作为中国家电企业的一面旗帜，海尔在网络营销上也走在了很多企业的前面。早在 2002 年，海尔就建立起了网络会议室，在全国主要城市开通了 9999 客服电话的做法。在"非典"时真正体现出它巨大的商业价值和独有的战略魅力。海尔如鱼得水般地坐在了视频会议桌前调兵遣将。

1. 双赢，赢得全球供应链网络

在要么触网、要么死亡的互联网时代，海尔作为国内外一家著名的电器公司，迈出了非常重要的一步。海尔公司 2000 年 3 月开始与 SAP 公司合作，首先进行企业自身的 ERP 改造，随后便着手搭建 BBP 采购平台。它能降低采购成本，优化分供方，为海尔创造新的利润源泉。如今，海尔特色物流管理的"一流三网"充分体现了现代物流的特征："一流"是以订单信息流为中心；"三网"分别是全球供应链资源网络、全球用户资源网络和计算机信息网络。"三网"同步运动，为订单信息流的增值提供支持。从平台的交易量来讲，海尔集团可以说是中国最大的一家电子商务公司。

海尔集团首席执行官张瑞敏在评价该物流中心时说："在网络经济时代，一个现代企业如果没有现代物流就意味着没有物可流。对海尔来讲，物流不仅可以使我们实现 3 个零的目标，即零库存、零距离和零营运资本，更给了我们能够在市场竞争取胜的核心竞争力。"在海尔，仓库不再是储存物资的水库，而是一条流动的河，河中流动的是按单来采购生产必须的物资，也就是按订单来进行采购、制造等活动，这样，从根本上消除了呆滞物资、消灭了库存。海尔集团每个月平均接到 6000 多个销售订单，这些订单的定制产品品种达 7000 多个，需要采购的物料品种达 15 万余种。新物流体系降低呆滞物资 73.8%，库存占压资金减少 67%。

海尔通过整合内部资源，优化外部资源使供应商由原来的 2336 家优化至 978 家，国际化供应商的比例却上升了 20%，建立了强大的全球供应链网络，有力地保障了海尔产品的质量和交货期。不仅如此，更有一批国际化大公司已经以其高科技和新技术参与到海尔产品的前端设计中，目前可以参与产品开发的供应商比例已高达 32.5%，实现三个 JIT（just in time 即时），即 JIT 采购、JIT 配送和 JIT 分拨物流的同步流程。

目前通过海尔的 BBP 采购平台，所有的供应商均在网上接受订单，并通过网上查询计划与库存，及时补货，实现 JIT 采购；货物入库后，物流部门可根据次日的生产计划利用 ERP 信息系统进行配料，同时根据看板管理 4 小时送料到工位，实现 JIT 配送；生产部门按照 B2B、B2C 订单的需求完成订单以后，满足用户个性化需求的定制产品通过海尔全球配送网络送达用户手中。目前海尔在中心城市实行 8 小时配送到位，区域内 24 小时配送到位，全国 4 天以内到位。

2. 计算机网络连接新经济速度

在企业外部，海尔 CRM（客户关系管理）和 BBP 电子商务平台的应用架起了与全球用户资源网、全球供应链资源网沟通的桥梁，实现了与用户的零距离。目前，海尔 100% 的采购订单由网上下达，使采购周期由原来的平均 10 天降低到 3 天；网上支付已达到总支付额的 20%。在企业内部，计算机自动控制的各种先进物流设备不但降低了人工成本、提高了劳动效率，还直接提升了物流过程的精细化水平，达到质量零缺陷的目的。计算机管理系统搭建了海尔集团内部的信息高速公路，能将电子商务平台上获得的信息迅速转化为企业内部的信息，以信息代替库存，达到零营运资本的目的。

由此，我们可以看到，海尔采用国际先进的协同电子商务系统进一步提升了海尔的核心竞争力。它的成功与它的电子商务网络营销密不可分。它的营销模式有以下特点：第一，建立了先进的、发达的网络营销系统，包括技术平台、信息平台、制造平台、物流平台和服务平台，通过这些平台联系全球供应链资源网络、全球用户资源网络和计算机信息网络，三网同步运动，实现了商品的增值，为企业网络营销提供支持。第二，能及时满足顾客个性化的需求。专门为其定制所需的产品，从而赢得了顾客的青睐。第三，海尔优质的售后服务，延长了商品的使用期限，使顾客无后顾之忧。

7.7.2　星巴克：爱情公寓虚拟旗舰店

星巴克一直都喜欢采取颇具创意的网络营销形式进行营销活动。2009 年星巴克联手 SNS

网站爱情公寓进行网络营销，他们将星巴克的徽标做成爱情公寓里"虚拟指路牌"广告，这是星巴克首次尝试 SNS 营销。iPart 爱情公寓（www.ipart.cn）为两岸三地唯一一个以白领女性跟大学女生为主轴设计的交友社区网站（Female Social Networking），尽力帮网友打造一个女生喜爱的温馨交友平台。其品牌形象中心思想关键词为：清新、幸福、温馨、恋爱、时尚、艺文、流行。2009 年 12 月 12 日，是星巴克滨江店举办"璀璨星礼盒"活动的日子。为此，从 12 月 1 日开始，星巴克不仅将滨江店封装到巨大的礼盒中，更在爱情公寓网站上做成了颇具创意的"虚拟指路牌"，并且以倒计时的方式，等着你好奇地在线上或者去线下看看，12 月 12 日，星巴克的"open red day"到底是什么，不肯把第一次的神秘一下子都给曝光出来。

礼包展开前，采用神秘礼物与星巴克情缘分享的方式进行。具体活动有以下几种：

（1）神秘礼包：线上活动结合了线下活动的概念，送给网友神秘礼物，便会出现在网友小屋当中，虚拟的神秘礼包与实体的上海星巴克滨江店同日开张，礼包和实体店面同样以大礼盒的形象出现。

（2）星巴克情缘分享：网友上传自己生活当中与星巴克接触照片并写下感言，以口碑与体验的方式来塑造出星巴克式的生活态度是被大家认可、受欢迎的。

礼包展开后，出现品牌旗舰店，打造一个品牌大街，与繁华的闹市区不同，星巴克小店另开崭新的公寓大街区域，它提供具质感的品牌大街。虚拟的星巴克店家设计中，延续实体店家的温馨舒适感，店家周围环境设计以享受生活的感觉为主，不过度热闹繁华，以高品质的生活感受来凸显品牌的层次感。另外，结合爱情公寓内的产品来提升曝光度与网友参与、互动，让网友更加了解品牌个性与特色所在。在这里，也有一些具体活动：

（1）见面礼：设计专属礼品，来到虚拟店家就可领取或送好友。

（2）活动专区、公布栏：星巴克线上及线下活动报道，大量的曝光让参与程度提升，分享关于星巴克的信息及新闻，引起各种话题讨论和增加网友的互动。

（3）咖啡小教室：咖啡达人教室，固定的咖啡文化或相关教室消息，让网友了解更多关于咖啡的文化。

星巴克在爱情公寓的虚拟店面植入性营销成为哈佛大学教授口中的案例。从这个案例我们可以看到：星巴克这次网上营销活动的成功在于抓住网上消费者的心理、充分利用网络所能提供的各种丰富多彩的促销方式，潜移默化地对其施加影响。星巴克想让他们的消费者了解到他们的态度，因此做了一系列活动，包括从品牌形象到虚拟分店开幕、新产品推出，再到赠送消费者真实的优惠券等。这一系列营销很符合星巴克的愿望——不让消费者觉得他们是在做广告。如果星巴克每天发信息告诉你哪里有他们新开的店面，哪里有新出的产品，让你赶快来买他们的产品。短时间可能会起到销售的效果，但是这种不断地强迫行为会让消费者产生强烈的厌烦之感，反而会彻底毁灭星巴克在我们心中良好的形象。

7.7.3　新年的第一瓶"可口可乐"你想与谁分享

2009 年春节，可口可乐公司了解到消费者在不平凡的 2008 年到 2009 年的情感交界，抓准了受众微妙的心态，倡导可口可乐积极乐观的品牌理念，推出"新年第一瓶可口可乐，你想与谁分享?"这个新年期间的整合营销概念，鼓励人们跨越过去，冀望未来，以感恩与分享的情愫，营造了 2009 年新年伊始的温情。

活动充分整合了目前国内年轻人热衷的大部分网络资源：社交型网站、视频网站以及每日都不可离开的手机。利用了社交型网站、视频等途径，让数以万计的消费者了解了"新年第一瓶可口可乐"的特殊含义，并积极参加了分享活动，分享了自己的故事，自己想说的话。

除了使用在年节时最广为应用的短信拜年，向 iCoke 会员发出"新年第一瓶可口可乐"新年祝福短信，同时也在 iCoke 平台上提供国内首次应用的全新手机交互体验，让拥有智能手机的使用者，通过手机增强现实技术（Augmented Reality Code，AR Code）的科技，用户收到电子贺卡时，只要将手机的摄像头对准荧幕上的贺卡，就能看见一瓶三维立体的可口可乐于环绕的"新年第一瓶可口可乐，我想与你分享"的动态画面浮现在手机屏幕上，并伴随着活动主题音乐，新技术的大胆运用给年轻消费者与众不同的超前品牌体验。

自活动开始，参与人数随着时间呈几何数增长。超过 5 百万的用户上传了自己的分享故事及照片，超过三百万的 SNS 用户安装了定制的 API 参与分享活动，近两百万的用户，向自己心目中想分享的朋友发送了新年分享贺卡。同时，论坛、视频网站和博客上，一时间充满"新年第一瓶可口可乐"的分享故事。除了惊人的数字外，消费者故事的感人程度、与照片视频制作的精致程度，均显示了该活动所创造的影响力及口碑；也证明了可口可乐在消费者情感诉求与网络趋势掌握方面的精准度。

这次促销活动被评为 2009 年最佳网上营销案例之一。它的成功之处在于：一是充分利用网络媒体的优势进行促销活动。公司利用优酷视频平台可以不限数量，不限时长，通过种子视频的展示和推荐来影响目标人群；面向用户征集主题视频，借助用户创意多角度传达祝福，在互动中加深用户的印象；组建视频官网，聚合目标人群，形成集中式传播，实现传播的全时制。二是注意抓住公众的心理需求、情感需求进行宣传造势。这次活动围绕亲情、爱情、友情三大主题，紧扣用户情感诉求，让用户在祝福表达中深刻了解可口可乐的品牌理念，加上互动参与，用户对可口可乐的产生情感共鸣，品牌美誉度和粘着度大幅提升。公司通过征集活动把公众引领到新年的祝福氛围中，拉近其与品牌之间的距离，进而对品牌产生认同感互动实现沟通。

思考题

1. 请你谈谈对现代市场营销理论的认识。
2. 什么是电子商务营销？
3. 电子商务营销系统的基本功能是什么？
4. 怎样进行电子商务营销目标市场的定位？
5. 电子商务营销中吸引客户的策略有哪些？
6. 新东方稳压电源制造有限公司是一稳压电源的专业厂商，现欲在互联网上销售其新研制的稳压电源开关。请你为该公司设计定价方案，并说明理由。
7. 网络社会网站聘请你向广告主销售网站空间。写一份推荐材料，描述在这个网站上做广告的优势。你可以决定是销售主页、其他页面还是所有页面的空间。解释你提出这一促销策略的依据。
8. 雅宝拍卖网（www.yabuy.com）是一个集个人竞价、集体议价、标价求购和在线拍卖 4种交易方式于一体的专业电子商务平台，主要提供买卖信息、在线交易和信用保障在内的一系列解决方案。雅宝清醒地认识到，电子商务网站的发展主要依赖于消费规模的扩大。电子商务网站必须对我国网络市场的发展前景及网民群体的特征进行了解。我国的网上市场规模还不大，上网者的阶层面还太窄，主要集中在一些高层次人才；年龄构成也比较小，他们上网的目的主要是获取信息和娱乐沟通，真正的消费面还很小。所以电子商务网站应根据这一特定群体的消费特点及消费需求，拿出能体现个性化的经营方略，努力发掘培养真正适合对应阶层的商品。针对我国目前的网民结构，雅宝于 2000 年 4 月开通了专门服务于我国大中学生的校园网站（www.yabuy.edu.cn）。在这一站点里专门提供了免费注册、雅宝社区、信用管理、服务中心等多项服务功能，并在拍卖区中提供各种有针对性的拍卖物品，无论是品种还是价格，该站点都充分考虑到了高校学生的消费特点。

请问：

雅宝为什么要开通校园网站，其决策的依据是什么？试分析这一决策的可行性。

9．有人说："网络营销适合各种人群，如果谁抱怨顾客落后，无法吸引他们的话，只能是你的网络营销创意和手段不到位"。你同意这种观点吗？为什么？请举例说明你的理由。

第 8 章　电子商务管理

电子商务的迅速发展对电子商务管理提出了不同于传统意义上企业管理的新要求。本章分别从电子商务项目管理、电子商务系统管理、电子商务营销管理、电子商务税收管理、电子商务制度管理以及电子商务法律管理这几个角度探讨电子商务的管理问题。

8.1　电子商务的项目管理

8.1.1　项目管理

一般认为，现代化的项目管理概念起源于美国。项目管理是 20 个世纪 50 年代由华罗庚教授引入我国的，由于历史原因曾叫统筹法和优选法。

1. 项目

所谓项目是指为创造特定产品或服务而进行的一项有时限的任务。其涵义可以从以下 4 个方面来理解：

（1）项目都是有目标的。每个项目都有明确的目标，项目的所有活动都必须围绕这一目标而进行。项目的每个阶段又有各个阶段的分目标。因此，项目目标与各阶段的目标是不同的两个概念，项目目标是整个项目结束后所实现的目标；而每个阶段目标的实现是项目目标实现的前提和保障。

（2）项目是都是有时间限制的。每个项目都有明确的起止时间，即项目都是有始有终的，而不是重复的、循环的。这里要明确项目的结束有两种情况，即项目可能是正常结束的，也可能是非正常结束。正常结束是项目的预期目标实现了，项目顺利结束；非正常结束是指项目没有实现预期的目标，这种非正常结束又分为主动结束和被动放弃两种情况。主动结束指的是项目方通过研究发现项目是不可行的，主动放弃项目的情况；被动结束是项目在进行的过程中，遇到各种问题使得项目无法再进行下去，项目被迫中止。

（3）项目都是有周期的。每个项目都会经历这样的一个周期，即项目启动阶段、计划阶段、执行阶段和收尾阶段。每个阶段的任务是不一样的，在项目启动阶段，要确定需求目标，进行项目构思和项目选择等，最后会形成一个项目建议书或可行性研究报告；在项目计划阶段，需要对总成本和各阶段的成本进行估算，对项目经费进行大概的分配，制定项目的进程，对项目进行阶段分解，确定人员搭配和分工等，为项目的执行做准备；项目执行阶段即项目的实施阶段，是整个项目周期的主体部分，这一阶段能否顺利进行关系到项目的成败；收尾阶段就是对项目目标的完成情况进行评价和总结，然后进行交接的阶段。

（4）项目都是独特的。每个项目都是不一样的，即使是同类的项目也不会是简单的重复，或者是其参与的人员发生了变化，或者是时间和地点发生了变化，或者是项目的外部条件发生了变化等等。

2. 项目管理

项目管理（PM），就是项目的管理者在时间、经费和性能指标有约束的条件下，把各种知识、技能、技巧和工具应用到项目中，对项目活动进行计划、组织、领导和控制，最终实现项目目标的过程。

项目管理的内容一般包括范围管理、时间管理、成本管理、人力资源管理、质量管理、沟通管理、风险管理、采购管理和综合管理 9 个方面。项目管理贯穿整个项目的生命周期，是对项目的全过程管理。

项目管理要成功实施，需要注意以下几个方面：

（1）一个好的项目经理很重要。项目经理是项目管理的主体，有权独立进行计划、资源调配、协调和控制，项目经理必须使其团队成为一个配合默契、具有责任心和积极性的高效群体。

（2）管理好项目计划。项目计划是所有项目活动的指南，只有重视计划，管理好计划，才能使项目向着既定的目标运转。管理好计划的关键是使计划具有实际可操作性，否则计划将形同虚设。

（3）管理好项目成本。项目管理的实质是以最少的成本来实现项目的目标。在我国，项目的成本管理一直是项目管理的弱项，"开源"和"节流"总是说得多、做得少。因此，项目管理一定要管理好项目的成本。

（4）管理好项目风险。每个项目都面临着风险，即风险是客观存在的。如果不对风险进行监控和控制，那么风险累计起来其后果是非常严重的。因此，要对项目进行风险管理，预测并识别项目风险，制定相应的变通措施应对风险。

8.1.2　电子商务项目管理

电子商务项目管理即对电子商务项目进行的管理。而电子商务项目也是具有特定目标，有明确的开始和结束时间，资金有限，消耗资源的活动和任务。

1. 电子商务项目

电子商务项目是指为达成既定的目标，在一定的期限内，依托一定的资源进行的一系列电子商务活动。

常见的电子商务项目有电子商务平台（如电子商务网站、企业信息门户）建设项目和电子商务应用项目（如企业的供应链管理项目）等。电子商务项目的建设分为企业自建项目和外包项目，依靠自身资源和力量建设的项目，称为自建项目；依靠外部资源和力量建设的项目，称为外包项目。

由于电子商务是利用信息技术在互联网条件下进行的商务活动，所以电子商务项目与传统项目相比具有很多不同的特点：

（1）电子商务项目涉及的角色更多。在一般项目中，主要的角色有两个，一个是项目的投资方，另一个是项目的承包方。而对复杂的电子商务项目，它所涉及的角色往往还有咨询方和外包商等。投资方要上马一个电子商务项目时，会向有经验的咨询方进行咨询，如咨询方会帮助企业理清项目最需要实现的功能等，承包方在接手了项目后，可能会把部分项目或全部外包给第三方。

（2）电子商务项目更具有复杂性。电子商务项目在实施过程中，往往涉及企业内部组织结构的调整，这时会遭到来自部门人员和管理者的抵制。在项目的进行过程中，电子商务和相关软件在不断发展，新产品层出不穷，也给项目带来了压力与挑战。此外，还面临着高层管理者的高期望值与紧迫的时间压力等，使得电子商务项目比一般项目更具有复杂性。

（3）电子商务项目更具动态性。网络世界千变万化，电子商务项目的目标以及实施进程要随着新科技或竞争对手的变化而改变，因而电子商务项目要具有动态性。如上级管理层未与项目团队商议的情况下改变了业务方向和范围，或者新的网络技术诞生，它比目前使用的技术性能更好，更具有吸引力等等，这些使得电子商务项目的实施应该而且必须是动态的。

（4）电子商务项目具有更大的风险性。由于电子商务项目是创建新的商务活动，它的实施往往会改变业务部门已有的操作模式和习惯，甚至改变现有的业务流程，影响到业务的结构，一旦失败会对企业产生很大的影响。另外，电子商务在更大程度上依赖系统平台和技术支持，系统需要高度的扩展性和兼容性，尺度比较难掌握。因此，电子商务项目具有较大的风险性。

（5）电子商务项目的生命周期比较短。由于电子商务项目一般都涉及信息技术，而信息技术的生命周期一般都比较短，如项目所依赖的计算机系统以及相关软件的升级换代较快等，这使得电子商务项目不可能持续太长时间，否则项目尚未建成，就有可能面临被淘汰的危险。

2. 电子商务项目管理

电子商务项目管理是指为了使电子商务项目能够按照预定的计划进行，实现预期目标而对整个项目活动进行的分析和管理活动。

电子商务项目管理的目标同一般项目管理的目标是一样的，即以最低的成本实现项目的目标。

电子商务项目管理既有项目管理的普遍特点，又有其自身独特的地方。与传统的项目管理相比，其特点主要表现为以下方面：

（1）电子商务项目的目标和结果具有动态性。传统项目管理的目标明确，在实施过程中很少变动，即使有变动，这种变动是可容忍的、受约束的，因而，其结果相对而言是可以预期的。电子商务项目的目标可能会随着技术的发展或者主要竞争对手的变化而更新变动，因此，电子商务项目管理的目标是变化的，项目结果的不可预期性更突出。

（2）电子商务项目管理的覆盖范围广。传统项目管理的工作范围相对狭窄，就某个项目而言，其所属的行业是特定的。而电子商务项目则会涉及较多的行业。目前，各个行业都开始涉足电子商务，就一个供应链管理项目来讲，在不同行业实施的过程和结果也是不同的。因此，电子商务项目管理的工作范围跨越了空间和时间的限制，涵盖的领域较多。在此基础上对管理人员的要求更高，电子商务项目管理不但要求管理人员具有管理技能，还要求其具商业技能和技术技能。

（3）电子商务项目管理的周期短。传统项目的生命周期通常大于一年，而电子商务项目由于市场机会的短暂性，生命周期短，可能不到一年。

（4）电子商务项目管理者具有较高的风险意识。相对于传统项目管理者的风险意识，电子商务项目管理者会更强化风险管理。这主要是因为电子商务项目技术复杂，设备专业，项目环境也更特殊等。

（5）电子商务项目与其他业务部门具有较强的交互性。传统项目在实施过程中与其他工作具有有限的关联性；而电子商务项目在实施过程中就会因为各种问题与业务部门进行交互，需要与其他部门共享资源，与其他部门的工作关联性更强，这使得电子商务项目管理更复杂。

（6）评价电子商务项目最重要的指标是客户的满意度。传统项目管理中评价一个项目是否成功，主要看项目的工期指标、成本指标和质量指标等是否满足了项目要求。而对一个电子商务的项目来说，除了要满足各项硬性的指标要求外，还有一个最重要的软指标，就是看所完成的项目客户是否满意。

电子商务项目管理与传统项目管理的比较如表 8-1 所示。

表 8-1 传统项目管理与电子商务项目管理的特性对照

类别	传统项目管理	电子商务项目管理
目标	明确、相对固定	随新科技或重要竞争对手的变化而更新
结果	可预期	不可预期性突出
工作范围	相对狭窄	跨空间和时间限制，涵盖领域多
对管理人员的要求	技术技能	技术技能、商业技能、管理技能
项目周期	较长	较短
风险意识	一般	强化风险管理，高风险带来高效益
与其他工作的关联	有限	通过资源共享而深化
项目成功的标志	工期、成本与质量指标	除工期、成本与质量指标外，更注重客户满意指标

8.1.3 电子商务项目管理的过程

电子商务项目管理的过程可以概括为如下几个阶段：确定需求、定义项目范围、制定计划、项目执行、项目评估和收尾。虽然不同的电子商务项目各有不同的特点，但项目管理的过程可以应用于各个领域。

1. 确定需求

确定需求是项目管理过程的启动阶段。企业在推行电子商务时，一定要规划好自己到底需要什么样的电子商务，即需要电子商务的哪些功能。在确定需求阶段，企业可以向专业的咨询公司寻求帮助。只有明确了对电子商务的需求后，才能很好地决定将在哪些项目上集中投入企业的资源。

2. 定义项目范围

确定了电子商务项目要达到的目标后，接着需要确定完成项目所需的资源，即考虑项目需要的人、财、物等几个方面：

（1）项目经费。即考虑公司能投入多少资金进行项目运作，投入的资金取决于公司的经济实力和对项目的成本估算。

（2）项目成员。电子商务是技术与商业的结合体，因此，对其成员的素质要求也更高。在电子商务项目实施过程中，有的工作需要技术人才，有的需要商业人才，还有的是需要技术和商业两方面知识都具备的人才。因此在实施过程中必须要考虑项目需要什么类型的人才，公司里是否有现成的人选，是否需要咨询顾问等。

（3）项目所需的硬件和软件。即考虑是否可利用现有的设施，是否需要新的硬件和软件，

263

如何选取软硬件供应商等。这些工作要在项目建设启动前就做好，防止在项目开始后遇到问题手忙脚乱。

3. 制定计划

每一个成功的项目都必须要有周密的项目计划，计划可以保证项目在实施过程中井井有条、按部就班、忙而不乱。计划可能随着项目的深入而更新，但任何计划的变动都要遵循项目的变更控制程序。制定计划阶段主要包括五个方面的工作：明确项目目标和范围；定义工作分解结构；确定进度计划和质量计划；制定成本和项目预算；合理预测项目风险。

4. 项目实施

项目实施阶段占据了项目生命周期的大部分时间。这阶段的主要工作包括：计划的执行，即按照计划展开日常工作；编写项目进展报告；进行项目控制，包括进度控制、费用控制、质量控制、范围变更控制等。

这一阶段所涉及的工作内容、所占用的时间和资源等都是最多的，是电子商务项目取得成功的关键所在。这一阶段工作的重点是做好项目控制。

5. 收尾

收尾是项目管理的最后一个阶段，也叫结束阶段。收尾工作的好坏直接影响到人们对该项目的总体评价，因此，要重视项目的收尾工作，做到善始善终。这一阶段的工作主要包括：

（1）项目成果验收。即核查项目计划在规定范围内的各项工作或活动是否已经全部完成，可交付成果是否令人满意。

（2）合同收尾。即进行核算，终结合同。

（3）正式移交。移交项目成果及相关文档。

（4）人员培训。对使用者进行培训，使其真正掌握和运用项目成果。

（5）行政收尾。对项目进行总结和回顾，开会正式宣布项目结束。

8.2 电子商务系统的实施与维护

8.2.1 电子商务系统

电子商务系统是项复杂的系统工程。对电子商务系统可以从两个角度进行理解，一方面指整个社会的电子商务系统，另一方面指企业的电子商务系统。本节讲的是企业的电子商务系统。

企业电子商务系统是保证网上交易得以实现的体系，是一个包含了许多角色与要素的系统工程。具体来讲主要包括以下几个方面：

（1）网站。网站是企业开展电子商务活动的平台。企业通过网站可以树立形象，发布商业信息，同时也可以与客户进行网上交易。

（2）企业内部信息系统。如果说网站是电子商务交易前台的话，那么企业内部的信息系统就是交易的后台。前台网站和后台企业内部信息系统是电子商务系统不可分割的组成部分。

（3）身份认证系统。企业需要向 CA 认证中心申请认证，以在交易中证明自己的身份。

CA 认证中心是法律保护的注册权威机构，直接负责发放与管理电子证书，确保网上交易各方能够相互确认对方的身份。

（4）物流系统。根据客户指定的地址，把商品运送到客户手中。

（5）支付系统。为企业和网上交易中的用户提供支付和结算服务的系统。

当然，企业电子商务系统的正常运行还需要外部环境的支持，如社会人文方面的政策、法律和法规环境，自然科技方面的各种技术标准与完全网络协议等。

总之，企业建设电子商务系统，即利用现代信息技术整合企业的业务流程，帮助企业实现新的商务模式，在提高企业商务活动效率的同时，能使企业获得更多的利润。

电子商务系统的建设过程包括 4 个阶段：系统规划阶段、系统设计阶段、系统实施阶段、系统运行与维护阶段。

8.2.2 电子商务系统的规划与设计

1. 电子商务系统的规划

电子商务系统由于投资金额大、项目周期长、复杂度高，若不做好规划，会给企业带来极大的损失。因此，企业开始建设电子商务系统之前，必须充分研究涉及电子商务系统的所有因素，全面分析、统筹规划，形成尽可能完善的电子商务系统设计方案，在此基础上有条不紊地进行电子商务系统建设。

电子商务系统规划的主要考虑以下几个方面：

（1）企业现状分析。在丰富的资料和数据基础上，发现企业现阶段存在的问题，为企业规划电子商务系统总体目标做好实际调研工作。

（2）电子商务规划。企业电子商务系统的规划包含了两个方面，即商务规划和技术规划。商务规划主要是确定企业电子商务发展策略，如确定企业未来的核心业务和盈利模式，基本业务流程等；技术规划主要考虑的是如何实现企业的商务规划，即完成从商务规划到电子商务系统体系结构的转变。在进行技术规划时，基本的思路是逐层解决问题，这样可以使复杂的问题简单化，在每个层次中解决特定的、有限的问题。

（3）明确系统建设目标。目标明确使得系统开发人员有的放矢，即系统设计、开发工作有了明确的框架；系统建成后，对于系统建设工作效率与质量的评判也有了遵循的依据。

（4）制定近期开发计划。系统规划涉及的时间跨度一般较长，因此需要对较近的一段时期做出具体安排。近期计划包括系统建设的进度安排，具体项目开发、实施、维护的进度安排，软件、硬件设备购置的时间表，人力、资金的需求计划，相关的培训计划等。

（5）预测相关信息技术的发展。这里的信息技术主要包括计算机软件与硬件技术、网络技术和数据处理技术等。电子商务系统规划随时会受到这些信息技术发展的影响。因此，应该对涉及的相关技术的发展变化及其对电子商务系统建设的影响做出预测，必要时可以进行技术评估，以提高技术方案的先进性、正确性、安全性，使电子商务系统具有可持续发展的潜力。

2. 电子商务系统的分析

电子商务系统分析主要是依据对系统的规划，针对企业的具体业务特征，分析企业的需求，对系统技术方案进行可行性分析，细化并完成对电子商务应用软件的需求分析。该阶段的工作使得前期系统规划的轮廓更加清晰，通过对诸多方案的可行性论证，最终为后面的系统设计工作打下基础。

（1）可行性分析。可行性分析是指电子商务系统建设是受资源和时间约束的，因而需要对系统建设的"是否可能"和"有无必要"进行分析。

客观地对项目的可行性进行衡量，可以避免系统建设的盲目性，保证项目后续工作的顺利进行；如果得出否定性的结论，则可以避免大量人、财、物的浪费。

可行性分析主要包括经济可行性、技术可行性、管理可行性、法律可行性、社会可行性等几个方面。在对系统建设进行可行性分析之后，可以把电子商务系统建设分为两类，一种是在企业的经济条件、技术条件和管理条件允许情况下，企业依靠自身的管理人员和技术人员进行的系统建设，即企业自建电子商务系统；另一种情况是企业的技术能力达不到，需要把电子商务系统的建设外包给专业的电子商务解决方案供应商。前者对企业的技术力量要求比较高，优点是管理人员和开发人员对本企业的需求和业务流程熟悉，可以节省一笔沟通成本。但一般的商务企业在技术上是达不到的，所以，后一种情况更普遍，专业的解决方案供应商可以根据企业的需要提供相应的解决方案。

可行性分析的结果最后以可行性分析报告的形式编写出来，作为高层管理者进行科学决策的主要依据。

（2）需求分析。可行性分析解决的是否存在可行的解决方案，很多细节被忽略了。但在系统建设中，任何细节的遗漏都可能使系统不能实现企业需要的功能。因此，需求分析就是弥补可行性分析的不足，来准确回答"系统必须要做什么"的问题。

由于企业建设电子商务系统时一般选择外包给专业解决方案供应商，因此，在进行需求分析时，企业与系统分析人员的沟通是非常重要的，关系到系统建设的成败。只有企业知道自己真正需要什么，企业必须把对系统的需求尽量准确、具体地描述出来；分析人员只有在充分了解企业的具体需求后，才能用准确的技术术语表达出企业的需求，然后由系统开发人员采用相应的技术实现相应的功能。

因此，企业工作人员必须高度重视电子商务需求分析，在日常工作过程中应当注意及时总结、提炼系统需求，确保系统需求的正确性和完整性，最终确保系统的成功建设。

3．电子商务系统的设计

电子商务系统的设计是在规划和需求分析的基础上，设计出一个可靠的、实用的电子商务系统。该工作主要是由电子商务解决方案供应商完成的。

电子商务系统的设计要符合技术先进性要求、符合企业信息化的整体技术战略，满足开发、可扩充的要求，要具备良好的兼容性、成熟性、安全性等特点。

8.2.3 电子商务系统的实施过程

电子商务的实施过程就是用技术实现商务功能的过程。其主要内容包括：编码实现、电子商务系统测试、数据信息录入、新旧系统切换和人员培训等。

（1）编码实现。简单说就是程序设计，即把企业需要系统实现的商业功能转换成计算机语言的过程。该阶段是系统实施的第一步，也是系统实施的核心，没有编码实现，也就没有可测试的系统，更谈不上信息的录入和人员的培训等后续工作。

这一阶段需要注意的几个问题是：选择合适的程序设计语言、统一的编程风格和输入输出的效率等。关于编码的实现技术在相关计算机类教材中有更详细的介绍。

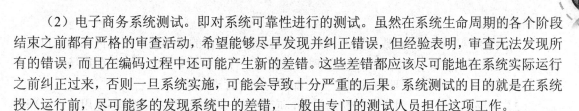

（2）电子商务系统测试。即对系统可靠性进行的测试。虽然在系统生命周期的各个阶段结束之前都有严格的审查活动，希望能够尽早发现并纠正错误，但经验表明，审查无法发现所有的错误，而且在编码过程中还可能产生新的差错。这些差错都应该尽可能地在系统实际运行之前纠正过来，否则一旦系统实施，可能会导致十分严重的后果。系统测试的目的就是在系统投入运行前，尽可能多的发现系统中的差错，一般由专门的测试人员担任这项工作。

在测试时要注意以下几个原则：

1）随时测试原则。随时测试应贯穿在开发的各个阶段，这样才能尽早发现和纠正错误，消除隐患。

2）非开发人员测试原则。即测试工作由非开发人员或专门小组承担。由非开发人员来测试可以做到相对的客观，能够发现开发人员本身发现不了的问题。比如，开发人员对功能的错误理解就很难由本人测试出来。因此，在条件允许的时候，必须由非开发人员来执行项目测试。

3）测试的计划性原则。测试工作需要制定和遵循严格的计划，随意的测试不仅不能减少错处，还可能导致新的错误。一般来说，测试计划包括测试内容、进度安排、人员安排、测试环境和测试资料等。

4）测试资料长期保存原则。应该妥善保存测试计划、测试用例以及作为软件文档的组成部分，为以后的维护工作提供方便。

当然测试的目的不是发现差错，而是发现问题进而解决问题，最终开发出高质量的符合企业需求的电子商务系统。

（3）数据信息录入。数据录入工作就是将现行系统中符合要求的基础数据输入到新系统中，为新系统的运行做好基础数据的准备。加载基础数据之后，应该对系统进行一段时间的试运行，对一些不完全符合企业实际需求的地方进行局部调整。

（4）新旧系统切换。电子商务系统的切换是指对原来系统的淘汰和新系统的实施，即新旧系统之间的切换。新旧系统的切换包括系统交接工作，最终的结果是将系统的全部控制权移交给企业部门的工作人员。对于系统切换后，还需要对切换后系统的方便性、安全性、可靠性及效率进行检查，对系统实际运行的响应速度进行测试，确保新系统安全可靠地投入运行工作。

（5）人员培训。电子商务系统实施过程中，应该有周密的培训计划，而不是等到一切工作都就绪以后，才开始考虑人员的培训问题。实际上对操作人员进行培训的过程也是考查系统结构、硬件设备及应用程序的过程。

人员培训的主要内容是对企业的相关工作人员进行全面的技术培训和操作培训。系统对管理人员和业务人员的要求是不一样的，因而人员培训的内容略有差异，可根据企业人员的具体情况制定培训的内容和培训方式。

8.2.4　电子商务系统的维护

电子商务系统的维护就是对企业整个电子商务系统进行全面的管理，以保证系统的正常运行。这主要包括三个方面的工作，即硬件的日常管理和维护、系统软件的日常管理和维护和系统安全维护管理。

1. 硬件的维护管理

硬件包括企业内部网的管理与维护，网络设备、服务器和客户机的维护与管理，以及通

267

信线路的管理。

（1）内部网维护。大多数企业尤其是大型企业都有自己的内部网，因此内部网的日常管理和维护变得至关重要。内部网的日常管理和维护是一件非常繁重的工作，目前市场上的一些网管软件，可以帮助网络管理员承担企业内部网的部分管理工作。

（2）网络设备维护。对于一些网络设备，应及时安装网管软件。对于不能用软件管理的设备应通过手工操作来检查其状态，以便及时准确掌握网络设备的运行状况。

（3）服务器和客户机维护。这两部分还没有相应的网管软件，只能通过手工操作检查其状态。

（4）通信线路维护。对于企业的内部线路，应尽可能优化线路结构，这样可以降低网络故障率，即使有故障也比较容易排除。对于租用电信部门的通信线路，网络管理员应对通信线路的连通情况做好记录，当有故障发生时，应及时与电信部门联系，以便及时恢复通信。

2. 系统软件的维护管理

电子商务系统开发出来并交付企业使用后，相应地也进入了运行维护阶段。维护的基本任务是保证系统在一个相当长的时期内能够正常运行。

系统软件的维护需要的工作量很大，成本也高。一般来讲，大型软件的维护成本能达到其开发成本的 4 倍左右。因此，系统维护管理是非常重要的。

系统软件的维护包括三个方面的活动：

（1）改正性维护。即改正程序中的错误，系统测试不可能暴露大型电子商务系统中所有潜藏的错误，因此，企业在系统的使用期间，必然会发现程序错误，这时候需要维护人员进行诊断并改正错误。

（2）适应性维护。当电子商务系统运行的环境发生了改变时，如出现了新的操作系统，为了适应变化了的环境而适当地对系统进行的修改，也是必要的一种维护活动。

（3）完善性维护。在系统顺利运行过程中，企业往往提出增加新功能或修改已有功能的建议，还可能提出其他改进意见。为了满足这类的要求而对系统进行的维护称为完善性维护。这部分维护工作通常是系统软件维护的主体。

（4）预防性维护。考虑到系统软件未来的可维护性，或为了给未来的改进工作奠定好的基础而进行的维护活动，称之为预防性维护，目前这部分维护活动还比较少。

3. 系统安全维护管理

系统安全维护管理是贯穿在硬件与软件管理之中的。系统维护的安全管理包括物理设备安全、运行安全、信息安全等内容。

（1）物理设备安全维护。物理设备安全是保护计算机设备、设施以及其他媒体免遭自然灾害和其他环境事故破坏的措施和过程。自然灾害方面的保护措施如防震、防涝、防火、防晒等。其他保护措施还包括防盗、防毁、防止电磁信息泄露、防止线路截获、抗电磁干扰以及电源保护等方面。

（2）运行安全维护。运行安全主要是根据系统运行记录，跟踪系统状态的变化，分析系统运行期的安全隐患，旨在发现系统运行期的安全漏洞，及时改进系统的安全性。

（3）信息安全维护。系统维护中的信息安全主要包括：操作系统和数据库的安全维护，网络安全维护，计算机病毒的防治，访问控制授权的检查等。

8.3　电子商务营销管理

8.3.1　网络营销过程中的成本管理

随着电子商务的不断发展，越来越多的人们正在或者准备从事网络营销这个行业，但仅仅靠沉浸在巨大利益回报的想象中，而忽略互联网企业经营所需付出的各种额外成本，是永远也达不到人们预期的结果的。因此，在开始网络营销的时候，必须认真思考成本问题。

1. 网络营销中的技术成本

网络营销通过互联网来实现，而网站的设计、经营，都需要由专业人士来完成。从这个角度讲，其经营成本并不低，因为它所利用的资源更多，对智力的要求更高，而高智力必须由高成本来支撑。网络营销的技术成本包括软硬件成本、学习成本和维护成本。

电子商务是各种技术结合的产物，昂贵的投资、复杂的管理和高昂的维护费用使得一些系统、技术和人才匮乏的企业望而却步。面对客户无力应付复杂的技术平台和高昂的软硬件配置等实际问题，ASP 这个行业便产生了，但是这种租赁式服务的价格和质量能否为企业所接受，能在多大程度上降低电子商务的技术成本，还有待于实践的验证。

2. 网络营销中的安全成本

相对于传统交易，人们更加关心网络营销交易的安全性，如何在网上保证交易的公正性和安全性、保证交易双方身份的真实性、保证传递信息的完整性以及交易的不可抵赖性，成为推广电子商务的关键所在。而上述交易的一系列安全要素，必须要有一系列的技术措施来保证。目前，安全标准的制定、安全产品的研制以及安全技术的开发为网上交易的安全起到了推动作用。而这些用于交易安全的协议、规章、软件、硬件、技术的安装和使用以及学习和操作定会加大电子商务的运营成本。

3. 网络营销中的客户成本

网络营销的客户成本，指的是顾客用于网上交易所花费的上网、咨询、支付直到最后商品到位所花费的费用总和，这是一种完全依赖于网络的服务，只要消费者一开始享受这样的服务，就要承担每小时数元钱的最低成本，还不包括添置相应的硬件设备和学习使用的费用。这种费用虽然不列入商家的运营成本，但是作为用户成本、却是影响电子商务发展的重要因素。如果用户用于网上浏览、查询、挑选、支付所花费的费用超过实体交易的费用，用户便会放弃网上购物的方式。因此虽然电子商务孕育着巨大的商机，但是利润的真正实现，还要靠事实来验证。

4. 网络营销中的法律成本

在电子商务的发展过程中必定会面临大量的法律问题，比如：网上交易纠纷的司法鉴定、司法权限；跨国、跨地区网上交易时间法律的适用性、非歧视性等；网络犯罪的法律适用性；包括欺诈、仿冒、盗窃、网上证据采集及其有效性；安全与保密、数字签名、授权认证中心（CA）管理；进出口关税管理以及各种税制；知识产权保护，包括出版、软件、信息等；隐私权，包括个人数据的采集、修改、使用、传播等；网上商务有关的标准统一及转换，包括各种编码、数据格式、网络协议等。健全的法律规则可以有效地减少交易纠纷，但同时也增加了电子商务

269

运行的难度和成本负担。

5. 网络营销中的风险成本

任何交易都会存在一定的风险，只有对网络营销中可能发生的风险有清醒地认识和把握，才能有效地规避风险。在网络营销中，风险成本更多的是一种隐形成本，它的形成是由不易确定和把握的因素构成的，如网站人才的流失，病毒、黑客的袭击，新技术的迅速发展所导致的硬软件的更新换代等。

6. 网络营销中的配送成本

在网络营销中最难解决的就是物流配送。物流配送是电子商务环节的重要和最后的环节，是电子商务的目标和核心，也好似衡量电子商务成功与否的一个重要尺度。物流配送需要有商品的存放网点，需要增加运输配送人员的开支，由此增加的成本也应该经过仔细核算。有人认为，企业要增加的仅仅是配送成本，而节省的是库存成本和店面成本。试想，店面成本虽然节省了，但是存放网点的增加和配送所需的其他开支能在多大幅度上降低总成本，这仍需要在实践中摸索，而且库存仍然是必需的。

目前，电子商务仍是一种崭新的经济运行范式，相对于实体交易，网络营销在三个方面降低了企业的成本。首先，减少了采购成本，企业通过互联网能够比较容易的找到价格最低的原材料供应商，从而降低了交易成本；其次，有利于更好地实现供应链管理；再次，有利于实现精确的存货控制，企业从而减少了库存或消灭库存。这样，通过提高效率或挤占供应商的利润，便可以降低企业的生产成本。随着网络的发展和普及，在网上交易会使企业减少交易成本，提高经济效率。在网络经济的环境下，电子商务市场也将得到进一步延伸。

8.3.2 网络营销过程中的客户关系管理

1. 客户关系管理

客户关系管理，即 CRM（Customer Relationship Management），是以客户需求为中心来组织推动整个企业的经营，其主要功能是记录客户与企业的交往和交易，并将有可能改变客户购买行为的信息加以整理和分析，同时进行商业情报分析，了解竞争对手、市场和行业动态。客户关系管理（CRM）方法主要包括客户类型、客户满意与客户忠诚度衡量、客户关系管理作用、客户关系管理系统结构、客户关系管理系统功能、客户关系管理系统实现技术等内容。

2. 网络营销中客户关系管理的意义

在传统市场营销策略中，由于技术手段和物质基础的限制，产品的价格、宣传和销售的渠道、商家（或厂家）所处的地理位置以及企业促销策略等就成了企业经营、市场分析和营销策略的关键性内容。于是美国密歇根州立大学的迈卡锡（E.J.McCarthy）将这些内容归纳为市场营销策略中的 4P 组合，即：产品（Product）、价格（Price）、地点（Place）和 宣传（Promotion）。而在电子商务环境下，营销策略有了很大的改变。首先是地域和范围的概念没有了，其次是宣传和销售渠道统一到了网上，第三是在剔除了商业成本后产品的价格将大幅度的降低等。另外在电子商务下一些其他的新问题被纳入到了营销策略需要考虑的范畴。例如，如何做好主页和建立电子商务系统以方便消费者表达购买欲望和需求，如何使消费者能够很方便地购买商品以及送货和售后服务等，如何满足消费者购买欲望和所需的成本，如何使生产者和消费者建立方便、快捷和友好的沟通等。这几个问题由于英文打头字母都是 C（Consumer's Wants and Needs，Cost to Satisfy Want and Needs，Convenience to Buy，Communication），所以被形象地称之为基于 4C 的网络营销模式。因此，在网络营销中进行有效的客户关系管理，可以极大地提高电子商务营销效果，包括能够提高市场营销效果；能够为生产研发提供决策支持；能够提高客户忠诚度和稳定长期利润；能够为财务金融策略提供决策支持；能够为优化企业流程和内部管理提供依据；能够增强企业在新经济环境中的竞争力。

8.3.3 网络营销过程中的风险控制

1. 网络营销中可能存在的风险

电子商务是以通信网络作为交易平台，计算机及通信网络的安全性问题自然会蔓延到电子商务中。由公安部公共信息网络安全监察局举办的 2006 年度全国信息网络安全状况暨计算机病毒疫情调查结果显示，有 54%的被调查单位发生过信息网络安全事件，其中，感染计算机病毒、蠕虫和木马程序为 84%，遭到端口扫描或网络攻击的占 36%，垃圾邮件占 35%。内部管理存在的漏洞以及诚信危机等问题也同样给电子商务带来风险。

（1）电子商务的技术安全隐患。

1）系统安全性漏洞。电子商务系统所使用的硬件设备、软件操作系统及网络整体结构中的安全性漏洞将直接构成电子商务中的安全性隐患。

2）存储层的安全漏洞。无论多么稳定的系统，意外情况总是不可避免的，意外情况造成的数据破坏给电子商务系统带来安全隐患。

3）传输层的安全漏洞。传输过程中的数据遭到截获。

4）人为侵害造成的破坏。电子商务起步不久，安全性措施尚不完善，是网络黑客攻击的焦点。

5）跨平台数据交换引起的数据丢失。如果平台之间的兼容性存在问题，有可能导致电子商务系统中数据的丢失。

6）应用层的安全漏洞。假冒合法用户欺骗系统、假冒领导调阅密件等，直接转移、盗取资金，或假冒他人栽赃消费者。

（2）管理控制难度增大。在电子商务环境中，数据的电子化高度集中，并以磁介质为主要存储载体，电子商务数据易导致机密数据被不法分子拷贝，甚至对原始数据进行非法修改和删除而不留下任何痕迹。

电子商务改变了传统的商务运作模式，企业的财务信息存储于信息系统中，会计的确认、计量、记录和报告都集中由计算机按程序指令执行，使得内部控制更加复杂。

人员的安全意识淡薄，管理、控制的任何环节的忽视，都会给舞弊或攻击者留下可乘之机，内部离职人员的蓄意破坏，将会造成整个系统的瘫痪，这对营运以及资产的安全性将会带来严重的威胁。

网络管理人员专业素质差，难以及时有效地防御外界的恶意攻击。

（3）诚信问题。电子商务给人们带来方便的同时，也把人们引进了安全陷阱。根据中消协发布的数据显示，2005 年涉及互联网的投诉达 7189 起，网购投诉一年增一倍，增幅居各类投诉的首位。电子商务的信用危机，使得人们在网上购物时心存戒备之心。所以，相对网络安全外部威胁而言，诚信不足是制约电子商务发展的毒瘤。

（4）资金安全问题。电子商务的运作需要有完善安全认证和安全的支付系统作保证。然而，目前我国网上安全技术及其认证机制均不完善，行业竞争不规范。据北京娱乐信报记者

2006 年 4 月 30 日报道，我国目前的 140 余家电子签名认证服务机构中，仅 17 家拥有国家电子认证服务许可证，其余的 120 余家未经认证。在无资质的电子签名认证机构竟然占八成的环境下，无疑给电子商务的资金支付带来风险。

2. 网络营销中的风险控制

电子商务的安全威胁主要来自网络物理设备的安全威胁、对网络信息的安全威胁和"信用危机"等。那么，加快电子商务的基础设施是当务之急，完善管理和技术防范是根本，强化监督是保障。

（1）加快基础设施建设。计算机系统、网络通信设备、网络通信线路、网络服务器等设备，在静电、电磁泄漏和意外事故等情况下会造成数据的丢失，机密信息泄漏。所以，加快电子商务的基础设施建设，选择高性能的网络设备，建设安全、便捷的电子商务应用环境，才能为电子商务交易的信息提供硬件保障。

（2）实施技术防范措施。电子商务的运作涉及资金安全、信息安全、货物安全、商业秘密等多方面的安全问题，任何一点漏洞都可能导致大量资金流失。而这些安全首先是对信息技术的依赖。目前，防火墙技术、电子签名和安全认证，成为电子商务比较成熟的技术安全措施。

（3）健全管理与控制。

1）建立交易授权控制制度。电子商务交易程序的简单化，必须在业务流程方面建立严格的业务授权与执行内部控制制度，并对关键业务流程的内部控制进行定期的审核。

2）建立责任控制制度。它是以经济组织内部各部门、各环节、各层次及其人员的经济责任为中心的内部控制制度，使得各职能部门和经办人员分工明确，职责分明。

3）建立会计控制和内部牵制制度。主要检查会计事项的处理是否遵循不相容的职务或者经过两个以上的人员或部门的原则，以防止差错、舞弊的发生，保护财产的安全。

4）建立经营方面各个循环系统的控制制度。它是经济组织内部为实现经营目标而实现生产经营和管理所必须经过的环节和业务操作的控制制度。如成本控制、购销控制、物资控制、生产经营过程的控制以及计划、预算、合同管理等控制制度。

5）建立一定的应急措施。在信息流程方面，加强对信息的记录、维护和报告相关环节的控制。例如数据文件的定期备份、备份数据的存放地点、存放条件要求、系统数据文件损坏后的再生规则等。

（4）开展安全审计监督。由于电子商务的安全问题日益突出，使得社会公众不仅关注被审计单位的财务报表，更关注交易的安全性、企业的诚信、企业未来的发展状况等，对审计工作寄予的期望和依赖程度更高。安全审计应之而生，它不仅要对网络经济进行审计、对网络系统进行审计，还可以借助网络进行多单位、跨时空的审计作业。

安全审计是指根据一定的安全策略，通过记录和分析历史操作事件及数据，发现能够改进系统性能和系统安全的地方。通过对安全事件的不断收集与积累，并加以分析，能有选择性和针对性地对其中的对象进行审计跟踪，以保证系统的安全。

安全审计利用整合测试技术、内嵌式审计模块加入技术、同步式审计技术、电子商务询证等技术进行审计，通过在线监测和远程联网进行审计，对交易过程中敏感和重要环节进行监测，从而达到对电子商务进行鉴证和监督的目的。

（5）健全法制，倡导诚信。1996 年联合国贸易法委员会制订了《联合国国际贸易法委员会电子商务示范法》，2005 年初，国务院颁发了《加强电子商务的若干意见》，2005 年 4 月 1

日开始正式实施的《电子签名法》，对我国正在兴起的电子商务给予了强有力的法律支持，为我国电子商务安全认证体系和网络信任体系的建立奠定了基础。

但是，网络环境中的诚信问题不是仅仅靠《电子签名法》所能够解决的，要想根本铲除互联网交易中的种种弊端，归根到底要靠安全认证和行业的自律。所以，倡导诚信，维护消费者合法权益，是推动我国电子商务健康发展的内在因素。

（6）大力培养电子商务专业人才。电子商务是信息现代化与商务的有机结合，虽然强调计算机网络技术对交易活动的促进作用，但电子商务实现的关键仍然是人。要发展电子商务，需要大量地掌握现代信息技术和现代商贸理论与实务的复合型人才.政府应充分利用各种途径和手段，培养、引进并合理使用好一批素质较高、层次合理、专业配套的网络、计算机及经营管理等方面的专业人才，以加快我国电子商务的发展。

8.3.4　网络营销过程中的绩效管理

所谓绩效管理，是指各级管理者和员工为了达到组织目标共同参与的绩效计划制定、绩效辅导沟通、绩效考核评价、绩效结果应用、绩效目标提升的持续循环过程，绩效管理的目的是持续提升个人、部门和组织的绩效。

在网络营销过程中，绩效管理的最大问题是对绩效指标定义不清，什么才算好绩效、怎么样才算是绩效好？再加上大多数人都无法精确收集数据、客观设定衡量基准及正确解读报表，这些都会让公司绩效管理制度徒具形式。一般来说，在施行策略之前，都要先规划关键绩效针对的目标，并定义明确，成为最后衡量绩效时的重要依据；若最后衡量绩效时，发生管理、评估上的冲突，举例来说，若目标设为"网络广告走期共 1 个月，希望 1 个月共能引来 10 万次的点击"，然而，若在前两个礼拜只引来带来 2000 次的点击，后两个礼拜就必须创造出 9 万 8 千次的点击，这表明设定时并未通过周详的计划，执行时也未实时检视广告进行概况。

因此在制定关键绩效指标时，必须使大家对目标取得共识，并且在执行的过程中，能随时沟通、检视执行状况，并对整个状况都有充分的了解，才能顺畅地衡量工作成果，以达到客观的评估、进而修正执行方针，创造价值与效益。

目前通常以以下三个论点来定义 KPI（Key Performance Indicators）（关键绩效）指标：

（1）是"结果论"，就是计算最后达到目标的程度。举例来说，若网络广告卖的是女性产品却投放在 3C 网站上，但由于此类网站流量极大，加上广告内容不明显，混淆访客的认知而使广告获得较多点击次数，难道就拥有较高的绩效吗？

（2）是"过程论"，如果以过程的角度来看，上述的决策过程可能是错误的，因为为针对市场客群进行投放，对于公司产品的推展并没有太大的帮助。

（3）是"特质论"，就是从广告本质来评估，广告内容是否吸引人？商品本身是否有亮点？都是考虑的重点。

如何把这 3 种论点放到绩效管理中去？如何成为决策的依据？虽然三种论点是完全不一样的，但又是缺一不可，若仅关注某一个论点，就会使评估基础有失偏颇，我们必须对工作进行全面、整体的评估，才能有效提升其效益。

那么 KPI（关键绩效指针）是如何在网络营销中得到应用呢？与传统营销相比，网络营销最大的不同在于其突破时间、空间的实时性，以及可测量性；我们在传统媒体当中无法确切计算广告吸引多少目光，然而，网络媒体完全突破这样局限，许多网络流量厂商提供网站营销分析系统，能确切收集浏览人数、浏览网页数、造访黏着度、首次与再次造访数等数据，透过这些数据的交叉计算，例如：计算每位访客的平均停留时间，以分析访客对于网站之黏着度；或者是计算个别访客所接受的网络广告曝光程度，来计算网友对于此品牌、广告之印象度，这些数据都能帮助管理者有效提高网络营销水平，获取最大效益。

如何正确解读所有分析数据，是网络营销的最大难题，这就要求营销人员必须突破技术的限制，透过可信赖的流量分析系统有效排除无效点击。还需要培育网络营销人才，以应对大环境的快速变迁与种种考验。因此，企业必须根据目标着手规划 KPI 与达成目标、制定决策标准、实时监测并检查网站或营销活动的效果，而这些都必须仰赖人才与技术的配合。

进行的绩效管理具有目标性、引导性、数据性、客观性、公开性、公平性与时效性等优点，结合网络营销的种种优势，减少管理者在策略上的误判而导致决策错误，降低营销成本和耗费资源。建立合理、有效的绩效评估体系，制定科学的评估准则，构建合理的指针与目标，以及选择恰当的评估技术与系统，是作为提高网络营销科学化管理的重要手段，进而促进网络营销的发展。

8.4 电子商务税收管理

8.4.1 电子商务税收中的法律问题

电子商务给传统税收体制及税收管理模式带来了巨大的挑战，主要体现在以下几个方面。

1. 纳税主体

纳税主体又称纳税人，是指税法规定负有纳税义务的社会组织和个人。在传统交易方式下，纳税主体都以实际的物理存在为基础，税务机关可以清晰地确定其管辖范围内的纳税人及其交易活动。但在网络环境下，交易双方都以虚拟方式出现，无法查证其真实身份，而网址与现实生活中的地址也没有对应关系。因此，税务机关无从判定纳税主体。

2. 征税客体

征税客体又称征税对象或计税依据，即对什么征税，是不同税种之间区分的首要依据。征税对象不同，税种就不同，相应的税收政策也不同。传统经济活动中，各个税种的征税对象很容易分辨，但是在网络交易中则出现了数字化产品的界定问题。如传统的作为有形商品的书籍、CD、软件等，现在都能以数字化信息的形式进行在线传送，而不必交付实物。那么这种数字化产品究竟该界定为商品还是服务，这种网络交易是属于商品销售应征增值税，还是属于提供劳务应征收营业税，或者是属于转让无形资产而征收营业税，根据现行税收理论，难以做出准确判断。

3. 征税依据

传统的税收征管是建立在各种票证和账簿的基础上的，而电子商务实行的是无纸操作，各种销售依据都是以电子形式存在，税收征管监控失去了最直接的实物对象。同时，电子商务的快捷性、直接性、隐匿性、保密性等，不仅使得税收的源泉、扣缴的控管手段失灵，而且客观上促成了纳税人不遵从税法的随意性，加之税收领域现代化征管技术的滞后，这些都给电子商务依法治税带来严峻考验。

4. 征税环节

传统税法对征税环节的规定是基于有形商品的流通过程和经营业务活动，它主要适用于对流转额征税，因此必须考虑商品及劳务价格的实现阶段。但电子商务具有高度的流动性和隐蔽性，交易环节模糊不清；另外，电子商务的产销直接交易以及无形产品的交易，将导致传统商业中介作用的削弱和逐渐消失，从而使传统税制的中介代扣税款的作用也随之削弱和取消。

5. 税收管辖权

电子商务对税收管理的权限确定带来了困难。所谓税收管辖权是指一国政府对一定的人或对象征税的权力。世界上不同的国家之间确定税收管辖权的标准主要有两个：属地原则与属人原则。政府行使属人管辖权，要求纳税人具有该国公民或法人身份；政府行使属地管辖权，则要求纳税人的各种所得与征税国家之间存在经济上的源泉关系。在网络空间，从事电子商务的主要服务器的固定地可以被认为是服务地，消费者所在的国家被认为是消费地，货物与服务在互联网上的处理降低了物理位置的重要性，同时，也使消费税的征收管辖权变得模糊起来。

8.4.2　国际上关于电子商务税收的政策取向

对于是否应该对电子商务征税的问题，国际上主要存在两种不同的观点，一种是不主张征税的"温和派"，另一种是主张征税的"严厉派"。

1. "温和派"的主要观点：免征电子商务交易的税收

"温和派"的学者认为，电子商务税对政府财政收入影响甚少，而免征税可以促进电子商务的迅速发展，进而带动相关产业的发展并产生新的税源。

随着互联网交易额以几何倍数成长，"温和派"也认识到对电子商务免征税会渐渐影响到政府的税收。但他们认为，即使要征税，也要再维持几年的延迟征税才是最可行的现实之举。

从深层次看，现行的征税体系有着明显的不完善之处，造成"上有政策，下有对策"的现象。因此，"温和派"更主张在未来几年内对电子商务免征税。

2. "严厉派"的主要观点：立即开征电子商务税

"严厉派"的学者则认为，电子商务侵蚀现有税基，必须对此采取措施，否则将造成大量财税在国际互联网贸易中流失。他们认为，网络同其他销售渠道一样，基于公平原则，没有理由免征销售税。

3. 美国的情况

美国是最早发展电子商务的国家，也是目前电子商务普及率最高、发展较成熟的国家。从 1996 年开始，美国就有步骤地力推电子商务的国内交易零税收和国际交易零关税方案。同年，美国财政部发表了《全球电子商务选择性的税收政策》，该政策的出台对处理全球电子商务的税收问题产生了重要影响。

1998 年，美国通过了《互联网免税法案》。这个法案在我国引起了许多误解。从字面上理解，似乎在互联网上做电子商务就免税，事实并非如此。所谓"免税"只针对数字产品这一部分，电子商务的实物产品是一样要交税的。

美国《互联网免税法案》不是一项永久性法案，而是阶段性的，每隔三年讨论一次。《互联网免税法案》在 2001 年和 2004 年讨论后分别延长两次，2007 年 10 月美国参议院通过一项决议，将即将到期的《互联网免税法案》再度延长七年，至 2014 年。

美国这样做的原因：

（1）避免不必要的税收和税收管制给电子商务造成不利影响，加速本国电子商务的发展。至于州、地方政府财政收入因免征电子商务税收而减少的部分，可通过联邦政府的转移支付予以弥补。

（2）为美国企业抢占国际市场铺平道路。目前，在世界上从事电子商务的网络公司中美国企业约占三分之二；在世界电子数字产品交易中美国占主要份额。若免征电子数字产品关税，则可使美国企业越过"关税壁垒"而获利。

（3）美国国内的相关法律、征管手段等尚不统一和完善，难以对电子商务实行公正、有效的监管，故美国政府制定并坚持对电子商务实行税收优惠政策。

4. 欧盟的情况

1998 年 2 月，欧盟发布了有关电子商务的税收原则：①目前尚不考虑征收新税；②在增值税征税系统下，少数商品的交易视为提供劳务；③在欧盟境内购买劳动力要征收增值税，境外不征税。欧盟委员会对电子商务的税收问题，主要考虑到两个方面：一是保证税收不流失；二是要避免不恰当的税制扭曲电子商务的发展。

1998 年 6 月 8 日欧盟发表了《关于保护增值税收入和促进电子商务发展》的报告，认为不应把征收增值税和发展电子商务对立起来，而且为了控制此项税基流失，决定对成员国居民通过网络购进商品或劳务时，不论其供应者是欧盟网站或外国网站，一律征收 20% 的增值税，并由购买者负责扣缴。此外，欧盟与美国在免征电子商务（在因特网上销售电子数字化产品）关税问题上达成一致。但欧盟也迫使美国同意把通过因特网销售的数字化产品视为劳务销售而征收间接税（增值税），并坚持在欧盟成员国内对电子商务交易征收增值税，以保护其成员国的利益。1998 年底，欧洲经济委员会（EU 的政体）确立电子商务征收间接税的第一步原则：①除致力于推行现行的增值税外，不开征新税；②电子传输被认为是提供服务；③现行增值税的方法必须遵循和确保税收中性原则；④互联网税收法规必须易于遵从并与商业经营相适应；⑤应确保互联网税收的征收效率，以及将可能实行无纸化的电子发票。

2002 年 5 月，欧盟通过了一项针对现行增值税法的修正案，该修正案对原增值税法中要求非欧盟居民销售数字产品要缴增值税的规定作了修正，非欧盟居民在向欧盟居民销售数字产品时，可以享受免征增值税的待遇。该法案 2003 年 7 月生效，并自生效日后三年内对非欧盟居民向欧盟居民销售数字产品免税。

5. 发展中国家的情况

在发展中国家，电子商务刚刚开展，尚处于起步阶段。发展中国家在电子商务税收领域表现更多的是密切关注国际上电子商务税收政策的研究与制定。

由于电子商务的征税问题集中于跨国交易，涉及税收利益的国际分配，因此，发展中国家为了维护自己国家的利益并不赞同发达国家的电子商务税收政策。早在 1999 年 12 月召开的WTO 西雅图会议上，东道主美国竭力要求 WTO 能够颁布一项禁止对电子商务征税的永久性议案——《全球电子商务免税案》。该法案遭到了广大发展中国家的反对，因为发展中国家担心对蓬勃发展的电子商务活动免税会导致税款的大量流失，进而影响这些国家经济的正常发展。发展中国家更担心，网上交易完全免税（特别是零关税政策），会使发达国家的产品和网络服务畅通无阻地进入本国，占领市场，挤垮国内的同类产业。

8.4.3 我国的电子商务税收发展状况

我国互联网历经近二十年的发展，庞大的网民群体为电子商务的发展奠定了坚实的基础，尤其近几年来我国电子商务的发展势头非常迅猛，以全国个人网上交易总额为例，2002 年的时候还只有 18 亿元，但到 2007 年已经达到 561 亿元，五年里以年均 136.3%的速度增长。然而这还只是个人网上交易的规模，仅仅是每年全部电子商务交易总额的冰山一角。根据电子商务主体的不同进行分类，可以将电子商务分成企业－企业（B2B）、企业－个人（B2C）、个人－个人（C2C）三种模式，其中典型的 B2B 模式有阿里巴巴网，典型的 B2C 模式有当当网、卓越网，典型的 C2C 模式有淘宝网、易趣网等网站。个人网上交易规模体现的只是 C2C 模式中的交易总额，根据 CNNIC《第 23 次中国互联网络发展状况统计报告》，2008 年网络购物市场的增长趋势明显，目前的网络购物用户人数已经达到 7400 万人，年增长率达到 60%。而艾瑞咨询的报告显示，2008 年中国网购市场的年交易额第一次突破千亿元，达到 1200 亿元，同比增长 128.5%，与 2007 年相比上升了近 40 个百分点。

而 B2B、B2C 模式的交易规模要远远大于前者，据了解 2008 年我国电子商务市场规模达到了 3 万亿人民币。

而关于电子商务税收，国家税务部门从来没表态要对电子商务免税，但也没有明确制定具有针对性的相关法律规范。因而那些从事电子商务的经营者，尤其是那些根本没有实体店，没有工商注册的经营者，一直处于在网上不受时空限制，不用纳税的低成本运营状态。

2007 年 7 月，"网上交易逃税第一案"在业内引起了轩然大波。上海市一个从事婴儿用品销售的网上经营者因逃税被税务部门查处，上海普陀区法院判决结果是对店主罚款 6 万元，并判刑两年，缓期执行两年。"第一案"的发生及其引发的一系列连锁反应，将逐渐打破网上交易没有税收的低成本状态。

2007 年 9 月 14 日，《北京市信息化促进条例》颁布，其中第二十六条明确规定"利用互联网从事经营活动的单位和个人应当依法取得营业执照"，并规定自 2007 年 12 月 1 日开始施行，这个条例的颁布拉开了网上经营者需注册的序幕。部分专家认为，这个条例的另外一个重要意义是为将来的税收做好了准备。

2008 年 3 月结束的"两会"上，民建中央委员们联名提出了"关于完善电子商务税收制度"的提案。该提案认为，电子商务是一种交易方式，不纳税将有越来越多的企业和消费者通过电子商务避税，而这对国家的长远发展是不利的。

事实上，政府相关部门没有明确征税，最根本的问题在于不知道如何收税。古往今来，各国征税都离不开对凭证、账册和报表审查。但由于网络贸易通过网络传递信息，不涉及现金，不需开具收支凭证，是完全的无纸化操作，这使得税务审查无从下手。因此，相关电子商务税收的法律制度亟待制定，先有法可依，才能真正做到依法纳税和收税。

8.4.4 我国电子商务税收的原则

税收制度在某种意义上体现了国家队某一产业重视或扶持的程度。网上税收法律制度应坚持税收公平和税收中性的原则，在防止税收流失的同时不阻碍电子商务的发展。

1. 税收中性原则

税收的中性就是针对税收的超额负担提出的。税收理论认为，税收的超额负担会降低税收的效率,而减少税收的超额负担从而提高税收效率的重要途径,在于尽可能保持税收的中性原则。

税收中性原则要求税制的设置以不干预市场机制的有效运行为基本出发点,尽可能地使社会现有的有限资源得到合理配置,增加经济效益。税收中性原则的实际意义是税收的实施不应对电子商务的发展有延缓或阻碍作用,征税不能影响企业对贸易方式的选择。

另外,从我国电子商务发展的现实情况来看,极需政府的大力扶持。因此,在税收政策上,在电子商务发展的初期阶段应给予政策优惠,待条件成熟后再考虑征税,并且随着电子商务的发展及产业利润率的高低来调节税率,进而调节税收收入。就世界范围而言,坚持税收中性原则,已成为对电子商务征税的基本共识。

2. 立足现行税收法规原则

传统的商务形式向电子商务形式过渡需要很长时间,电子商务能否完全替代传统商务还是未知数。根据电子商务特点建立单独的电子商务税收制度是不太现实的。因此,以现行税制为起点,研究制定有关电子商务的税收政策,并随着电子商务的发展和普及不断改革和完善现行税收制度,这应该是最优的选择。这样既能保证税收制度的相对稳定和发展,又能降低改革所带来的财政风险。

我国的信息产业起步较晚,为了促进电子商务在我国的快速发展,应鼓励企业多进行网上交易,对电子商务的征税应当采取优惠政策,不能仅仅针对电子商务这种贸易形式而单独开征新税,不然会致使税收负担的不公平分布,影响到市场资源的合理分布。

3. 维护国家利益原则

电子商务的无国界性,进一步促进了经济全球化,从而引发了国际间税收分配的问题。我国目前还处于发展中国家行列,经济、技术相对落后的状况还将持续一段时间。所以,我国电子商务的发展不可能照搬发达国家的模式,跟在他们后面,亦步亦趋,而是应该在借鉴其他国家电子商务发展成功经验的同时,结合我国的实际,探索适合我国国情的电子商务发展模式。做到既要有利于与国际接轨,又要考虑维护国家主权和保护国家利益。

8.5 电子商务制度管理

8.5.1 电子商务制度管理的研究现状

电子商务除了需要技术手段来保证以外,制度管理也是十分重要的。电子商务管理的出发点是促进电子商务的发展,但管理的度要把握适当,过度的干预和管理有可能会阻止或限制电子商务的发展。

从国外研究的状况看,很多国家都是从电子商务活动对管理变革的影响出发,来探讨管理理论与方法的创新。由于电子商务涉及面较广,宏观方面涉及的问题有国家基础设施的建设和运行、电子商务给政府的管理带来的变革和政府如何在电子商务中发挥作用等;微观方面涉及企业和各种组织的电子商务基础设施建立与运行、电子商务给企业管理带来的变革以及企业如何在电子商务过程中发挥积极作用等,这些都使得研究的复杂度增强,困难度加大。

从研究成果上看，国外学者在研究信息化引起管理变革方面已经形成了一些较为成熟的观点和理论，如企业再造工程（Reengineering）、业务流程再造（Business Process Reengineering）、虚拟企业（Virtual Enterprise）、供应链管理（Supply Chain Management）和基于供应链的新型物流（Logistics）管理方法等，这些管理概念、观点和方法的提出都与电子商务环境密切相关。国外学者以此为出发点，已经开始探讨电子商务环境下的管理理论与方法创新问题。从总体上看，国外在电子商务环境下的新型管理理论已经初具框架，一种以信息流为直接管理对象，以高效率、低成本、高质量为目标的管理理念正在形成。

目前关于电子商务管理研究的问题，学者们认为主要有以下几个方面：电子商务引发的管理的变革；电子商务环境下管理理论与管理方法的创新及管理学科的发展；电子商务的运行环境与保障体系；基于电子商务的经济系统描述（建模）、分析、评价以及监控问题；探讨电子商务环境下政府宏观调控的方式方法等。

美国在电子商务管理问题上采取自由放任的方式，试图通过自由市场的竞争和筛选来选择电子商务最适宜的发展方式。国内学者认为，美国采取这样的方式是有相当的基础的，美国的自由市场发育较充分，经济基础雄厚，具有良好的自由竞争的意识，且市场的调节能力强，因此市场的力量的确能对电子商务的发展起到很大的促进作用。因此，对于像美国这样的发达国家，通过市场机制引导电子商务各个环节的发展，的确是一种有效的方法。

但对于广大发展中国家而言，市场机制不健全、调节能力差，就不能单纯地照搬美国的做法。在电子商务全球化竞争面前，信息大国可凭借其信息优势将竞争压力通过互联网和市场全球化转嫁到发展中国家，市场调节能力差的国家必然首先受害。因此，在我国发展电子商务的过程中，政府应在促进其发展的大前提下，根据我国电子商务发展的特点，实施必要的和可能的监管措施。对于国外的经验，我们应该积极吸收其中的科学成分，以加快我国电子商务的发展。

8.5.2　我国电子商务管理存在的问题

目前，电子商务逐步渗透到我国经济和社会的各个层面，国民经济重点行业和骨干企业的电子商务应用不断深化，网络化生产经营与消费模式逐渐形成。电子商务支撑体系建设取得重要进展，电子商务发展环境进一步改善，全社会电子商务应用意识不断增强，形成了良好的氛围。电子商务的蓬勃发展，使其已经成为一个新的经济增长点。

从总体上说我国电子商务的研究和应用还处在起步的应用阶段，在理论研究方面，我国对电子商务引起的管理变革以及电子商务环境下的管理理论与方法的研究才刚刚开始。目前电子商务的发展还面临一些突出的问题，如电子认证、在线支付、现代物流、信用、安全防护和市场监管体系建设尚不能适应电子商务快速发展的需要，电子商务发展的环境还有待进一步完善；电子商务标准规范的完整性、配套性和协调性不足，市场水平亟待提高；电子商务在加速经济增长方式转变、提高经济运行效率等方面的促进作用尚未充分发挥等，这些突出问题恰恰是对电子商务进行管理要解决的问题。

电子商务的迅猛发展进一步加剧了全球经济竞争，面对机遇和挑战，探索适合我国国情的电子商务发展道路、研究电子商务环境下的管理理论与方法，不仅是学者研究的问题，也已成为我国企业特别是国有大中型企业在日益激烈的全球经济竞争中生存和发展的当务之急。

8.5.3 对电子商务标准的管理

电子商务标准是电子商务活动中各种标准、协议、技术范本、政府文件、法律文书等的集合。影响电子商务发展的因素是多方面的，而电子商务标准的完备程度是影响电子商务发展的最基本的因素之一。

国外在电子商务的发展中非常重视标准的问题，尤其是电子商务安全方面更是标准先行。早在1998年，美国就在其政府发布的电子商务纲要中明确提出了要建立共同的标准，我国也在2005年启动了《国家电子商务标准体系》的编制工作。2007年1月16日，国家电子商务标准化总体组成立，这是我国电子商务标准化工作的总体规划和技术协调机构。

2007年6月，《电子商务发展"十一五"规划》提出要完善电子商务国家标准体系。《规划》指出要围绕电子商务发展的关键环节，鼓励企业联合高校和科研机构研究制定物品编码、电子单证、信息交换、业务流程等电子商务关键技术标准和规范，参与国际标准制修订工作，完善电子商务国家标准体系。

各国国情不同，电子商务的交易方式和手段当然也存在某些差异，而我们要面对的是无国界、全球性的贸易活动，如果标准不统一，则可能会因误解、曲解等带来安全隐患。因此，要坚持全面性、系统性、先进性、预见性和可扩充性等原则，在电子商务交易活动中建立统一的国际标准，以解决电子商务活动的操作问题。

制定电子商务标准，建立健全电子商务标准体系，是当前电子商务发展对标准化工作的要求，是进一步推动我国电子商务与国际接轨的具体措施，也是我国电子商务制度建设的重要内容。

8.5.4 对网络服务商和系统开发商的管理

随着计算机网络的发展，众多的网络服务提供商也相伴而生，并在电子商务中充当着重要的角色。网络服务提供商（Internet Service Provider，简称ISP）是指向广大用户综合提供互联网接入业务、信息业务和增值业务的电信运营商。网络服务提供商要经过国家主管部门批准才能正式运营。

网络服务商作为网络硬件的建设者、所有者，不仅要通过市场运作形成、规范各自的责任，而其有必要从制度上对其作相应的规范和约束。如何确定网络服务商在电子商务中所具有的权利和义务，帮助不同性质的网络服务商建立合法、规范的管理制度，是发展电子商务不容忽视的管理问题。

电子商务是建立在信息网络基础之上的，电子商务的安全与信息系统的安全有着直接的关系。系统（软件）开发商在系统的开发和建立中充当着重要的角色。不能排除某些系统开发商出于商业利益的目的或受到某种国际政治势力的左右，在系统中留有某些漏洞，因此给电子商务系统带来安全隐患，这一点需要引起我们的高度重视，并对系统开发商的行为进行必要的规范，明确其责任。

8.5.5 对电子商务信息安全的管理

在电子商务活动中，大量的交易信息以电子的形式在互联网上传输，网络的开放性与资源共享性使得电子商务中存在着巨大的信息安全问题。电子商务信息安全不仅关系着交易参与者的利益，关系到电子商务活动的成败，而且还关系到国家利益和国家安全。因此，要对电子商务信息安全进行管理。

要确保电子商务运行中的信息安全，可以从三个方面进行着手，一方面采用先进的信息安全技术进行保障，如密码技术、数字签名、电子认证、防火墙技术等；另一方面，完善相关制度，如建立严格的工作制度，要加强对人的管理，提高人员素质等；此外，信息的安全离不开法律的保护，因此要建立完备的法规体系，从而确保电子商务健康、安全、有序的发展。

8.6 电子商务法律管理

8.6.1 电子商务法律的概述

电子商务对对传统交易方式下的法律规范提出了挑战。现有法律要么不适用，要么不能完全解决问题，可见，如果没有相应的电子商务法律法规调节，电子商务中出现的各种纠纷必将影响电子商务的健康发展。因此，积极加强对电子商务及其立法研究，建立规范电子商务的法律框架，不仅可以保障从事电子商务者的各方面利益，而且还可以保障网络交易的顺利进行。

1. 电子商务法的产生

法律是调整特定社会关系或社会行为的规范，电子商务的有效运作也离不开法律的规范。

电子商务法是调整电子商务活动或行为的法律规范的总和。广义的电子商务法是与广义的电子商务概念相对应的，它包括调整所有以数据电讯方式进行商务活动的法律规范，具体可分为调整以电子商务为交易形式的法律规范，如联合国的《电子商务示范法》，还有就是调整以电子信息为交易内容的规范，如联合国国际贸易法委员会（以下简称贸法会）的《电子资金传输法》、美国的《统一计算机信息交易法》等。

狭义的电子商务法指的是解决电子商务交易某些具体操作规程问题的规范，这些规范集中解决的问题都集中于诸如计算机网络通讯记录与电子签名效力的确认、电子签名技术的选定等。因此，从某种意义上讲，可将广义的电子商务法律称为"电子商法"，而从便于从立法研究的角度出发，本书所说的电子商务法是从狭义的角度来理解的，即电子商务法是调整以数据电讯交易手段为交易方式所引起的商事关系的规范体系。

2. 电子商务法律发展概况

20 世纪 80 年代初，计算机技术已经比较成熟，一些国家和企业开始大量使用计算机处理数据，当时称之为"无纸化"办公，但这也引起了一系列计算机数据的法律问题。为此，联合国贸法会 1984 年提交了《自动数据处理的法律问题》的报告，建议审视有关计算机记录和系统的法律要求，从而揭开了电子商务国际立法的序幕。

世界第一部电子商务法是美国犹他州于 1995 年颁布的《数字签名法》，自此，英国、德国、俄罗斯联邦等国家也开展了电子商务方面的立法工作。各国针对电子商务公司的注册、税收、交易安全等问题，制定了相关的单项法律和政策规则。

在国际组织方面，联合国贸法会于 1996 年 6 月在第 29 届年会上通过了《电子商务示范法》，该法涵盖了电子商务法的总原则和这些原则在具体贸易领域里的运用。《电子商务示范法》为世界范围内电子商务立法提供了原则和框架。随后又颁布了《电子商务示范法实施指南》、起草制定了《统一电子签名规则》等。它们是世界各国电子商务立法经验的总结，同时又反过来指导着各国的电子商务法律实践。

从美洲各国看，《数字签名法》颁布后，紧接着美国大多数州都制定了电子商务有关的法律。此外，美国的全国州法统一委员会于 1999 年 7 月通过了《统一电子交易法》，2000 年克林顿政府签署的《电子签名法案》，表明美国的电子商务立法走上了联邦统一制定的道路。此外，加拿大、阿根廷等国都制定了电子商务的相关立法。

从欧洲各国情况看，欧盟于 1997 年提出《欧洲电子商务行动方案》，1998 年又发表了《欧盟电子签字法律框架指南》和《欧盟关于处理个人数据及其自由流动中保护个人的权利的规则》（或称《欧盟隐私保护规则》），1999 年发布了《数字签名统一规则草案》。俄罗斯也是最早制定电子商务法的国家之一，1995 年颁布了《俄罗斯联邦信息法》。此外，德国和意大利也都制定了电子商务相关法律。

我国关于电子商务的立法分为两种：一种是在原有的法律的基础上进行修改，以适应电子商务环境下的有关活动；一种是专门为电子商务立法。前者如修改后的新《合同法》、《著作权法》等，新增了对电子商务环境下相关主体的权利与义务的规定；后者如 2004 年 8 月 28 日，第十届全国人大常委会第十一次会议正式通过的《中华人民共和国电子商务签名法》。

8.6.2 电子商务交易过程的法律规范

在电子商务交易活动中，当电子信息取代信函、协议书等传统纸面交易形式时，就不可避免地与传统交易制度产生了冲突。因此，必须对交易当事人的权利、义务进行规范。例如，法律对交易行为所规定的书面合同、签名、公证等要求，都为电子商务的应用造成了困难和障碍。

为了克服这些障碍，保障交易安全，许多国际组织和国家都在积极进行电子交易立法活动，其主要涉及电子合同、电子签名、电子认证及电子支付等几个方面。

1. 电子合同

合同是指作为平等主体的当事人之间在平等互利基础上设立、变更、终止民事关系的协议，是双方或多方的民事法律行为。

（1）电子合同的含义。电子合同是以数字化形式表现的合同，是指合同当事人通过电子数据交换或电子邮件拟定的合同，即达成设立、变更、终止民事权利和民事义务的协议或者契约。其实现过程就是用户将有关数据从自己的计算机信息系统传送到交易方的计算机信息系统的过程。

（2）新《合同法》关于电子合同的规定。我国 1999 年 10 月 1 日开始实施的新《合同法》，在合同中引入了数据电文形式，从而在法律上确认了电子合同的合法性。

《合同法》第 10 条第 1 款规定，当事人订立合同有书面形式、口头形式和其他形式。同样，第 11 条规定，书面形式指合同书、信笺、数据电文（包括电极、电传、传真、电子数据和电子邮件）等可以有形地表现所载内容的形式。法律对以电子数据表现的合同作为书面合同的形式之一做出了规定。

《合同法》对电子合同的定约时间和合同订立地点也做出了规定。第 16 条规定，采用数据电文形式订立合同，收件人指定特定系统接收数据电文的，该数据电文进入该特定系统的时间，视为到达时间；未指定特定系统的，该数据电文进入收件人的任何系统的首次时间，视为

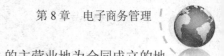

到达时间。第 34 条规定，采用数据电文形式订立合同的，收件人的主营业地为合同成立的地点；没有主营业地的，其经常居住地为合同成立的地点。当事人另有约定的，按照其约定执行。

（3）新《合同法》的意义。《合同法》以国家立法的形式赋予了电子合同的法律地位，对电子合同成立的条件、电子合同的管辖权等都做出了具体规定，这对我国电子商务的发展起到了深远的影响。但《合同法》没有也不可能解决电子合同的所有法律问题，因此，部分学者积极主张完善《合同法》，探索电子商务领域的合同立法工作。

2. 电子签名

现实生活中的签名司空见惯。命令、文件的签发、合同的订立、收取款项等，都需要当事人的签名。签名有两个作用：一是表明签署者是谁；二是表明此人承认、证明或核准了所签署的文件的内容。

传统的签名形式一般是手签、印章、指印等。这些书面签名得到司法部门的支持，具有重要的法律意义。但在电子商务活动中，信息的载体已经无纸化，采用传统书面签名已经不再可能，于是就产生了能执行传统签名功能的电子签名。

（1）《电子签名法》及相关规定。我国 2004 年 8 月 28 日颁布了《中华人民共和国电子签名法》（以下简称电子签名法），这是我国第一部电子商务法，于 2005 年 4 月 1 日起实施。该法指出，电子签名是指数据电文中以电子形式所含、所附用于识别签名人身份并表明签名人认可其中内容的数据。同时，《电子签名法》对数据电文进行了解释，数据电文是指以电子、光学、磁或者类似手段生成、发送、接收或者储存的信息。

《电子签名法》第 13 条规定了，可靠的电子签名要同时符合以下几个条件：第一，电子签名制作数据用于电子签名时，属于电子签名人专有；第二，签署时电子签名制作数据仅由电子签名人控制；第三，签署后对电子签名的任何改动能够被发现；第四，签署后对数据电文内容和形式的任何改动能够被发现。

同时，第 6 条规定，符合下列条件的数据电文，视为满足法律、法规规定的文件保存要求：第一，能够有效地表现所载内容并可供随时调取查用；第二，数据电文的格式与其生成、发送或者接收时的格式相同，或者格式不相同但是能够准确表现原来生成、发送或者接收的内容；第三，能够识别数据电文的发件人、收件人以及发送、接收的时间。

此外，第 3 条规定，当事人约定使用电子签名、数据电文的文书，不得仅因为其采用电子签名、数据电文的形式而否定其法律效力。第 7 条规定，数据电文不得仅因为其是以电子、光学、磁或者类似手段生成、发送、接收或者储存的而被拒绝作为证据使用。第 32 条规定，伪造、冒用、盗用他人的电子签名，构成犯罪的，依法追究刑事责任；给他人造成损失的，依法承担民事责任。

（2）《电子签名法》的意义。《电子签名法》是我国第一部完整意义上的电子商务法律，这标志着我国首部"真正意义上的信息化法律"正式诞生。这部法律相当简练，只有 36 条，但就是这 36 条确立了数据电文、电子签名在我国的法律效力，从根本上解决了我国电子商务发展所面临的一些关键性的法律问题，实现了我国电子签名合法化、电子交易规范化和电子商务法制化，并为我国今后的电子商务立法奠定了坚实的基础。

3. 电子认证

电子签名是从技术手段上对签名人身份做出辨认，并对签署文件的发件人与发出电子文件所属关系做出确认的方式。但是，当电子签名持有人对其签发的文件进行否认时，电子签名技术自身的局限性就显露出来了。

事实上，签字（盖章）方提供伪造虚假的签字（盖章），或者签字（盖章）方以各种理由否认该签字（盖章）为其本人所为等问题在传统商业交易活动中也存在。一些国家或地区采取的做法是通过具有权威性、公信力的授权机关对某印章提前做出备案，并提供验证验明服务，防止抵赖或伪造等情形发生。在电子商务交易过程中，同样需要一个具有权威性和公信力的第三方认证机关对电子签名进行认证。

（1）电子认证的含义。电子认证是指为电子签名相关各方提供真实性、可靠性验证的公众服务活动。这项服务是具有法律意义的，其作用是对外防止欺诈，对内防止否认。电子认证服务的提供者是指为电子签名人和电子签名依赖方提供电子认证服务的第三方机构，即电子认证服务机构。

（2）相关法规对电子认证服务机构的规定。2005 年 1 月 28 日，中华人民共和国信息产业部第十二次部务会议审议通过了《电子认证服务管理办法》，该办法自 2005 年 4 月 1 日起实施。

《电子认证服务管理办法》首先对电子认证服务机构的资格进行了规定，如电子认证服务机构要具有独立的企业法人资格；从事电子认证服务的专业技术人员、运营管理人员、安全管理人员和客户服务人员不得少于三十名；注册资金不得低于人民币三千万元等。

取得许可的电子认证服务机构按照信息产业部公布的《电子认证业务规则规范》，制定本机构的电子认证业务规则，并按照其公布的电子认证业务规则提供电子认证服务。

电子认证服务机构主要提供的服务有：制作、签发、管理电子签名认证证书；确认签发的电子签名认证证书的真实性；提供电子签名认证证书目录信息查询服务；提供电子签名认证证书状态信息查询服务。

电子认证服务机构应保证电子签名认证证书内容在有效期内完整、准确；保证电子签名依赖方能够证实或者了解电子签名认证证书所载内容及其他有关事项；妥善保存与电子认证服务相关的信息。

此外，《电子签名法》也对电子认证服务机构做出了相关规定，其中第 29 条指出，未经许可提供电子认证服务的，由国务院信息产业主管部门责令其停止违法行为；有违法所得的，没收违法所得；违法所得三十万元以上的，处违法所得一倍以上三倍以下的罚款；没有违法所得或者违法所得不足三十万元的，处十万元以上三十万元以下的罚款。

（3）对电子签名认证证书的规定。《电子认证服务管理办法》对电子签名认证证书的内容做出了明确规定，即电子签名认证证书应当准确载明签发证书的电子认证服务机构名称；证书持有人名称；证书序列号；证书有效期；证书持有人的电子签名验证数据；电子认证服务机构的电子签名和信息产业部规定的其他内容。

4. 电子支付

电子商务支付除少数货到付款、邮局汇款或银行转账外，大多数交易都要通过虚拟银行的电子资金划拨来完成。据中国互联网络信息中心 2008 年 6 月份公布的《2008 年中国网络购物调查报告》数据显示，B2C 和 C2C 网络购物领域使用电子支付的网民达到了 71.3%。电子支付以其较低的交易成本和便捷的特性，逐步成为电子商务支付的主要方式。

但电子支付在其发展中同样不可避免地遇到了法律难题，电子支付环节重点要解决支付安全的问题。交易安全规则的缺失会阻碍电子商务的健康发展，安全问题的法律解决可以从以下两个方面着手：一方面是对安全技术的规范，建立相应的交易安全机制，这需要以技术中性为原则来解决安全技术的法律规范；另一方面是安全问题发生后法律如何界定相关方的权利、义务及相关法律责任等，如网上银行账户被盗，或者由于操作发生故障而造成交易错误等，法律需要界定损失发生后应该由谁来承担责任。

此外，电子支付环节还涉及支付标准的统一和支付的监管问题。支付标准不统一既造成了各支付系统间的重复建设，又给各系统间的跨行结算带来了不便，亟需规范；此外，传统的资本管制手段对网络银行已经失去了意义，而针对网络银行的新监管体制还未完全建立起来，这些都是相关法规亟待解决的问题。

2005 年 10 月 26 日，中国人民银行公布《电子支付指引（第一号）》，对银行从事电子支付活动提出了指导性要求。《电子支付指引》重点调整的是银行及其客户在电子支付活动中的权利义务关系，这给相关电子商务法律法规解决电子支付环节的问题提供了借鉴意义。

8.6.3　电子商务的相关法律问题

1. 电子商务中的知识产权保护问题

知识产权制度主要是一种确立权利和保障权利的制度，也是一种体现激励创造的制度。电子商务活动中很多是涉及知识产权问题的，主要体现在著作权和域名的保护方面。如版权产品的无形销售，产生了版权保护的新问题；对域名的抢注和盗用问题如何规范等。

（1）著作权的保护。著作权（也称版权）是基于特定作品的精神权利以及全面支配该作品并享受其利益的经济权利的合称。著作权的客体是指著作权法所认可的文学、艺术和科学等作品。

常见的网络侵犯著作权行为有以下几种情况：将他人享有的著作权的作品上传、下载、复制光盘并用于商业目的或非法使用；图文框链接，导致他人的网页出现时无法呈现原貌，破坏了作品的完整性；侵害网络作品著作权人身权的行为，包括侵害作者的发表权、署名权和保护作品完整权、复制权等。如未经许可将作品原件或复制品提供给公众交易或传播；网络服务商的侵犯著作权行为。如经著作权人告知侵权事实后，仍拒绝删除或采取其他合法措施；破译著作权人利用有效技术手段防止侵权行为的行为等。

针对以上网络侵犯著作权行为，新《中华人民共和国著作权法》（以下简称《著作权法》）和《信息网络传播权保护条例》分别从不同的角度进行了规范。前者主要的贡献是把信息网络传播权写入著作权法，后者针对信息网络传播权的保护做出了具体的规定。

1）新《著作权法》的相关规定。2001 年 10 月，第九届全国人大常委会第 24 次会议审议通过了对《著作权法》的修改。新《著作权法》的条文从原来的 56 条增加到现在的 60 条。其中第 10 条对著作权的规定进行了扩充，新法规定著作权包括的具体权利有发表权、著名权、修改权、保护作品完整权、复制权、发行权、出租权、展览权、表演权、放映权、信息网络传播权等 16 项人身权利和财产权利。而旧法同样是第十条规定著作权只包含发表权、署名权、修改权、保护作品完整权、使用权和获得报酬权。

新《著作权法》把作品的信息网络传播权写入法律。第 47 条第 1 项、第 3 项和第 4 项分别列举了三种网络侵权行为，即未经著作权人许可通过信息网络向公众传播其作品的；未经表演者许可通过信息网络向公众传播其表演的；未经录音录像制作者许可通过网络向公众传播其制作的录音录像制品的。

第 47 条规定,有以上侵权行为的(法律另有规定的除外),应当根据情况,承担停止侵害、消除影响、赔礼道歉、赔偿损失等民事责任;同时损害公共利益的,可以由著作权行政管理部门责令停止侵权行为,没收违法所得,并可以处以罚款。

2)《信息网络传播权保护条例》的相关规定。2006 年 5 月 10 日,在国务院第 135 次常务会议上通过了《信息网络传播权保护条例》,该条例根据《著作权法》制定,自 2006 年 7 月 1 日起施行。

①《信息网络传播权保护条例》的主要内容。

《信息网络传播权保护条例》第 2 条规定,权利人享有的信息网络传播权受著作权法和本条例保护。除法律、行政法规另有规定的外,任何组织或者个人将他人的作品、表演、录音录像制品通过信息网络向公众提供,应当取得权利人许可,并支付报酬。

《信息网络传播权保护条例》的一个亮点是针对网络服务提供者的侵权行为做出了相应规定。该条例第 14 条规定,对提供信息存储空间或者提供搜索、链接服务的网络服务提供者,权利人认为其服务所涉及的作品、表演、录音录像制品,侵犯自己的信息网络传播权或者被删除、改变了自己的权利管理电子信息的,可以向该网络服务提供者提交书面通知,要求网络服务提供者删除该作品、表演、录音录像制品,或者断开与该作品、表演、录音录像制品的链接。

该条例第 15 条规定,网络服务提供者接到权利人的通知书后,应当立即删除涉嫌侵权的作品、表演、录音录像制品,或者断开与涉嫌侵权的作品、表演、录音录像制品的链接,并同时将通知书转送提供作品、表演、录音录像制品的服务对象;服务对象网络地址不明、无法转送的,应当将通知书的内容同时在信息网络上公告。

该条例第 23 条规定,网络服务提供者为服务对象提供搜索或者链接服务,在接到权利人的通知书后,根据本条例规定断开与侵权的作品、表演、录音录像制品的链接的,不承担赔偿责任;但是,明知或者应知所链接的作品、表演、录音录像制品侵权的,应当承担共同侵权责任。

②《信息网络传播权保护条例》对网络服务提供者的影响。

搜索引擎作为网络服务提供者,在《信息网络传播权保护条例》没有出台之前,遭起诉的概率几乎是所有行业中最高的。全球最大的搜索引擎 Google 大概每隔 1 天就会接到 1 张法院传票;作为中文搜索引擎"老大"的百度也是屡遭知识产权侵权诉讼。

例如 2005 年 9 月,上海步升音乐文化传播有限公司起诉百度公司音乐著作权侵权,法院判令百度以每首 2000 元的赔偿标准向上海步升进行赔偿。随后,华纳、索尼等几大唱片商也把百度告上了法庭,指控百度未经许可对 137 首歌曲提供 MP3 在线播放和下载服务,侵犯了原告的信息网络传播权,向百度索赔经济损失 167 万元。与此同时,遭遇 MP3 下载诉讼困扰的百度,又因著作权纠纷被杭州娱乐基地告上法庭。

从百度开始,中国整个搜索引擎行业遭遇了"网络侵权"的拷问,之后,搜狐、中搜等也相继卷入与唱片公司的官司里。网易为了避嫌曾暂时停止了 MP3 的搜索服务。

《信息网络传播权保护条例》出台后,这种情况大为改善。《信息网络传播权保护条例》中的第 14 条和第 23 条,参考国际通行做法,建立了处理侵权纠纷的"通知与删除"简便程序。也就是说,对于搜索引擎自动搜索出的信息,如果权利人(著作权人、表演者、录音录像制作者统称"权利人")认为是使其权利受到伤害的,可以通知搜索引擎服务商进行删除,如果搜索引擎服务商没有删除,那么就是侵权,反之,引擎服务商进行了删除,则不构成侵权;如果

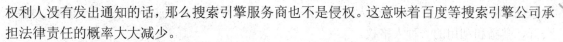

权利人没有发出通知的话，那么搜索引擎服务商也不是侵权。这意味着百度等搜索引擎公司承担法律责任的概率大大减少。

《信息网络传播权保护条例》不但使得搜索引擎企业获得了解放，使得这种互联网搜索服务免于因侵权问题而被扼杀，同时也促进了整个互联网产业的健康发展。

（2）域名的保护。域名是互联网上识别和定位计算机的层次结构式的字符标识。它与商标、商号一样，是企业在互联网上的唯一标志，又被称为"企业的网上商标"。

自域名产生后，其巨大的经济价值和发展空间引起了连绵不断的纠纷与争议。很多企业尤其是知名企业，都希望用和自己企业商标一致的域名，作为自己的商标、商号在网络里的延伸，以扩大网上市场的知名度，减少宣传费用。但有一些商家希望借助别人商标、商号的知名度，达到宣传自己同类商品或服务的目的而恶意使用域名；也有一部分人自己不实际使用，为了获得不正当的转让利益而恶意抢注域名。

1999 年 11 月美国国会通过了《反域名抢注消费者保护法》，这是世界上第一部解决域名纠纷的专门法案。英国和日本对域名纠纷的解决也都有自己的模式，此外，一些国际组织如世界知识产权组织（WIPO）和国际互联网名称及地址分配公司（ICANN）对域名纠纷也都建立了相应的处理机制，在域名保护方面起到了至关重要的作用。

1）我国域名争议的解决办法。目前，我国解决域名纠纷的主要依据是由信息产业部 2004 年 9 月通过的《中国互联网络域名管理办法》、2006 年 3 月施行的《中国互联网络信息中心域名争议解决办法》和2007 年10 月施行的《中国互联网络信息中心域名争议解决办法程序规则》。

域名争议由中国互联网络信息中心（CNNIC）认可的争议解决机构受理解决。我国经授权的域名争议解决机构是中国国际经济贸易仲裁委员会域名争议解决中心。

287

截至 2008 年 6 月，从中国国际经济贸易仲裁委员会域名争议解决中心和香港国际仲裁中心亚洲域名争议解决中心获得的最新消息，两个仲裁中心近期受理的 23 件中文域名仲裁案，其中 19 件被裁定"转移域名"，即域名投资者涉嫌恶意抢先注册的中文域名均被要求转移给投诉方（权利人），权利人的仲裁胜诉率高达 82%。这给以获取不正当利益为目的的恶意注册者敲响了警钟。

2）域名的立法保护。把域名纠纷交给专门的域名争议解决机构处理，这是一种行政处理机制，解决纠纷相对的方便、及时。但是，域名争议解决机构做出的裁决不具有法律效力，当其裁决与法院或仲裁机构的裁判不一致时，要服从法院或仲裁机构发生法律效力的裁判。所以，当事人反悔或不执行裁决而最终走诉讼或仲裁程序时，反而延长了争议处理期限，增加了当事人的负担，与设立专门机构的宗旨相悖。

寻求域名纠纷的司法解决途径才是最终的争议解决措施。域名属于知识产权的范畴，但传统知识产权法律保护体系又难以满足域名保护的实际需要。我国法院在处理域名纠纷时主要依据的是《民法通则》、《商标法》、《反不正当竞争法》，但这些法律中也并没有对域名争议做出明确的规定，法院在判决时主要是适用这些法律中的"诚实信用"原则。

因此，在健全电子商务法律体系过程中，需要制定专门的域名保护法。域名法律制度的核心应当是确认、保护域名持有人的利益，对域名与其他权利冲突进行协调，从而促进网络经济的发展。

2. 隐私保护问题

隐私权是公民的一项基本权利。所谓网上隐私权，指公民在网络（包括局域网、广域网、互联网）中的个人信息、网上个人活动依法受到保护，不被他人非法侵犯、知悉、收集、复制、公开、传播和利用的一种人格权。

（1）个人网上隐私的内容。个人网上隐私主要包括：个人登录的身份、健康状况、个人的信用和财产状况，包括信用卡、电子消费卡、上网账号和密码、交易账号和密码等；电子邮箱地址；网络活动踪迹，如 IP 地址、浏览踪迹、活动内容等。

（2）侵犯个人网上隐私权的行为。侵犯个人网上隐私权的常见行为有：未经授权在网络上宣扬、公开、传播或转让他人或自己和他人之间的隐私；未经授权截取、复制他人正在传递的电子信息；未经授权打开他人的电子邮箱或进入私人网上信息领域收集、窃取他人信息资料；某些网络经营者把用户的电子邮件转移或关闭，造成邮件内容丢失，个人隐私、商业秘密泄露；未经调查核实或用户许可，擅自篡改用户个人信息或披露错误信息；个别软硬件厂商在生产、销售的产品中专门设计了用于收集用户信息资料的功能，致使用户隐私权受到不法侵害；某些网络的所有者或管理者通过网络中心监视或窃听网内的其他计算机等手段，监控网内人员的电子邮件或其他信息等。

（3）关于网络隐私权的保护问题。有专家认为个人网上隐私权的法律保护是有限度的，因为隐私权的保护可能和经营者商业利益发生冲突。比如，网上的很多服务是免费的，但享受这些服务必须登录一些个人资料，这些个人信息便有被相关服务提供者用做他用甚至出卖的可能。因此，如何在两者之间达成平衡是非常值得研究的问题。

对于网络个人隐私权的保护主要可以从三个方面进行考虑解决，即立法、行业自律和软件保护。此外，个人要增强个人信息保护的意识。

3. 网络广告的法律问题

网络广告作为与网络游戏、短信并列的互联网三大盈利点之一，具有很大的发展前景，然而网络广告也存在着许多法律问题有待解决。

（1）网络虚假广告。有调查表明，互联网用户认为，网络广告最大的劣势是可信度过低，虚假广告和欺诈性广告太多。这些问题的存在是和网络广告的缺少市场准入制度分不开的。在传统广告的管理中，从事广告业务有一定的市场准入条件，要通过广告业的资格认证，获得营业执照，否则无权经营广告业务，这使得对广告的监管有法可依。但在虚拟的网络环境中，几乎任何拥有网络使用权的企业、其他经济组织或个人都可以从事广告业务，这在客观上使得网络广告的管理变得非常困难。

（2）垃圾邮件和强迫广告。

1）垃圾邮件。电子邮件由于其速度快、覆盖面广、成本低，已经成为一种有效的广告方式。但因管理混乱、法制不健全和商家一味地追求经济利益而使得垃圾邮件现象比较严重。

垃圾邮件的英文拼写是 Spam，原意是猪肉罐头的意思。这种 Spam 有段时间非常普及，到了无处不在、令人讨厌的程度。1994 年 4 月 12 日，美国亚利桑那州的一位移民事务律师 Canter 写了一个很小的计算机程序，散发了数千封电子邮件为自己的移民业务做广告。Canter 的广告很成功，为他带来了数千美元的业务，但也开创了"垃圾邮件"的先河。后来网民用 Spam 命名垃圾邮件。

垃圾邮件不仅浪费了网络资源，还迫使邮件服务商投入大量资金来治理邮件垃圾；对用户来说，大量的垃圾邮件占用空间会导致用户无法收到重要的邮件而引起纠纷。总地来说，垃圾邮件对商家和用户都带来了很大损失。

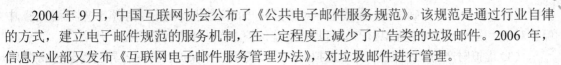

2004 年 9 月，中国互联网协会公布了《公共电子邮件服务规范》。该规范是通过行业自律的方式，建立电子邮件规范的服务机制，在一定程度上减少了广告类的垃圾邮件。2006 年，信息产业部又发布《互联网电子邮件服务管理办法》，对垃圾邮件进行管理。

据中国互联网协会反垃圾邮件中心（www.anti-spam.cn）发布的 2008 年第一季度调查报告显示，中国互联网个人邮箱平均每周收到垃圾邮件的数量为 17.64 封，与去年同期的 22.13 封相比下降了 4.49 封，中国网民每周收到垃圾邮件的比例为 56.70%，去年同期的 54.01%相比下降了 1.31 个百分点。从调查的情况来看，垃圾邮件数量和比例都得到了比较有效的控制，并呈下降趋势。

2）强迫广告。强迫广告是用户在浏览网页时，在打开某些主页之前总被要求阅读一些广告，如果不点击广告就根本不能进入网站主页；或在浏览的过程中突然出现全屏或半屏的，可退出或不可退出得广告。这种强迫用户阅读广告是与用户自愿阅读相背离的，妨碍了用户对网络的使用，也违反了《广告法》的基本精神，急需加以规范。

4. 网络虚拟财产的保护问题

网络游戏的快速发展使其成为一个新的经济增长亮点，与网络游戏迅速发展相伴的就是虚拟财产的保护问题。

（1）网络虚拟财产的特点。网络虚拟财产作为一种比较新的概念，它主要存在于网络游戏的虚拟环境里。网络虚拟财产具有以下特点：

1）无形性。网络虚拟财产在游戏中表现为各种武器、盔甲和货币等，但其存在只能依托于网络，在现实中不具有任何物理形状，无法独立存在。网络虚拟财产的实质是一组电子数据，是游戏软件的一个组成部分，因而它是无形的。

2）可转让性。网络虚拟财产在游戏中具有使用价值，于是产生了对虚拟财产的需求，在各大拍卖网站上常见到对游戏中的虚拟道具、财物的拍卖；运营商为开拓市场也向玩家出售虚拟道具和财产。虚拟财产的转让在游戏用户之间、用户和游戏运营商之间频繁进行着。

3）价值性。从来源上看，网络虚拟财产来自两个方面：一是游戏用户花钱买的。如在现实生活中花钱买游戏中的装备等；二是游戏用户投入大量的时间和精力"挣"来的。如为了获得游戏中的升级，或者为了获得更高的武器装备，而投入了大量的时间和智力。因此，不管它是花钱买的，还是投入了时间和智力获得的，网络虚拟财产自身是有价值的。

4）受限制性。这种受限制性表现为它只存在于特定的游戏环境中，离开了游戏环境，相应的网络虚拟财产就毫无意义了。同时，网络虚拟财产还受游戏运营寿命的限制，如游戏停止运营，则游戏中的财产也同样没有了意义。

（2）网络虚拟财产第一案。我国虚拟财产第一案"红月"虚拟财产失窃案中，原告李宏晨在 2003 年 2 月 17 日登录网络游戏《红月》时，发现自己花了 2000 多元买的虚拟装备被盗，与游戏公司和游戏运营商交涉无果后，对游戏运营商北极冰科技发展公司提起诉讼，请求法院保护自己的财产。而被告的游戏运营商则称"那就是一堆数据，不是财产"。此案历经半年之久，最终法院判认为，虚拟装备虽是无形的，但在网络游戏中是无形财产的一种，应该获得法律上的适当评价和救济。因而判令运营商对李宏晨丢失的虚拟装备予以恢复，并赔偿李宏晨其他经济损失。

该案最终认定虚拟财产属于无形财产，应当受到法律保护。但是，现行的法律包括《宪法》和《民法通则》只对公民的合法收入、储蓄、房屋和其他合法财产予以认可，并没有对虚拟财产的合法性做出明确规定。游戏用户对虚拟财产的权利也不属于《消费者权益保护法》中保护对象。因此，对网络虚拟财产如何具体实施保护，在法律上目前还是一片空白。

（3）虚拟财产的立法难题。对于虚拟财产需要提供法律保护目前在各界已逐渐达成共识，但在具体操作中还存在一些问题。虚拟财产的立法难题主要表现为虚拟财产价值如何确定，如何举证；如何查找网络罪犯；如何对网络虚拟财产诈骗案件进行取证等。

只有在法律中制定出可操作的具体规则，虚拟财产才具有真正意义上的受保护地位。

虚拟财产是网络游戏行业生存发展的重要基础之一。如果虚拟财产得不到法律保护，这将会阻碍网络游戏产业的迅速发展。基于这一现实情况，我国有必要加快对虚拟财产的立法进程。

8.6.4 电子商务的立法原则

所谓立法原则，指对立法起指导作用的基本准则。目前我国完整的电子商务法律只有一部《电子商务签名法》，相关的法律法规体系亟待健全，在我国电子商务立法的过程中，可以借鉴以下电子商务立法原则。

1. 促进和规范原则

电子商务立法的根本宗旨是为了促进电子商务的发展，这一宗旨是符合全球各国的根本利益的。从另一角度上看，要促进电子商务的发展，规范是基本内容和主要手段，对电子商务发展的促进要通过对电子商务活动和行为的规范来实现。规范的任务就是要建立起促进电子商务发展的良好、健康的平台，从而保证电子商务的飞速发展。

促进和规范是电子商务法律制度的两个方面，互为支持，互为制约。其中，促进是目的，是电子商务立法的基本方面；规范是手段，是电子商务立法的主要方面。明确促进这一宗旨和目的，为规范的建立奠定了基础；通过规范的方法和手段，为宗旨和目的的实现提供了保障。为了促进电子商务的发展，建立相应的规范体系正是为了实现促进电子商务发展的根本目的。

促进和规范原则已经成为世界各国以及各有关国际组织的共识，正是基于这一共识，建立电子商务法律制度才得以成为全球各国的共同行动，并使其能够在一个较短的时间内初步建立起电子商务法律规范体系的基本框架。环顾各国现有的立法成果，都是建立在促进和规范电子商务发展的基本理念这一基础之上，都是为促进和规范电子商务的发展服务的，其内容也都是促进和规范作用最终平衡和协调的结果。因而，促进和规范是电子商务立法的主流原则体系中的最基本的原则。

2. 中性原则

中性原则是电子商务立法独有的原则。从本质上说，该原则是由立法的公平和平等原则演变而来的，在电子商务立法中具有其特定涵义和内容，可从以下两个方面来诠释。

（1）技术中性。技术在电子商务发展中的主导地位已日益凸显出来，如国外开发出来的各种通讯协议、交易标准等已经在全球电子商务界逐渐普及和推广，但技术同样也受到法律约束和调节。因此，技术规则将成为电子商务立法的重要组成部分。

技术中性原则指法律应当对交易使用的技术手段一视同仁，不把对某一特定技术的理解作为法律规定的基础，而形成对其他形式技术的事实歧视。即电子商务经营者采用何种电子通讯技术，其交易的法律效力都不受影响。技术中立原则在各国电子商务立法中都有

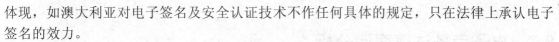

体现，如澳大利亚对电子签名及安全认证技术不作任何具体的规定，只在法律上承认电子签名的效力。

（2）媒体中性。即法律对采用各种商务媒体（如纸张、电视、电话、无线通讯、网络等）进行的交易应一视同仁，不因交易采用的媒介不同而厚此薄彼。这有三层含义：一方面是法律不能给电子商务高于传统商务的任何标准和要求。如在网络课税问题上，各国一致同意不对电子商务开征新税，就是媒体中性的体现。另一方面法律不赋予电子商务以优于传统商务的任何待遇。此外，根据电子商务自治性的特点，法律应允许商家和消费者自由选择适合自己的商务媒体。

3. 功能等同原则

功能等同原则，是指如果一项电子信息技术应用的结果与由传统的方法和手段所产生的结果相比较，尽管可能在具体的表现形式上具有较大的差异，但是如果这两种不同形式的结果对商务活动的进行具有同样的作用，那么，两者之间在功能上就可以被视为互为等同物，则应享有同等的法律效力。

功能等同原则的现实意义是我们可以在现有的法律框架内为电子商务活动寻求支持其存在和发展的空间。如果电子商务结果与传统商务结果之间具有一定的共性，那么这种具有共性的结果应当相同的法律地位和法律效力。换句话说，只要不同的技术或方式的应用所生成的结果具有同样的功能，且在具体的应用中发挥同样的作用，则不论该结果生成的工具和方式之间存在如何的差异，都应当认定其具有同等的法律效力。

显然，如果由于应用电子信息技术所得到的结果能够取得与使用传统方法所形成的结果同样的作用，因而达到同样的目的，那么，基于各种电子信息技术所进行的电子交易活动就可能被调整传统商务活动的法律制度所容纳。

4. 安全原则

安全是电子商务的生命，没有安全，就没有电子商务的存在与发展。因此，在制定电子商务相关法律法规时应充分考虑电子商务对交易的安全需要。安全原则主要体现在对电子商务交易各环节立法上，如对电子合同、电子签名、电子认证和电子支付等方面的立法。

从世界范围内看，各国都把安全作为电子商务立法的基本原则，这方面的法律如联合国制定的《电子商务示范法》、《电子签名统一规则》，美国的《国际与国内商务电子签名法》、《统一电子商务交易法》、《统一计算机信息交易法》等。因此，我国也应该把保证交易安全作为立法的重要使命，把安全原则作为电子商务立法应遵循的基本原则之一。

5. 保护消费者权益原则

电子商务立法的落脚点最终要放在对消费者权益的保护上。消费者正当权益能否得到保护关系到电子商务的成败，关系到电子商务能否可持续发展。在电子交易过程中，交易环境的非透明性、交易手段的非纸面性等特点增加了消费者的风险，如果没有相关法律法规对消费者正当权益的保护，消费者的不信任和不安全感就不能消除，这些对电子商务的长期发展是非常不利的。因此，世界各国都把增加消费者信任，保护消费者权益作为发展电子商务要解决的重要问题。

对电子商务消费者权益的保护除了适用传统的消费者保护法外，还要针对电子商务交易的特点对消费者权益实施特殊的保护，如制定专门的针对电子商务消费者权益保护法，针对电子商务交易的各个环节保护消费者的正当权益。

8.7　电子商务法律案例分析

8.7.1　网络链接案例

随着国际互联网的迅猛发展，社会、政治、经济、生活的各个方面都受到了强烈的冲击，知识产权法律制度也不例外，特别是与网络有关的著作权纠纷、不正当竞争纠纷逐渐增多。网络在技术上、管理上的特点也使传统的知识产权法律在网络环境下的适用性受到了制约，新技术革命对传统法律提出了挑战。因应这种挑战，世界知识产权组织《世界知识产权组织著作权条约》和《世界知识产权组织表演和录音制品条约》确立了"向公众传播权"等权利，对传统著作权法律适用于网络环境做出了示范性规定，最高人民法院于 2000 年 11 月 22 日颁布的《关于审理涉及计算机网络著作权纠纷案件适用法律若干问题的解释》也作了有益的探索，为 2001 年 10 月 27 日全国人大常委会做出修改著作权法的决定，确认"信息网络传播权"也是作者享有的一项著作权，2003 年最高人民法院根据新著作权法修订了《关于审理涉及计算机网络著作权纠纷案件适用法律若干问题的解释》。然而，法律总是滞后于实际工作；另一方面，立法自身的滞后又加重了法律的滞后，《中华人民共和国著作权法》第五十八条规定，计算机软件、信息网络传播权的保护办法由国务院另行规定，此后，著作权法修订已有三年，而国务院尚未就信息网络传播权的保护办法做出任何规定，据悉《信息网络传播权保护条例》目前正在加紧制定中，计划于年底出台。

互联网能够迅速发展、普及，链接发挥了很大的作用，正是网络链接在互联网站的不同页面之间以及数万个不同网站之间建立了联系，使它们相互连接起来，形成了互联网络。因此，链接是互联网的根本特征之一，没有了链接，互联网也就失去了生命力。然而，随着链接的诞生，相关的知识产权法律问题也随之产生，正如前述，法律是滞后的，至今尚无关于链接的法律规定。可喜的是，包括法官、律师在内的法律工作者总是努力将法律基本原理运用到新生事物中，从而促进新的法律的诞生。本文拟对网络链接案例进行简要的评析，以帮助广大读者了解在司法界对网络链接涉及的法律问题的基本态度。

案例一：美国博库股份有限公司诉北京讯能网络有限公司、香港汤姆有限公司案

原告诉称其得到作家周洁茹的许可，获得在全球范围内独家以国际互联网络、光盘、磁盘等电子出版物形式使用周洁茹创作的作品的权利。原告在获得许可授权后发现，被告汤姆公司在其开办的网站上登载了周洁茹两部小说集中的 26 篇作品，所登载的作品是由讯能公司提供。两被告称：讯能公司受汤姆公司的委托，通过与北京市今日视点文化事务发展中心签订合作合同，合作为汤姆公司开办的网站进行文学频道设计及制作有关栏目。根据合同约定，汤姆公司的网站与今日视点中心所属今日作家网的相关网页建立了链接。本案涉及的周洁茹作品登载于今日作家网，汤姆公司的网站只是与今日作家网登载周洁茹作品的网页设置了链接，汤姆网站本身并没有实施登载行为，故两被告的行为并不构成侵权。

法院经审理后认为：互联网上传播的各种信息和作品量巨大，如果要求设链网站在设置链接时必须承担无限的事先主动审查义务，无疑将会使网络服务提供者负担过重的义务。同时也应看到，由于设置链接往往出于增加网站访问量的需要，而增加网站访问量又与网站经营者

力图获取经济利益的目的密切相关，按照权利与义务应相适应原则，要求网络服务提供者设置链接时履行适当的注意义务也是十分必要的。因此，法院认为，讯能公司与今日视点中心签订的合作合同中，向对方提出了明确的权利保证要求，据此，不能认定被告与登载该作品的网站之间对登载传播原告享有专有使用权的作品行为存在共同的主观故意。在得知原告起诉内容后，被告亦及时采取了停止链接措施，因此被告不应当承担侵权责任。

简评：法院判决说理充分，除网络服务提供者应当对明知被链接的内容属于侵权而仍然以设置链接的方式提供传播条件，或者在得知权利人提出警告后仍拒不采取积极措施加以控制所产生的后果承担法律责任外，设置链接的网站不承担过多的法律责任。下一案例也验证了这一观点。

案例二：刘京胜诉搜狐爱特信信息技术（北京）有限公司侵犯著作权案

2000 年 10 月，原告刘京胜在上网访问被告搜狐公司的搜狐网站时，发现通过点击该网站"文学"栏目下的"小说"，即进入搜索引擎页面。根据页面提示顺序点击"外国小说@（5064）"、"经典作品（86）"、"唐吉诃德——[西班牙]塞万提斯"、"译本序言"后，可在页面上看到其翻译作品《唐吉诃德》。于是，原告刘京胜向北京市第二中级人民法院提起诉讼，明确要求被告断开与上载其翻译作品的网站的链接。而被告以搜狐网站只是与相关网站有链接关系，并未上载原告翻译作品，法律未规定链接是侵权为由拒绝。被告一周后断开链接。北京市第二中级人民法院认为：原告对《唐吉诃德》享有翻译作品著作权，应当受到法律保护。未经著作权人许可使用其作品，是对著作权的侵害。当得知侵权行为发生或可能发生时，任何与该侵权行为或结果有一定关系的人，都应当采取积极的措施，防止侵权结果扩大。被告向公众提供搜索引擎服通过搜索引擎与侵权网站发生了临时链接，其虽然难以控制搜索引擎的特定搜索结果及其附带的临时链接，但完全有能力控制对特定网站或网页的链接。被告收到起诉书后，没有及时断开链接，使侵权结果得以扩大，起到了帮助侵权人实施侵权的作用，应当承担侵权法律责任。

简评：上网者通过链接获取的网上信息存在侵权问题时，一般应当追究上载该信息网站的法律责任，提供搜索引擎链接服务的网络经营者不承担侵权责任，因为网站经营者无法对搜索引擎搜索到的信息先行判断是否存在侵权。但是，如果该网站经营者明知其他网站网页上含有侵权内容的信息，还继续提供该种服务，则应承担侵权责任。当然也有相反的案例。

案例三：Leslie Kelly 诉 Arriba Soft Corp.案

原告 Leslie Kelly 拍摄了许多美国西部的照片。这些照片有的放在 Kelly 的网站上，有的放在其授权的网站上。被告 Arriba Soft Corp.是搜索引擎经营商，该搜索引擎是以小的图片形式来显示搜索结果，被告通过采用链接和视框技术展示原告完整图片，用户通过点击任何一个被称为"拇指"的小图片，就可以看到一个和原来的图片一样大的图片，被告在展示图片的网页上还注明该图片的来源。当原告发现他的照片是被告搜索引擎图片数据库的一部分时，就向法院提起了侵权之诉。法院认为被告虽完整地复制原告的图片，但这些图片是以"拇指"图片形式存在，因此其起到与原告原始图片完全不同的功能，被告的使用并不是替代原告的使用，因此在搜索引擎中对"拇指"图片的制作和使用是一种合理使用，但是这种展示大的图片的行为则侵犯了原告所享有的公开展示其作品的排他权利。

简评：图片在互联网上的运用非常广泛，很多搜索引擎商因此开发出专门搜索图片的搜索引擎，通常也是在搜索结果中显示缩略图，点击可以看到大图。搜索结果由于并不构成侵权，因为它事实上并不复制图片，只是链接了相关图片，然而正因为如此，点击缩略图就可以看到大图,使得访问者可以避开他人网站首页直接浏览图片,而且无须浏览与图片相关的其他信息,从而损害了原网站所有人的权益。与此类似的案例还有很多。

案例四:雪特蓝时报诉雪特蓝新闻报案

在被告发行的电子版报纸中,逐字复制了原告的新闻标题,同时以链接的方式,使读者可以直接到原告的网站阅读该新闻。原告认为,被告的这种行为,侵犯了原告的合法权益,造成了原告的经济损失。法院认为,原告建立网站发行电子版报纸,是因为看好网络广告的市场。被告未经原告同意,擅自链接的行为,当时虽未造成原告的经济损失,但长期看,必然造成原告的损失,所以判定原告胜诉。

案例五:北京金融城网络有限公司诉成都财智软件有限公司案

原告诉称其与中国建设银行北京分行合作开设的金融城网站中发布经其独家绘制的"中国人民建设银行北京市分行外汇币种走势图"。为开设此栏目,专门组织专业软件开发人员制作了用于整理外汇数据的程序,并投入了大量的物力,"交易走势图"现已成为金融城网站最受欢迎的知名栏目之一。被告未经许可,在其开设的财智网上越过金融城网站主页,直接对"交易走势图"建立链接,其行为足以使访问者误以为财智网是"交易走势图"的开发制作者,已构成不正当竞争。被告承认曾对原告网站上的"交易走势图"设立链接,当得知原告公司不同意这种链接后,随即取消了链接。在建立链接时没有对其做过任何修改,所以这种链接并不会导致访问者的误认。

法院经审理后认为:一个网站所吸引的访问者越多,给其带来的相关经济利益就越大,所以经营者均在通过制作精彩、独特的内容以吸引访问者,同时也希望访问者记住发布这些内容的网站。而这些独特的内容一旦被他人直接链接,访问者通过设链网站看到的内容已不能准确反映出制作者的身份,从而导致访问者误认,而这种误认的必然结果将是设链网站访问者增加而真正的内容制作网站访问者减少,最终使被链网站的经济利益受到损害。被告未经原告许可,擅自对金融城网站主页以下的次页面内容进行深层链接,其行为违背了原告的意愿,应属不正当的经营行为。

简评:这也是一个深层链接的典型案例。深层链接之所以构成侵权,除了法院分析的访问量因素外,还有网络广告等因素。视框链接也存在相似的问题。

案例六:华盛顿邮报、时代周刊诉全面新闻公司案

被告在其网站利用视框链接技术为用户提供原告网站上的新闻与文章,使用者经全面新闻网站到原告网站浏览时,呈现的却是被告的网址、菜单及广告。原告认为被告的行为是一种利用原告网站的内容赚取广告的不正当竞争行为,因而提起诉讼。本案以被告停止侵权、双方和解结案。

案例七:华纳唱片公司诉音乐极限网案

华纳唱片公司享有郑秀文相关曲目的版权,而这些歌曲均可以通过登录音乐极限网下载,华纳唱片公司并没有许可这种行为。被告辩称,音乐极限网站上提供的是链接服务,而不是下载服务,不存在未经著作权人许可复制或传播涉案歌曲的行为。经审理,北京市一中法院认为:本案中,虽然下载的歌曲并非来源于此网站,但网络用户在不脱离该网站页面的情况下即可获得选中歌曲的下载,该过程足以使网络用户认为提供歌曲下载服务者为该网站,因此,被告所提供的内容下载服务构成网络传播行为,应该承担相应的法律责任。

简评:与第一、二个案例中的被告一样,本案被告也只是提供了普通链接,但却因为下

载服务自身的技术特点产生完全不同的结果，前者点击链接只是进入他人网站，而后者却因为链接他人网站下载地址直接将歌曲提供给网络用户下载，因而其法律后果也不一样。

8.7.2　网络合同纠纷案

2007 年 6 月 1 日北京时间 9 点，RAINBOW COFFEE（甲）公司通过电子邮件向纽约 CATHY（乙）公司发出要约，出售 400 吨咖啡豆，1800$/吨。特别注明有效期为 7 天。纽约时间 6 月 1 日上午 CATHY 公司发现该要约，并派员了解同类咖啡豆的市场价格。6 月 7 日，CATHY 公司指示汤姆发出接受通知，因在出差途中，汤姆于纽约时间当天晚上 8 时许发出承诺通知，并表示已经做好履行合同的准备。RAINBOW COFFEE 公司发现该邮件的时间是北京时间 6 月 9 日上午 11 时许，计算机显示的接收时间是北京时间 6 月 8 日上午 8 时 22 分。此时，RAINBOW COFFEE 公司发现该咖啡豆国际市场价格开始上涨，遂将该批咖啡豆价格提高到 2000$/吨并通知 CATHY 公司，CATHY 公司拒绝接受。随后，RAINBOW COFFEE 公司将该批咖啡豆以 2300$/吨的价格买给了美国的丙公司。CATHY 公司于是向北京中级人民法院提起诉讼。

（一）内容概括

甲公司通过 E-mail 向乙发出要约，且乙公司在规定时间内做出承诺，届时合同已形成，但甲却未在有效期内履行合同，却在有效期过后，根据正上涨的国际 MP 再次通知乙使之拒绝，此后甲又将以另一价格与丙达成交易，从而引起纠纷。

（二）乙公司承诺有效，他们订立的合同成立。

因为：（1）要约——承诺就是合同成立的方式之一。

（2）合同成立的条件：

● 　合同的主体须有一方或多方当事人。

● 　合同订立程序须经过要约、承诺两个阶段，是双方当事人真实意思的表示。

（3）本案例中甲乙是以电子邮件方式订立的合同，即电子合同。

在规定的有效期内，乙公司对甲公司的要约做出承诺，故乙公司的承诺是有效的。

（三）甲公司以 2300$/吨的价格将该批咖啡豆卖给了美国的丙公司构成了对乙公司的违约。

因为：（1）甲、乙双方已在规定的 6 月 1 日至 6 月 8 日的 7 天有效期内签订了电子合同，合同一形成便具有了法律约束力，受到电子商务法律的保护，故甲公司并未在有效期内对乙公司的承诺或双方的合作做出回应，履行合同中的义务。

（2）乙公司在规定的有效期内对甲公司做出承诺，而甲公司在 6 月 9 日才发现该邮件，且已过了有效期，而后又以过期后正在上涨的国际市场价格与丙公司达成交易，故构成违约。

（3）从报盘方面来讲，甲公司作为发盘人，有权利按照国际市场价格确定报价，更新报盘，但却是在有效期过后。

（4）现行的《合同法》第 11 条将电子数据交换和电子邮件列入书面形式的类型之中，从法律人确认电子合同具有等同于书面合同的效力。

（四）从而，此案例可得：

（1）电子合同是指：

广义：P255 经由电子手段、光学手段或其他类似手段拟定的约定当事人之间权利和义务的契约形式。狭义：专指由 EDI 方式拟定的合同。

其特点是：

（1）订立合同的双方或多方在网络上运作，可以互不见面。

（2）采用数据电文形式订立的合同，以收件人的主营业地为合同成立的地点。

（3）对电子合同的法律适用。数据电文的法律承认，联合国《电子商务示范法》规定：就合同的订立而言，除非当事人各方另有协议，一项要约以及对要约的承诺均可通过数据电文手段表示。对数据电文在合同订立上的法律效力做出法律保障。

（五）启发

（1）电子商务是在虚拟世界进行的贸易活动。作为一项朝阳产业发展中面临重重阻碍，而有关其法律规范的制定应相对滞后，因此我们应大力健全我们的电子商务交易的法律保障。

（2）作为交易双方，都应自觉履行电子商务交易所签订合同的相应义务，这样才能将电子商务这一潜力产业发展壮大。

（3）作为学习了本案例的我们，在今后的生活中在遵守电子商务法律的情况下进行交易，也要懂得用法律的武器维护自己的合法权益。

思考题

1．什么是电子商务项目管理？其特点是什么？

2．什么是电子商务系统？电子商务系统如何维护？

3．你认为通过何种途径可以有效减少网络营销成本？

4．你认为电子商务应该如何征税？

5．电子商务下的制度管理的主要内容。

6．简述电子商务交易法律问题的主要内容。

7．电子商务立法的原则是什么？

8．电子商务税收是一个比较热门的课题，通过网络搜索我国政府以及各地方政府目前所做的准备工作有哪些方面？

9．通过网络，搜索有关中国社科院研究员吴锐及其导师状告北京世纪超星公司侵权一案。了解该案件的起始过程，了解法院是依据哪些法律法规进行审理的。

附录一 电子商务常用英文缩写

信息技术：IT　Informaeion Technology

信息系统：IS　Information System

电子商务：EC　Electronic Commerce

电子业务：EB　Electronic Business

商业智能：BI　Business Intelligence

万维网：WWW　World Wide Web

互联网服务提供商：ISP　Internet Service Provider

互联网内容提供商：ICP　Internet Content Provider

互联网应用服务提供商：ASP　Application Service Provider

互联网协议：IP　Internet Protocol

管理信息系统：MIS　Management Information System

事务处理系统：TPS　Transaction Processing System

决策支持系统：DSS　Decision Support System

专家系统：ES　Expert System

认证机构：CA　Certificate Authority

公共网关接口：CGI　Common Gateway Interface

统一资源定位器：URL　Uniform Resource Locator

超文本传输协议：HTTP　Hyper Text Transportation Protocol

客户关系管理：CRM　Customer Relation Management

合作伙伴关系管理：PRM　Partner Relation Management

供应链管理：SCM　Supply Chain Management

企业资源计划：ERP　Enterprise Resources Plan

物料需求计划：MRP　Material Requirements Plan

业务流程重组：BPR　Business Process Reengineering

制造资源计划：MRPII　Manufacture Resource PlanII

及时性生产：JIT　Just-In-Time

全面质量管理：TQM　Total Quality Management

并行工程：SE　Simultaneous Engineering

地理信息系统：GIS　Geography Information System

全球定位系统：GPS　Global Position System

企业对企业的电子商务模式：B2B　Business to Business

企业对消费者的电子商务模式：B2C　Business to Customer

消费者对消费者的电子商务模式：C2C　Customer to Customer

企业对政府的电子商务模式：B2G　Business to Government

消费者对政府的电子商务模式：C2G　Customer to Government

第三方物流：3PL　Third Party Logistics

公众电话网络：PSTN　Public Service Telephony Network

计算机电话集成系统：CTI　Computer Telephony/Telecommunication Integration

无线应用协议：WAP　Wireless Application Protocol

自动语言识别：ASR　Automatic Speech Response

交互式语音应答：IVR　Interactive Voice Response

程控交换机：PBX　Programmable Branch eXchange

来电呼叫管理：ICM　Input Call Management

去电呼叫管理：OCM　Output Call Management

自动呼叫分配：ACD　Automatic Call Distribution

呼叫中心：CC　Call Center

客户服务中心：CSC　Customer Service Center

数据库：DB　Data Base

数据仓库：DW　Data Warehouse

数据库管理系统：DBMS　Database Management System

联机事务分析：OLAP　On-Line Analysis Process

安全电子交易协议：SET　Security Electronic Trading

安全套接字接口：SSL　Security Socket Layer

电子市场：EM　Electronic Marketplace

电子资金交换：EFT　Electronic Funds Transfer

电子钱包：e-Wallet　Electronic Wallet

电子现金：eCash　Electronic Cash

数字时间戳：DTS　Digital Time-stamp Service

同步多媒体集成语言：SMIL Synchronized Multimedia Integration Language

文本对象模型：DOM　Document Object Model

价值链：VC　Value Chain

支付网关：PG　Payment Gateway

供应链：SC　Supply Chain

电子支付：EP　Electronic Payments

商务法律框架：UCLF　Uniform Commercial Legal Framework

数字签名标准：DSS　Digital Signature Standard

数据加密标准：DES　Data Encryption Standard

附录二　常用网址

http://www.china.internet.com 美国中国互联网—全球互联网专业网站 internet.com 的中文站点。

http://sohu.it168.com IT168 联合商情—IT 产品商情库，包括即时硬件报价（整机及配件、办公设备、网络设备报价）、DIY 频道、企业商务解决方案，并提供网上分销、及时问题解答等特色服务。

http://www.kohua.com.cn/000.htm 高华教育网—电子商务研究、咨询服务、调查、统计数据、新闻。

http://www.hsh.coc.cc 洪水创业园—介绍广告、创业和经营管理的知识。

http://go.163.com/~jzfl/jjgj.htm 经济广角—当代中国经济评论、焦点会集、经济理论研究和相关专著。

http://uel．yeah.net 经济学爱好者联盟—全国第一家面对学生的综合性经济学网站。

http://hicpa.126.com 经济在线—会计审计、金融投资、工商管理、财政税收、宏观经济论文资料，内容充实，资料详尽。

http://www.taxaf.com 正诚财税咨询—财务会计、讲座、经济信息、税法、案例分析、咨询台等管理知识。

http://www.cfai.gov.cn 中国财会信息网—介绍统计评价司工作职能、国家标准、清产核资、会计统计和效绩评价等内容。

http://www.accinfo.net 中国会计资讯—含会计资讯、财经新闻、经济法规、会计法规制度、相关处理会计及相关考试。

http://www.china-avenue.com/Luyi 中国经济分析—提供国内外经济分析，介绍产业动态。

http://www.ceol.8u8.com 中经在线—包含经济理论、管理、产业经济、金融证券、国际经济等内容。

http://www.kingsens.com 金税网—提供证券信息、财政信息、科技信息等。

http://www.highgold.com 鑫巍网—金融、证券、经贸及投资等信息服务。主要内容有财经新闻、市场行情、专家股评、鑫巍投资、股市论坛、市场统计、外汇频道、债券专刊、宏观经济、行业扫描、证券报刊电子版、全国数千家股份制企业的经济数据等。

http://www.fincn.com 中国财经信息网—全面报道股票市场信息、财经新闻、股市行情、股评、盘后股市分析软件等。

http://www.cfi.com.cn 中国财经信息网—财经新闻、证券信息、基金投资、宏观经济、外汇市场、财经信息等。

http://www.uniflynet.com 中国飞网联盟—国内投资、金融、商贸动态。

http://www.sinocp.com 中国资金项目网—提供资金投入、项目融资、风险投资、金融、经济、工商类信息发布。

http://www.folcn.com 中华金融－金融新闻、资讯、电子商务和服务。

http://www.chinaweb.com 中华万维－提供金融财经分析报告，并推出搜索引擎、电子邮件、电子交易等多种网络虚拟服务。

http://www.zjonline.com.cn/neweconomy 新经济观察－包括新经济聚焦、科技股动态、风险投资、网站经营、电子商务、名家视点、财经要闻。

http://it.sohu.com/download/index.html 搜狐软件精品廊－热门软件推荐、苹果软件园地、Linux 特区、硬件驱动、软件下载等。

http://software.chinaren.com ChinaRen 软件频道－软件更新、下载分类、教学课堂、素材图库、免费资源 互联世界。

http://www.bodafox.com 博大飞狐－电子邮件（E-mail）软件 Foxmail 官方网站，属于博大互联网公司所有。

http://www.newhua.com 华军软件园－软件分类、软件使用说明、软件下在、驱动程序、软件搜索、MP3 专题、软件教程等。

http://www.comlan.com 昆仑软件在线－最大最全的正版软件销售平台。有数百个中外著名软件厂商的数千种软件供您选购。有盒包装产品，也有批量许可证。

http://www.softreadme.com 软件说明书－软件使用和试用说明，软件业界新闻及评论，精品软件下载，软件使用技巧……

http://www.cnshare.com 中国共享软件－共享软件下载、行业软件、开发中心、项目交易、LIUNX 园地、新闻聚焦。

http://www.crmchina.com.cn 中国客户关系管理网－信息产业部主办，围绕 CRM 学术咨询服务展开的非商业性学术论坛。

http://www.softonline.com.cn 中国软件在线－软件超市、软件供求信息、软件新闻、软件厂商、软件下载、软件论坛等。

http://www.softhow.com 中国行业共享软件－提供按照常规行业划分的国产共享软件下载，不断更新，提高你的工作效率。

http://www.china-soft.com 中软网－软件招投标、网络安全技术、软件下载、电子商务、论坛。

http://www.freshsky.net/soft 新视界软件－软件下载、软件教程、汉化补丁、升级指南、软件咨询。

http://www.chinalawinfo.com 北大法律信息网－包括法学研究、法律新闻、法律 BBS、中外法律资源分类导航等内容。

http://www.law-star.com 法律之星－中国法律信息网－提供政策立法动态、法律法规、律师行业动态和律所名录、法律实用信息、法律论文等。

http://www.chnlaw.com 中国法律信息网－北京大学创立，提供近 2000 部中国法律法规、案例、期刊目录的英文译本。

http://www.lawchina.com.cn 法律中国网－中国法学会主办的法律专业服务网站。

http://www.cnlawservice.com 法治之光－中国法律服务网－法治信息、法律咨询、法律宣传、公证律师推介、法律中介服务、法律法规查询。

http://www.cctv.com/life/lawtoday/lawtoday.html CCTV 今日说法－中央电视台的法制栏目。

http://www.jcrb.com　正义网－中国检察日报－中国检察日报社主办的综合性法律网站。

http://www.counsel.com.cn　中国法律顾问－提供最新法律法规、中外法律资料、法律文书范本和最新法律动态等内容，设有 148 法律服务专线。

http://www.chinesecop.com　中国法网－琴剑阁－综合性法律网站，有中国警方、警务公开、恢恢法网、环球警苑等栏目，并提供查找失踪儿童服务。

http://www.justic.net　中国检察网－由中央有关政法单位倡导创办的法律网站，权威的检察专业网站，包含法制新闻、法学研究、反贪风云、法律服务、举报中心等栏目。

附录三 模拟试题及参考答案

《电子商务导论》试题（一）

一、单项选择题（共 50 分，每小题 1 分）

1. 利用现代先进的电子技术从事各种商务活动的方式称为（　　）。（C）
   A）电子商业　　　　　　　　　　　　B）电子数据
   C）电子商务　　　　　　　　　　　　D）EDI

2. 《电子商务示范法》是（　　）于 1996 年通过的，这将促进协调和统一国际贸易法。（A）
   A）国际贸易法委员会　　　　　　　　B）国际商会
   C）欧盟贸易法委员会　　　　　　　　D）美国贸易法委员会

3. 以下不属于电子商务的是（　　）。（B）
   A）EDI　　　　　　　　　　　　　　B）网络聊天
   C）电子银行　　　　　　　　　　　　D）电子购物

4. 目前，阻碍电子商务广泛应用的首要的也是最大的问题就是（　　）。（D）
   A）税收问题　　　　　　　　　　　　B）区域问题
   C）速度问题　　　　　　　　　　　　D）安全问题

5. 以下不是电子商务的社会效益的是（　　）。（D）
   A）全社会的效益　　　　　　　　　　B）促进知识经济的发展
   C）新行业的出现　　　　　　　　　　D）减少库存和产品的积压

6. 所有的商业交易都需要语义确切的信息处理和交流，以减少买方和卖方之间的（　　）。（B）
   A）不信任度　　　　　　　　　　　　B）不确定性因素
   C）交易成本　　　　　　　　　　　　D）交易时间

7. 企业和企业之间进行电子商务的常用方式是（　　）。（C）
   A）EDP　　　　B）BPR　　　　C）EDI　　　　D）FAX

8. 在电子商务中，B2B 是指（　　）。（B）
   A）一种加密措施　　　　　　　　　　B）企业对企业的电子商务
   C）一种软件　　　　　　　　　　　　D）一种贸易政策

9. 在网上可以实现的商业活动不包括的是（　　）。（D）
   A）商业广告　　　　　　　　　　　　B）产品推销
   C）商务洽谈　　　　　　　　　　　　D）商品试用

10．目前世界上电子商务实现最完善的是（ ）。（A）

A）信息流环节 B）商流环节

C）物流环节 D）管理环节

11．（ ）是网络通讯中标志通讯各方身份信息的一系列数据，提供一种在 Internet 上验证身份的方式。（B）

A）数字认证 B）数字证书

C）电子证书 D）电子认证

12．免费规则起源于（ ）。（B）

A）互联网传统的商业性 B）互联网传统的非商业性

C）互联网早期的规则 D）互联网的不安全性

13．Telnet 在运行过程中启动两个程序，一个叫 Telnet 客户程序，它运行在本地机上，另一个叫 Telnet 服务器程序，它运行在需要登录的（ ）上。（C）

A）客户机 B）主机

C）远程计算机 D）远程主机

14．关系数据库模型的存储结构采用（ ）形式。（D）

A）记录 B）索引

C）字段 D）表格

15．网络交易中企业间签定合同是在（ ）进行的。（D）

A）信息发布平台 B）信用调查平台

C）质量认证平台 D）信息交流平台

16．在 Internet 上，完成"名字－地址""地址－名字"映射的系统叫做（ ）。（D）

A）地址解析 B）正向解析

C）反向解析 D）域名

17．（ ）只能取回文件，一般不得上传文件的功能。（A）

A）Telnet B）FTP

C）E-mail D）Usenet

18．互联网络是一种功能最强大的营销工具，它所具备的（ ）营销能力，正是符合定制营销与直复营销的未来趋势。（B）

A）一对多 B）一对一

C）多对一 D）多对多

19．（ ）协议是由 Visa 和 Master 共同制定的在开放网络（包括 Internet）进行安全资金支付的技术标准。（C）

A）SSL B）TCP

C）SET D）IP

20．域名与下面（ ）对应。（B）

A）物理地址 B）IP 地址

C）网址 D）URL

21．Intranet 管理的最后一个挑战是认识到 Intranet 不是一个（ ）问题而是一个（ ）问题。（A）

A）技术，管理 　　　　　　　　　B）管理，技术
C）管理，费用 　　　　　　　　　D）费用，管理

22．电子合同按标的的不同可分为（　B　）。（B）
A）有形信息产品合同和无形信息产品合同
B）信息产品合同和非信息产品合同
C）信息许可使用合同和信息服务合同
D）网络产品信息合同和非网络产品信息合同

23．（　　）是电子商务系统得以运行的技术基础。（A）
A）网络平台 　　　　　　　　　B）计算机软件
C）计算机硬件 　　　　　　　　D）因特网

24．提供网上交易的基本功能并能够支持信息流和物流的正常运转的电子商务系统称之为（　　）。（C）
A）电子商务应用系统 　　　　　　B）初级电子商务系统
C）中级电子商务系统 　　　　　　D）高级电子商务系统

25．企业信息化的组织层面不包括（　　）。（C）
A）企业 IT 部门的建立和定位 　　B）企业信息主管（CIO）及其权力
C）技术人员的培训 　　　　　　　D）职责和业务流程

26．CRM 是指（　　）。（C）
A）人力资源管理 　　　　　　　B）企业资源规划
C）客户关系管理 　　　　　　　D）供应链管理

27．无论从技术角度上，还是从商业机密的角度上，（　　）一向是 EC 系统被重视的重点之一。（A）
A）安全性 　　　　　　　　　　B）实用性
C）技术性 　　　　　　　　　　D）保密性

28．在线调查常见的方法是（　　）。（D）
A）邮寄调查 　　　　　　　　　B）电话调查
C）人员调查 　　　　　　　　　D）电子邮件调查

29．信息服务合同是指以提供信息服务为标的的合同，如信息访问、（　　）、交易平台服务等。（D）
A）音乐下载 　　　　　　　　　B）软件下载
C）在线支付 　　　　　　　　　D）认证服务

30．企业信息化的基础层面不包括（　　）。（C）
A）计算机硬件平台 　　　　　　B）网络支持平台
C）技术人员的培训 　　　　　　D）内部网—外部网—互联网的建立

31．网上交易的安全性是由（　　）来保证的。（B）
A）厂家 　　　B）认证中心 　　　C）银行 　　　D）信用卡中心

32．对调查资料的审查可以采用（　　）两种方法。（A）
A）外观审查和内含审查 　　　　B）广度审查和深度审查
C）多方审查和单一审查 　　　　D）技术审查和研究审查

33. 如果消费者两小时内在同一个网上商店下了 3 份订单，那么商家为了方便客户和节省送货费用，会采取以下（　　）措施。（C）

    A）对所购商品打折　　　　　　　　B）免费送货

    C）合并订单　　　　　　　　　　　D）赠送礼品

34. 关于传统信用卡支付系统与网上银行卡支付系统的付款授权方式下列论述正确的是（　　）。（A）

    A）前者在购物现场使用手写签名的方式授权商家扣款，后者在使用数字签名进行远程授权

    B）前者在使用数字签名进行远程授权，后者在购物现场使用手写签名的方式授权商家扣款

    C）两者都在使用数字签名进行远程授权

    D）两者都在购物现场使用手写签名的方式授权商家扣款

35. 电子钱包中记录的每笔交易的交易状态有成功、（　　）、订单拒绝和未完成。（B）

    A）订单丢失　　　　　　　　　　　B）订单接收

    C）订单确认　　　　　　　　　　　D）订单传送

36. 在信息经济环境下，经济运行过程是（　　）。（C）

    A）生产－流通－分配－消费

    B）消费需求－生产－管理－流通－分配－消费

    C）消费需求－管理－生产－流通－分配－消费

    D）管理－生产－消费需求－流通－分配－消费

37. 企业采用电子结算的主要原因是（　　）。（C）

    A）技术成本的降低　　　　　　　　B）处理成本的降低

    C）降低成本　　　　　　　　　　　D）经营成本的降低

38. 物流的信息化包括（　　）和数据库的建立、运输网络合理化、销售网络系统化和物流中心管理电子化等。（A）

    A）商品代码　　　　　　　　　　　B）条形码

    C）配送网络　　　　　　　　　　　D）信息系统

39. 以下使用电子现金交易的流程正确的是（　　）。（C）

    A）资金清算→购买电子现金→存储电子现金→使用电子现金

    B）购买电子现金→资金清算→存储电子现金→使用电子现金

    C）购买电子现金→存储电子现金→使用电子现金→资金清算

    D）资金清算→购买电子现金→使用电子现金→存储电子现金

40. 网络营销与传统营销的整合，就是利用（　　）实现以消费者为中心的传播统一、双向沟通，实现企业的营销目标。（A）

    A）整合营销策略　　　　　　　　　B）市场营销策略

    C）促销策略　　　　　　　　　　　D）网络营销策略

41. 第一个通过网上销售电脑的公司是（　　）。（B）

    A）IBM　　　　　　　　　　　　　B）Dell

    C）Compaq　　　　　　　　　　　D）Apple

42. 网络营销的企业竞争是一种以（ ）为焦点的竞争形态。（C）
    A）供应商   B）市场
    C）顾客   D）眼球

43. 网络营销对传统产品品牌策略的冲击表现在（ ）。（B）
    A）对传统广告障碍的消除   B）适应品牌的全球化管理
    C）对传统营销渠道的冲击   D）对传统营销方式的冲击

44. 在 Internet 上做广告，成本最低的方法是（ ）。（C）
    A）建立公司自己的 Web 服务器   B）租用他人的 Web 服务器
    C）在专题讨论组上做广告   D）通过网上广告公司代理广告业务

45. 网络媒体与传统媒体的最大区别是（ ）。（B）
    A）广告费用   B）广告效果统计分析
    C）广告收益   D）广告效率

46. 调查资料的审查主要解决的是调查资料的（ ）问题。（B）
    A）准确性和方便性   B）真实性与合格性
    C）快捷性和标准性   D）正确性和权威性

47. 网上商店要尽可能使客户对本商店产生强烈的第一印象，因此，（ ）是第一位也是最重要的事情。（C）
    A）突出网页的涉及   B）突出网页设计的颜色
    C）突出商店的商标   D）突出销售商品的种类

48. 网络信息的收集，绝大部分是通过搜索引擎找到信息发布源获得的，这减少了信息传递的中间环节，因此（ ）。（B）
    A）存储性大   B）实效性强
    C）准确性高   D）更为快捷

49. 当前，我国电子商务发展所面临的一大问题就是（ ）。（A）
    A）完善法律环境   B）提高大众的电子商务意识
    C）推动企业信息化   D）建立信用体系

50. 电子商务立法首先要解决电子交易的（ ）。（A）
    A）合法性   B）隐蔽性
    C）商业性   D）务实性

二、多项选择题（共 20 分，每小题 2 分）

1. 全球 B2B 电子商务的发展误区主要是（ ）。（ABD）
   A）网络经济的条件下，在全球实现 B2B 商务仅需轻松点击鼠标就可以做到
   B）无论是巨无霸型的大企业，还是刚刚起步的小企业，依托互联网的 B2B 可以为它们提供相同的起跑线
   C）B2B 电子商务的客户满意率比 B2C 低，所以 B2B 的发展要吸取 B2C 发展中得到的经验教训，在营销和管理上下功夫
   D）互联网为大小企业提供了一个聚集在一起进行买卖活动的共同平台，发展 B2B 电子商务可以缩小企业间的差距

2. 下面关于电子商务含义的说法正确的是（　　）。（AC）

   A）从通信的角度看，电子商务是通过电话线、计算机网络或其他方式实现的信息、产品/服务或结算款项的传送

   B）从业务流程的角度看，电子商务是指提供在互联网和其他联机服务上购买和销售产品的能力

   C）从服务的角度看，电子商务是要满足企业、消费者和管理者的愿望，如降低服务成本，同时改进商品的质量并提高服务实现的速度

   D）从在线的角度看，电子商务是实现业务和工作流程自动化的技术应用

3. 电子商务安全交易体系中，目前使用最广泛的交易协议或标准有（　　）。（BD）

   A）FTP　　　　　　B）SSL　　　　　　C）EDI　　　　　　D）SET　　　　　E）POS

4. 防火墙有（　　）作用。（AC）

   A）提高计算机主系统总体的安全性　　　B）提高网络的速度

   C）控制对网点系统的访问　　　　　　　D）数据加密

5. 电子商务网站作为电子商务人机交互平台和信息流的界面平台，其主要功能就是：（　　）。（AB）

   A）发布商务信息　　　　　　　　B）接受客户需求

   C）处理客户需求　　　　　　　　D）满足客户需求

6. 选择托管主机服务商时注意（　　）。（ABCD）

   A）可行性　　　　　B）带宽　　　　　C）安全性　　　　　D）成本

7. 物流系统化的目的有（　　）。（ABD）

   A）减少客户所需的订货断档

   B）使物流的成本降到最低

   C）提高企业的知名度

   D）保证订货、出货和配送的信息畅通

8. 目前网上银行采用的安全措施有（　　）。（AB）

   A）支付网关　　　　　　　　　　B）安全措施

   C）严格的安全管理制度　　　　　　D）法律保护

9. 下列关于网络关系营销的说法正确的有（　　）。（ABCD）

   A）通过借助互联网的交互功能吸引用户

   B）通过借助互联网的交互功能与企业保持密切关系

   C）培养顾客忠诚度

   D）提高顾客的收益率

10. 电子商务的发展离不开良好的运行环境，它具体包括（　　）。（ABCD）

   A）企业信息化环境　　B）社会经济环境　　C）国际环境

   D）法律环境　　　　　E）操作环境

三、应用题（共 30 分，每小题 10 分）

1. WWW 服务器的功能有哪些？

2. 企业电子商务网站的建立还要有企业内部网络。简述企业内部网的应用及其优点和

307

缺点。

　　3. 对电子商务的顾客进行分析后，企业可以建立起来自己的 CRM，即客户关系管理。实现 CRM 的三个阶段是什么？

参考答案

　　1. WWW 服务器功能包括：核心功能、网站管理、应用构造、动态内容和电子商务。

　　（1）核心功能：安全性、ftp、检索和数据分析等。

　　（2）网站管理：首先，网站管理工具提供链接检查，链接检查软件可检查网站的所有页面，并报告断开的、似乎断开的或有些不正常的 URL。另外还可以发现孤立文件，即网站中没有同任何页面建立链接的文件。网站管理的其他重要功能包括脚本检查和 HTML 验证，网站管理工具浏览大网站，消灭混乱状态，建立良好的秩序。它们可以迅速浏览整个网站，找到出错的页面和代码，列出断开的连接，可以用电子邮件把网站维护的结果发到 WWW 上的任何地址上。

　　（3）应用构造：使用 WWW 编辑软件和扩展软件来生成静态或动态的页面。

　　（4）动态内容：是响应 WWW 客户机的请求而构造的非静态信息，企业可用动态内容来吸引顾客，并尽可能张时间留住顾客。

　　（5）电子商务：好的电子商务软件可以根据需要生成销售报告，是商店管理者掌握最新数据。最流行的 WWW 服务器软件程序中，Internet Information Server（IIS）只能运行在 Windows NT 操作系统上；Netscape Enterprise Server（MES）不是免费的；Apache HTTP Server 软件目前占据的市场份额最大。

　　2. 企业建立电子商务网站，与个人网站的主要区别在于，其中最重要的部分之一是企业的内部网的建设：

　　内部网是在基于互联网的协议上运行的，是企业内部的网络。对它的访问需要授权。目前的用途是企业内部沟通变得迅速、更方便；使需要相互协作的工作更顺利地完成；联机事务处理对复杂业务的管理更为容易；两极分析处理使管理决策支持更为有效；应用程序的发布和维护改进了系统管理。

　　内部网的应用及其优缺点：

　　（1）内部网的访问需要授权，在基于互联网的协议上运行的企业内部的。

　　（2）能实现高效、节约和环保的内部交流，能改善两种类型的企业沟通，一对多的应用，即部门或公司都能够建立信息网页，减少数量巨大、容易过时的纸面信息；多对多应用，方便小组成员之间的信息交换。

　　（3）内部网的成本很低，基础设施包括一个 TCP/IP 网络、WWW 制作软件、WWW 服务器硬件和软件、WWW 客户机和一台防火墙服务器，内部网上运行的硬件和软件也可以在互联网上运行，内部网使用的是 TCP/IP 协议。

　　（4）内部网还加快了应用软件的分发和升级。

　　内部网的缺点：开发需要一定的投入；目前很难精确计算投资回收期；开发内部网有一些工具还不成熟；内部网很容易失去控制等。

　　3. 客户关系管理：实际上就是整合销售、营销和服务的战略，它不是单纯地吸引顾客，而是要求一系列活动相互协同。目标是企业实施客户关系管理是为了更好地维系客户，从而使收益最大化。

三个阶段：

（1）争取客户，建立一个新的商业关系。这个阶段对顾客来说价值就在于买到称心如意的商品同时享受了更优质的服务。

（2）加强现有客户关系。在客户满意的基础上展开连带销售和高销售，对客户而言的价值是客户能以更低的成本得到更大的便利，让客户在你这里一次性购齐全部产品。

（3）维系同老客户关系，是企业发展的基础。这三个阶段是相互关联的，企业不可能同时做好三个阶段，所以要选择好自身定位，才能发展整合战略。

电子商务导论试题（二）

一、单项选择题（共 50 分，每小题 1 分）

1. 下列选项中不属于我国"三金工程"的是（ ）。（C）
   A）金卡工程　　　　B）金桥工程　　　　C）金税工程　　　　D）金关工程

2. 电子商务的显著特点是（ ）。（B）
   A）快速性　　　　　B）全球性　　　　　C）务实性　　　　　D）准确性

3. 电子商务涵盖的业务不包括（ ）。（D）
   A）信息交换　　　　　　　　　　B）售前售后服务
   C）组建虚拟企业　　　　　　　　D）现金支付

4. 在信息经济环境下，经济运行的过程为（ ）。（A）
   A）消费需求—管理—生产—流通—分配—消费
   B）消费需求—生产—管理—流通—分配—消费
   C）消费需求—生产—管理—流通—分配—消费
   D）消费需求—管理—生产—流通—消费—分配

5. 支持电子商务发展的外在支撑环境不包括（ ）。（C）
   A）健全的法律、法规、制度　　　　B）健全的规范和标准
   C）发达的经济　　　　　　　　　　D）强大的网络环境

6. 供货体系服务的目标是（ ）。（D）
   A）加快市场调研　　　　　　　　B）提供咨询服务
   C）提供商品购买指南　　　　　　D）加速收缩供货链

7. 电子商务最初起源于（ ）技术。（A）
   A）电子数据处理（EDP）　　　　B）电子数据交换（EDI）
   C）电子资金转账（EFT）　　　　D）安全电子交易（SET）

8. 互联网最早的发展始于（ ）。（A）
   A）20 世纪 60 年代　　　　　　B）20 世纪 70 年代
   C）20 世纪 80 年代　　　　　　D）20 世纪 50 年代

9. 网络经济正随着 Internet 的推广普及在世界上逐渐兴起，下列有关网络经济的说法中，

不正确的是（　　）。（B）

    A）由于网络转向基于国际互连网络的模式，将产生创造财富的新典范

    B）现有网络带宽已经可以承担完全的多媒体商业处理

    C）国际互连网络模式将推倒供应商、顾客、姻亲集团和竞争者之间的高墙

    D）未来的新经济离不开网络的力量

10. 目前世界上电子商务实现最完善的是（　　）。（A）

    A）信息流环节   B）商流环节   C）物流环节   D）管理环节

11. 在公开密钥密码体制中，加密密钥是（　　）。（C）

    A）解密密钥   B）私密密钥   C）公开密钥   D）私有密钥

12. 在 Internet 中，对其他计算机进行访问需要通过 IP 地址，但是由于 IP 地址不易记忆，所以用域名来查找对方的计算机，因此需要网上有（　　）服务器。（B）

    A）Web   B）DNS   C）SMTP   D）BBS

13. 在数据库的结构类型分类中，（　　）不属于"格式化模型"。（C）

    A）层次型   B）网络型   C）关系型   D）指针型

14. （　　）不是 WWW 浏览器提供的通信手段。（C）

    A）Usenet 新闻组   B）电子邮件   C）HTTP/IP   D）FTP

15. WWW 服务器采用超文本链路来链接信息页，本链路由（　　）维持。（A）

    A）URL   B）HTML   C）HTTP/IP   D）端口

16. 防火墙是一种计算机硬件和软件的结合，使互联网与内部网之间建立起一个（　　），从而保护内部网免受非法用户的侵入。（A）

    A）安全等级保护制度   B）安全信息系统

    C）安全网关   D）安全保护

17. （　　）技术是用来验证交易者的身份。（B）

    A）防火墙   B）数字签名   C）数字时间戳   D）信息摘要

18. 公开密钥加密的优点不包括（　　）。（B）

    A）在多人之间进行保密信息传输所需的密钥组和数量很小

    B）公开密钥加密将取代私有密钥加密

    C）密钥的发布不成问题

    D）公开密钥系统可实现数字签名

19. 网络交易中企业间签定合同是在（　　）进行的。（D）

    A）信息发布平台   B）信用调查平台

    C）质量认证平台   D）信息交流平台

20. WWW 服务的传输协议是（　　）。（A）

    A）HTTP   B）FTP   C）TELNET   D）SMTP

21. 在组织领导批准建立 Intranet 之前，先建立一个 Demo 的好处是（　　）。（A）

    A）可以促进 Intranet 的决策   B）可以投入使用

    C）可以管理 Intranet   D）可以节省建设 Intranet 的费用

22. 系统为完成信息处理任务而付出的人力、物力、财力、时间等情况指的是（　　）。（A）

A）系统的效率 B）信息服务的质量

C）系统的可靠性 D）系统的适应性

23．系统在遇到外界有意或无意的干扰下，保持自身正常工作的能力指的是（ ）。（C）

A）系统的效率 B）信息服务的质量

C）系统的可靠性 D）系统的适应性

24．电子商务的硬件基础设施也是实现电子商务最底层的部分，它们是（ ）。（A）

A）网络层 B）信息发布层 C）信息传输层 D）一般业务层

25．下列（ ）不是 Internet 上使用的协议。（A）

A）串行通讯协议 B）TCP/IP C）HTTP D）SMTP

26．HRM 是指（ ）。（A）

A）人力资源管理 B）企业资源规划

C）客户关系管理 D）供应连管理

27．Intranet 中数据服务层是由（ ）组成的。（B）

A）客户端浏览器 B）Web 服务器+应用服务器+CGI

C）组件事务服务器+数据库服务器 D）客户端操作系统

28．下列典型的电子商务运输中介是（ ）。（A）

A）FEDEX B）Amazon C）Yahoo D）AOL

29．有效网站是指（ ）。（A）

A）能满足公司的目标并且有吸引力 B）只要满足公司的目标就行

C）只要有吸引力就行 D）访问率高的网站

30．电子商务使用的现代信息技术不包括（ ）。（D）

A）电子数据交换 EDI B）电子邮件

C）电子资金转帐（EFT） D）编程技术

31．（ ）软件不仅支持网上支付的操作，还可以使用其软件管理各种电子货币和处理交易记录。（D）

A）电子货币 B）电子支票 C）电子现金 D）电子钱包

32．由 MasterCard 和 Visa 联合开发的一种被称为（ ）的标准，为网上信息及资金的安全流通提供了充分的保障。（B）

A）ATM B）PIN C）SSL D）SET

33．假定：（1）登录商家网站；（2）选择中银电子钱包付款；（3）浏览商品，并放入购物车或购物篮；（4）确认订购信息；（5）完成交易。则使用电子钱包的工作程序为（ ）。（A）

A）（1）（3）（2）（4）（5） B）（1）（2）（3）（4）（5）

C）（3）（4）（1）（2）（5） D）（5）（4）（2）（1）（2）

34．购物者在进入商店时，完全没有意识到需求的购买行为属于（ ）。（D）

A）专门计划购买 B）简单计划购买

C）提醒者购买 D）完全无计划购买

35．推动电子结算发展的力量不包括（ ）。（B）

A）技术成本的降低 B）买主和卖主之间在线资金交换的愿望

C）在线商务的增加 　　　　　　　　D）经营成本和处理成本的降低

36.（　　）是目前电子结算的最常用方式。（A）

A）信用卡和借记卡 　　　　　　　B）智能卡和电子钱包

C）加密信用卡 　　　　　　　　　D）电子钱包和专用的电子辅币

37.不属于后付货币的是（　　）。（D）

A）加密信用卡 　　　　　　　　　B）电子支票

C）第三方授权机制 　　　　　　　D）借记卡

38.关于 Mondex 电子现金系统，以下说法不正确的是（　　）。（C）

A）Mondex 系统是由英国西敏寺银行首创的电子付款体系

B）两个持卡人可以使用电话线在他们的 Mondex 卡之间近距离或远距离转移现金

C）Mondex 系统由于需要专用的设备，所以其手续费较一般信用卡高

D）Mondex 卡既可以在在线的环境下使用，也支持离线交易

39.在互联网营销环境下，对不同的消费者提供不同的商品，其顾客化方式的驱动力是（　　）。（C）

A）市场导向 　　　B）消费导向 　　　C）最终消费者 　　D）国外分销商

40.如果消费者两小时内在同一个网上商店下了 3 份订单，那么商家为了方便客户和节省送货费用，会采取以下（　　）措施。（C）

A）对所购商品打折 　　B）免费送货 　　C）合并订单 　　D）赠送礼品

41.对如何运用广告宣传作为推销商品的重要手段等的研究，属于（　　）的范畴。（C）

A）促销策略研究 　　　　　　　　B）产品策略研究

C）广告策略研究 　　　　　　　　D）营销策略研究

42.下面不属于传统营销促销形式的是（　　）。（B）

A）人员推销 　　　B）网络广告 　　　C）销售促进 　　D）宣传推广

43.在线调查表设计的问题应能（　　）回答的。（A）

A）在记忆范围内 　　B）引导地 　　　C）诱问地 　　　D）简明扼要地

44.下列（　　）在线销售更易取得成功。（C）

A）比萨饼连锁店的在线销售 　　　B）航空公司机票的在线销售

C）音像店 CD、VCD 的在线销售 　　　D）汽车的在线销售

45.网络促销是指利用计算机及网络技术向（　　）传递有关商品和劳务的信息，以引发消费者需求，唤起购买欲望和促成购买行为的各种活动。（C）

A）Internet 　　　　B）用户 　　　C）虚拟市场 　　　D）网民

46.电子邮件方法是属于按照（　　）对网上直接调查进行的分类。（D）

A）调查方法 　　　　　　　　　　B）调查者组织调查样本的行为

C）调查内容 　　　　　　　　　　D）调查采用的技术

47.信息加工整理的过程为信息的储存、（　　）、信息的加工处理。（D）

A）信息的保密 　　B）信息的纠错 　　C）信息的传播 　　D）信息的整理

48.远程交易、联机采购需要采购者提供（　　）和地址。（A）

A）姓名 　　　B）账号 　　　C）所用网络 　　D）公司名称

49.在企业资源规划中，财务系统属于（　　）。（B）

A）金融资源系统   B）管理应用系统

C）人力资源管理系统   D）制造资源规划系统

50．法律环境是电子商务的（   ）。（A）

A）保障机制   B）发展基础环境

C）应用主体环境   D）应用空间

二、多项选择题（共20分，每小题2分）

1．适合于电子商务的业务流程有（   ）。（AB）

A）图书的购销   B）运输货物的在线跟踪

C）网上美容与健身   D）昂贵珠宝的销售

E）企业投资

2．全球B2B电子商务的发展误区主要是（   ）。（ABD）

A）网络经济的条件下，在全球实现B2B商务仅需轻松点击鼠标就可以做到

B）无论是巨无霸型的大企业，还是刚刚起步的小企业，依托互联网的B2B可以为它们提供相同的起跑线

C）B2B电子商务的客户满意率比B2C低，所以B2B的发展要吸取B2C发展中得到的经验教训，在营销和管理上下功夫

D）互联网为大小企业提供了一个聚集在一起进行买卖活动的共同平台，发展B2B电子商务可以缩小企业间的差距

E）电子商务不能成为现代商务的主要形式

3．EDI技术的要素是（   ）。（BCE）

A）抽象化   B）标准化   C）自动化

D）具体化   E）格式化

4．无论密码系统的级别多么复杂，所有的密码系统一般都具有几个基本的组成部分，它们是（   ）。（ABCE）

A）明文   B）密钥   C）加密算法

D）数据标准   E）密文

5．评价网站推广效果的指标有（   ）。（ABDE）

A）访问量   B）在线交易数量与金额

C）主页内容更新率   D）请求主页链接的数量

E）网络广告的买主

6．电子商务系统的网络架构可以分为：（   ）。（ABC）

A）企业内部网   B）企业内部网与因特网连接部分

C）电子商务应用系统   D）电子商务支付系统

E）电子商务安全系统

7．银行卡采用联网设备以（   ）方式进行支付。（ABCD）

A）在线刷卡记账   B）POS结账

C）ATM机提取货币   D）借助SET协议在网络上直接支付

E）现金

8. 物流企业服务带来的好处有（　　　）。（ABD）
   A）企业与客户结成双赢战略伙伴　　　B）使客户产品迅速进入市场
   C）给竞争企业造成沉重打击　　　　　D）给本企业稳定的资源和效益
   E）增加企业成本

9. 通过网络技术来推销商务网站的方法有（　　　）。（ACE）
   A）做链接　　　　　　　　　　　　　B）寻找代理人
   C）网络链接服务　　　　　　　　　　D）在传统媒体上做广告
   E）网络广告（Barner）

10. 网上调查技术有（　　　）等方法。（ACDE）
    A）站点法　　　　B）实验法　　　　C）电子邮件法
    D）随机 IP 法　　　E）视频会议法

三、应用题（共 30 分，每小题 10 分）

1. 惠尔浦公司是全球第二大家电企业，它的产品有冰箱、空调、冰柜、洗衣机、微波炉、洗碗机等。惠尔浦公司的定价业务流程非常复杂，没有采用计算机系统，一般情况下每年要几次变价，而每次变价需要对 18 万个单元格的 Excel 电子报表进行计算，费时 110 天。这不但影响了他的利润率，而且使顾客迷惑不解。为了降低经营成本，惠尔浦公司决定改进其销售链的业务流程。现在公司还面临大规模定制的压力，这意味着顾客的要求更复杂了，销售人员必须从庞大的产品线中配置出顾客要求的方案，同时正确的定价。传统的销售和定价业务流程根本不能应付这种要求。于是企业决定上销售管理软件，开展电子商务。问题：
   （1）什么是销售链管理？目的是什么？
   （2）销售链管理应用整合重要性是什么？
   （3）列举 2 个销售链管理软件，阐述其特点。

2. 对电子商务的顾客进行分析后，企业可以建立起来自己的 CRM，即：客户关系管理。CRM 的具体表现在哪几个方面？实现 CRM 的 3 个阶段是什么？

3. ESPN 网站提供各种体育新闻。ESPN 充分利用它在有线电视业的品牌名气创建了互联网上的一个访问量最大的网站。他销售广告并提供大量免费信息，而忠诚的体育迷也可选择其 Insider 服务访问更多的体育新闻。《华尔街日报》网站允许访问者查看分类广告和某些特定报道，但大部分内容只有订阅者才能看到；订阅印刷版的访问者可以折扣价订阅在线版。问题：
   （1）互联网上的销售的业务模式有哪些？制定零售战略涉及的步骤有哪些？
   （2）ESPN 网站和《华尔街日报》网站属于哪种？这种业务模式的特点是什么？

参考答案

1.（1）销售链管理就是定单获取的整合战略，其广义的定义使用信息技术支持从客户初次联系到订货的整个销售周期。

目的：在互不相连的销售职能之间建立起实时地连接，从而形成一个从客户初次联系到完成付款的完整的销售周期。

（2）销售链管理应用的关键组成：销售链管理的应用是先将订单获取流程的关键环节自动化，然后再将这些应用连接并整合起来。

关键环节：

①产品目录和营销大全。

②销售配置系统。

③定价的维护、发布和配置。

④标书和报价的生成。

⑤销售激励和佣金管理。

重要性：因为销售队伍的环境非常复杂，需要所有销售人员（如电话销售人员、售前人员、现场铺售人员、地区销售经理和销售总裁）协调行动并分享信息以制定并执行销售战略。应用的整合可以让销售队伍共享诸如定价、客户联系历史等信息，也有助于管理销售活动，包括确定下次会面的时间、了解买方的决策者及其态度、了解会面对购买决策者的影响及确定销售队伍随后的行动。

（3）连带销售和高销售软件。连带销售是指企业在提供服务时也能开展销售，连带销售能为公司的营销部门带来战略性优势，使公司能够建立起识别现在客户的机制。

高销售是指企业想客户推荐比客户所选商品价值更高的商品，并说服其购买。

特点：

①识别现在客户、跟踪客户并在适当时让销售人员接触客户。

②可以用来安排销售电话，保存详细的销售活动记录，检查客户订单履行情况。

③可以同库存软件整合，以便销售人员及时了解商品的库存情况。

④可同现场服务和客户支持系统整合，使服务人员了解商品为客户服务的方式。

2．客户关系管理：实际上就是整合销售、营销和服务的战略，它不是单纯地吸引顾客，而是要求一系列活动相互协同。

目标是，企业实施客户关系管理是为了更好地维系客户，从而使收益最大化。

具体表现在：

①利用现有的客户关系增加收入；

②利用整合的信息提供优质服务；

③导入易重复的销售业务流程和程序；

④创造新价值并培养客户忠诚；

⑤贯彻积极解决问题的策略。

三个阶段：

（1）争取客户，建立一个新的商业关系。这个阶段对顾客来说价值就在于买到称心如意的商品同时享受了更优质的服务；

（2）加强现有客户关系。在客户满意的基础上展开连带销售和高销售，对客户而言的价值是客户能以更低的成本得到更大的便利，让客户在你这里一次性购齐全部产品；

（3）维系同老客户关系，是企业发展的基础。这三个阶段是相互关联的，企业不可能同时做好三个阶段，所以要选择好自身定位，才能发展整合战略。

3．（1）互联网上的销售的业务模式：

①销售知识产权的模式。拥有知识产权的企业认为 WWW 是新兴的高效分销渠道。

②广告支持的业务模式。美国电视网络所采取的模式，提供带广告的免费节目。广告收入用于支付电视网络的运营和节目制作成本。

③广告和订阅混合模式。

④交易费用模式。通过支持一个交易来收取费用。

⑤销售信息和其他数字内容。

制定零售战略涉及的步骤：

1）搜寻现在顾客。

2）确定顾客价值。

3）了解顾客的需求。

4）了解顾客的购买过程。

5）选择展示方法、进行展示。

6）根据顾客反应调整展示。

7）应付反对意见。

8）与顾客协商价格。

9）完成销售并通过服务建立长期关系。

（2）属于广告和订阅混合模式：

广告和订阅混合模式已被报纸和杂志应用了多年，订阅者支付一笔费用并接受一定程度的广告。大多数情况下，这种网站的订阅者比广告支持网站的订阅者受广告的骚扰要小得多。采用这种模式在互联网上销售的企业取得了不同程度的成功。

参考文献

[1] 司志刚，濮小金，赵玉莲．电子商务系统建设与应用．北京：中国机械工业出版社，2009．

[2] 濮小金等．信息产业．北京：军事科学出版社，2003．

[3] 濮小金，司志刚．电子商务概论．北京：机械工业出版社，2003．

[4] 濮小金，司志刚．网络经济学．北京：中国机械工业出版社，2006．

[5] 濮小金，司志刚．现代物流．北京：中国机械工业出版社，2005．

[6] 濮小金，电子商务理论与实践．北京：中国机械工业出版社，2008．

[7] 濮小金，司志刚，濮琼．新编网络经济学．北京：中国机械工业出版社，2007．

[8] 司志刚，濮小金．电子商务导论．北京：中国水利出版社，2005．

[9] 濮小金，司志刚．电子商务营销技术．北京：中国水利出版社，2005．

[10] 王忠诚，孙明凯．电子商务概论．北京：机械工业出版社，2010．

[11] 雷宏振．现代电子商务导论．北京：中国人民大学出版社，2004．

[12] 李琪，张秦，严建援等．电子商务概论．北京：中国邮电出版社，2003．

[13] 刘宏主编．电子商务概论．北京：北京交通大学出版社，2010．

[14] （日）白井均等著．电子政府．陈云，蒋昌建译．上海：上海人民出版社，2004．

[15] 方美琪．电子商务概论．北京：清华大学出版社，2009．

[16] 焦宝文．政府 CIO 战略管理与技术实施．北京：清华大学出版社，2004．